보천교
다시보다

보천교 재발견

1

국립중앙도서관 출판예정도서목록(CIP)

보천교 다시 보다 / 지은이: 노종상, 윤창열, 유철, 황경선,
김철수, 강영한, 남창희. -- 대전 : 상생출판, 2018
p. ; cm. -- (보천교 재발견 ; 01)

색인수록
ISBN 979-11-86122-72-3 04290 : ₩32000
ISBN 979-11-86122-71-6 (세트) 04290

신흥 종교[新興宗教]
291.1-KDC6
299.57-DDC23 CIP2018017136

보천교 재발견 01

보천교 다시 보다

발행일 2018년 6월 27일 초판 1쇄
발행처 상생출판
발행인 안경전
지은이 노종상, 윤창열, 유철, 황경선, 김철수, 강영한, 남창희
주소 대전시 중구 선화서로 29번길 36(선화동)
전화 070-8644-3156
팩스 0303-0799-1735
출판등록 2005년 3월 11일(175호)

ISBN 979-11-86122-72-3
979-11-86122-71-6(세트)

보천교 다시보다

보천교 재발견 ①

노종상 윤창열 유철 황경선 김철수 강영한 남창희

상생출판

간행사

형형색색의 단풍들이 온 누리를 울긋불긋 곱게 물들이고 있던 만추晩秋였습니다. 떨어진 낙엽이 제 뿌리를 찾아 돌아가는 것처럼, 모든 것이 제 본래의 모습을 찾아 돌아가려는 원시반본原始返本의 계절이었습니다. 한민족의 철학과 역사와 문화를 세계화, 대중화, 체계화하는 데 진력해 온 저희 상생문화연구소는, 2017년 11월 15일에 국회에서 "일제 강점기 민족운동의 산실, 보천교 재발견"이라는 주제를 가지고 보천교 학술대회를 개최하였습니다. 특별히 보천교 학술대회를 빛내주시기 위해 두 분의 선생님-유성엽 국회의원님, 허성관 미래로 가는 바른 역사 협의회 상임대표님-께서 축사를 해주셨습니다.

우리가 보천교 학술대회를 통해 제시하려고 했던 핵심주제는 한국의 근현대사에서 차지하는 보천교의 위상과 역할을 어떻게 평가하고 정립할 수 있는가 하는 문제였습니다. 보천교 학술대회에서 발표했던 일곱 분 선생님들의 원고를 수정하고 보완하여 마침내 한 권의 책으로 묶었습니다. 일곱 분 선생님들의 헌신적인 노고와 열정에 의해 우리들이 오랫동안 잃어버리고 또 잊어버렸던 역사인 보천교를 재조명하는 좋은 기회를 마련하였습니다.

보천교는 일제 강점기 한민족의 독립운동의 산실이었습니다. 상해 임시정부의 활동자금과 독립군의 군자금을 지원함으로써 항일 무장독립운동을 펼치는 데 지대한 공헌을 하였습니다. 일제는 보천교가 항일 무장독립운동의 구심점을 알고 집요하게 탄압하고 박멸시키려는 종교정책을 시행하였습니다. 그러나 보천교는 단순히 한민족의 독립운동의 차원에만 머물지 않습니다. 보천교는 19세기 후반에 등장한 후천개벽사상을 계승하여 우주적 공동체를 꿈꾸었습니다.

한민족사에서 19세기 후반은 매우 중요한 시기였습니다. 왜냐하면 19세기 후반 수운 최제우와 일부 김항과 증산 강일순은 인간사회의 문명질서뿐만 아니라 우주만물의 자연질서까지도 변화시키려는 '천지개벽天地開闢'이라는 거대 담론을 제시하였기 때문입니다. 자연개벽과 인간개벽과 문명개벽을 동시적으로 전환시키려는 '천지개벽'이란 주제는, 인류 역사상 그 어디에서도 찾아보기 어려운 우리 한민족의 독창적인 사상입니다.

보천교는 한국 근현대사의 출발점인 수운의 '다시 개벽'과 증산의 '후천 개벽'을 계승하여 세계와 인간의 관계를 근원적으로 통찰함으로써 온 천하가 한 가족이 되는 대동사회를 꿈꾸었습니다. 이 세계의 모든 사람들이 제각기 따로의 독자적 자유를 맘껏 누리면서 동시에 우주의 한 식구로서 공동체적 조화를 구현할 수 있는 참되고 착하고 아름다운 세상을 만들고자 노력한 것이 바로 보천교입니다.

한반도에 바야흐로 해빙의 봄바람이 불어오고 있습니다. 70년 세월 동안 분단의 상징이었던 판문점에서 남북한 최고위 당국자가 만나 정상회담을 개최함으로써 새로운 세상의 질서를 모색하고 있습니다. 이러한 때, 우리는 보천교를 재조명함으로써 한민족의 자주독립뿐만 아니라 온 세계를 한 집안으로 만들고자 애썼던 보천교의 역사정신을 되살려서 온 세계가 다 같이 자유와 평화를 누릴 수 있는 길이 어디에 있는가를 되새겨 보아야 할 것입니다. 그리하여 한민족이 천하일가를 이루는 대동사회의 주체가 되어 온 우주를 크게 하나로 융합할 수 있는 태일太一의 세상을 만드는 데 모든 힘을 경주해야 할 것입니다.

상생문화연구소 연구실장 원정근

차 례

누가 '보천교 죽이기'에 가담하는가

노종상(상생문화연구소 연구위원)

1

보천교, '마녀 사냥'을 당하다

월곡 차경석(1880-1936)은 근대 전환기에 살았던 인물이다. 그가 살았던 시대는 조선 말기부터 일제강점기 중후반까지였다. 우리 역사상 그 유례를 찾기 어려운 정도로 혼돈과 절망, 비극이 어우러진 격변의 시기였다. 외세에 점령당해 35년 동안이나 식민통치를 당했던 시기는 일찍이 없었다. 차경석은 태생적으로 종교인이었다. 그의 아버지 차치구는 동학접주로서 1894년 동학농민혁명을 주도했던 장령급 지도자 중의 한 명이었다.[1] 차경석 역시 아버지를 따라 동학혁명에 가담하였다. 동학혁명이 실패로 끝나면서 그의 아버지는 고향에서 처형당했다. 그것도 온 몸을 불태워 죽이는 분살형에 처해

차경석은 누구인가

- (1880-1936), 전북 고창(정읍) 출생
- 부친 차치구 : 동학접주, 갑오년 동학혁명 장령급 지도자, 분살형
- 열다섯 살 때 1894년 동학혁명 참가
- 일진회 전북 총대, 천도교 활동
- 1907년 증산 상제 만남, 입문
- 1917년 4월 24일 '갑종 요시찰인'으로 편입(『보천교일반』)

1 오지영, 『동학사』, 대광문화사, 1987, 123-125쪽.

졌다. 당시 차경석은 열다섯 살이었다. 그는 형장으로 가서 시커멓게 불에 그슬린 채로 죽은 아버지의 시신을 업고 나와 땅에 묻었다. 아니, 가슴에 묻었을 터다.

꿈에 그리던 스승을 만나다

동학혁명이 실패로 돌아간 지 4년 뒤인 1898년 겨울, 전라도 흥덕에서 농민봉기가 일어났다. 다음 해 여름까지 전개된 봉기는 전라도 중서부 일대로 확산되었다. '기해정읍농민봉기'(일명 '영학당 사건')로 불리는 이 봉기는 동학혁명 이후 최대 규모였다. 차경석은 이 봉기에 앞장섰다. 그러나 봉기는 실패로 끝났다. 농민군 지도부와 함께 검거된 차경석은 처형 직전에 극적으로 풀려났다. 20대 시절에 그는 사회운동에 매우 적극적이었다. 그는 일진회 전라남북도 순회관을 지냈다. 그는 천도교 3세 교주 의암 손병희(1861-1922)를 만났다.[2] 그가 찾던 스승이 아니었다. 1907년, 27세의 청년 차경석은 마침내 꿈에도 그리던 스승을 만났다. 증산 강일순(1871-1909)이 바로 그였다. 그는 아버지 이상의 아버지였고, 스승 이상의 스승이었다. 그는 자신의 신원을 인간으로 온 상제라고 밝혀 주었다.[3] 차경석은 증산상제를 추호의 의심도 없이 믿고 따랐다. 짧은 모심의 시간이었으나 그는 성경신聖敬信을 다 바쳤다.

----

2 증산도 도전편찬위원회, 『증산도 도전』, 대원출판, 2003, 3편 181장 7절. "이 때 경석은 동학 신도로서 손병희를 따르다가 그 처사에 불만을 품고 다시 길을 바꾸려던 참이라." 이하에서 『도전』 인용은 인용문 말미에 『도전』 3:181:7 형식으로 표기한다.

3 "나는 옥황상제玉皇上帝니라."(『도전』 2:11:12) ; "이제 온 천하가 큰 병[大病]이 들었나니 내가 삼계대권을 주재하여 조화造化로써 천지를 개벽하고 불로장생不老長生의 선경仙境을 건설하려 하노라. 나는 옥황상제玉皇上帝니라."(『도전』 2:16) 등. 이 글에서도 강증산 스스로의 신원 밝힘과 그를 신앙하는 종교단체의 입장을 존중하여 '증산상제'로 지칭한다.

보천교 창설, 교주가 되다

1909년 증산상제가 '어천'한 뒤에 차경석은 비통한 심경을 감추지 못했다. 아버지를 잃은 아들 이상이었다. 그는 고향인 정읍 비룡산 꼭대기에 올라가서 상제님을 찾으며 통곡했다.[4] 주위에서 '증산상제'의 존재를 의심했으나 그는 변치 않았다. 그는 증산상제의 부인으로 종통 후계자였던 이종사촌 누이 고판례와 함께 증산상제를 따르던 종도들을 하나로 묶어냈다. 이후 그는 보천교를 개창하였다. 그리고 보천교 교주가 되었다. 나라 잃은 망국민에게 보천교는 크나큰 위안이요 꿈, 희망이었다. 자칭타칭 6백만 신도가 보천교로 몰려들었다.[5] 그 짧은 시기에 그 정도의 신도들이 운집한 것은 세계 종교역사상 유례를 찾기가 어려울 터다.

시대가 좋지 않았다. 차경석은 보천교 '시작'과 함께 주위로부터 온갖 중상모략을 받았다. 통치세력이었던 일제로부터는 끊임없는

---

4 낮이면 일찍이 상제님과 함께 올랐던 대흥리 서쪽 비룡산 상봉에 올라 하늘을 우러러 "옥황상제님, 옥황상제님!" 하고 부르짖으며 대성통곡을 하더니 하루는 비룡산 상봉에 올랐을 때 뜻밖에 등 뒤에서 "경석아!" 하고 부르는 소리가 들리거늘 급히 돌아보니 꿈에도 그리는 상제님이신지라.(『도전』 10:86:7-8)

5 보천교는 내부조직을 정비하고 "포교에 노력한 결과 일시 교도 600만이라 호언할 정도의 세력"을 지닌 교단으로 성장하였다(全羅北道, 『普天教一般』(『官內最近の狀況說明資料(全北)』 附錄, 1926. 日本學習院大學 東洋文化硏究所 友邦協會 所藏), 1926, 55쪽. "선도교(보천교-인용자)는 1922년에 이르러 종래의 비밀포교주의를 버리고 공연포교公然布教를 위하는 동시에 명칭을 보천교라 개칭하여 1924년(갑자년)에는 교주 등극하며 그 때는 교도들에게 상당하는 관직을 줄 것이라는 무계無稽한 말을 흘려 우민愚民의 입교권유에 노력한 결과 일시에는 교도 600만 명이라고 과칭誇稱하는 성황을 보여주었고"(『陽村及外人事情一覽 —平安南道』(日本學習院大學 東洋文化硏究所 友邦協會 소장), 1924, 77쪽). 이밖에도 당시 보천교 신도 수에 대해서는 50만 명, 150만 명, 600만 명 등 논란이 많았으나 위의 총독부 자료에서 확인할 수 있는 바와 같이 자칭타칭 '600만 신도'라고 통용되었다. 보천교 내부 자료에서는 600만 신도(『보천교연혁사』상, 44쪽. ; 『도훈』, 9쪽), 이밖에 보천교 기관지였던 《보광》 창간호에서도 600만(5쪽), 수백 만(2쪽), 3백 만(9쪽) 등 교단 내에서도 정확하게 파악하지 못하고 있다(김철수, 『잃어버린 역사 보천교』, 상생출판, 2017, 89쪽). 일반적으로 '600만 신도'설이 가장 유력하게 알려지고 있다.

압박, 탄압에 시달려야 했다. 후자의 탄압은 그 이유가 명약관화하였다. 문제는 전자다. 동족끼리 왜 중상모략인가. 나라는 외세에 짓밟히고 나라 잃은 대부분의 백성은 기댈 언덕 하나 없는 터에 보천교와 같은 민족종교[6]야말로 실낱같은 희망의 빛이 아닐 수 없었다. 6백만 신도가 보천교를 찾았다는 것이 근거다. 그 정도의 사람들이 보천교를 찾았다면 충분히 그럴 만한 이유가 있었을 터다. 아무리 못나고 못 배우고 가진 것 하나 없는 '우민'[7]이라고 해도 6백 만 모두가 아무런 이유도 없이 찾아가지는 않았을 것 아닌가. 그럼에도 불구하고 일각에서는 보천교 교주 차경석에 대해 온갖 중상모략을 서슴지 않았다. 그들의 주장은 참담했다. 6백만 신도들에게 꿈과 희망, 구원의 빛이었던 보천교가 '미신의 소굴'이며,[8] 그 보천교 교주 차경석이 '희대의 사기꾼'이라고 하였다.[9] 그가 새 왕국을 건설

보천교는 무엇인가?

- 1909년 증산 상제 어천 후 친지종도들 모임
- 증산 상제 도통 전수자 수부 고판례 도문 개창(태을교, 훔치교, 선도교)
- 1921년 경남 함양 황석산 고천제 : 교명 보화교普化敎(등록 보천교普天敎)
- 차경석 교주 수락
- 교세 6백만 신도
- 각종 문화운동(호남우도풍물 등), 물산장려운동, 독립운동 등 지원
- 1936년 일제에 의해 강제 해체

----

6 우리나라의 자생종교에 대한 표기문제가 제기된 지는 오래되었다. 민족종교, 자생종교, 신종교, 신흥종교 등이 그것이다. 최근에는 '신종교'로 거의 통일되고 있다. 이 글에서는 '민족종교'로 지칭한다.

7 『陽村及外人事情一覽 —平安南道』, 77쪽.

8 최용환, 〈복마전伏魔殿을 차저서(1) 정감록鄭鑑錄의 왕국王國 계룡산雞龍山 긔사년 등극 밋다가 떼거지만 생겨〉, 《동아일보》, 1929. 7. 12. 2면.

9 이용선, 〈사교계邪敎界의 거부 차경석〉, 《거부실록》 8, 양우당, 1982, 35-38쪽.

하고, 천자로 등극할 것이며, 그의 왕국에서 줄 수 있는 벼슬을 미리 팔았기 때문이라는 것이다. 한 마디로 '천자놀음'을 했다는 얘기다. 그 천자놀음에 못나고 못 배운 무지렁이 민중들이 그를 찾아간 것이라고, 그의 사기에 농락당한 것이라고 하였다.

날조, 왜곡, 조작된 보천교 차경석

앞선 결론이지만, 차경석과 보천교에 대한 일각의 비판 내지 비난은 온갖 날조, 왜곡, 조작의 결과에 다름 아니다. 그가 활동하던 당시부터 최근까지도 달라진 것은 없었다. 차경석과 보천교는 그렇게 온통 갈기갈기 찢겨지고 일그러진 '얼굴'이다. 일종의 '마녀 사냥'이었다. 요즘 말로 '차경석 죽이기' 내지 '보천교 죽이기'에 다름 아니었다.[10)]

차경석 죽이기는 아직도 끝나지 않았다. 최근에 와서 그에 대한 연구가 제법 활발하게 이루어지고 있는 것은 고무적이다. 그럼에도 불구하고 그 속살을 들여다보면, 차경석이 활동했던 그 시절과 크게 달라진 것 같지는 않다. 이 글은 본격적인 차경석 내지 보천교 연구를 위한 서설의 장으로 마련되었다. 필자 개인적으로 '차경석 평전'을 쓰기 위한 선행 작업으로서 차경석이 활동할 당시부터 현재까지 '차경석 죽이기' 현장을 탐구한다. 평전 글쓰기의 서술방법상 주관적 논단이 일부 개입되었다는 점을 미리 밝혀둔다.

---

10 '차경석 죽이기' 내지 '보천교 죽이기'는 이 글의 임시용어다. 차경석이 보천교 교주이며, 보천교와 운명을 같이 하였다고 해도 엄밀한 의미에서 '보천교'와 '차경석'은 같은 의미로 사용한다는 것은 무리일 수 있다. 그럼에도 불구하고 앞으로 편의상 둘 중의 하나를 표기할 경우에도 의미는 두 가지 포괄적으로 사용한다. '차경석 죽이기' 혹은 '보천교 죽이기'뿐만 아니라 '보천교', '차경석'을 표기하는 것도 크게 다르지 않다. 적어도 이 글에서는 두 명사 중의 하나를 사용할 때 대부분은 다른 명사의 의미를 담보하고 있다는 점을 미리 밝힌다.

2

일제 강점기 언론의 보천교 보도 실태

1) 당시 신문들은 '차경석' 을 어떻게 보도했나

왕조 시절에는 사관史官이 있어서 역사를 기록하였다. 그들은 역사 기록이라는 준엄한 사명감에 추상같은 기록을 남겨 후세의 귀감이 되어 왔다. 근대 이후 중세 시대의 '사관'을 대신하여 역사의 일부를 기록하는 임무를 맡은 것이 언론이었다. 그 중에서도 신문이, 특히 일간신문이 그 엄청난 일을 떠맡았다. 구한말 조선과 같이 외세의 강압에 의해 어느 날 갑자기 찾아온 낯선 근대'괴물'은 여러 가지 혼란을 일으키면서 새로운 '권력'으로 자리잡았다.[11] 차경석이 활동하고 있던 일제 강점기 당시 이른바 '민족의 대변지'로 불렸던 《동아일보》·《조선일보》도 크게 다르지 않았다. 1919년 거족적으로 일어난 3·1운동의 여파로 일제가 국제사회의 비난을 피하기 위해 문화통치라는 가면을 쓰고 짐짓 한 걸음 물러섰을 때, 그 '혜택'을 누리면서 등장한 것이 《동아일보》·《조선일보》였음은 익히 알려진 바와 같다.

일제 강점기 《동아일보》·《조선일보》의 '민족 대변'이란?

《동아일보》는 1920년 4월 1일 김성수를 대표로 한 78명의 발

---

11 이 경우, 근대의 기점 문제가 제기될 수 있다. 학계에서는 이미 다양한 견해를 제시하였다. 여기서는 더 이상의 논의를 생략한다.

기인에 의하여 창간되었다. 창간 당시부터 민족대변지라는 자각으로 출발한 《동아일보》는 「창간사」에서 "①조선민족의 표현기관으로 자임하노라. ②민주주의를 지지하노라. ③문화주의를 제창하노라."라는 3개 주지主旨를 밝혔다. 이는 지금까지도 '사시社是'로 지속되고 있다. 《조선일보》의 사정도 크게 다르지 않았다. 1920년 3월 5일 창간호로 내놓은 《조선일보》는 창간 당시에 친일 경제단체인 다이쇼실업친목회의 기관지로 허가받았다. 그러나 이 신문은 창간된 지 반 년도 못 되어 30여 차례의 기사 압수처분을 받았고, 1920년대만 4차례 정간되었을 정도로 발행 초기에는 반일적 논조를 유지했다. 동아·조선 두 신문이 창간 이후 '민족의 대변지' 역할에 충실하려고 노력한 흔적은 뚜렷하다. 두 신문사가 주장하는 '민족의 대변'에는 근대 문명개화라는 계몽의식도 포함되었다. 특히 동아일보사가 표방한 3개 주지에는 1920년대 초반부터 전개되어

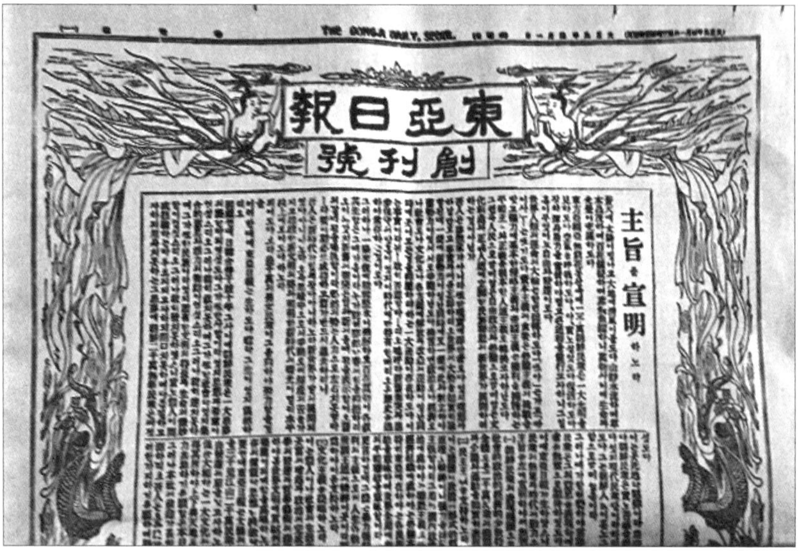
東亞日報
創刊號
主旨를宣明하노라

《동아일보》 창간호. 1920. 4. 1. 3·1운동 이후 민족대변지라는 자각으로 출발한 《동아일보》는 「창간사」에서 조선민족의 표현기관, 민주주의, 문화주의를 3개 주지主旨로 밝혔다.

온 소위 '문화운동'의 이론적 기반을 삼고 있는 신문화 건설, 실력양성론, 정신개조, 민족개조론이 바탕하고 있다는 점도 지적된다. 항일무장독립투쟁과 반대노선에 위치한 이 노선은 일제 강점기는 물론이고 해방 후, 그리고 현재까지 사회 각 분야의 소위 '주류'를 형성해 왔다는 점도 부인할 수 없다. 이 문제와 관련해서 별도의 논의가 필요할 터이다. 문제는 두 일간지의 이와 같은 지향점들이 엉뚱하게도 보천교와 차경석 죽이기를 초래하였다는 지적도 가능하다는 점이다.

당시 신문들의 '차경석', '보천교' 보도 통계

본격적인 논의를 위해 국사편찬위원회 검색 프로그램 한국사데이터베이스(이하 '국사데이터'로 줄임)를 활용하여 '차경석'을 검색하면 '연속간행물' 기사는 105건이다. 《동아일보》 33, 《부산일보》 1, 《시대일보》 21, 신문스크랩자료 1, 《신한민보》 8, 《조선중앙일보》 7, 《중외일보》 10, 한국 근·현대잡지자료 24건이다.[12] 이 통계 중 신문스크랩자료와 한국 근·현대잡지자료를 제외하면 일제 강점기 당시 신문기사 보도는 총 80건이다. 《동아일보》 기사가 전체 보도 중 41%에 이른다. 국사데이터에서 《조선일보》 기사는 검색되지 않는다. 직접 조선일보사 사이트에서 검색한 결과는 41건이다.[13] 《동아일보》 기사보다 8건이 많지만, 각 검색 프로그램의 기

----

12 국사편찬위원회, 한국사데이터베이스(http://db.history.go.kr/search/searchResultList.do?sort), 이하 같음. 검색일; 2017. 5. 18. 이하 국사데이터 검색은 동일. 국사데이터의 검색결과를 그대로 분석한 것이다. 이 중에는 여기서 논의하고자 하는 '차경석'이 아닌 동명이인도 있을 수 있다. 이하 차경석은 물론 '보천교' 검색결과에 관한 논의는 동일하다.

13 조선닷컴(http://srchdb1.chosun.com/), 검색일; 2017. 5. 18. 검색기간은 동아일보가 창간되었던 1920년 4월 1일(《조선일보》는 1920년 3월 5일 창간했다. 《동아일보》와 비교하기 위해 기간을 《동아일보》 창간일로 잡았다)부터 1945년 8월 15일까지

능이 서로 다를 수 있으므로 단순 비교는 무리다. 같은 조건을 가지고 동아일보사 사이트에서 검색한 결과는 66건이기 때문이다.[14) 《동아일보》 기사가 《조선일보》 기사보다 25건이 많은 수치다. 비교 여건상 여러 가지 제약이 있지만(예를 들어 창간 날짜와 같은) 《동아일보》·《조선일보》가 압도적으로 많은 기사를 보도하고 있는 것은 분명하다.

일제 강점기 신문의 '차경석' 보도 현황

구 분	총건수	동아 일보	조선 일보	시대 일보	부산 일보	신한 민보	조선중앙 일보	중외 일보
건 수	154	66	41	21	1	8	7	10
비 율 (%)	100	43	27	14	0.6	5.2	4.5	6.4

보천교에 관한 검색 결과도 다르지 않다. 먼저 국사데이터의 검색 결과 총 429건 가운데 《동아일보》 기사가 263, 《부산일보》 21, 《시대일보》 72, 《신한민보》 11, 《조선중앙일보》 41, 《중앙일보》 1, 《중외일보》 20건이다. 《동아일보》 기사가 전체의 61%에 달한다. 당시 보천교는 훔치교, 태을교, 선도교 등으로도 지칭되었다. 같은 프로그램에서 태을교는 총 56건 가운데 《동아일보》 기사가 53건이 검색되었다. 훔치교는 총 17건 가운데 《동아일보》는 14건, 선도교는 21건 가운데 19건이다. 모두 합치면 '보천교'에 관한 기사는 《동아일보》가 전체 524건 가운데 349건을 보도했다.[15) 67%에 달하는

(차경석은 1936년 사망했고, 한 달 뒤에 보천교는 총독부에 의해 강제해체됐다. 차경석 사망 이후의 일정기간 동안의 반응을 검토하기 위해서 검색기간을 이와 같이 선정했다), 검색조건은 '제목+내용'이다. 이하 동일.

14 동아닷컴(http://news.donga.com/), 검색일; 2017.5.18.

15 동아닷컴(동아일보사)에서 검색한 결과는 보천교 80건 태을교 28건, 훔치교 25건, 선도교 22건으로 총 155건이다. 검색일; 2017. 5. 18.

수치다. 조선닷컴(조선일보사)에서 '보천교'를 검색한 결과는 265, 태을교 24, 훔치교 45, 선도교 18건으로 모두 352건이다. 보천교에 대해서도 《동아일보》·《조선일보》 양대 일간신문이 압도적으로 많은 기사를 보도한 것이 확인되었다.[16)]

일제 강점기 신문의 '보천교(훔치교, 태을교, 선도교 포함)' 보도 현황

구 분	총 건수	동아 일보	조선 일보	시대 일보	부산 일보	신한 민보	조선중앙 일보	중외 일보	기타
건 수	855	329	352	74	22	13	41	22	3
비율(%)	100	38	41	8.6	2.6	1.5	4.8	2.6	0.4

문제는 대부분 부정적인 내용으로 보도하였다는 점이다. '차경석'에 관한 《동아일보》 기사 33건 가운데 차경석이 새로운 나라를 선포하고 황제로 등극한다는 이른바 '천자등극설' 관련 기사내용 5건, 보천교 내홍 및 보천교 성토 3건, 기타 차경석 관련 소식 등이다.[17)] 굳이 긍정적 내용이라고 한다면 독립운동과 관련 2건이 고작이다. 《조선일보》는 41건 가운데 천자등극설(천자궁 건설 내용 포함) 9건, 차경석 검거사건 8건, 보천교 내홍 2건, 보천교 해체 관련내용 9건 등이다. 보천교 관련 보도 실태 역시 다르지 않다. 《동아일보》 기사

---

16 거듭 지적하지만, 당시 각 신문기사의 일대일 단순비교는 무리다. 《부산일보》는 1907년 부산에서 창간된 일본어 일간신문이다. 《시대일보》는 1924년 창간되어 1926년에 종간되었다. 《조선중앙일보》는 1931년 창간 1937년 종간, 《중외일보》는 1926년 창간, 1931년 종간되었던 일간신문이다. 그리고 《신한민보》(1909년 창간)는 미국에서 재미교포 단체가 창간한 주간신문이다. 조선·동아 두 일간신문 기사가 많을 수밖에 없었던 것이다. 그러나 차경석과 보천교의 주요 활동기였던 1920년대 초반부터 1930년대 초반까지였다고 할 때 동아·조선 두 일간지는 물론이고 시대일보, 중외일보, 조선중앙일보 등이 발행되었던 시기와 겹친다는 점도 유의해야 한다.

17 각 기사의 제목과 리드 문장을 대상으로 하였음을 밝힌다. 이하 동일.

의 경우 '보천교' 263건 가운데 교주 차경석의 천자등극설 관련 기사 24건, 보천교 내홍(혁신운동 등) 내용 15건, 《시대일보》사건 10건, 심지어 사기사건(돈 사취 등) 19건, 보천교 및 보천교 산하 시국대동단 성토 및 박멸기사 36건, 기타 보천교에 대한 소식 47건(이 기사들도 대부분 부정적인 내용이다) 등이다. 긍정적인 내용으로는 독립운동 기사 4건, 기부 관련 1건, 물산장려운동에 보천교가 참여했다는 기사 2건 등이다. 이 가운데 독립운동 관련 기사는 결과적으로 부정적 효과를 나타냈다는 점이 인정된다면, 결국 긍정적 기사는 3건에 불과했다. 전체의 1.14%에 지나지 않았다.

《조선일보》의 경우 보천교 관련 기사는 265건 가운데 보천교 내홍(혁신운동, 시국대동단 연설회 성토) 52건, 《시대일보》 사건 24건, 보천교 검거사건 20건, 교주 천자등극설 7건, 혹세무민 18건, 보천교 해체 13건, 사회구호 2건, 기타 보천교 비판 33건 등이다(태을교, 훔치교, 선도교 등에 대한 분류는 하지 않았다). 독립운동 관련 보도는 12건이다, 역시 대부분 부정적인 기사였다. 검색어 '차경석'과 '보천교'를 합하여 긍정적인 내용의 기사로 분류한다면 동아일보에서 독립운동 4건, 기부 1건, 물산장려운동 2건, 《조선일보》는 독립운동 12건, 사회구호 2건 등에 지나지 않는다. 여기서 독립운동 관련 기사를 제외한다면 《동아일보》는 긍정적 기사가 3건, 《조선일보》는 2건이 전부다[18].

당시 신문들의 의도적인 '차경석 죽이기'

《동아일보》·《조선일보》의 이 같은 보도 실태는 무엇을 말하는

---

18 보천교의 독립운동 관련 기사는 식민통치자 입장에서 보면 부정적으로, 조선민중의 입장에서는 호의적인 기사로 작용할 수 있다.

가. 차경석은 1880년에 출생하여 1936년에 사망하였다. 56년이라는 짧은 생애다. 여기서 차경석의 생애 전체를 검토할 여유는 없다. 보천교 역시 예외가 아니다. 보천교의 역사를 내부기록에 따라 증산상제가 어천한 1909년부터 시작한 것으로 잡는다면, 일제에 의해 해체되었던 1936년까지는 27년에 지나지 않는다. 보천교가 교명을 '보화교'(뒤에 '보천교'라 함)로 선포하고 본격적으로 활동한 것은 1921년이라고 한다면 15년 안팎이다. 차경석의 생애라고 해도, 당시 신문기사에 보도되는 것은 대부분 보천교 교주와 관련된 내용이 거의 전부라고 할 수 있다. 따라서 당시 《동아일보》·《조선일보》의 두 신문기사가 보천교와 차경석에 관해 보도되었던 것은 위의 15년 내외라고 할 수 있다. 이 기간 동안 양대 신문이 '보천교(태을교, 훔치교, 선도교 포함)와 차경석'에 관해 775건의 기사를 보도하였다. 평균적으로 매년 51건, 매달 3건 이상을 대부분 부정적으로 보도하였다는 것은 다분히 의도적이었다는 결론을 내릴 수밖에 없다. 차경석이 나라를 팔아먹은 매국노가 아니요, 무슨 흉악한 범죄를 저지른 죄인도 아닐진대, 그를 '죽이려고' 작정하지 않고서야 그와 관련된 기사가 그토록 철저하게 부정 일변도로 보도할 수만은 없을 터다. 보천교에 관한 보도 역시 같은 지적을 할 수 있다.

보천교는 27년이라는 그 짧은 기간에 6백만 신도가 운집한 민족종교 단체였다. 보천교 세력이 가장 왕성한 시기인 1920년대 초반을 기준으로 할 때, 당시 조선의 인구는 통계청(1994)에 따르면 약 1천8백만 명이었다.[19] 조선인 3.3명 중 한 명이, 조선인구 전체의 33%가 보천교 신도였다는 얘기다. 이 현상을 어떻게 설명할 수 있

---

19 박정숙, 「식민지 시기(1910년-1945년) 조선의 인구 동태와 구조」, 『한국인구학』 32(2), 한국인구학회, 2009, 32쪽.

을까. 여러 가지 분석이 가능하다. 가장 먼저 보천교의 신앙대상이었던 증산상제의 가르침의 위대성 혹은 위신력, '흡입력'을 꼽을 수 있다. 증산상제는 깊은 절망의 늪에 빠져 방황하고 있던 나라 잃은 조선인민은 물론, 전 인류를 구원하기 위해 짧지 않은 세월 동안 온몸을 불태웠다.[20] 이밖에도 시공간적 배경, 민족적 현실상황 등 여러 가지 이유를 검토할 수 있을 것이다. 마지막으로 보천교 최고 지도자인 교주 차경석과 그를 둘러싸고 있는 간부(급)들의 능력도 하나의 이유가 될 수 있을 터다. 이 문제에 관한 더욱 심도 있는 논의는 앞으로의 연구과제다. 필자가 주목하는 것은 당시 신문잡지 기사의 내용이다.

"대시국大時國 황제 차경석" 보도

당시의 신문 기사 중 특히 눈길을 끄는 것은 교주 차경석의 천자등극설과 보천교의 독립운동설 등이다. 후자에 관해서는 의미 있는 선행연구가 이루어지고 있었으므로 여기서 논의는 생략한다.[21] 전자에 관해서는 교주 차경석이 시국이라는 국호를 선포하고, 황제에 등극하려고 하였으며, 사전에 시국의 벼슬자리를 팔아 금품을 갈취했다는 내용이다. 이른바 차경석의 '천자놀음'이요, 그가 '희대의 사기꾼'으로 표적이 된 사건이다.

---

20 증산상제의 가르침에 대해서는 증산도 경전인 『도전』을 참조할 것.

21 다음 논문들을 참조할 것. 안후상, 「보천교의 반일성 연구'를 위한 연구사적 검토」, 『한국종교』 39, 원광대 종교문제연구소, 2016. ; ——, 「일제강점기 보천교의 독립운동」, 『원불교사상과 종교문화』 70, 원광대 원불교사상연구원, 2016 ; 김철수, 「일제 식민권력의 기록으로 본 보천교의 민족주의적 성격」, 『신종교연구』 35, 한국신종교학회, 2016. ; 김재영, 「1920년대 보천교의 민족운동에 대한 경향성」, 『전북사학』 31, 전북사학회, 2007.

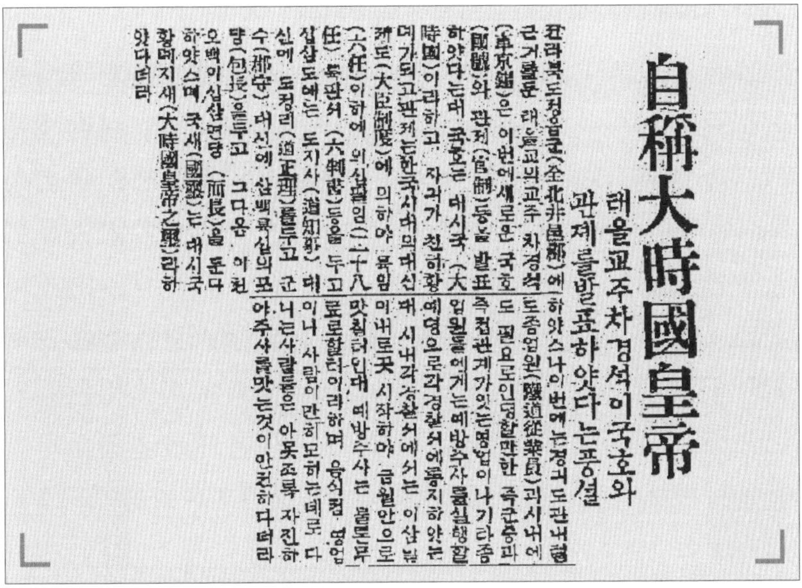
自稱大時國皇帝
태을교주차경석이국호와
관제를발표하얏다는풍설

전라북도정읍군(全北井邑郡)에 근거를둔 태을교의교주 차경석(車京錫)은 이번에새로운 국호(國號)와 관제(官制)등을 발표하얏다는대 국호는 대시국(大時國)이라하고 자긔가 친히황뎨가되고관제는한국시대의대신제도(大臣制度)에 의하야 륙임(六任)이하에 이십팔임(二十八任) 륙판서(六判書)등을 두고 십삼도에는 도지사(道知事) 대신에 도정리(道正理)를두고 군수(郡守) 대신에 삼백륙십의포당(包長)을두고 그다음 이천오백이십삼면당(面長)을 둔다하얏스며 국새(國璽)는 대시국황뎨지새(大時國皇帝之璽)라하얏다더라

일제강점기 당시 보천교 교주 차경석 천자등극설 기사. 「자칭自稱 대시국 황제大時國皇帝 태을교주 차경석이 국호와 관제를 발표하얏다는 풍셜」, 《동아일보》, 1922. 10. 26. 3면.

전라북도 정읍군全北 井邑郡에 근거를 둔 태을교의 교주 차경석車京錫(車京石의 오기-인용자)은 이번에 새로운 국호國號와 관제官制 등을 발표하얏다는대 국호는 대시국大時國이라하고 자긔가 친히 황뎨가 되고 관제는 한국시대의 대신제도大臣制度에 의하야 륙임六任 휘하에 이십팔임二十八任 륙판서六判書 등을 두고 십삼도에는 도지사道知事 대신에 도정리道正理를 두고 군수郡守 대신에 삼백륙십의 포당包長을 두고 그 다음 이천오백이십삼 면당面長을 둔다 하얏스며 국새國璽는 대시국황뎨지새大時國皇帝之璽라 하얏다더라.[22]

----

22 「자칭 대시국황제大時國皇帝 태을교주 차경석이 국호와 관제를 발표하얏다는 풍셜」, 《동아일보》, 1922. 10. 26. 3면.

1922년 10월 26일 《동아일보》 기사다. 이 기사는 보천교에서 1921년 9월 24일 경남 함양 황석산에서 고천제를 지냈던 결과를 기사화한 내용이다.[23] 보천교의 역사를 공식적으로 기록(구체적인 내용은 후술한다)한 『보천교연혁사』(이하 『연혁사』)에 따르면 1921년 황석산 고천제 당시 교명을 '보화교'로 선포하였고,[24] 고천제를 마친 뒤에 궐석된 일부 교직을 채웠으며, 교주자리를 신설하여 차경석이 비로소 교주가 되었다는 것을 확인할 수 있다. 적어도 보천교 공식 내부 자료인 『연혁사』에서 확인할 수 있는 내용은 이것이 전부다. 동아일보 기사는 고천제에서 거론되지도 않았던 '새로운 국호와 관제 등을 발표'한 것으로 보도하였다. 그것도 새로운 나라의 국호는 '대시국'이었으며, 교주 차경석이 스스로 황제로 칭하였다는 것이다. 《동아일보》 기사에서 보이는 육임, 도정리, 포장 등 교직은 이전에 이미 설치된 내용들이다.[25] 다시 말하면 《동아일보》에서 보도한

----

23 "제천 단 장소를 덕유산 산기슭 황석산黃石山에 정하고 산비탈[山坂] 수백 평을 평평히 깎아[鑿平] 오좌자향午坐子向으로 제단을 쌓을새 … 방주方主, 포장布長, 정리正理를 차례대로 열 지어 세우게 하니 사람 수는 천 명에 달한지라 초헌初獻 후 독축讀祝(축문을 읽음)하사 교명敎名을 하늘에 고[告天]하시니 가로대 보화普化라 하다. … 제례를 마치시고 비어있는 방주 7인을 보결補缺하니 … 교명을 고천하는 동시에 교주가 없는 것이 불가한 고로 선생께서 교주의 위치에 앉으심을 허락하시니 이때로부터 사제의 규모가 성립되었다." 이영호, 『보천교연혁사』 상, 보천교 중앙협정원·총정원, 1948, 44-45쪽. 『보천교연혁사』는 필사 영인본으로 전해지고 있다. 쪽수의 판독이 불가능하여 본문 시작 면을 1쪽으로 하여 논자가 임의로 정한 것임. 이하 동일.

24 당시는 '보화교'였으나 5개월 뒤인 1922년 2원에 보천교 간부 이상호가 총독부에 등록할 때 경찰의 의심을 피한다는 명목으로 '보천교'라고 하였다. 보화교의 '보'자와 당시 공인된 천도교의 '천자'를 따서 보천교라고 하였다는 것이다. 김철수, 『잃어버린 역사 보천교』, 42쪽.

25 차경석은 교도들을 통할하기 위해 60방위제方位制를 창설하여 1919년 말에 내부 조직을 완성하였다. 교주 밑에 방주 60인을 두고, 각 방주 밑에 육임六任을 맡는 6인을 두고, 다시 각 육임 밑에 12임을 맡는 12인을 두고, 각 12임 밑에 8임을 맡는 8인을 두는 식이었다. 구체적인 내용은 다음과 같다. "포교 12년 경신(道紀 50, 1920)이라 정월 초에 각 방주가 세배를 드리러 오고 대리代理 6임 추천보고서를 바치다[呈上]. 교주께서 대리 6임 교첩을 하사하실 새" 『보천교연혁사』, 20쪽. ; "포교 13년 신유(1921)

육임, 이십팔임, 도정리, 포장 등은 보천교 내부의 조직 명칭에 지나지 않았다. 그것이 《동아일보》 기사에서는 새로 건국된 대시국의 관제로 변하여 이후에는 차경석이 무지몽매한 인민들에게 그 관제를 팔아서 금품을 갈취하였다는 '희대의 사기극'으로 왜곡 변조, 날조, 조작으로 확대 재생산된다.

민족지 《동아일보》의 '보천교 박멸운동'

물론 당시 이 기사를 작성한 동아일보 기자가 전혀 취재조차 하지 않고 전혀 없었던 일들을 날조했다고는 상상하기 어렵다. 누군가에게 그런 얘기들을 들었을 터다. 1921년 9월 24일에 있었던 황석산 고천제 내용(?)을 1922년 10월 26일에 보도한 것이 첫 번째 근거다. 문제는 1년도 더 지난 일을 보도하고 있다는 점이다. 두 번째 근거는 〈'태을교주 차경석이 국호와 관졔를 발표하얏다는 풍셜〉이라는 기사의 리드 문장에서 볼 수 있듯이 말 그대로 '풍설'을 보도한 것이다. '풍설'이 무엇인가. 사전적 의미라면 '바람처럼 떠도는 소문'을 가리킨다. 그런 풍설이 있었다는 데야 굳이 부정할 수는 없으나, 그것이 기사회되기 위해서는 보다 철저한 사실 확인이 필요하다. 일반적으로 근대 신문, 특히 일간신문의 사명이 신속성, 사실성, 객관성, 대중성 등이라고 한다면 이 기사는 신속성에 있어서도, 사실성 내지 객관성에 있어서도 위배된다. 서구사회에서는 19세기에 본

라. 정월 초에 각 방주가 일제히 세배를 드리러 오거늘 교주께서 각인의 공부 소득을 물어보신 후 앞으로 닥칠[來頭] 진행방침을 말씀하사 가로대 현금現今 교도가 전 조선에 두루 가득[彌滿]하야 수백만에 달하나 기관이 미비하였으니 지금으로부터 각처에 기관을 설립할 터이니 각도에 정리正理 1인 부정리副正理 1인과 각 군郡에 포장布長 1인 부포장副布長 1인을 신언서판身言書判 위주로 선택하야 금년 가을겨울 전으로 보고하라 하시고 우선[爲先] 방주 중 11인을 택하야 임시 정리正理를 임명하시니." 『보천교 연혁사』, 25쪽.

격적으로 성립된 근대 저널리즘이 도입된 지 얼마 되지 않는 당시[26]에는 그런 풍설 따위를 가지고, 그것도 1년이 더 지난 사건을 보도하는 것이 현실이었는지 알 수 없으나 어떤 의도가 있다는 점을 배재하고서는 참으로 납득하기 어려운 일이다. 그 의도는 1960년대 후반에 발표된 한 다큐멘터리에서, "그때 《동아일보》는 '알짜 따라지 무식꾼이요 머슴 출신'이라고 두 말도 못하게 뒤통수에 뭇질을 한 데 반해 어떤 인사는 차천자야말로 태극풀이로 점을 치던 『주역』의 최고 권위였고 미륵불 같은 관상가며 도통자였다고 거 액면을 드러낸다. … 왜 민족지임을 자부하던 D일보는 전소구력全訴求力을 호소해 2년 여에 걸쳐 훔치교 박멸운동을 전국적으로 해야만 했는가?"[27]라고 의문을 던진 내용에서 짐작할 수 있다. 보천교 '박멸운동'의 일환이 아니고서는 이런 왜곡된 기사가 보도될 수 있다고는 이해하기 어렵다. 문제는 이 기사와 거의 같은 내용이 1926년에 작성된 전라북도 보고서, 『보천교일반』에 게재되고 있다는 점이다.[28] '총독부' 당국에서도 이런 보도 내용을 예의주시하고 있었다는 얘기다.

차경석 고유명사된 '차천자'

더욱 큰 문제는 이후의 언론 태도다. 이 기사 내용이 파급되어 당시 신문잡지들은 차경석을 아예 '차천자'로 지칭하고 있는 것이다. 소위 차경석의 천자등극설이 등장하는 배경이 되었다. 국사데이터

----

26 널리 알려진 바와 같이 1883년에 우리나라 최초의 근대 신문인 《한성순보》가 창간되었고, 1896년에 최초의 민간신문인 《독립신문》이 창간되었다.
27 이용선. 《사교계邪教界의 거부 차경석》, 35-38쪽. 이 책은 1968년에 발표된 다음 책을 재간행한 것이다. 이용선, 『(암흑기의 신화) 차천자』, 홍익출판사, 1968. 이 책에서 'D일보'란 《동아일보》를 가리킨다.
28 『보천교일반』, 19-20쪽.

에서 '차천자' 검색결과 당시 신문잡지에서 총 66건의 기사가 검색되었다. 《동아일보》 14, 《시대일보》 6, 《신한민보》 3, 《조선중앙일보》 2, 《중외일보》 4건 외에 잡지 기사가 37건이 검색되었다.[29] 적어도 이 정도였다면 '차천자'는 차경석을 가리키는 고유명사가 되어버렸다는 느낌이다. 차경석을 두고 '차천자'로 검색된 최초의 기사는 923년 8월 29일자 《조선일보》의 「칙주판임勅奏判任 사령서 예매. 명년에는 차천자車天子가 즉위한다고, 속아서 사는 자도 많은 모양이오 경찰관은 그자의 있는 곳을 엄탐」이다. 이른바 보천교 교주 차경석의 갑자년(1924) 천자등극설에 관한 기사다. 그러나 갑자년 천자등극설은 말 그대로 '설'로 끝났다. 달라진 것이 있다면 이 해부터 차경석 대신 '차천자'가 고유명사가 되었다는 점이다. 동아일보에서 검색된 '차천자' 가운데 최초의 기사는 1924년 10월 10일자 〈보천교 뒤죽박죽, 차천자의 활동〉이라는 차경석의 동정기사다. 같은 날 《시대일보》는 〈장리 놓는 차천자, 한교의 교주로 새 장리벼 놓기와 교유물의 이전등기에 골몰〉이라는 제하의 기사를 보도했다. '차천자'라는 고유명사는 그대로 굳어져 이후에도 줄곧 그대로 따라가고 있다. 최근까지도 달라진 것은 없다. 1960년대에 발표된, 차경석을 소재로 창작한 한 다큐멘터리의 제목은 《(암흑기의 신화) 차천자》였다.[30] 2000년대에 발표된 한 저널리스트의 책 제목은 『차천자의 꿈』이다.[31] 전자는 차경석에 대해 부정적인 시각에서 조명하였고, 후자는 비교적 긍정적인 입장에서 서술하였음에도 불구

----

29 이들 기사에 등장하는 '차천자'가 모두 차경석을 지칭하는 것은 아니다. 일부 예외가 있다는 얘기다. 예를 들어 당시 월간잡지였던 《개벽》지에는 '차천자車賤者'라는 기자이름 따위다. 여기에 관해서는 뒤에서 논의한다.

30 이용선, 《(암흑기의 신화) 차천자》.

31 박종렬, 『차천자의 꿈』, 장문산, 2002.

하고 '차경석'이라는 이름 대신 '차천자'라는 용어를 사용하는 것은 동일하다. 문제는 이 '차천자'라는 용어의 배후에는 차경석에 대한 비아냥거림, 멸시, 조소, 비난 등 부정적인 의도가 깔려 있다는 점이다. 문제는 차경석에 관해 긍정적 혹은 객관적으로 기술하려는 의도가 글쓰기에조차 아무런 검토 없이 그런 용어를 사용하고 있게 되어버린 점이다.

굳이 천자라면 '교중천자敎中天子'

차경석과 보천교 관련 내부 자료를 검토하는 과정에서 아직까지 차경석 혹은 보천교에서 천자등극을 의도적으로 기획, 추진했었다는 문헌자료는 아직 발견되지 않았다. 물론 간접적인 자료는 발견된다. 또한 그 근원지에 대한 유추도 가능하다. 천자등극설과 관련하여 눈길을 끄는 것은 굳이 천자라고 했다면 교중천자敎中天子라는 후손의 증언이다. 차경석의 3남 차봉남은 차경석이 일제 관헌에 진술할 때, "왕희지가 필중천자筆中天子라면 이태백은 시중천자詩中天子이며 나는 교중천자일 뿐이다. 나는 정치를 원하지 않는 사람이다."고 하면서 교인들이 붙여준 칭호에 불과했다며 끝까지 천자등극을 부인했다고 하였다.[32] 그의 증언을 인용하는 논자는, 그것을 부정하고 차경석의 천자등극설에 대한 가설을 입증하는 반대 논거로 제시하였다. 이 논자의 주장에 무리가 있다. 차봉남의 증언이 후손이라는 증언자 욕망이 어느 정도 개입되었을 것이라는 점에 유의하면서도, 다른 어느 증언보다 사실에 근접해 있다는 지적도 가능하다. '종교인 차경석'에 주목한다면, 차봉남의 증언은 전혀 틀리지 않았기 때문이다. 교단 밖에서 어떤 다른 목적을 갖고 대서특필하는 '차

---

32 차봉남 구술(1999. 7. 24) ; 김재영, 「보천교 천자등극설 연구」, 112쪽 재인용.

천자'를 떠난다면, 6백 만 교도가 신앙했던 종교단체 보천교의 교주 차경석이 그 교단 안에서 '천자'가 아니고 무엇이겠는가. 동서고금을 통하여 모든 종교 지도자는 그의 교권 안에서는 '천자'다. 일찍이 예수가 골고다 언덕에 끌려가 죽임을 당했을 때, 그를 처형한 자들은 십자가 위에 '유대의 왕'이라고 썼다. 물론 그들에게는 조롱거리의 의미에 다름 아니었을 터다. 그들의 의도와 다르게 예수 그리스도를 믿는 신자들에게 그는 진정한 왕이다. 불교에서는 부처를 법왕法王(【산스크리트어】 Dharmarāja)이라고 한다. 이 경우 왕은 가장 수승하고 자재하다는 뜻이다. 부처는 법문의 주인이며 중생을 교화함에 자유자재한 묘용이 있으므로 법왕이라고 한다. 천주교에서는 일찍부터 교황Pope · Pontifex maximus이 있었다. 로마교황 · 로마법왕, 혹은 단순히 법왕이라고 한다. 로마주교, 예수 그리스도의 대리자, 사도 베드로의 후계자, 전 가톨릭교회의 최고 사제, 서구 총대주교, 이탈리아 수좌 대주교, 로마관구 수도대주교, 바티칸시 국가원수, 동방세계에서 수도원장, 총 주교 등의 의미로 사용되었다.[33] 따라서 보천교 교주인 차경석을 보천교의 '교중천자'라고 한다면, 그것을 부정할 이유는 없다. 그는 보천교 안에서 천자가 분명하였다. 다만 '판' 밖(보천교 바깥)사람들이 보천교를 잘못 인식하고 온갖 세속적인 자신들의 감정, 욕망을 이입시켜 이상한 방향으로 확대재생산하였을 뿐이다.

조선총독부 긴장시킨 '차천자'설

문제는 차경석의 '대시국' 선포와 천자등극설이 일제 식민 통치자들을 더욱 긴장시키고, 또한 탄압의 빌미가 되기에 이보다 더 좋은

---

33 '교황', 『종교학대사전』, 한국사전연구사, 1998.

명분이 없었을 터다. 사실여부와 관계없이 현재 조선을 지배하고 있는 식민 통치자들에게 '천자 등극'이라는 그 자체만 해도 도발이요, 체제 반대적 행동이며, 왕조적 용어로는 '반역'이다. 후술하겠으나 일제 당국은 이 문제를 예의 주시하고 있었다.[34] 따라서 차경석을 '차천자'로 왜곡, 폄하했던 자들은 그 의도와 목적이 어떠하든 일제 식민 통치자들의 '흉계'에 놀아났던 세력에 다름 아니었다는 지적도 가능하다.

차경석 자신이 판박 천자를 꿈꾸었는지 확인할 수 없다. 적어도 현재까지는 교단 자료에 그런 기록이 발견되지 않고 있다. 만약 교단 안에서 그런 움직임이 있었다면, 몇 가지 추정은 가능하다. 먼저 포교의 수단으로 제기되었을 가능성이다. 물론 여기에는 시대, 사회적인 배경과 함께 종교인 차경석과 관련하여 신앙적, 이론적 배경도 작용하고 있다. 여러 가지 요인 가운데 가장 표면적으로 드러나는 가설 중에 하나는 당시 사회적 요인이다. 외세의 지배하에 있었던 일제 강점기 당시에 '독립'이라는 명제만큼 절실한 요인도 없었을 터다. 따라서 보천교에서 피압박 민족에게 가장 절실했던 문제인 독립을 포교의 수단으로 삼아 교주 차경석의 천자등극을 포교전략으로 활용했을 가능성이 있다. 일제 식민 통치자들 역시 이 점을 이미 간파하고 있었다. 『보천교일반』에서 "요언과 사술로 무지몽매한 사람들을 사로잡고 또 한편에서는 조선이 독립하고 대시국 건립 시에는 자신(차경석)이 왕위에 오를 것이다. … 황당무계한 언사를 농하면서 인심의 기미에 교묘하게 파고 들어가 비밀리에 포교에 종사하였다."[35]는 대목이 근거다.

---

34 『보천교일반』, 11-12쪽.
35 『보천교일반』, 19-20쪽.

보천교 내부 요인에서도 찾을 수 있다. 차경석의 천자등극설에 대한 우려는 증산상제 재세 시부터 제기되었던 문제였다. 증산상제는 차경석이 그런 욕망을 갖고 있는 기국이라고 보았고, 또한 우려하였을 뿐만 아니라 누차에 걸쳐 충고했다.

> 고부에서 사흘을 머무르신 뒤에 와룡리 황응종의 집으로 가시니 차경석이 따르거늘 이 때 상제님께서 말씀하시기를 "천자를 도모하는 자는 다 죽으리라." 하시고 "꿈만 꾸는 자도 죽으리라." 하시니라.[36)]

증산도문에서 증산상제의 '동정어묵動靜語默' 하나하나는 모두 천지공사天地公事가 된다.[37)] 천지공사란 미래에 이루어질 일종의 청사진이다.[38)] 말하자면 차경석으로 하여금 천자는 꿈도 꾸지 말라고 증산상제가 공사로서 처결해 놓았던 것이다. 교주인 차경석이 보천교의 신앙대상이요, 도조이기도 한 증산상제가 집행하여 놓은 천지공사를 어기고 천자를 도모했다고는 생각하기는 어렵다. 신앙대상, 혹은 도조의 가르침을 어겼다는 것은 바로 그 교단 자체의 주춧돌을 뒤흔들었다는 얘기에 다름 아니다.

----

36 『도전』 5:223:5-7. 이와 같은 내용은 물론 초기경전인 『대순전경』에서 기록되어 있다. "여러 종도로 하여금 21일간을 잠자지 말고 매효每曉에 한 시간식만 자라 하시니라. 경석이 여러 날 자지 못함으로 심히 피곤하야 밧가에 혼도하거늘 선생(증산상제-인용자)이 가라사대 천자를 도모하는 자는 다 죽으리라 하시니라." 이상호, 『대순전경』, 동화교회도장, 소화4(1929), 175쪽.

37 "나는 동정어묵動靜語默 하나라도 천지공사가 아님이 없고 잠시도 한가한 겨를이 없이 바쁜 줄을 세상 사람들은 모르느니라."(『도전』 3:18:3)

38 "나의 일은 천지를 개벽함이니 곧 천지공사니라."(『도전』 5:3:6) ; "이제 천지의 가을운수를 맞아 생명의 문을 다시 짓고 천지의 기틀을 근원으로 되돌려 만방萬方에 새 기운을 돌리리니 이것이 바로 천지공사니라."(『도전』 3:11:4)

보천교, 전근대적 산물로 매도

당시 신문들은 차경석과 보천교에 대해 왜 이렇게 무모하리만치 의도적이고, 때로는 악의적이라고 할 수밖에 없는 보도를 하였을까. 일차적인 해명은 앞에서 논의하였다. 여러 가지 이유 가운데 '근대 문명개화'와 관련 있다는 분석도 가능하다. 구한말과 일제강점기에 관통하는 주제 중의 하나는 근대 문명개화였음은 주지의 사실이다. 당시 '신문'은 다만 근대의 상징이었을 뿐만 아니라 근대 '권력' 중의 하나였다. 앞에서 동아일보사가 「창간사」를 통해 민족의 대변, 민주주의, 문화주의 제창 등 3개 주지를 천명하였다는 것을 검토하였다. 이 3개 주지야말로 근대 문명개화라는 계몽의식 내지 1920년대 초반부터 전개되어 온 '문화운동'의 이론적 기반들이 바탕하고 있다는 점도 지적하였다. 근대 문명개화를 표방하는 당시 신문권력의 입장에서 보천교는 대척점에 있는 대상으로 보였던 것 같다. 더구나 이 땅을 지배하는 외세였던 일제가 표방하던 문명개화와 공통적 지향점을 갖고 있었던 당시 국내 언론으로서는 망국민의 '이상한 눈초리'를 돌려놓기 위해서라도 누군가 표적이 필요하던 시기였다. 옥황상제를 신앙하고 대다수가 한복을 고집하며 상투를 틀고 있는 보천교(도)는 왕조적 질서를 주장하는 전근대 집단으로서 저들의 표적이 되기에 적격이었을 터다. 저들의 목소리가 커질 수밖에 없는 상황이었다.

> 백귀百鬼가 난무亂舞하는 별유천지別有天地 미신굴迷信窟
>
> 조선에서 이미 미신타파迷信打破의 봉화烽火를 들고 경종警鐘을 울린 지도 벌서 오래 전의 일이다. 그러나 백귀요마百鬼妖魔의 어지러운 춤이 그대로 벌어져 잇는 음부陰府의 잠을쇠는 오히려 굿게

잠기어 잇슬뿐이다.

해는 이미 중텬中天인대 '사탄'의 장난이 음흉한 곳에 아즉도 달콤한 미신에 취한 턱업는 잠고대도 오히려 무서운 악동惡童을 밎는 자 그 수천과 만으로 헤일 수 움스니 이 한심한 일을 장차 어찌할고? 함이 이 일 밤 호남선湖南線 렬차에 몸을 던저 미신의 복마뎐伏魔殿을 차자가는 나의 번거로운 생각이엇다.

정읍의 보천교도普天敎徒[39]

《동아일보》 기사는 보천교를 〈'백귀百鬼가 난무하는 미신 소굴〉, 〈미신의 복마전〉, 〈어리석지 않고는 풀려야 풀 수 없는 미궁迷宮의 마굴魔窟〉 등 차마 입에 담기조차 민망한, 마침내는 '반민족집단'으로 매도하고 있다.[40] 무엇보다도 '보천교=미신 소굴, 복마전'라는 이와 같은 시각에는 아직 제자리도 잡지 못한 '근대'의 눈으로 '전근대'를 비판하려는 섣부른 오만이 바탕하고 있음은 물론이다. 당시의 신문'권력'에 유의할 때, 적어도 이 정도의 현실이었다면 일종의 마녀사냥이요, '보천교와 차경석 죽이기'에 다름 아니었다는 것이 필자의 지적이다.

----

39 최용환, 〈복마전을 차저서(1) 《동아일보》, 1929. 7. 12, 2면. 당시 신문들이 차경석과 보천교를 매도하였던 다른 이유도 있을 것이다. 더 이상의 논의는 생략한다.

40 "수십만 어리석은 교도들의 피와 땀을 짜내인 볼의의 황금이 세칭世稱 차천자車賤子의 거대한 요마뎐妖魔殿의 주추를 지지하야 ○○○○국장을 불러내고 ○○○○총감을 면회하는 등 한때 차천자『왕국』의 외교가 그처럼 떨치게 되매 요사한 흉게에 떨어지지 안코는 마지못하는 어리석은 무리의 짤흐는 자는 물론 황금을 배경으로 한 그 압헤 춤을 삼키며 머리를 숙인 자 그 수 적지 안핫다하거니와 경찰이 되어서 서장署長살이를 하야도 차천자『왕국』의 소속디 정읍서장을 희망하고 순사부장만 되면 정읍에서는 그 텬하에 부른 립압면笠巖面 경찰관 주재소의 소장이 되기를 또한 지망志望하얏다는 것도 정읍의 쌍을 밟으며 비롯오 들은 말이 아니엇다." 최용환, 〈복마전을 차저서(1), 《동아일보》, 1929. 7. 12. 2면.

伏魔殿을차저서 (1)

井邑에서 崔容煥

鄭鑑錄의王國鷄龍山

긔사년등극밋다가떼거지만생겨

◇內憂外患의普天敎正體

百鬼가亂舞하는 別有天地迷信窟

井邑의普天敎徒 檢擧는全然虛傳

愚民膏血로定礎 車賤子의妖魔殿

井邑一帶老人들은 曾前의大時國忠臣

蓬萊山을바라보니 黃金의高樓巨閣

보천교 기사. 〈복마전伏魔殿을 차저서(1) 정감록鄭鑑錄의 왕국王國 계룡산鷄龍山 긔사년 등극 밋다가 떼거지만 생겨〉, 《동아일보》, 1929. 7. 12. 2면.

총독부 정책을 돕는 결과 초래한 당시 신문보도

문제는 당시 신문지상에 보도되었던 그런 기사들이 일제의 식민통치를 돕는 결과를 초래하였다는 점이다. 당시 이 땅을 식민통치하고 있던 일제는 일찍부터 역시 '개화'라는 가면을 쓰고 이 땅을 점령하였다. 일제의 간교한 기만을 간파한 것은 이미 1894년 동학혁명 최고 지도자 전봉준이었다. 「전봉준 공초」에서 그는 문명개화를 한다는 명분으로 이 땅에 들어와 온갖 패악을 저지르는 일제의 만행을 두고 볼 수만은 없어서 동학혁명전쟁을 일으켰다고 진술하였다.[41] 일제는 문명'개화'라는 이름으로 조선인을 기만하고 마침내는 이 땅을 점령하였다. 일제가 내세운 간교하고 달콤한 개화라는 이름 앞에 당시의 많은 지도자들이 무릎을 꿇고 친일 반민족의 길로 돌아섰다는 역사적 진실도, 일제가 내세운 개화의 이면에는 원래 목적이었던 제국주의적 야욕이 도사리고 있었다는 것도 여기서 재론할 문제는 아니다. 문제는, 각자 의도하는 바가 달랐겠으나 당시 국내 신문과 일제는 문명개화라는 공통점 앞에 만나고 있었고, 그 반대편에 차경석과 보천교가 위치하고 있었다는 점이다.

2) 당시 잡지들은 '차경석' 을 어떻게 보도했나

'잡지Magazine'라는 용어가 처음 등장한 것은 18세기 영국의 케이브Cave, E.가 발간한 《Gentleman's Magazine》이다. 이 잡지는 시

---

41 "문 : 다시 기포한 것은 무엇 때문이냐? 답 : 그 후 들은즉 귀국(일본)이 개화를 한답시고 처음엔 민간에게 일언반사一言反辭의 알림도 없었고 도 격서도 없이 솔병率兵하고 도성에 들어와 야반에 왕궁을 격파, 주상(임금)을 경동케 하였다는 말이 들리는 고로 시골선비 등은 충군애국의 마음으로 분개를 이기지 못하여 의병을 규합, 일인日人과 더불어 접전하여 일차적으로 이 사실을 청문하고자 하였다." 『전봉준공로록全琫準供招錄』, 초초문목初招問目, 1895. 2. 9(음).

사·시·전기·음악 및 여러 가지 피처feature(신문의 특집기사)물과 함께 삽화, 요약물 등을 게재함으로써 신문과 구별되는 잡지의 성격을 정립하였다. 우리나라에서 잡지는 개화기 서구문물과의 접촉과 함께 비롯되어 그 뒤 정치사적 기복에 따라 그 형태 및 추세가 변모, 발전해 왔다. 잡지는 신문보다 영향력이 크지 않지만 심층적 보도를 할 수 있다는 점에서 매우 유효한 언론의 한 형태라고 할 수 있다. 특히 한말에 있어서의 잡지는 뚜렷한 성격과 사명을 지니고 항일운동에 있어서 강렬한 역할을 담당하였다. 그러나 1910년 한일합방이 체결된 뒤 매체에 대한 탄압은 대단히 극심하였다. 신문·잡지 등 간행물에 대한 취재탄압은 이미 합방 전인 1907년에 '신문지법'을 공포하면서부터 시작되었다. 1909년에 공포한 '출판법'은 저작물의 사전 원고검열, 출판허가주의를 포함하여 언론의 암흑기를 만들었다.[42] 주목되는 것은 언론이 탄압을 받을수록 국민의 관심을 반비례하여 높아진다는 점이다. 일제 강점기 당시의 잡지는 매우 영향력 있는 언론의 한 부분을 차지하고 있었다.

당시 잡지들의 '보천교', '차경석' 보도 통계

국사데이터에서 검색어 '차경석'에 관한 당시 잡지 기사는 모두 24건이다. 이 가운데 월간종합잡지 《개벽》지가 15건, 《별건곤》이 6건을 보도했다. 이밖에 《삼천리》가 2건, 《제일선》이 1건이다. 개벽》·《별건곤》 두 잡지가 91%를 차지했다.

'보천교'도 다르지 않다. '보천교' 검색 결과 당시 잡지에서 총 72건의 기사가 보도됐다. 이 가운데 《개벽》지가 41건, 《동광》 5건, 《별건곤》 11건, 《삼천리》 13건, 《조선》 1건, 《신민》 1건이다. 이 중

---

42 『한국민족문화대백과사전』, 한국학중앙연구원 ; encykorea.aks.ac.kr

에서 《개벽》·《별건곤》지에서 52건을 보도하였다. 전체의 72%다.[43] '태을교' 관련 기사는 14건이다. 《개벽》지가 13건, 《별건곤》이 1건이다. 이밖에 《삼천리》가 4건을 보도했으나 두 건은 논설로서 태을교(보천교)를 한 예로 든 내용이다. 다른 2건은 희곡 작품으로 태을교와 직접적인 관련이 없다. 결국 태을교(보천교) 관련 기사 역시 《개벽》·《별건곤》지가 전체를 보도했다. '훔치교'는 7건이다. 모두 《개벽》지 기사다. 선도교는 2건이다. 《별건곤》이 1건, 그리고 조선총독부 고등법원 검사국 사상부에서 펴낸 월간지 《사상휘보》 제21호(1939. 12)에서 게재한 보천교 독립운동사건 관련 기사인 〈선도교도

일제 강점기 잡지언론의 "차경석" 보도 현황

구 분	총건수	월간개벽	별건곤	삼천리	제일선
건수	24	15	6	2	1
비율(%)	100	62.5	25	8.3	4.2

43 이 중에는 검색어 '차경석'과 중복되는 기사도 있다. 〈암영暗影 중에 무쳐 잇는 보천교의 진상〉, 〈정읍의 차천자를 방문하고〉, 〈창피막심한 보천교의 말로〉, 〈장발적長髮賊의 최후 준동〉, 〈사멸 중의 보천교〉 등 5건이 그것이다.

의 조선독립운동사건仙道教徒の朝鮮獨立運動事件〉이 그것이다. 정리하면 차경석과 보천교 관련 당시 잡지기사는 전체 119건이다. 이 중에서 《개벽》지는 61건, 《별건곤》지가 13건, 합해서 74건이다. 두 잡지 기사가 전체 잡지 기사 중 80%를 차지한다. 이 정도라면 두 잡지가 어떤 의도를 가지고 보도했다고 밖에 볼 수 없다. 여기서 내용 전체를 분석, 논의할 여유는 없으나 일부 기사 내용을 보아도 그 의도가 백일하에 드러난다.

1919년 3·1운동 이후 이른바 '문화통치'가 실시되었던 문화 통치기는 잡지의 양적·질적 발전이 이루어졌다. 이 시기 잡지의 개화는 대략 다음과 같은 측면에서 의미 부여를 할 수 있다. 첫째 민족주의 사상이 체계화됨으로써 정치면뿐 아니라 경제·사회면으로까지 논

일제 강점기 잡지언론의 '보천교(훔치교, 태을교, 선도교 포함)' 보도 현황

구분	총건수	월간개벽	별건곤	동광	삼천리	기타(조선, 신민, 사상휘보 등)
건수	96	61	13	5	14	3
비율(%)	100	64	14	5.2	15	3.1

평이 확대되어 잡지의 내용이 종합지 형태로 발전되었다. 둘째 자기 자신에 대한 탐구가 시도됨으로써 학술전문지 형태의 잡지편집이 시도되었다. 이러한 발전의 출발점은 월간종합지 《개벽》의 등장에서 비롯된다.[44]

천도교 기관지 《개벽》은 무엇인가

《개벽》은 천도교 청년회에서 발행하였다. 천도교 청년회는 1919년 9월에 발족한 천도교 청년교리 강연부를 토대로 1920년 3월에 조직했다. 천도교 청년회의 사업 가운데 눈에 띄는 것은 문화운동이었다. 그 시작은 종합잡지 《개벽》을 간행하는 것이었다. 1920년 6월 25일, 천도교 청년회는 천도교단에서 민족문화실현운동으로 세운 개벽사를 통해 《개벽》창간호를 발간하였다. 항일운동과 신문화운동을 활발히 전개하던 천도교는 민족문학 수립과 민족전통 문화유산 확립을 기본으로 언론·학술·종교·문예를 게재하는 종합월간지를 발간하기로 하고, '후천개벽사상'에서 이름을 따 '개벽사'를 창업하고 《개벽》을 발간하게 된 것이다.[45] 말하자면 《개벽》지는 천도교의 기관지였다. 그러나 내용적으로 보면 일반 시사문예 잡지의 성격이 더 강했다. 《개벽》지

《개벽》 창간호 표지. 1920년 6월 25일, 천도교는 민족문화실현운동으로 세운 개벽사를 통해 《개벽》 창간호를 발간하였다.

---
44 '잡지', 한국민족문화대백과사전, 한국학중앙연구원; encykorea.aks.ac.kr
45 '개벽', 한국민족문화대백과사전, 한국학중앙연구원; encykorea.aks.ac.kr

는 창간 취지를 “세계 사상을 소개함으로써 민족자결주의를 고취하며, 천도교사상과 민족사상의 앙양, 사회개조와 과학문명 소개와 함께 정신적·경제적 개벽을 꾀하고자 함”이라고 하였다.[46) 《개벽》은 1926년 8월 통권 72호를 끝으로 폐간되었다. 같은 해 11월에 천도교단 개벽사는 월간지《별건곤》을 간행하였다. 일종의 ‘취미’ 잡지였다. 취미 잡지임에도 불구하고 차경석과 보천교에 대해 집요할 정도로 보도하는 것은 무슨 까닭일까. 그 이유는 《별건곤》 창간호 〈여언餘言〉에서 확인할 수 있다.[47) 《별건곤》지는 《개벽》지를 대신하여 간행한 잡지였다고 할 수 있다. 이 잡지는 1934년 7월에 폐간되었다. 같은 해 11월 천도교단 개벽사는 《개벽》지를 속간하였다. 이 잡지는 1935년 3월에 제4호를 끝으로 다시 폐간되었다.

----

46 “세계를 대표한 시대의 가치와 사람을 대표한 문화의 상징은 다만 명名과 실實의 부호일 뿐이니 사람은 반듯이 세계를 알어야 하리로다. 세계를 알미 곳 사람을 알미요 또한 자기를 알미엇다. 사람으로써 세계를 알미 자기로써 자기의 이름을 알미로다. … 세계가 얼마마한 문화를 가지고 잇스며 얼마마한 발전, 향상, 진화를 가지고 잇는가 딸아서 세계와 일국가, 세계와 우리민족, 세계와 나는 얼마마한 관계, 리해, 가치를 가지고 잇는가. 이를 이해하는 지력과 이를 비판할만한 이성이 잇서야 하겟도다. … 세계는 어느덧 봉쇄시대封鎖時代의 세계가 안이엇다. 또한 거년의 세계도 안이며 작일의 세계도 안이엇다. 다만 오늘이라 하는 요마만치 된 세계이며 다만 이 찰나라 하는 요마만치 된 세계엇다. 세계의 폭원幅圓은 점차 그 범위가 줄어가도다. 동東한 끗과 서西한 끗이 날로 근近하야 오고 남南한 끗과 북北한 끗이 달마다 좁아오도다. 부상약목扶桑若木이 서로 가지를 연聯하게 되고 북두와 남극이 서로 꼬리를 접하게 되도다. … 세계의 범위가 좁아옴에조차 우리의 활동은 느러가고 세계의 지도가 축소함에 딸아 우리의 거름은 넓어가는 금일이엇다. 우리와 세계는 자못 한 이웃이 되어오고 한 가정이 되어 오도다. 우리는 이로부터 세계를 알어야 하고 세계적 지식을 가져야 하리로다.” 논설 〈세계를 알라〉, 《개벽》 제1호, 개벽사, 1920. 6. 25, 3-5쪽.

47 “《개벽》이 금지를 당하자 틈을 타서 이제《별건곤》이라는 취미 잡지를 발간하게 되엿다. 물론 《개벽》의 후신으로는 언론 잡지의 출간이 허가되는 대로 또 편집을 시작하려니와《별건곤》으로 말하면 휴가 한 겨울을 이용하야 시작한 것이니 결국 압흐로 2종의 잡지를 우리는 기대하여 보자! … 취미라고 무책임한 독물讀物만을 느러놋는다든지 혹은 방탕한 오락물만을 기사로 쓴다든지—등 비열한 정서를 조장해서는 안이될 뿐만 안이라 그러한 취미는 할 수 잇는 대로 박멸케 하기 위해서 우리는 이 취미 잡지를 시작하엿다.” 〈여음餘言〉, 《별건곤》 제1호, 개벽사, 1926. 11. 01, 153쪽.

보천교 비난하는 익명의 기사들

이 글에서 주목하는 것은 《개벽》지에서 보도한 차경석과 보천교 관련 기사들이다. 앞에서 당시 잡지 전체의 80%에 해당하는 기사를 《개벽》·《별건곤》지가 보도했다는 내용을 검토하였다. 《개벽》(속간 포함)지 기사만을 검토할 때 총 76호를 발행한 《개벽》지가 차경석과 보천교 관련 기사 76건을 보도했다. 횟수만 보면 《개벽》지 매 호가 발행될 때마다 한 건씩 보도한 셈이다. 보도 형식도 다양하여 취재 기사뿐만 아니라 기행문, 논설, 보고문 형식의 기사 등도 포함된다(뭉뚱그려서 '기사'로 지칭한다). 내용을 분석하면 더욱 참담하다. 〈남북조선을 순회한 자의 수작〉, 〈암영 중에 무쳐 잇는 보천교의 진상〉, 〈정읍의 차천자를 방문하고〉, 〈창피막심한 보천교의 말로〉, 〈장발적長髮賊의 최후 준동〉, 〈사멸 중의 보천교〉, 〈천태만상〉, 〈천자의 용왕방문기〉 등 제목만 보아도 그 의도가 드러나고 있다. 문제는 여기서 끝나지 않는다. 기사를 작성한 기자들의 이름도 지적되어야 한다. 차상찬, 박달성, 양명, 류광렬 등과 같은 기자는 물론이고 이돈화《개벽》지 사장, 김기전 '속간한' 《개벽》지 사장의 이름도 보인다. 제대로 형식을 갖춘 기명기사의 이름은 이것뿐이다. 이밖에는 대부분 필명으로 대신하고 있다. 묘향산인, 일기자一記者 , 박돌이, 비봉산인 등이다. 눈길을 끄는 것은 저암猪巖, 차천

《별건곤》 창간호 표지. 《개벽》은 1926년 8월 통권 72호를 끝으로 폐간되었다. 같은 해 11월에 천도교단 개벽사는 월간지 《별건곤》을 간행하였다.

자車賤者와 같은 필명이다. 심지어 '차천자車天子'라는 필명도 있다.[48] 앞의 두 필명을 굳이 문자 그대로 풀이하면 '저암猪巖'은 돼지바위, '차천자車賤者'는 '차씨 성을 가진 천한 놈'이란 뜻이다. 후자도 당시 언론에 '차천자'로 회자되고 있었던 보천교 교주 차경석을 비아냥거리는 의도로 쓴 것 같다. 국사데이터에서 '차천자車賤者'를 검색한 결과가 근거다. 그가 작성한 기사는 5건 가운데 〈창피막심한 보천교의 말로〉, 〈장발적의 최후 준동〉, 〈차천자의 용왕방문기〉 등 3건이 차경석과 보천교 관련 내용이다.[49] 이 정도라면 그가 '차천자車賤者'라는 필명을 사용한 것은 차경석과 보천교를 비난, 조소하려는 의도로 사용했다고 결론지어도 무리는 아니겠다. 또한 이 결론이 크게 틀리지 않다면 이것은 필명 수준이 아니라 어떤 의도를 갖고 있는 익명이라는 지적도 가능하다. 그가 '차천자車賤者'를 익명으로 사용했다는 것은 당시에 발표된 김만의 논설 〈잡지 기자 만평〉(《동광》제24호, 1931. 8. 4.)에서도 확인할 수 있다.

'차천자車天子' 비난하는 '차천자車賤者' 기자는 《개벽》지 주간

김만의 논설은 제목 그대로 당시 잡지 '기자'들에 관한 만평으로 당시 쟁쟁한 인물들을 다루고 있다. 《개벽》지 사장으로 아동문학가인 방정환, 《개벽》지 기자인 소설가 채만식, 월간 《농민신문》지 주간인 언론인 이성환, 해방사 기자인 만화가 김규택, 《동광》지 발행인인 시인 주요한, 잡지 《삼천리》 편집 겸 발행인이었던 시인 김동환, 월간종합잡지 《신생》지 기자인 시인 이은상, 종합잡지 《조선지

---

48 〈신해新解 정감록鄭鑑錄〉, 《별건곤》 제11호, 1928. 2. 1.

49 다른 두 건 기사 중 하나는 논설 〈백정사회白丁社會의 암담暗憺한 생활상生活狀을 논거擧論하야 형평전선衡平戰線의 통일을 족함〉(《개벽》 제49호, 1924. 7. 1), 〈이태조의 건국백화建國百話〉 (《개벽》 제70호, 1926. 6. 1)이다.

광》지 발행인 김동혁, 종합잡지 《신민》 기자인 소설가 최상덕 등 당시는 잡지사에 활동하고 있었으나 저마다 한국 근대문학사에서 굵직굵직한 자리 하나씩을 차지하고 있는 시인·소설가·아동문학가들이다. 이들과 같은 자리에서 얘기되고 있는 '차천자車賤者'[50]는 누구인가. 당시 한 잡지 기사에 따르면 그는 다름 아닌 차상찬(1887-1946)이다.[51] 차상찬이 누구인가. 그는 보성전문(고려대 전신) 졸업 후 모교 교수로 있다가 《개벽》지 주간으로 자리를 옮겨 활동하고 있던 시인 겸 수필가 겸 언론인이었다. 말하자면 당시 그는 《개벽》지의 취재·편집 관련 총 책임자였다. 그는 《개벽》지가 강제 폐간된 뒤에 1934년 11월에 속간하여 제1호부터 제4호까지 내는 발행인으로 활동하기도 하였다. 말하자면 그는 《개벽》지 주간이라는 위치에서 본명을 감춘 채 '차천자車賤者'라는 참희한한, 익명 뒤에 숨어서 차경석과 보천교에 관한 비난기사를 써대고 있었던 것이다. 이와 같은 기사를 남발하는 것은 그 개인의 의도가 있었겠지만, 나아가서 《개벽》지, 더 나아가서 천도교단의 의도

《개벽》지 주간 차상찬(1887-1946). 15년 동안 개벽사를 이끌어 온 차상찬은 '차천자車賤者'라는 필명으로 보천교를 공격하는 기사들을 썼다.

---

50 '차천자車天子'와 구별하기 위해 원문 '車賤者'를 그대로 표기한다.

51 "차상찬車相讚. 청오靑吾니 관상자觀相者니 차천자車賤者니 하는 아호의 익명으로 뾰족한 붓대를 도처에 휘둘으는 씨야말로 잡지왕국 개벽사開闢社의 이채라 할만하외다. 만일 씨의 기지가 방정환方定煥 총리總理를 보조치 않앗드란들 개벽開闢왕국의 잡법편집에는 호기好奇로의 새뜻한 목차가 보기 어렵을는지 몰을 것이외다. … 관상자觀相者니 차천자車賤者니 하는 익명으로 알려지지 아니한 남의 내력을 붓끗으로 점점히 오려내는 것을 악의로 해석할 이도 잇을 것이외다마는 그보다는 그의 도두라진 일면으로의 선의라고 보는 것이 온당할 일이외다." 김만, 〈잡지 기자 만평〉, 《동광》 제24호, 1931. 8. 4, 61-62쪽. 번역문은 국사데이터에서 표기한 그대로 인용하였다. 이하 동일.

가 개입된 결과라고 지적하지 않을 수 없다. 익명 뒤에서, 익명 자체까지도 취재 대상을 폄하하기 위한 의도성이 보이는 이름을 사용하면서까지 어느 한 대상에 대한 비판기사를 보도하는 태도는 올바른 언론인의 태도가 아니다. 어떤 악의적인 의도가 없었다면 기사 내용뿐만 아니라 '익명'까지 철저하게 계산하여 보도하지는 않았을 것이다. 그의 기사가 '악의'적이었다는 지적은 당시에도 있었던 것 같다. 김만은 차상찬이 '차천자車賤者'와 같은 익명을 사용하는 것이 '선의로 보는 것이 온당'하다고 변호하고 있으나 문자 그대로 '차씨 성을 가진 천한 놈'으로 읽히는 익명이 선의일 리는 만무하다.

김만은 위의 글에서 차상찬 《개벽》지 주간이 "관상자니 차천자車賤者니 하는 아호의 익명으로 뾰족한 붓대를 도처에 휘둘으는 씨야말로 잡지왕국 개벽사의 이채"라고 하였다. 이 글에 따르면 차상찬은 '차천자車賤者' 외에 '관상자'라는 익명도 사용했다. 앞의 국사데이터에서 '관상자'를 검색하면 36건이 뜬다. '관상자'라는 문자 그대로 당시 활동 중인 인물 관련 기사를 보도했을 때 사용하는 필명이었다. 결론적으로 차상찬은 기사 내용에 따라서 그때그때 필명을 바꾸어 발표했다는 것을 확인할 수 있다. 따라서 '차천자車賤者'는 주로 차경석과 보천교를 비판하기 위한 글을 보도할 때 사용했던 필명이었다는 결론에 무리가 없어 보인다. 이 결론이 타당하다면 이런 질문도 가능하다. 차경석 역시 당시 활동 중인 인물이었는데, 왜 유독 그에 대한 기사를 쓸 때는 '차천자車賤者'라는 필명을 넘어선 익명을 사용했을까? 이 물음과 관련하여 나로서는 차경석에 대한 '악의적 태도' 외에 다른 곳에서 이유를 찾기는 쉽지 않다. 물론 그의 악의적 태도 뒤에는 회사(개벽사), 그 회사를 운영하는 천도교가 버티고 있다는 점도 지적되어야 한다. 이 결론이 무리라고 한다면 다음 논의를 주목할 필요가 있다.

보천교 비난기사 쓴 '저암猪巖'은 《개벽》지 발행인

《개벽》 제38호(1923. 8.)에 〈암영 중에 무쳐 잇는 보천교의 진상〉이라는 기사를 발표한 기자는 '저암'이다. 저암이 누구인가. 그는 '저암'뿐만 아니라 야뢰夜雷·백두산인白頭山人이라는 호를 썼던 천도교의 이론가 이돈화(1884- ?)다. 그는 함남 고원高原 출신이다. 1902년 동학에 입도한 그는 1919년 천도교 3세 교주인 의암 손병희 등이 일제에 의해 감금된 후 천도교 청년교리 강연부를 만들어 교세 확장에 앞장섰던 인물이다. 그는 잡지 《개벽》을 창간하여 편집을 주재한 실질적인 발행인이었다. 그는 《개벽》이 1926년 폐간될 때까지 거의 매회 천도교 교리의 근대적 전개와 민족자주사상을 고취했다. 1923년 천도교 청년당을 창당하고, 후에 천도교 지도관장·대령·상주선도사·장로 등을 지냈다. 차경석과 관련하여 이 글에서 주목하는 것은 그가 《개벽》지 발행인이었다는 점이다. 발행인인 그가 '저암'이라는, 문자 그대로 이해한다면 '돼지바위'라는 필명으로 〈암영 중에 무쳐 잇는 보천교의 진상〉이라는, 폭로성 짙은 제목의 논설을 발표하였다는 점을 어떻게 이해할 것인가. 뒤에서 검토하겠으나 《개벽》지 발행인이 '익명'으로 쓴 이 논설은 《개벽》지 주간 차상천이 발표한 기사들과 함께 어떤 '악의적인 의도'를 가지고 보도하였

천도교 이론가·《개벽》지 발행인 이돈화(1884-1950). 《개벽》지 창간 편집인이기도 한 이돈화는 '저암猪巖'이라는 필명으로 보천교를 비난하는 기사를 발표했다.

다고 하지 않을 수 없다. 결론부터 내린다면 《개벽》지 발행인과 주간의 이와 같은 보도행태는 의도적인 차경석과 보천교 죽이기에 다름 아니니다. 두 유명 인사를 필두로 《개벽》지는 물론, 이 잡지를 기관지로 두고 있는 천도교 청년당, 나아가 천도교까지 차경석 및 보천교 죽이기에 가담했다는 혐의를 벗기는 어려울 것이다.

당시 잡지들은 왜 보천교 비난일색이었나

천도교는 왜 보천교를, 차경석 죽이기에 혈안이 되어 있었을까. 단순히 경쟁적 위치에 있는 민족종교이기 때문이라고 답한다면, 문제를 너무 축소시킬 우려가 있다. 물론 이 문제가 가장 크게 부각될 것임에 분명하다. 당시까지만 해도 60년 이상의 역사를 갖고 있는 천도교로서는 신생 보천교가 6백 만 큰 세력으로 부상하는 점에 '위협'을 느꼈으리라는 추측이다. 보천교 교주 차경석과 '천도교'와의 관계도 지적될 수 있다. 천도교 입장에서 한때 한 '식구'였던 차경석이 집을 나가 본가를 위협할 정도로 맹위를 떨치고 있으니 미리 경계하는 의도가 있었을 것이라는 추측도 가능하다. 물론 이와 같은 지적은 지극히 세속적인 검토결과다.

다른 분석도 가능하다. 보천교와 천도교는 '민족종교'라는 같은 바다를 항해를 하고 있으면서도 방법은 달랐다. 보천교가 '전통 지향적'이었다면 천도교는 개혁 지향적이었다고 할 수 있다.[52] 한때 천도교 교주 의암 손병희가 망명길에 올라 '이상헌'이라는 가명으로 5년여를 일본에 체류하면서 꿈꾸었던 것은 조선의 문명개화였다. 그가 1903년 일본에 머무르면서 지었다는 〈삼전론〉이 무엇인

52 여기서 보천교가 전통 지향적이었다는 지적은 당시의 보천교에서 보여준 혹은 보천교에 관한 '기표'만을 두고 일컫는 지적이다. 보천교의 후신인 증산도 경전 『도전』을 검토한다면 전통과 함께 개혁 지향적이라는 점을 확인할 수 있다.

가. 한 마디로 개화자강의 정책론이다. 1904년 러일전쟁이 일어났을 때 일본에 있었던 그는 국내 동학도인들을 동원하여 진보회 조직을 배후조종하였다. 진보회는 급속도로 발전, 390여 개의 지회 조직을 비롯해 30여만 명이 단발短髮을 실천하는 등 개화운동을 전개하기도 하였다. 《개벽》지는 어떠한가. 이 잡지의 발간 목적이 세계사상 소개, 천도교사상과 민족사상의 앙양, 사회개조와 과학문명 소개 그리고 정신적·경제적 개벽 등이었다는 것은 이미 지적하였다. 천도교 사상을 제외하면 '근대화'라는 의미망으로 묶을 수 있다.

상투, 한복 차림이 미신 신봉, 반민족인가

문제는 문명개화의 전도사로 자처했던 군상이 보여준 행태였다. 그들에게 있어서 문명개화야말로 근대화의 길이요, 그 길만이 민족의 길이고, 민족을 위하는 길이었다. 문명개화를 거부하는 세력은 구식 먼지투성이, 상투쟁이, 미신 신봉자, 심지어 반민족세력으로 매도의 대상이 되었다.

> 우리 조선사회에 보천교와 여如한 미신의 요괴가 출생케 됨은 또한 조선인의 필연의 세勢라 말하고 십다. 조선인으로서 남다른 이 미신의 요괴를 가지게 된 것이 조선사회의 특색이라 할는지 필연의 세勢라 할는지 엇지되엿든 이 사회에 이 요괴가 출생케 하엿슴은 기실其實는 요괴의 요괴된 죄가 안이오. 조선사회의 조선사회된 죄라 하리라. … 우리가 이제 조선사회의 미신적 원인이 어대 잇느냐 하는 대답에는 여러 가지가 잇지마는 그 여러 가지를 총괄한 간단한 답변-한 마듸가 잇스니 왈曰 무지無知, 무지無知가 곳 신앙의 원인이 된다 함이라. 태고 유치의 인민이 질

풍설우疾風雪雨을 귀鬼라 하며 수화목석水火木石을 신神이라 함에 무엇이 흠欠이냐 흠은 곳 무지無知인 것이다. 독갑이에게 절하며 성황당에 비는 것이 무엇이 흠이냐 흠은 곳 무지이다. 상투장이 떼가 차천자를 밋고 무리무리 보천교로 들어가는 것이 무엇이 흠이냐. 흠은 곳 무지인 것이다. 무지가 곳 차천자를 생生하고 차천자가 곳 보천교를 생生한 것이다. 그리하야 차천자와 보천교를 생生한 자는 곳 조선사회의 무지이다. 이와 가티 무지가 무지를 생生하고 무지가 무지를 생生한 것이 보천교이다.[53]

《개벽》지 발행인 이돈화가 '저암'이라는 익명으로 발표한 기사 일부다. 이 기사는 앞에서 검토한 《동아일보》 기사, 〈복마전을 차저서(1) 정감록의 왕국 계룡산 긔사년 등극 밋다가 떼거지만 생겨〉와 그 내용에 있어서 크게 다르지 않다. 기사에서는 우리 고유의 신앙이었던 신교가 미신이며, 그것을 믿는 것은 무지 때문이라고 단정하였다. 또한 바로 그 무지가 보천교와 같은 '요괴'를 출생시켰다는 것이다. 따라서 보천교라는 미신단체가 출생한 것은 보천교만의 문제가 아니라 문명개화를 거부한 조선사회의 죄라고 지적하였다. 한마디로 문명개화는 선이고, 전통지향은 악이라는 논리다.

문제는 그들이 보천교에서 '전통' 내지 미신으로 보았던 것은 한복 입고 머리를 길게 기르고 상투를 트는 소위 '상투쟁이' 모습이었다. 《개벽》지 발행인 이돈화가 '상투장이떼가 차천자를 밋고 무리무리 보천교로 들어가는 것이 무엇이 흠이냐. 흠은 곳 무지인 것이다' 라고 비아냥거릴 때, 《개벽》지 주간 차상찬은 보천교도를 '장발적長

---

53 저암猪巖, 〈암영暗影 중中에 무쳐 잇는 보천교의 진상眞相〉, 《개벽》 제38호, 1923. 8. 1, 29-30쪽.

髮賊'으로 매도하였다.[54] 이들이 보천교인을 두고 상투쟁이떼, 장발적 등으로 비난하는 배경에는 천도교 3세 교주 손병희의 지령을 받아 조직된 진보회원 30만 명이 문명개화의 일환으로 단발을 했던 풍경을 볼 수 있는 것은 우연이 아닐 터다.

> 진소위성즉군왕眞所謂成則君王이오 패즉역적敗則逆賊이라고 차경석車京錫은 갑자년에 황제가 되지 못한 까닭에 일반 민중 의사에 위반되는 행동을 감행하야 구구한 잔명을 보保하랴고 한다. 그러나 피彼 무고순량無辜純良한 루만屢萬의 장발長髮한 교도는 장차 엇지하랴는가(호왈號曰 120만이라 하나 모처 조사에 의하면 기실其實 5만에 불과) 군君 등等의 희망하던 대시국大時國은 갑자년이 다 가도록 아모 소식이 업고 딸하서 군수 관찰 대신大臣 협판協判은 몽夢 중에도 할 수 업다. … 잘못하면 제2 이용구李容九의 도당徒黨 또는 제2 민원식閔元植의 도당徒黨이 되야 (각파 유지연맹의 도당은 벌서 되얏지?) 일반 민족에게 장발적長髮賊 칭호를 드를 것이다.[55]

거의 저주에 가까운 내용을 담고 있는 이 글은 차경석의 이른바 천자등극설을 다루고 있는 기사다. 심지어 기자는 이 글에서 차경석을 친일파의 거두 이용구와 민원식과 비유하면서 '장발적'의 칭호를 듣게 될 것이라고 비난하고 있다. 《개벽》지의 주간이었던 차상찬이 '車賤者'라는 익명 뒤에 숨어서 이런 악의적인 기사를 계속 보

---

54 '장발적長髮賊'은 중국 청나라 말기에 가톨릭교도 홍수전을 우두머리로 하여 반란을 일으켰던 무리를 가리키는 용어였다. 당시 홍수전 무리가 변발을 풀고 장발長髮을 한 데에서 유래한다.

55 차천자車賤者, 〈창피막심昌皮莫甚한 보천교의 말로末路〉, 《개벽》 제54호, 1924. 12. 1, 66쪽.

도하였던 것이다.[56] 차경석과 보천교인들을 '장발적'으로 매도한 것은《개벽》혹은 천도교뿐만이 아니었다. 1929년 8월 27일자《동아일보》의 기사 제목은〈산동성山東省 미신마굴迷信魔窟 대포로 공격 소탕, 조선의 흠치교가튼 종교단톄, 장발적長髮賊 '마천자馬天子'도 참사〉다. 이 기사에서 '흠치교'는 보천교의 다른 이름이다. 이 기사는 "요사이 조선에서 차텬자車天子란 것이 출현하야 세상을 속이는 것 것가티 중국에서는 마천자馬天子란 괴물이 나타나서 혹세무민惑世誣民을 한다."로 시작하였다. 이 기사는 중국의 신종교 황교회黃敎會가 중국 당국에 의해 소탕된 내용을 전하고 있다. 이 기사에서 전하고자 하는 내용은 중국의 황교회를 보천교와 비교하는 것은 미신이라는 것, 머리를 기르는 '장발적長髮賊'이라는 것, 교주가 천자를 사칭한다는 것 따위다.[57] 당시 신문 기사를 검토하면서도 지적하였으나 잡지기사 특히《개벽》지의 이와 같은 관점 역시 '근대'라는 색안경을 통해 비판하는 것임을 말할 나위도 없다. 근대 문명개화에 반하는 전통지향은 미신이요, 마침내는 '역적'으로 매도당하는 것이 당시 신문은 물론 잡지의 공통된 시각이었다고 할 수 있다. 그 대상 가운데 대표적인 표적이 된 것이 보천교와 차경석이었다.

> 보천교의 장래가 장차 엇지 될 것인가 하고 뭇는 사람이 잇다 하면 나는 그 사람에게 이와 가튼 반문을 하고저 한다.「조선사회가 장래 엇지 될 것인가」를. 보천교의 수명이 장구하랴 단명하

----

56 차상찬은〈장발적長髮賊의 최후준동最後蠢動〉이라는 논설도 발표했다. 차천자車賤者,〈장발적長髮賊의 최후준동最後蠢動〉,《개벽》제56호, 1925. 2. 1.

57〈신중국新中國의 신화제新話題: 평등상속平等相續과 주복연애主僕戀愛(4) 산동성山東省 미신마굴迷信魔窟 대포大砲로 공격攻擊 소탕掃蕩, 조선의 흠치교가튼 종교단톄, 장발적長髮賊「마천자馬天子」도 참사慘事〉,《동아일보》, 1929. 8. 27., 5면.

랴 함은 전혀 조선사회의 발전이 더듸랴 속速하랴 하는 문제화 직접 관계를 가진 것이다. 만약 조선사회의 장래가 과거 혹은 금일과 가티 일반 민중의 사상이 암흑暗黑하다 하면 그에 딸하서 보천교의 수명도 장長할 것이오 그러치 안이하고 사회의 사상이 금일 이상으로 발전이 된다 하면 보천교의 멸망은 명약관화한 것이다. 하고何故오 하면 보천교의 신념과 행동이 근본으로부터 사회의 암흑면暗黑面을 교묘히 이용한 까닭인 고로 사회의 흑면黑面이 철폐撤廢됨에 따라 미신도 점멸漸滅할 것임으로 써라.[58]

《개벽》지 발행인 이돈화는 보천교의 장래를 조선사회와 동일시하고 있다. 물론 그 바탕에는 근대 문명개화를 지향하는 조선사회와, 거기에 반하는 전통지향의 조선사회가 도사리고 있다. 역시 그가 보기에 전자는 선이요, 발전인 반면 후자는 멸망의 길이다. 불행은 당시가 일제강점기였다는 점이다. 불행하게도 그들이 내세운 '근대 문명 개화'의 근처에는 또 하나의 '풍경'이 자리 잡고 있음을 보게 된다. 근대문명 개화의 전달자를 자처하며 이 땅을 강제점령하고 있는 식민통치권력이 그것이다. 본의든 아니든 당시 국내 언론사와 일제 식민통치세력이 '근대 문명개화'라는 공통된 '얼굴'을 하고 있었다. 이 경우, 전통지향적 지점에 위치하였던 차경석과 보천교는 본의 아니게 그들로부터 공동의 '적이 될 수밖에 없는 운명이었다.

---

58 저암猪巖, 〈암영暗影 중中에 무쳐 잇는 보천교普天教의 진상眞相〉, 《개벽》 1923. 8. 1, 35-36쪽.

3

일제 강점기 국내 학계의 보천교 연구 실태

보천교와 차경석 죽이기는 식민권력에 편승한 당시 언론, 경쟁자적 위치에 있었던 같은 민족종교 단체에서만 있었던 현상은 아니었다. 학계에서도 예외가 아니었다. 물론 일제 강점기 당시 보천교와 차경석 관련 연구는 거의 이루어지지 않았다. 당시까지만 해도 '차경석'은 저널리즘의 대상이었지 연구 대상으로서는 아직 시기상조였다. 그럼에도 불구하고 한 권위 있는 학자의 영향력 있는 연구논저에 보천교가 논의되고 있어 주목하지 않을 수 없다. 주인공은 당대 최고의 종교학자로서 한국종교사와 민속학연구의 개척자로 높은 평가를 받는 이능화(1869-1943)다.[59] 그가 차경석과 보천교를 논의한 연구 성과는 좀 엉뚱하게도 『조선도교사』다. 한국도교사 연구의 효시라는 평가에도 불구하고 이 책에 담고 있는 성과에 대해서는 이미 비판적인 연구가 있다.[60] 이 글에서는 『조선도교사』에서 논의되고 있는 보천교 관련 부분만 검토한다. 학계에서는 이 책이 자료집에 지나지 않은 수준이라고 지적하고 있지만, 특히 보천교 관련 부분에서는 자료집 이하의 수준이라는 지적이 가능하다. 그럼에

----

59 이기동, 『한국사 시민강좌』 45, 일조각, 2009, 198쪽.

60 이 책의 내용에 관한 연구에 대해서는 다음 논문을 참조할 것. 최준식, 「이능화의 『조선도교사』」, 『도교문화연구』 7, 한국도교문화학회, 1993. ; 이종성, 「이능화 『조선도교사』의 학술사적 의의와 한계」 81, 충남대 인문과학연구소, 2010. ; 장인성, 「이능화의 한국 도교관 : 『조선도교사』를 중심으로」 17, 『한국인물사연구』, 한국인물사연구소, 2012.

도 불구하고 이 책은 저자의 중량감에서, 또한 이 책에서 논의하고 있는 한국 도교뿐만 아니라 민족종교 연구에 있어서도 선구적인 작업으로 후학에게 미치는 영향력은 지대하다.

당대 최고의 종교학자 이능화의 『조선도교사』라는 책

먼저 『조선도교사』가 언제 집필되었는지가 문제적이다. 이능화의 대부분 저술의 저작 연대를 정확하게 밝혀졌다.[61] 그러나 『조선도교사』만큼은 '1959년 동국대 영인[수고본手稿本]'이라고만 할 뿐, 정확한 연대에 대해서는 밝혀놓은 기록이 없다. 학계에서는 몇 가지 설이 제기되었다. 이능화의 생애를 네 시기로 구분한 학계 일각에서는 제4기 종교일반 및 한국학 연구기(1922-1943)에 집필했을 것으로 추정하고 있다. 구체적으로는 양은용 교수는 1920년대로 잡았고, 서영대 교수는 1933년경으로 보고 있다. 두 논문을 참조하고

이능화의 대표논저 『조선도교사』 표지. 도교에 관한 이 책에서 보천교를 고의적으로 왜곡하였다.

이능화(1869-1943). 【출처】《충북일보》 2014.12.4. 「괴산출신 이능화를 어떻게 볼 것인가」

61 이능화의 저작 목록과 집필 연대 등은 신광철, 「이능화의 한국신교연구」, 『종교학연구』 제11권, 1992에 잘 정리되어 있다.

있는 최준식은 1927년부터 1933년경 사이에 집필되었을 결론 내렸다.[62] 이 결론을 수용했을 경우, 보천교에 관한 이 책의 논의는 차경석이 한창 활동할 시기였다. 물론 보천교 역시 아직 건재했을 때였다. 이 책에 수록하고 있는 차경석과 보천교 관련 내용은 '학문적 논의'로서는 최초라고 할 수 있다. 필자가 이 책의 보천교 관련 논의를 주목하는 첫 번째 이유다.

『조선도교사』에 인용된 수십 종의 자료 가운데에서도 가장 많은 영향을 준 것은 조선 후기의 실학자 이규경의 『오주연문장전산고五州衍文長箋散稿』다. 인용되고 있는 자료의 원문이 전체 분량의 3분의 2를 차지하고 있다. 선행연구에서는 『조선도교사』가 마치 자료집과 같은 책이라고 지적하는 이유다.[63] 그럼에도 불구하고 『조선불교통사』 이후 이능화의 업적 중에서 가장 주목할 만한 성과로 평가받는 것이 『조선도교사』다. 이 책은 한국 도교연구의 효시로 평가받는 다는 것은 이미 지적하였다. 국내 학자들에 의한 본격적인 도교 연구가 1980년대에 와서야 시작되었다는 현실을 직시할 때, 이 저작의 영향력은 굳이 별도의 논의가 필요하지 않을 터다.[64] 눈길을 끄는 것은 이 연구논저에 보천교가 논의되고 있다는 점이다.

이능화, 보천교 왜곡에 앞장서다

『조선도교사』는 총 28장으로 구성되어 있다. 목차에는 제29장은 「지나도교원류대관支那道敎源流大觀」이라는 제목 밑에 13항목으로 나누어져 있으나 본문이 없다. 학계에서는 이 부분이 집필되지 않았

---

62 최준식, 「이능화의 『조선도교사』」, 289쪽.
63 차주환, 「조선도교사」조, 『민족문화백과사전』, 정신문화연구원, 1991. ; 최준식, 「이능화의 『조선도교사』」, 291-291쪽 재인용.
64 최준식, 「이능화의 『조선도교사』」, 287쪽.

던 것으로 추측한다. 제1장부터 21장까지는 도교에 관한 내용에 충실하고 있다. 문제는 제22장 이후부터다. 도교와 맹인과의 관계, 가택행사와의 관계, 성상星象·칠성·선음즐교善陰櫛教에 관한 것뿐만 아니라 동학을 비롯한 여러 민족종교와 도교의 관계를 기술하고 있다. 여기에 거의 머리 격으로 보천교가 논의되고 있다. 내용을 검토하면 저자가 왜 보천교를 도교사 책에 끼워 넣었는지 짐작할 수 있다. '도교와 불교의 사상이 서로 엇섞인' 결과물이지만, "실지를 따지고 보면 유교도 아니요 불교도 아니요 또한 선교도 아니다. 묵은 말을 주어 모아서 억지로 비기祕記에 맞도록 만든데 불과한 것"으로 '잡교雜教'라는 것이다.[65] 표현이 속되고 거칠다. 논의를 전개하는 태도 역시 문제적이다. 그 저의에는 민족종교에 대한 비하 내지 매도하려는 의도가 깔려 있다는 것도 어렵지 않게 읽을 수 있다. 특히 보천교와 관련해서는 많은 내용들이 왜곡, 조작되어 있다. 논자가 참조한 자료의 출처가 궁금할 정도다.

> 기미년 봄 독립운동이 크게 일어나니 서울과 지방에 있는 태을교도들이 또한 많이 참가하였으며 또 저들이 서로 말을 퍼뜨리기를, 강증산이 죽을 적에 말하기를 "내가 죽은 지 수 년 후에는 계룡산에 재림하리라." 하였고 또 제2세 교주 차경석은 "갑자년 4월에 장차 천자가 되어 계룡산에 도읍을 정하면 태을교도는 어느 누구를 막론하고 고관대작이 된다." 하였다 한다.
> 이러한 풍성이 경무국에 들어가니 경무국에서는 삼남 각지와 강원도에 있는 수천 교도들을 차례로 체포하였다.[66]

----

65 이능화 저, 이종은 역주, 『조선도교사』, 319-320쪽.
66 이능화 저, 이종은 역주, 『조선도교사』, 341쪽.

증산상제가 어천할 때 계룡산에 재림하겠다고 유언한 적은 어떤 기록에도 없다. 이 논자의 기록에만 있을 뿐이다. 아마도 논자는 참서 『정감록』을 염두에 두고 한 의도적으로 혹은 당시 떠도는 얘기를 듣고 논의하고 있는 것으로 추정된다. 증산상제는 "내가 금산사로 들어가리니 나를 보고 싶거든 금산 미륵불을 보라. 금산사 미륵불은 육장六丈이나 나는 육장 반으로 오리라."(『도전』 10:33:6-7)고 하였다. 금산사는 모악산에 위치한다. 오늘날은 계룡산이 좀 퇴색된 느낌이 없지 않지만, 한때 계룡산과 모악산은 한국 민족종교의 메카에 다름없었다. 증산상제에 유의하였을 때, 모악산과 계룡산은 엄청난 차이가 있다. 전자는 미륵신앙과 관련이 깊다. 이 경우, 증산상제는 "내가 미륵이니라."(『도전』 2:66:5, 10:33:5)고 하였다. 증산상제는 당신이 인간으로 탄강할 때 금산사 미륵불상에 임하여 30년을 지내다가 이 세상에 왔다고 하였다.[67] 한때 '신도안'으로 통했던 계룡산은 주로 무속신앙 집단이 모여 있는 곳이었다, 계룡산은 예로부터 『정감록』의 주인공 정도령이 온다고 하는 설화와 관련이 깊다고 할 수 있다. 따라서 차경석을 굳이 계룡산과 관계를 지으려고 하는 언술은 『조선도교사』의 다음 문장과 관련이 있어 보인다. 교주 차경석이 '갑자년 4월에 장차 천자가 되어 계룡산에 도읍을 정하면

---

67 "서양의 문명이기文明利器는 천상 문명을 본받은 것이니라. 그러나 이 문명은 다만 물질과 사리事理에만 정통하였을 뿐이요, 도리어 인류의 교만과 잔포殘暴를 길러 내어 천지를 흔들며 자연을 정복하려는 기세로 모든 죄악을 꺼림 없이 범행하니 신도神道의 권위가 떨어지고 삼계三界가 혼란하여 천도와 인사가 도수를 어기는지라 이마두利瑪竇가 원시의 모든 신성神聖과 불타와 보살들과 더불어 인류와 신명계의 큰 겁액劫厄을 구천九天에 있는 나에게 하소연하므로 내가 서양 대법국 천개탑에 내려와 이마두를 데리고 삼계를 둘러보며 천하를 대순大巡하다가 이 동토東土에 그쳐 중 진표眞表가 석가모니의 당래불當來佛 찬탄설게讚歎說偈에 의거하여 당래의 소식을 깨닫고 지심기원至心祈願하여 오던 모악산 금산사 미륵금상에 임하여 30년을 지내면서 … 드디어 갑자甲子(1864)년에 천명과 신교를 거두고 신미辛未(道紀 1, 1871)년에 스스로 이 세상에 내려왔나니."(『도전』 2:30:5-126)

보천교도는 어느 누구를 막론하고 고관대작이 된다'는 기사가 그것이다.

학문 업적 아닌 '저널리즘' 글쓰기

이밖에 보천교 관련 부분을 채우고 있는 기사는 제주 신도들 교금의 상해 임시정부 군자금 의혹 사건, 함양 황석산 고천제, 차마 입에 담기조차 민망할 정도로 기술하고 있는 차경석 출생관련 기사, 차경석이 자칭 '대시국황제'라고 하였고, 이미 즉위하였으며 갑자년에 실권을 행사한다는 유언비어 유포 사건, 정읍에 신축하는 성전이 실제는 차경석 황제가 머물면서 정사하게 될 궁궐이며, 그때가 되면 관서를 설치하게 되므로 먼저 왕자행사王子行事에 대비한다는 것, 그때 가서 신도들의 성금 액수에 따라 벼슬이 정해진다며 성금을 강요했다는 따위의 내용들이다. 대부분의 내용이 당시의 신문기사에서 참조, 인용하였다는 것을 알 수 있다. 이밖에 총독부에서 생성한 자료의 내용과도 크게 다르지 않다. 평안남도가 작성한 『양촌 및 외인사정일람』, 전라북도 지시를 역임한 와타나베 시노부渡邊 忍(재임기간 1926-1929)에 의해 작성된 내사보고서로 알려진 『보천교일반』이 그것이다.[68] 『조선도교사』에서 참조, 인용하고 있는 보천교 관련 자료가 당시의 신문 잡지 기사 외에 별도의 출처로서 조선총독부가 있었다는 얘기다. 저자가 직접 취재한 내용도 있다.

---

68 『양촌 및 외인사정일람』이 전라북도 내사자료라는 연구도 있다. "보천교 정보 자료집이 제목이 없어진 뒤에 우방협회가 정리를 하면서 잘못해서 『양촌 및 외인사정일람』와 한데 묶어버린 문서로 추정된다. 내용은 『보천교일반』과 유사하며, 마찬가지로 같은 시기에 전라북도 경찰부가 조사한 것으로 추정한다." 나카무라 에미코, 「일제의 정보자료를 통해서 본 보천교」, 108쪽.

> 수년 전에 우리 이웃에 한 음치교사吽哆教師(훔치교사-인용자)가 이사 와서 비밀리에 종교의 취지를 선전하고 있었다. 나는 그를 우리 집으로 데려가 장차 그 교를 믿겠다는 뜻을 비치고 그 도리를 물었다. 그 사람 말이, 강선생(증산상제-인용자)은 즉 금산사 미륵불상이 태어난 사람인데 그 도를 행하는 것은 석씨釋氏(불교-인용자)와는 그 취지가 다르다. 이 세상은 모두 불평이 가득 차 있으니 죽이지 않으면 평화를 이룩할 수 없다, 그러므로 술도 마시고 고기를 먹어도 거리낄 것이 없다 하였다. 지금 와서 생각해 보면 그들이 말하는 선천의 이理는 상극을 주장하였는지는 몰라도 그 후에 신문을 보니까 태을교도들이 밀양불사密陽佛寺에서 승려 수 명을 살해한 기사가 있었는데 즉 이것이 사람을 죽이는 주의라 하겠다. 대개 그 신도들이 위험한 사상을 품고 있는 것이 이런 유이다. 이대로 방임해 두어 사회에 해독을 끼쳐서는 안 되겠다.[69]

이능화의 이웃에 이사를 온 훔치교사는 정확한 의미를 파악하기는 쉽지 않지만 아마도 보천교 간부를 지칭하는 것으로 생각된다. 저자는 그를 접촉하여 정보를 입수한 내력도 적었다. '나는 그를 우리 집으로 데려가 장차 그 교를 믿겠다는 뜻을 비치고 그 도리를 물었다.'는 것이다. 참 아리송한 자료수집 방법이다. 이것도 당시의 학자 내지 학문적 태도라고 양보하자. 문제는 이렇게 수집한 정보 혹은 자료를 해석하는 데도 무리가 있다는 점이다. 그가 얻은 정보가 어떤 상태인지는 정확하게 확인할 수 없으나 적어도 인용문 자체만 놓고 볼 때, 그가 해석하는 보천교 관련 대부분의 정보가 교묘하

---

69 이능화 저, 이종은 역주, 『조선도교사』, 343-344쪽.

게 비틀어지고 왜곡되어 있다. 예를 들어 "강선생(증산상제-인용자)은 즉 금산사 미륵불상이 태어난 사람인데 그 도를 행하는 것은 석씨(불교-인용자)와는 그 취지가 다르다."는 내용은 앞에서 언급한 증산도 경전 『도전』 2편 30장 내용과 비교되는 대목이다. 『도전』에 따르면 증산상제는 '금산사 미륵금상에 임하여 30년을 지내다가' 인간으로 탄강하였다. 영으로 금산사 미륵불상에 임하여 있다가 인간으로 왔다는 얘기다. 이 내용을 이능화는 '금산사 미륵불상이 태어난 사람'이라고 비틀어서 해석했다. 이같은 의도적 독해의 저의를 읽는 것은 어렵지 않다. 독자들에게 보천교가 '미신'임을 강조하려는 태도에 다름 아니다. 더욱 문제적인 것은 증산상제가 '도를 행하는 것은 불교와는 그 취지가 다르다'는 지적이다. 이능화의 지적은 증산상제의 도를 펼침을 비판하려는 의도이겠으나 만약 제대로 정보를 입수 혹은 해석하였다면, 증산상제의 도가 불교와 다른 것은 당연한 일이다. 그럼에도 불구하고 이와 같은 지적을 하는 이면에는 독실한 불교신도인 저자의 불교 우위적인 의도가 개입되어 있다는 점도 지적될 수 있다. 이어지는 문장, '이 세상은 모두 불평이 가득 차 있으니 죽이지 않으면 평화를 이룩할 수 없다.'는 내용도 크게 다르지 않다.

일제 조선총독부의 '목소리'가 들려

증산상제의 핵심 이념중의 하나는 해원사상이다. 그는 이 세상에 원한이 가득 차 있으므로 그것을 풀기 위해 인간으로 왔다고 하였다.[70] 이능화는 증산상제가 말하는 '원한'을 불평이 가득 있다고 비

70 "선천은 상극相克의 운運이라 상극의 이치가 인간과 만물을 맡아 하늘과 땅에 전란戰亂이 그칠 새 없었나니 그리하여 천하를 원한으로 가득 채우므로 이제 이 상극의 운을 끝맺으려 하매 큰 화액禍厄이 함께 일어나서 인간 세상이 멸망당하게 되었느니

틀어 해석하였다. 전자는 인류구원을 향한 종교적 신념의 소산인 반면 후자는 개인적인 혹은 소규모의 집단적인 차원 정도로 이해할 수 있을 것 같다. 저자의 이와 같은 이해방식은 만약 보천교를 종교로 이해하였다면 도저히 나올 수가 없는 오독의 결과라는 지적이 가능하다. 그가 신봉하고 있는 불교우위적인, 혹은 그가 자유로울 수 없는 조선총독부의 시각— '대개 그 신도들이 위험한 사상을 품고 있는 것이 이런 유이다. 이대로 방임해 두어 사회에 해독을 끼쳐서는 안 되겠다.'는 선입견이 전제되지 않았다면, 증산상제가 가르친 해원사상이 '이 세상은 모두 불평이 가득 차 있으니 죽이지 않으면 평화를 이룩할 수 없다.'는 내용으로 오독될 수는 없을 터다. 이 연구의 방점은 마지막 부분에 찍힌다. "대개 그 신도들이 위험한 사상을 품고 있는 것이 이런 유이다. 이대로 방임해 두어 사회에 해독을 끼쳐서는 안 되겠다."는 것이다. 이와 같은 결론은, 이런 표현은 도저히 학문적인 태도라고 할 수 없다. 또한, 이와 같은 주장은 어디서 귀가 따갑도록 들어온 '목소리'다. 일차적으로는 앞에서 검토한 당시의 신문, 잡지 등 언론들의 그것이다. 문제는 그 함성 뒤에 거대한 그림자가 웅크리고 있다는 점이다. 식민권력이다. 구체적으로 조선총독부다. 바로 여기에, 도저히 한데 섞일 수 없을 것 같은 당대 최고의 종교학자 이능화의 대표적 저작 중의 하나인 『조선도교사』가 한 목소리를 내고 있다. 일본민족의 우위성을 고취하고 역사교육을 통해 한국민의 민족의식을 배제하고자 설립되었던 '조선사

라. 상극의 원한이 폭발하면 우주가 무너져 내리느니라. 이에 천지신명이 이를 근심하고 불쌍히 여겨 구원해 주고자 하였으되 아무 방책이 없으므로 구천九天에 있는 나에게 호소하여 오매 내가 이를 차마 물리치지 못하고 이 세상에 내려오게 되었느니라. 그러므로 이제 내가 큰 화를 작은 화로써 막아 다스리고 조화선경造化仙境을 열려 하노라." (『도전』 2:17:1-8)

편수회'의 일원이었던 이능화[71]의 보천교에 관한 태도는 조선총독부의 그것에 다름 아니었다. 이 정도가 되었으므로 필자는 당시 보천교와 차경석에 대한 언론, 종교계, 학계 그리고 일제 식민권력의 행태를 하나로 뭉뚱그려 '마녀 사냥' 내지는 '차경석 죽이기'로 결론내리는 것이다.

---

71 "한국인들 중에는 총독부가 중점사업으로 장기간 추진한 '조선사편수회'에 참여하여 활동한다든가 그 밖에 관변연구단체에 소속되어 연구 활동에 종사한 사람도 있었다. 이능화와 최남선 등이 그 대표적인 존재이다." 이기동, 「이능화」, 『한국사 시민강좌』 45, 일조각, 2009, 198쪽.

4

일제 식민권력의 '유사종교' 정책과 보천교

조선을 식민통치하고 있었던 조선총독부에서도 물론 차경석과 보천교 죽이기에 혈안이 되어 있었다. 선행연구에서 총독부 자료[72]는 거의 등한시되었다. 그동안 학계에서 보고된 총독부 자료는 무라야마 지쥰의 『조선의 유사종교』[73]가 거의 유일한 자료였다. 최근에 김철수 교수에 의해 인용, 정리되면서 일부가 드러났다. 『보천교일반』, 『양촌 및 외인 사정일람』 등이 대표적이다. 이밖에도 조선군참모부가 작성한 〈태을교에 대하여太乙教ニ就テ〉[74]를 비롯하여 조선총독부 산하 각 기관, 심지어 일제 강점기 때 민간차원에서 식민지 지배에 도움을 준 친일단체 녹기연맹의 기관지 『녹기綠旗』에 게재된 보천교 관련문건 등도 보고되고 있다. 김교수는 연구논저 『잃어버린 역사 보천교』에서 식민권력이 생성한 자료 일부를 소개하였다.[75] 국외(일본)에서는 조경달이 「식민지 조선에 있어서 신흥종교의 전개와 민중—보천교의 항일과 친일—」(상·하)[76]을 발표하였으나 국내에서 총독부 자료를 참조한 것은 김교수의 연구가 처음이었다.

----

72 임시용어다. 일제 강점기 식민권력에 의해 생성된 문헌자료를 일괄하여 총독부 자료(문건, 문서)로 통칭한다.

73 村山智順, 『朝鮮の類似宗教』, 朝鮮總督府, 1935.

74 朝鮮軍參謀部, 〈太乙教ニ就テ〉, 『朝特特報』11號, 大正 十一年(1922) 三月 二十七日.

75 김철수, 『잃어버린 역사 보천교』, 288-490쪽.

76 趙景達, 「植民地朝鮮における新興宗教の展開と民衆 -普天教の抗日と親日-」 上·下, 『思想』, 岩波書店, 2001.

‘유사종교類似宗教’ 개념 만들어 낸 일제 ‘포교규칙’ 제1조

식민권력이 생성한 문헌자료에 관한 논의에 들어가기 전에 선행되어야 할 사항이 있다. 조선총독부는 차경석 및 보천교를 어떻게 보고 있었는가. 이 질문이 해명된다면, 총독부 자료가 생성된 이유도 역시 확인될 것이다. 일본의 메이지 정부는 근대국가를 형성하는 과정에서 고대 원시 신도를 원용한 국가신도 체제를 구축함으로써 종교의 중요성을 경험하였다.[77] 이 국가신도 체제하의 일본 국민의식이 비유럽국가로서는 유일하게 제국주의로 치닫는 원동력이 되었다. 역사는 어떤 식으로든 ‘진화’한다. 일본 제국주의는 광기에 찬 군국주의로 진화하면서 세계를 전쟁의 구렁텅이로 몰아넣게 된다. 아직은 그 시작에 지나지 않았던 1910년, 일제의 식민통치기관인 조선총독부는 피지배민족인 조선의 불교를 통제하기 위해 ‘사찰령’(1911. 6. 3)을, 유교를 통제하기 위해 ‘경학원 규정’(1911. 6. 15)을, 기독교를 통제하기 위해 ‘사립학교 규칙’(1911. 10. 20)을 잇달아 공포하였다. 마침내는 ‘포교규칙’(1915. 8. 16)을 공포하여 조선에서의 종교활동 전반에 대한 통제하였다. 이 ‘포교규칙’에서는 공인 종교와 소위 유사종교를 구분, 제도화하여 후자에 대한 통제와 억압의 체제로 활용하였다.[78]

‘포교규칙’ 제1조는 “본령에서 종교라 칭함은 신도, 불교, 기독교”라고 명시하였다. 그리고 제15조에서는 “조선총독은 필요한 경우에 종교 유사의 단체라 인정되는 것에 본 령을 준용할 수 있다.”고 하였다. 종교단체에 대한 조선총독의 인가를 필수 조건으로 규정한 것이다. 또한 보천교와 같은 민족종교에 대해 “종교 유사단체에

---

77 김철수, 『잃어버린 역사 보천교』, 72쪽.
78 김철수, 『잃어버린 역사 보천교』, 73-74쪽.

도 필요한 경우 종교에 관한 규정을 준용할 길이 열려 있지만, 아직 공인된 것은 하나도 없다."[79]고 하였다. 유사종교, 다시 말하면 '포교규칙'에서 명시한 '종교 유사 단체'가 무엇인가. 한 마디로 종교가 아니라는 것이다. 문자 그대로라면 종교 비슷한 단체, 듣기에 따라서는 사이비 종교단체 정도로 치부하겠다는 의도에 다름 아니다. 이렇게 규정해 놓고, 여기에 해당하는 단체를 탄압하려는 의도는 명약관화하였다.

민족종교 단체를 독립운동 주체로 경계

조선총독부 촉탁 무라야마 지준은 『조선의 유사종교』에서 당시 유사종교가 67종에 이른다고 하였다.[80] 1924년 경성지방법원 검사국의 조사보고서에는 "중요한 종교 유사단체는 천도교, 시천교 및 보천교"[81]라고 하였다. 이미 '종교 유사단체'라는 규정에 민족종교에 대한 총독부 권력의 태도가 백일하에 드러냈지만, 그들의 민족종교에 대한 태도는 더욱 노골적이다. 동학을 유사종교의 시초라고 단정한 무라야마 지준은 『조선의 유사종교』에서 유사종교의 발생을 "무릇 종교의 출현은 그 출현을 있게 한 사회를 반영하는 것으로서, 간과할 수 없는 중요한 사회현상이다"는 일반론으로 시작하였다. 불교든 기독교든 "조선에 신흥한 유사종교도 역시 이러한 사회를 배경으로 한 것"이다. 그러나 불교와 기독교는 사회의 실제적 개혁에 따르지 않고 물질적인 것보다 정신적으로, 정치·경제조차 도

----

79 朝鮮總督府 學務局社會教育科, 『朝鮮ニ於ケル宗教及享祀一覽』, 1939, 1쪽. ; 김철수, 『잃어버린 역사 보천교』, 74쪽 재인용.

80 村山智順, 『朝鮮の類似宗教』, 1쪽.

81 京城地方法院 檢事局高等警務課, 『大正十三年管內狀況』; 김철수, 『잃어버린 역사 보천교』, 74쪽 재인용.

덕·윤리운동으로, 다시 말하면 민중 각자의 혼을 구제하고 영혼에 사는 낙원의 개발운동에 치중하는데 반해, 한국의 민족종교는 다르다는 것이 무라야마 지쥰의 지적이다.

> 조선의 신흥 유사종교는 항상 사회운동의 주체가 되어서 근세 이후의 조선 사회운동에 대단히 큰 역할을 수행해 왔다. 따라서 조선의 신흥 유사종교는 그 발생·발달의 배경인 조선사회의 사회상을 반영한다는 점에서, 또한 그 운동이 조선사회의 진동進動에 크게 기여했다는 점에서 결코 경시해서는 안 될 것이다.[82)]

이 언설에는 식민 권력의 교묘한 논리가 숨어 있다. 사회상을 반영한다는 점에 있어서는 이른바 '공인'종교 역시 다를 바 없지만, 조선의 민족종교가 문제가 되는 것은 '조선' 사회상을 반영하고, 사회운동의 주체가 되기 때문에 종교 유사단체가 되고, 경시해서는 안 될 대상이라는 것이다. 한 마디로 반일운동, 독립운동의 주체가 될 소지가 있으므로 사전에 분리하고 경계해야 한다는 얘기에 다름 아니다. 1894년 동학혁명과 1919년 3·1운동을 겪었던 총독부로서는 더 이상 같은 경험을 되풀이하지 않겠다는 방어 혹은 차단 논리, 나아가 식민지 조선을 항구적으로 지배하겠다는 제국주의 논리가 바탕에 작용하고 있다. 무엇보다도 동학혁명을 앞장서서 진압함으로써 조선 땅에 제국주의의 총칼을 꽂게 된 일제 식민통치권력으로서는 과거 경험을 반면교사로 삼는데 유리한 고지를 점령하고 있었다.

----

82 村山智順, 『朝鮮の類似宗教』, 1쪽. ; 무라야마 지쥰 저, 최길성·장상언 역, 『조선의 유사종교』, 계명대 출판부, 1991, 15-16쪽.

차경석, 일제와는 숙명적 악연

반면, 보천교와 차경석은 매우 불리한 위치에 처해 있었다. 특히 식민통치권력의 입장에서 볼 때 차경석은 문제적인 인물이었다. 그의 아버지가 동학혁명의 지도자로 활약했고 차경석 역시 어린 나이에도 불구하고 동학혁명에 가담하여 활동한 전력이 있는 까닭이다. 차경석에 대한 친일 논란이 있지만, 그와 일본은 숙명적인 악연으로 만났고, 그 악연으로 그는 운명에 종지부를 찍었다. 주제에 벗어난 얘기지만, 그런 차경석에게 보다 심도 있는 연구가 없이 친일 문제를 개입시키는 것 역시 '차경석 죽이기'라는 지적이 가능하다. 물론 보천교에서 시국대동단을 만들었고, 그 활동 기간 동안 일부 군중들의 제지가 있었고, 그것을 당시 신문기사가 거의 도배하다시피 하였고, 바로 거기에서부터 보천교의 친일문제가 제기되고 있음을 익히 알려진 바와 같다. 분명한 것은 한 세기가 지난 과거의 경험을 논의할 때는 과거 기록에 대한 보다 심도 있는 독해가 선행되어야 한다는 점이다. 앞에서 필자는 보천교와 차경석에 관한 다양한 과거 기록(당시 신문과 잡지, 학문연구 등)을 검토하였다. 그것을 그냥 전하는 문자행위만을 피상적으로 보고 같은 문자행위를 되풀이한다면 모든 것은 제자리(일제 강점기라는 그 시대)에서만 맴돌 뿐 학문도, 역사도 더 이상의 발전을 기대할 수가 없다. 아니, 오히려 후퇴하는 결과를 초래할 터다.

일제 강점기 당시 조선의 민족종교를 보는 무라야마 지준, 나아가 조선총독부의 태도를 계속 검토한다.

> 조선 유사종교 단체의 대부분이 이름을 종교라고 빌린 정치운동 단체라는 세평은 종래 자주 들은 바이지만 … 유사종교의 조선

및 조선민중에 준 영향 중 정치적 색채를 띠는 것을 관찰하면 그 수는 결코 적지 않다.[83]

유사종교는 이 민족의식을 환기시키고 선동함으로써 한편으로는 민중의 환심을 삼과 동시에 다른 한편으로는 민중의 편으로 활약하는 듯이 위장하여 다투어 이 민족의식을 자극하고 교토의 획득에 노력하며, 그렇게 함으로써 교세의 확립에 매진할 것이었다.[84]

보천교를 대하는 이와 같은 태도는 무라야마 지쥰, 나아가 조선총독부 권력의 그것만이 아니었다. 1921년 요시가와 분타로吉川文太郞는 조선의 민족종교에 대해 "종교라기보다는 오히려 어떤 동일한 주의를 표방하는 무리들이 모여서 하나의 단체를 조직한 것"[85]이라고 하였다. 무라야마 지쥰이 유사종교 단체가 성격상 대부분 비밀결사적이라고 한 지적에 대해 난잔타로南山太郞는 "조선 내의 비밀결사란 바로 종교 유사단체를 일컫는다."[86]고 하였고, 비밀결사를 소유한 종교 유사단체 중 하나로 보천교를 꼽았다. 이와 관련하여 오늘날 국내 학계에서 일부 학자들이 보천교를 종교 단체가 아니라 '종교를 위장한 정치단체' 등으로 규정하는 언설들도 재검토되어야 한다. 두 견해가 같은 입장은 아니겠으나, 문자행위 자체로만 본다면 그들이 주장은 유사점이 있는 까닭이다.

----

83 村山智順, 『朝鮮の類似宗教』, 845쪽.
84 村山智順, 『朝鮮の類似宗教』, 857-858쪽.
85 吉川文太郞, 『朝鮮の宗教』, 朝鮮印刷, 1921, 305쪽. ; 김철수, 『잃어버린 역사 보천교』, 76쪽 재인용.
86 南山太郞, 「祕密結社の解剖(1)」, 『朝鮮公論』 112號, 1922. ; 김철수, 『잃어버린 역사 보천교』, 76쪽 재인용.

'공인'종교는 총독부 학무국, 유사종교 단체는 경무국 보안과 담당

총독부가 '포교규칙'을 제정한 이유는 명확하다. 조선민족 고유의 종교는 유사종교라고 분리해 놓고, 일본 고유의 종교인 신도는 불교·유교·기독교와 함께 '공인'종교로 분류하는 것 자체가 전자를 탄압하기 위한 제도적 장치 외에 아무 것도 아니다. 총독부는 이들 '종교'단체에 대한 감독 혹은 단속기관도 분리했다. 이른바 '공인' 종교는 총독부 학무국 소관으로, 유사종교 단체들은 헌병 경찰기관의 소관으로 배치했다. 후자는 1919년 관제가 개정된 후에는 총독부 경무국 보안과로 이관했다. 이와 같은 감독기관 배치상황만 보아도 총독부가 '포교규칙'을 제정한 의도는 명백하게 드러난다. 말할 나위도 없이 유사종교를 감시, 단속, 억제, 통제하겠다는 의도였다. 이로써 유사종교는 종교로 인정받지 못함으로써 통감부 시기의 '보안법'(1907)과 '집회취체에 관한 건'(1910)의 적용을 받았고, 경찰의 강력한 단속대상이 되었음은 물론이다.[87]

차경석은 이미 보천교에 정식으로 출범하기 이전부터 총독부 권력으로부터 감시의 대상이었다. 『조선의 유사종교』의 「보천교」에는 '교단의 혐의'라는 란을 별도로 두어서 교주 차경석의 체고, 심문, 유치 건에 대해 보고하고 있다. 여기에는 보천교 내부의 소위 '난법자'들도 한몫을 담당했다. 1915년 "차경석은 오래지 않아 조선을 독립시켜 스스로 황제가 될 것이라고 하여 농촌의 우민을 유인하여 금전을 사기하고 음모를 꾀한다."는 교단 내부 고발에 의해 심문을

---

87 "통감부는 비공인 종교 곧 유사종교단체에 대해 경제적이 착취, 민족사상, 미신적인 요소 등을 이유로 1907년 제정된 '보안법'을 적용하여 단속하였고, 총독부는 1912년에 '경찰법처벌규칙'(부령 제40호)을 제정하여 일상생활 중에 널리 확산되어 있던 유사종교 행위를 억압해 나갔다." 김철수, 『잃어버린 역사 보천교』, 34쪽 각주 25.

받았으나 실증이 없었으므로 검거되지는 않았다.[88] 『조선의 유사종교』에는 「교단의 혐의」라는 작은 제목으로 당시 교단의 간부 내지 교도들이 교주 차경석을 차경석이 '장차 조선을 독립시켜 황제가 되려고 한다', '새로 생긴 나라에서 고관대작을 준다고 하여 돈을 주었으나 관직도 주지 않고 사기쳤다', 언제 '천자등극식을 한다고 한다', '교주가 옥새, 곤룡포, 용상을 가지고 있다' 등등 온갖 혐의로 고소·고발한 사건들이 정리돼 있다.[89] 그때마다 경찰서에서는 기다렸다는 듯이 본소를 수색하고 차경석을 호출하여 심문하였으나 단 한 번도 범죄혐의가 입증된 일은 없었다. 문제는 차경석에 대한 이와 같은 고소·고발사건 내용이 점점 확대되어 천자등극설로 고착화되어 갔다는 점이다. 총독부 권력조차 '혐의 없음'으로 방면하였음에도 불구하고 그 불씨가 계속 살아나 차경석과 보천교를 파멸로 몰고 가는 하나의 원인이 되었다. 결론적으로 이런 고소·고발사건으로부터 파생된 소위 천자등극설은 총독부 권력으로부터는 감시와 탄압의 대상이 되기에 충분하였고, 당시 언론계로부터는 차경석을 희화화하거나 혹은 매도하는 기사거리로 삼기에 기서'거리'를 제공하였으며, 일제 식민통치로부터 벗어나기를 갈망하는 일반 대중으로부터는 나름대로 희망의 불씨가 되거나 혹은 비난의 대상으로 인식시켜 주는 단초가 되었다고 할 수 있다.

차경석, 1917년 '갑종 요시찰인'으로 편입

총독부는 일찍부터 차경석과 보천교를 경계하고 있었다. 『보천교일반』에 따르면 차경석은 다이쇼大正 6년(1917) 4월 24일 '갑종 요

---

88 村山智順, 『朝鮮の類似宗教』, 312-313쪽.
89 村山智順, 『朝鮮の類似宗教』, 299-331쪽.

시찰인'으로 편입되었다. 교도들의 신망을 한 몸에 받았고 신인神人으로서 숭배되어 교세확장의 수단으로 국권회복을 표방한 것이 이유였다.[90] 1917년 당시는 차경석이 보천교 교주가 되기 전이었다. '보천교'라는 교명조차 없었던 때였다. 이때 벌써 차경석을 갑종 요시찰인으로 편입시켰다면, 총독부 당국자들이 식민통치의 걸림돌이 될 만한 요소에 얼마나 민감하게 반응했는지, 또한 차경석에 관한 총독부 자료가 생성된 의도가 어디를 향하고 있는 지도 짐작이 가능하다. 따라서 총독부 자료들은 차경석과 보천교를 연구하는데 매우 중요한 자료이지만, 대부분 일제의 식민통치기관에 의한 '내사자료'라는 점에서 그 중요성과 함께 신중한 접근이 필요하다. 대표적인 경우가 『보천교일반』이다.

1926년에 작성된 『보천교일반』은 보천교 교조 및 교주의 인적사항을 비롯하여 보천교의 제사와 주문, 포교수단, 성전 건축 상황, 심지어 내홍과 분열 정황까지 상세하게 정리한 것으로 총 270쪽에 이른다. 그러나 증산상제를 신앙하는 교단을 뭉뚱그려 '훔치교'라고 하였고, 여기에 잡다한 교단을 정리하고 있으면서도 대부분 '태을교'라고 하는 따위는 일종의 첩보수준을 정리한 문서라는 것을 알 수 있다. '훔치교 분파'로 정리되고 있는 교단들은 증산상제를 직접 따랐던 종도들에 의한 교단이 아니라 방계라고 할 수 있는 교단들만 정리되고 있는 것도 이 문건의 한계로 지적될 수 있다. 적어도 1926년에 작성된 문건이라면 보천교라는 교명이 등장한 이후이므로 이전에 혼용되었던 여러 교명은 정리되어야 했다, 식민통치권력이 제 입맛에 따라 정리하고 있는 것을 확인할 수 있는 자료라고 할 수 있다. 물론 이상의 지적은 이 보고서의 원래 취지(주제)에 벗어나

----

90 『보천교일반』, 190쪽.

는 장면들이다. 문제는 차경석과 보천교에 관한 내용이다.

다이쇼 6년(1917) 11월 18일 포교 때문이라고 말하면서 출가한 이후 주요간부들을 이끌고 각지를 돌아다녔다. ○○산중이나 인적이 드문 장소를 택해서 요언妖言과 사술邪術로 무지몽매한 사람들을 사로잡고, 한편에서는 조선이 독립하고 대시국大時國을 건립할 때에는 자신(京錫, 京石의 오기-인용자)이 왕위에 등극할 것이다 혹은 교주가 등극하면 각 교도는 모두 계급에 맞게 부윤府尹 군수郡守 등 각 관직에 임명한다는 등 황당무계한 언사를 농하면서 인심의 기미에 교묘하게 파고 들어가서 비밀리에 포교에 종사했다.[91)]

포교수단
1. 교주 차경석은 모년 모월 등극하므로 이 교첩教帖 부주符呪를 소지하는 사람은 그때 각자 맞는 관직을 줄 것이다.
3. 현재 모습을 숨기고 있는 차경석은 모년 모월 출현하고 새롭게 대시국을 건설하여 현재의 모든 제도를 파기시켜 정전법을 설치해서 개인 소유의 토지를 모두 몰수한 다음 평등하게 분배할 것이므로 토지 소유자는 이 기회에 ○○빨리 매각해서 그 대가를 보천교에 봉납해야 한다. 그렇다면 새 국가가 건설되었을 때 고위 고관으로 임용되어 생활의 안정을 얻을 수 있다.
… 불온하고 황당무계한 언사를 농하면서 교묘하게 사람의 수준이 낮고 경찰의 단속이 엄하지 않는 지방을 골라서 백성을 유혹

---

91 『보천교일반』, 11-12쪽. 번역은 나카무라 에미코, 「일제의 정보자료를 통해서 본 보천교」를 참조했다. 이하 동일하다.

하고, 그들이 많지도 않는 자산을 기울게 만들어 보천교를 위해 탕진시켜 암흑으로 이끌려 간 사람도 적지 않다.[92]

이 정도라면 보천교 간부급 이상에서 확인된 정보가 아니라 보천교 내부 사정을 잘 모르는 일반 신도이거나 당시 신문기사에서나 얻을 수 있는 내용에 다름 아니다. 반대로 당시 신문기지가 잡지기자들이 이 첩보수준의 정보를 입수하여 기사화했을 가능성도 있다. 『보천교일반』에서 특히 차경석의 '대시국' 건설, '천자등극설'을 거론하는 내용이 주목된다. 내용은 당시 국내 언론에서 보도한 기사와 다르지 않다. "무지몽매한 사람들을 사로잡고, 한편에서는 조선이 독립하고 대시국을 건립할 때에는 자신이 임금 자리에 등극할 것이다. 교주가 등극하면 각 교도는 모두 계급에 맞게 부윤, 군수 등 각 관직에 임명한다는 등 황당무계한 언사"로 소위 '천자놀음'을 했다는 것이다. 차경석이 과연 『보천교일반』을 비롯한 총독부 자료, 그리고 국내 언론에서 보도한 내용 그대로 대시국을 건설하려 하였고 왕위에 등극하려고 하였는지는 미지수다. 분명한 것은 보천교 내부 자료에서는 아직 확인되지 않는다는 점이다.

차경석의 빛과 그늘, 운명의 길

다른 지적도 가능하다. 차경석 천자등극이 절정에 달한 것은 이른바 '갑자년(1924) 등극설'이다. 갑자 등극설이 무위로 돌아가고 다시 기사년(1929) 등극설이 떠돌기는 하였으나 이전과 같지는 않았다. 그럼에도 불구하고 1926년에 작성된 『보천교일반』에서 이 문제를 계속 거론하는 이유가 있었을 것이다. 식민통치에 장애가 되

---

92 『보천교일반』, 40-42쪽.

는 요소를 사전에 차단하려는 목적이 그것이다. 6백만 신도가 신앙하고 있는 보천교를 함부로 탄압하기는 쉽지 않을 터다. 명분이 있어야 했다는 얘기다. 보천교를 유사종교를 넘어 사이비종교로, 그 정점에 차경석을 놓고 '천자놀음'을 하는 '사기꾼' 정도로 몰아가면서 민심과 이반시키겠다는 의도가 역력하다. 민심과 멀어지면 탄압의 칼을 휘두를 것이다. 조선총독부의 의도는 적중했다. 더불어 그동안 줄기차게 차경석과 보천교를 비난해 왔던 당시 국내 언론과 그 밖 세력들의 의도 역시 적중했다고 할 수 있다. 이 글에서는 논의를 보류하였으나 보천교는 끝내 민심으로부터 멀어졌다. 그 계기는 두 가지를 지적할 수 있다. 첫째는 1928년 소위 무진훈사戊辰訓辭 이후 신로 변경信路變更이다. 두 번째는 이른바 시국대동단 사건이다. 두 사건을 계기로 차경석은 안으로부터는 교도들의 이반이 있었고, 외부로부터는 일부 민중들로부터 몰매를 맞게 된다. 심지어 차경석은 친일파로 낙인찍히게 된다.[93] 1936년 차경석은 사망하였다. 겉의 화려함과 달리 내·외부로부터 참으로 끈질지게 시달렸던 고난과 역경에 찬 삶이었다. 그가 타계한 지 한 달 뒤 조선총독부는 기다렸다는 듯이 보천교를 강제 해체시켰다. 보천교와 차경석이 아닌 다른 어떤 위인이었다고 해도 이 불운의 시대에 살고 있는 망국인으로서 감내하지 않을 수 없는 운명과도 같은 것이었다.

보천교 해체, 총독부의 기획된 탄압 결과

지금까지 차경석이 활동하고 있던 당시의 자료들을 각 분야별로 다각도로 검토하였다. 결론을 얻는 것은 어렵지 않다. 대부분의 자료들이 차경석과 보천교에 대해 의도적으로 왜곡, 조작된 문헌자료

93 두 사건에 관해서는 보다 심도 있는 논의가 필요하다. 별도의 장에서 검토한다.

들이라는 점이다. 물론 자료를 생성한 각 분야 '손길'들의 의도가 없지는 않을 것이다. 필자는 그 의도를 좀 거칠지만 마녀사냥 혹은 '보천교 및 차경석 죽이기'로 결론 내렸다. 당시 각 분야에서 전개된 '차경석 죽이기'에 대한 행태들은 보천교 교단에서도 잘 인식하고 있었던 것 같다. 다만 표현을 하지 못했을 뿐이다.

> 우리 보천교는 일제 당시에 관청에서는 유사類似단체로 취체取締하고, 조선사회에서는 친일분자로 오인하야 어피어차於彼於此(저기 여기)에 압박을 받아 고립상태로 나오다가 병자년도丙子年度(1936)에 양최지통樑摧之痛(교주 차경석의 사망과 보천교 해체를 일컬음-인용자)을 조遭하고 도이島夷[94]의 해산명령을 받아 여지없이 박멸을 당하고 거대한 건물까지 관헌이 강제로 경매하야 훼철毁撤해간 것은 일반이 다 아는 바인대 금今에 간행된 한 토막 역사로 보면 우리가 박멸당할 중대한 사실이 없으니 세인도 반드시 의아하였을 것이다.[95]

필자는 보천교 내부의 이 하소연이 매우 진실한 '목소리'라고 믿고 있다. 앞선 결론이지만, 과연 차경석과 보천교는 총독부 권력으로부터는 유사종교로 분류되어 끊임없는 압박을 받았다. 때로는 일반 민중들로부터 친일단체로 매도당하고, 공격받았다. 왜 그랬을까. 『연혁사』에서는 목소리를 줄이고 있지만, 우리가 확인한 결론은 분명하다. 차경석과 보천교에 관한 탄압의 고삐를 놓지 않았던 조

---

94 섬나라의 오랑캐. 원래는 중국에서 남방의 이민족을 이르던 말이다. 처음에는 양쯔강 유역 또는 그 이남의 주민을, 당송唐宋 시대 이후는 동남아시아와 남양南洋제도의 주민을, 나중에는 인도와 페르시아 등지의 주민을 뜻하였다(『네이버 국어사전』). 여기서는 일본을, 구체적으로는 조선총독부 권력을 가리킨다.
95 『보천교연혁사』 속편, 「(발발)우又」.

선총독부는 논외로 치고 당시의 신문, 잡지, 심지어 학문적 논의에서조차 왜곡, 조작되었기 때문이다. 문제는, 차경석 당대뿐만 아니라 이후에도 같은 행위들이 지속돼 왔다는 점이다.

5

보천교 연구의 현주소; 누가 '보천교 죽이기'에 가담하는가

1) 현 학계의 보천교 연구 실태

지금까지 보천교와 교주 차경석에 관해서 당시의 신문·잡지기사들, 학계 연구, 식민권력이 생성한 자료('총독부 자료') 등 다양한 논의(자료)들을 검토하였다. 결론은 명확하다. 교단 자료를 제외한 대부분의 자료들이 일제 강점기 식민통치 권력의 우산 밑에서 자유롭지 못했다. 바로 이 한계를 극복하지 못하는 한, 보천교와 차경석에 관한 연구 역시 '식민 권력'에서 자유로울 수 없다. 이 명확한 전제 하에 차경석 사망 혹은 보천교 해체 이후의 논의들을 검토한다. 일종의 보천교 및 차경석의 연구사적 검토라고 할 수 있다. 이 글에서는 보천교와 차경석 관련 논의를 보다 다양화한다는 연구방법에 따라 학계의 논의뿐만 아니라 언론계, 문화계 등 차경석과 보천교 관련 글쓰기 전반에 대해 검토할 것이다. 이 검토가 올바로 이루어진다면 보천교와 차경석에 관한 연구 방향이 자연스럽게 제시될 것으로 믿는다.

1936년 차경석이 사망하고, 다음 해 총독부 권력에 의해 보천교가 해체당한 이후 차경석과 보천교에 관한 연구는 거의 진행되지 않았다. 1945년 해방이 되고 20년이 지난 뒤인 1960년 중반에 와서야 비로소 시작되었다. 선구자는 이강오 교수였다. 이후 홍범초, 안후상, 김재영, 조경달, 김철수, 황선명 등 일부 연구자들에 의해 논의가 진행되었다. 이 연구에 관한 학문적 업적 여부를 평가하기는 아직 이른 느낌이 없지 않다. 보천교 및 차경석이 일제 강점기 당시에 덧씌워진 굴레로부터 자유롭지는 못한 탓이다. 그동안 열악한 환경에도 불구하고 보천교 연구를 진행해 온 연구자들의 열정과 노력은 아무리 높이 평가해도 지나치지 않다. 보천교 연구는 이제 시작이라고 할 수 있다. 본격적인 보천교 연구를 위해 선행연구에서 몇 가지 문제점을 검토한다.

보천교, 초기 연구부터 '자료' 한계

먼저 검토하고자 하는 것은 선행연구들이 주로 참조·인용해 온 자료 문제다. 이 문제에 관해서는 초기 연구부터 한계에 부딪쳤다. 대부분 보천교 교단 자료가 아니면 일제 강점기 당시 신문 및 잡지기사 자료에 의존한 탓이다. 최근에 와서 일부 연구자들에 의해 식민통치 권력에 의해 생성된 일본 측 자료('총독부 자료')가 극히 제한적으로나마 참조되고 있다. 필자는 앞에서 보천교과 차경석에 관한 일제강점기 당시 신문 및 잡지기사가 얼마나 왜곡, 조작되어 왔는지 검토하였다. 문제는 이 자료들을 아무런 사료검증 없이 참조 · 인용함으로써 본의 아닌 결과를 초래하고 있다는 점이다. 연구자들의 입장도 이해하지 못하는 것은 아니다. 차경석 및 보천교와 관련된 객관적인 문헌자료가 거의 남아있지 않은 현실에서 현재 전해지는 자료들을 반복해서 참조·인용하고 있는 형편이기 때문이다. 그럼에도 불구하고 '왜곡·조작된 문헌자료'를 보다 신중한 검토 없이 참조·인용한다면 본의의 의도와 상관없이 왜곡·조작 대열에, 다시 말하면 '차경석 죽이기'에 가담하는 결과를 초래한다는 지적에 자유로울 수 없다.

보천교 연구현황(2018.3.16. 현재)

논문

» 김방룡, 「강증산과 차월곡의 개벽사상」, 『원불교사상과 종교문화』 70, 원광대 원불교사상연구원, 2016.

» 김재영, 「보천교의 교육활동」, 『신종교연구』 14, 한국신종교학회, 2006.

» ——, 「형평사와 보천교」, 『신종교연구』 21, 한국신종교학회, 2009.

» ——, 「형평사와 보천교」, 『신종교연구』 21, 한국신종교학회, 2009.

» ——, 「보천교 본소 건축물의 행방」, 『신종교연구』 5, 한국신종교학회, 201l.

» ——, 「보천교 천자등극설 연구」, 『한국종교사연구』 9, 한국종교사학회, 2001.

» ——, 「보천교: 풍수와 땅 이름으로 본 정읍의 종교적 상징성 -보천교를 중심으로-」, 『신종교연구』 2, 한국신종교학회, 2000.

» ——, 「풍수와 땅 이름으로 본 정읍의 상징성-보천교를 중심으로-」, 『신종교연구』 2, 한국신종교학회, 2000.

» ——, 「1920년대 보천교의 민족운동에 대한 경향성」, 『전북사학』 31, 전북사학회, 2007.

» 김정인, 「1920년대 전반기 보천교의 부심과 민족운동」, 『한국민족운동사연구』 29, 한국민족운동사학회, 2001.

» 김철수, 「1910-1925년 식민권력의 형성과 민족종교의 성쇠」,『종교연구』 74권2호, 한국종교학회, 2014.

» ——, 「일제하 식민권력의 종교정책과 보천교의 운명」, 『선도문화』 20, 국제뇌교육종합대학원 국학연구원, 2016.

» ——, 「일제 식민권력의 기록으로 본 보천교의 민족주의적 성격」, 『신종교연구』 35, 한국신종교학회, 2016.

» 남창희, 「침투와 저항 그리고 대중적 신념의 정치경제: 일제하 전북지역 농민의 사례연구」, 『한국정치학회보』 48권 3호, 한국정치학회, 2014.

» 안후상, 「보천교운동연구」, 성균관대 교육대학원 석사논문, 1992.

» ——, 「보천교 연구의 현황과 과제」, 『한국종교사연구』 6, 한국종교사학회, 1996.

» ——, 「보천교와 물산장려운동」, 『한국민족운동사연구』 19, 한국민족운동사학회, 1998.

» ——, 「보천교 ; 차월곡 출생에 관한 소고」, 『신종교연구』 2, 한국신종교학회, 2000.
» ——, 「보천교 십일전과 조계사 대웅전」, 『신종교연구』 4, 한국신종교학회, , 2001.
» ——, 「식민지 시기 보천교의 '공개'와 공개 배경」, 『신종교연구』 26, 한국신종교학회, 2012.
» ——, 「일제강점기 보천교의 독립운동」, 『원불교사상과 종교문화』 70, 원광대 원불교사상연구원, 2016.
» ——, 「보천교의 반일성 연구'를 위한 연구사적 검토」, 『한국종교』 39, 원광대 종교문제연구소, 2016.
» 이강오, 「보천교: 한국 신흥종교 자료편 제1부 증산교계 각론에서」, 『전북대 논문집』 8, 전북대, 1966
» 임병학, 「보천교의 교리와 『정역』사상(1) -팔괘도를 중심으로-」, 『신종교연구』 34, 한국신종교학회, 2016.
» 장원아, 「1920년대 보천교의 활동과 조선사회의 대응」, 『한국사론』 59, 서울대 국사학과, 2013.
» 진정애, 「보천교와 무극도의 신앙대상에 대한 고찰」, 『신종교연구』 25, 한국신종교학회, 2011.
» 趙景達, 「植民地朝鮮における新興宗教の展開と民衆 -普天教の抗日と親日-」 上·下 , 『思想』, 岩波書店, 2001.
» 황선명, 「보천교 ; 잃어버린 코뮨: 보천교 성립의 역사적 성격」, 『신종교연구』 2, 한국신종교학회, 2000.

단행본

» 김방룡·김재영 외, 『일제강점기의 민족운동』, 기역, 2017.
» 김재영, 『보천교와 한국의 신종교』, 신아, 2010.
» 김철수, 『잃어버린 역사 보천교』, 상생출판, 2017.
» 박종렬, 『차천자의 꿈』, 장문산, 2002.
» 이강오 저, 한국신흥종교연구소 편, 『한국신흥종교총감』, 대흥기획, 1992.
» 이용선, 『(암흑기의 신화) 차천자』, 홍익출판사, 1968.
» ——, 〈사교계邪教界의 거부 차경석〉, 《거부실록》 8, 양우당,1982.

본의든 아니든 차경석과 보천교에 관한 학문적 '왜곡'은 초기 연구에서부터 진행되었다. 해방 후 보천교 연구에 선구적 업적을 남긴 이강오 교수는 논문 「보천교」를 작성하면서 관련 자료에 관한 불미함을 스스로 인식하고 있었던 것 같다. 그는 논문을 집필하기 위해 참조한 자료는 교단 자료 외에 관련자들의 증언을 들었으나 만족할 수 없다고 실토하였다.[96] 본인이 인정하였듯이 이 논문에서 일부 내용이 사실과 다른 논의를 하고 있다는 점도 상당부분 눈에 띈다. 여기에서 이 논문 전체에 관한 내용을 검토할 여유는 없다. 다만 차경석의 '진실'에서 조금 민감한 사항으로 여겨지는 부분에 관해서만 개략적인 검토를 하고자 한다. 선행논문에서 차경석과 관련하여 가장 많이 논의되고 있는 부분이 천자등극설, 국호 '시국' 선포, 보천교의 독립운동, 친일문제 등이다. 이강오 교수의 논문에서도 이 문제들을 논의하고 있다.

> 이때 9층 제단에는 천지일월성신天地日月星辰을 그린 '일월병日月屛'을 두르고, '구천하감지위九天下鑑之位'·'옥황상제하감지위玉皇上帝下鑑之位'·'삼태칠성하감지위三台七星下鑑之位'라고 쓴 '삼이목三位目'을 설하고 그 앞에 '수명우천受命于天 애민여자愛民如子'라고 새겨진 옥새를 만들어 놓고, 차교주車教主(차경석-인용자)가 삼층 단위에 올라 제례를 행하는데, 제문에는 "국호왈시國號曰時 교명

96 "이것을 쓰게 된 자료는 보천교에서 간행된 『보천교연혁사』·『대도지남』·『이사전서』·『천사대경天師大經』·『보천교지』와 조선총독부에서 간행한 『조선의 유사종교』, 기타 이 방면에 관계되는 서적들을 참조하였으되, 필자가 보천교의 연고지를 두루 돌아다니면서 보천교의 창교創教에 관여된 간부급 교인들을 다수 접촉하고 기타 일반인들에게서도 들은 바를 종합 참작하면서 본교의 실태를 알아내기에 고심하였으나, 그러나 상당한 시간이 흐른 오늘에 있어 숨겨져 있는 사실의 전부를 탐색하기에는 미치지 못한 것이 불소不少한 것으로 생각되나, 우선 관견管見으로 본 그대로를 엮어 보는 것이다." 이강오, 「보천교」, 11쪽.

왈보화教名曰普化"라고 하였으니, 이로써 차경석은 '보화교'라는 교단의 교주가 되는 동시에 '시국'이라는 나라의 황제위에 등극함을 고천告天하였던 것이다.[97)]

1921년 9월 24일 경남 함양 황석산 고천제 때의 기사다. 차경석이 제문에 "국호왈시 교명왈보화"라고 하여 국호는 시, 교명은 보화교(총독부에는 '보천교'로 등록하였다)라고 하였으며 이로써 자신은 보천교 교단의 교주가 되는 동시에 '시국'이라는 나라의 황제위에 등극함을 고천하였다고 하였다. 물론 이런 '이야기'는 《동아일보》에서도 뒤늦게 보도하였으며 이로 인해 일반 민중들 사이에 암암리에 유포되었던 내용이었다는 것은 이미 검토하였다. 그럼에도 불구하고 보천교에 관한 초기 논문에 이런 내용이 사실인 것처럼 논의되었다는 것은 예사로운 일이 아니다. 이후의 논의에서도 영향을 미치기 때문이다.

최근 연구도 일제 때 왜곡·조작된 자료, 못 벗어나

이교수는 논문 「보천교」에서 "국호왈시 교명왈보화"라는 대목에 "『보천교연혁사』에는 '교명왈보화'만 기재되어 있으나, 축문의 실제 내용은 '국호왈시'라고 되었다 함"이라고 주석을 붙였다.[98)] 말하자면, '국호왈시'에 관한 내용은 '누군가로부터 들은 이야기'를 학문적 검토를 거치지 않은 채 그대로 문자화한 것이다. 단순히 문자화한 것이 아니다. 논자는 '누군가로부터 들은 시국 선포와 황제등극'을 사실로 믿고, 논의를 그 방향으로 진행, 유도하고 있다. 제단 앞

---

97 이강오, 「보천교」, 19쪽.
98 이강오, 「보천교」, 19쪽 각주 39.

에 '수명우천 애민여자'라고 새겨진 옥새를 만들어 놓고, 차교주가 삼층 단위에 올라 제례를 행하였다'고 하는 부분이 근거다. '수명우천 애민여자'란 문자 그대로 하늘로부터 명을 받아 백성을 자식과 같이 사랑한다는 것이다. 이 같은 내용이 새겨진 옥새라면 틀림없이 황제의 그것이다. 논자는 이 부분에 대해 『연혁사』에서 인용했다고 하였다. 그러나 필자가 참조하고 있는 『연혁사』의 관련 부분 어디에도 그런 내용을 발견할 수가 없었다. 『연혁사』는 필사본이다. 유통과정에서 수정되었을 가능성은 배제할 수는 없다. 이강오 교수는 자료—『연혁사』 출처에 대해 "보천교 전문사典文司의 이영호 편, 상하 속편 3권"[99]이라고만 밝혔다. 여러 가지 가능성에 유의하고, 만약 『연혁사』에 그런 내용이 있었다고 해도, 그것이 차경석의 천자 등극설을 사실화하는 근거가 될 수는 없다. 그것은 '보천교' 문화를 제대로 이해하지 않는 부분에서 나온 오해라고 할 수 있다. 종교를 종교 차원에서 이해하지 않고 일반 사회의 그것을 적용한다면 많은 오해가 있을 수 있다는 점도 유의하여야 한다. 논문 「보천교」의 논자 역시 그런 오해를, 아무런 의심 없이 자기 논리를 입증하는 근거로 활용하고 있다는 것이 필자의 분석이다. 이강오 교수뿐만 아니라 차경석에 관한 많은 논의들이 바로 이와 같은 잘못된 인식에서 비롯되었다는 점도 지적되어야 한다.

> 【사례 1】 그래서 이러한 예언에 대해서 당시의 사람들은 어떠한 반응을 보였는지에 대해서 알아보자. 그 당시의 시대상을 가장 잘 반영해 줄 수 있는 일간신문의 관련기사를 살펴보면, 1920년 6월경부터 세인의 주목을 끌고 있었음과, 보천교 초기 교단운동

----

99 이강오, 「보천교」, 18쪽 각주 28.

은 당시에는 뚜렷한 교명도 없이 태을교, 선도교, 태극교 등으로 혼칭되고 있었음과, 아울러 국권회복을 위한 독립운동으로 인식되었으며, 당시의 교인들의 입교 동기는 독립된 나라에서의 정치, 경제적 지위 확보에 있었음을 엿볼 수 있다.[100)]

그러면 이처럼 폭발적인 교세확장이 가능했고 이러한 예언이 신빙성 있게 받아들여졌었던 이유는 무엇이었을까? 무엇보다도 당시는 망국의 한과 식민지적 상황을 타개하기 위해 전개되었던 1919년 기미독립운동이 실패된 직후여서, 새 왕조가 건설되고 차경석이 새로운 천자로 등극하게 될 것이라는 설교는 정신적 구심점을 상실한 민중들이 매혹되기 쉬운 시대적 상황이었던 것이다.[101)]

이러한 비결의 유포를 통해 예언의 실현 가능성을 확신한 차경석은 1921년 음력 9월 24일에 경남 함양군 황석산에서 대규모의 제단과 풍성한 제수를 갖추어 고천제를 행하였다.
이 황석산 천제는 매우 중요한 의미를 가진다. 왜냐하면 이 고천제에서 차경석은 국호를 대시국大時國으로 선포하고 자신이 천자가 되었다는 사실을 하늘에 고하고, 관제를 교단조직과 병용하여 구체적으로 발표하였기 때문이다. 이는 다름 아닌 새로운 왕조의 탄생을 선포하는 의식이었으며, 차경석이 천자로 등극하였음을 하늘에 고하는 즉위식의 의미를 지녔던 것이다.[102)]

----

100 김탁, 『증산교학』, 미래향 문화, 1992, 295쪽.
101 김탁, 『증산교학』, 296쪽.
102 김탁, 『증산교학』, 297쪽.

【사례 2】 1) 《동아일보》(1921. 6. 21(음), 1924. 9. 1(음)) 에는 월곡이 새 왕조가 개창될 것에 대비하여 돈을 받고 관직을 사고팔았다고 고소하는 내용이 있다. 즉 월곡은 사람을 속여 재물을 취하고, 확보한 신자들을 기반으로 천자로 등극, 조선을 독립시킨다는 내용이다. 종교라는 탈을 쓰고 전곡錢穀을 사취하고 있다는 내용도 있다. … 여기에다 새 정부 건설을 위한 전근대적인 움직임과 비현실적인 대안으로 말미암아 결국에는 대내외적인 저항에 부딪히게 된다.[103)]

2) 월곡은 1921년 경남 함양 황석산에서 국호를 '시時'라 하고, 교명을 '보화교'로 선포하였다.[104)]

3) 이외에 천자등극 상징물로 종각을 들 수 있다. 현 입암면笠岩面 대흥리大興里 당산나무 맞은 편 대동직물 자리에는 동정각動靜閣(1924)이라는 종각이 있었다. 각세종覺世鐘이라 명명된 이 종은 교인들이 수저 1개씩을 거두어 만들었다고 하는데 그 거대함이 경주의 인경이나 종로의 인경보다 낫다고까지 했다. … 당시 《동아일보》에서는 종을 만든 목적은 천자등극을 위한 사전준비로 보고 다음과 같이 보도한 바 있다. "… 동짓날 그 인경을 울려가며 등극한다고 하던 것이 미처 다 되기도 전에 그만 우연히 깨지고 말았다."[105)] 이러한 일련의 사실들에서 볼 수 있듯이 차천자

---

103 김재영, 「보천교 천자등극설 연구」, 『한국종교사연구』 9, 한국종교사학회, 2001, 106-111쪽. 인용문에 있는 각주는 생략하였다. (인용문 앞의 번호는 인용자 주. 이하 동일함)
104 김재영, 「보천교 천자등극설 연구」, 115쪽.
105 《동아일보》, 1924. 12. 21(음).

라는 칭호는 교인들이 붙인 것이 아니고 월곡 자신이 붙인 칭호이며, 일정한 신자가 확보되면 천자등극을 통해 조선의 독립을 꿈꾸고 있었다고 보아진다.[106)]

먼저 【사례 1, 2】를 통틀어 논자는 당시의 신문 기사를 그대로 인용하면서, 당연한 것으로 여기고 있다. 이 논자에게 당시 신문기사에 대한 자료 평가는 아예 검토 대상도 아니다. 이 정도라면 당시의 신문기사 정리에 다름 아니다. 논자는 같은 책에서 "경전도 없었던 시기의 신앙유형을 알아보기 위해서는 비록 2차 자료이지만 신문기사가 가장 신빙성 있는 자료가 될 것이다."고 강조하며, 심지어 당시 신문 기사를 부록으로 싣기도 하였다.[107)] 이 논문을 집필하는 과정에서 당시 신문 기사를 얼마나 신뢰하고 또한 활용하고 있는지 확인할 수 있는

보천교 죽이기에 참여하는 결과 초래

【사례 2】를 먼저 살펴보자. 역시 대부분의 논의를 당시 신문 기사를 활용하여 전개하고 있다. 1)에서는 당시 신문기사 자료를 사실로 인정한 바탕 위에서 논의를 진행한다. 논자는 자신의 논의를 입증하기 위해 각주를 통해 당시 신문 기사를 다양하게 인용한 뒤에 "여기에다 새 정부 건설을 위한 전근대적인 움직임과 비현실적인 대안으로 말미암아 결국에는 대내외적인 저항에 부딪히게 된다."는 결론을 내리고 있다. 2)는 【사례 1】과 겹치는 내용이다. 【사례 1】에서 논자는 본인이 의도하는 논지를 펴기 위해 이미 예고했던 대로 '당

----

106 김재영, 「보천교 천자등극설 연구」, 118-119쪽.
107 김탁, 『증산교학』, 295쪽 각주 36.

시의 시대상을 가장 잘 반영해 줄 수 있는 일간신문의 관련기사'를 참조·인용하고 있다. 그 결과 3·1운동 실패 직후 희망을 잃어버린 민중들에게 『정감록』과 같은 '비결의 유포를 통해 예언의 실현 가능성을 확신한 차경석'이라고 단정하고 있다. 이 논문에 따르면 차경석 혹은 보천교에서 '새 왕조가 건설되고 차경석이 새로운 천자로 등극하게 될 것이라는 설교'를 했고, 심지어 차경석은 1921년 음력 9월 24일 황석산 고천제를 통해 '국호를 대시국으로 선포하고 자신이 천자가 되었다는 사실을 하늘에 고하고, 관제를 교단조직과 병용하여 구체적으로 발표'하였다는 것이다. 이런 논의 전개는 당시의 일간신문 관련기사 내용을 그대로 옮긴 것이므로 사실여부를 검토할 대상은 아니다. 분명한 것은 누차 지적한 바와 같이 당시 신문·잡지들의 '의도적 왜곡·조작' 대열에 본의든 아니든 참여하는 결과를 초래하고 있다는 점이다.

이 연구는 당시의 일간신문 기사를 참조·인용하는 것으로 멈추지 않았다. 논의전개 목적을 위한 필연의 과정이겠으나 나름의 결론을 내리고 있다. 황석산 고천제가 '새로운 왕조의 탄생을 선포하는 의식이었으며, 차경석이 천자로 등극하였음을 하늘에 고하는 즉위식의 의미를 지녔다'는 결론이 그것이다. 이와 같은 결론을 내릴 수 있는 근거는 물론 당시 신문 기사를 활용한 결과다. 같은 내용을 다루고 있는 【사례 2】의 2)를 보면, 각주 42)에서 "『보천교연혁사』 상권"이라고 출처를 밝혔다. 그러나 『연혁사』에서 이 내용을 찾을 수가 없다. 『연혁사』에 따르면 당시 황석산 고천제에서는 국호 '시'를 선포한 일이 없었다. 다만 '보화교'라고 하는 교명을 고천하였다. 【사례 1】과 【사례 2】 2)에서 인용하는 황석산 고천제 당시 국호 '시'를 선포했다는 내용이 세상에 널리 알려지게 된 것은 당시 신문 보도의 영향력이었을 터다. 앞에서 《동아일보》 기사, 〈자칭 대시국황제 태을교주 차경석이 국호와 관졔를 발표하얏다는 풍셜〉」을 검토하였다.[108] 말 그대로 '풍설'을 가지고 작성한, 이런 날조된 신문기사 내용이 70년이 지난 오늘날에도 유용한 문헌자료로서 참조, 인용되고 있는 것은 현 단계의 보천교 연구의 한계로 지적될 수 있다.

2) 언론계, 문화 · 예술계의 '차경석 죽이기' 실태

차경석 죽이기는 그가 사망한 후 각계에서 진행되었다. 언론계는 물론이고 예술·문화계에서도 마찬가지였다. 먼저 문화계의 실태를 보자.

> '차천자車天子'의 신화를 아시오.
> 조선총독부의 쇠사슬에 묶여 살던 망국의 1929년경.
> 이 땅 위에는 독버섯처럼 돋아난 '차천자'라는 신기루 하나가 대낮부터 걸렸었다.
> 바로 "갑자년 갑자월 갑자일 갑자시(동짓날) 내가 천라로서 등극하리라" 하고 이름하여 나타난 세칭 차천자였다.
> 이렇게 나타난 한 걸물이, 자그만치 그땟돈으로 조선 땅덩어리 10분의 1을 살 만했다는 거금 수백만 원을 거둬들여 한국 사상 최대의 6백 간짜리 사설궁궐私設宮闕을 새우고, 60방주方主를 거느려 판서·도지사에서부터 산골군수·면장자리까지 두 발을 뭉

---

108 〈자칭自稱 대시국황제大時國皇帝 태을교주 차경석이 국호와 관졔를 발표하얏다는 풍셜〉, 《동아일보》, 1922. 10. 26(음력 9. 7). 3면.

개고 앉아서 벼슬자리를 예매해 먹은 복면伏面은 무엇인가?

지금 생각하면 배꼽이 빠지게 웃음붙터 나올 노릇이지만, 이날까지 그 미로의 수수께끼는 풀리지 않고 있다.

과연 차천자는 '가갸' 뒷자도 모르던 사교邪教의 교주요, 시골 거부의 땅마지기를 웅두리뼈째 발라내듯이 꾀를 홀짝 벗겨먹은 희대의 사기꾼이냐? 아니면 누구 말대로 당대 조선 최고의 천재였느냐?

그때 《동아일보》는 "알짜 따라지 무식꾼이요 머슴출신"이라고 두 말도 못하게 뒤통수에 뭇질을 한 데 반해 어떤 인사는 차천자야말로 태극풀이로 점을 치던 주역周易의 최고 권위였고 미륵불 같은 관상가며 도통자였다고 거 액면을 드러낸다.

이만큼 차천자는 그 정체를 알기 힘든 화제를 던진 인물이다.

천자라면 신하와 제후를 거느리는 인물이다. 더 정확히 주역의 사상팔괘四象八卦로 풀자면 밑으로 대중[庶人]과 선비[士], 대부[卿], 재후[公]를 거느리는 임금이다.

이 어마어마한 천자를 첫마디에 엉터리 사기꾼으로 모는 희극—…

왜 민족지임을 자부하던 D일보는 전소구력全訴求力을 호소해 2여 년에 걸쳐 훔치교 박멸운동을 전국적으로 해야만 했는가?[109]

보천교 교주 차경석 이야기가 뜻밖에도 《거부실록》이라는 책에, 그것도 〈사교계邪教界의 거부 차경석〉이라는 제목으로 실려 있다. 이 글을 발표한 작자 이용선은 1958년 단편소설 〈마바리꾼〉으로 《자유문학》지를 통해 등단한 소설가다. 한때는 신문기자로 활동했다.

----

109 이용선, 〈사교계邪教界의 거부 차경석〉, 35-38쪽.

위의 글은 일종의 소설 형식이지만 본격적인 소설은 아니다. 그렇다고 그의 직업인 기자로서 쓴 기사문도 아니다. 다큐멘터리documentary와 소설의 중간 형태라고나 알까. 이 글이 실린 책의 「서문」을 보면 작자의 글쓰기 의도가 어느 정도 드러난다. 《거부실록》이라고 하여 썼지만, 자기는 경제학도, 역사학도 모르는 사람이고, 언젠가 한 번 돈을 벌어 보고 싶은 욕망에 차 있어서 썼다는 것이다. 그것도 흔한 얘깃거리로, 혹은 심심풀이로, "… 다만 독자들의 이웃집에 사는 입담 좋은 김서방이나 이서방이 아무 격식 없이 흥나는 대로 자기가 아는 세상 견문을 주섬주섬 섬가가듯 이 글을 썼다."[110] 아무리 '소설'형식을 빌린 글쓰기라고 하지만, 6백 만 신도가 신앙하고 있던 종교단체 보천교와 그 최고지도자였던 차경석을 이런 식으로 취급해서는 곤란하다. 그것은 역사 부정이요, 왜곡·조작의 재생산에 다름 아니다.

차경석, 《거부실록》의 주인공이 되다

우리는 이 글을 쓴 작자를 탓하기 전에 차경석이 이런 무책임한 문자행위에 주인공으로 등장했다는 점을 주목한다. 왜? 차경석 당시의 신문 기사들이 아무런 책임감 없이 가십gossip거리 정도로 다루어 무차별적으로 왜곡, 조작된 보도를 하였고, 그것을 아무런 비판 없이 받아들인 이 어중간한(소설가와 기자 중간) 작자에 의해 한낱 이야기 거리의 주인공으로 받아들어진 탓이다. 그리고 이 이야기꾼은 당시의 신문·잡지기사 내용을 확대재생산하면서 아무런 책임감도, 죄의식도 없이 차경석과 보천교 죽이기 대열에 가담하고 있는 것이다.

----

110 이용선, 〈서문〉, 《거부실록》 8, 12-13쪽.

차경석의 행적에 유의하였을 때, 이 책은 제목부터가 문제적이다. '사교계邪教界의 거부'가 무엇인가. 한 민족종교 교단의 교주를 '거부'라고 입에 올리는 것부터가 '차경석 죽이기'에 다름 아니지만, 더욱 절망적이게 하는 것은 그 수식어다. '사교'는 일제강점기 당시 총독부에서 정의한 '유사'종교보다 더욱 비판적인 의미를 담고 있는 개념이다. 작자가 이 책을 발표하기 전에 이미 같은 글을《암흑기의 신화 차천자》(1968)라는 제목으로 발표했다는 것은 이미 얘기하였다. 암흑가, 신화, 차천자, 사교계, 거부 등 하나같이 부정적인 단어들로 가득 차 있는 이런 무책임한 문자행위에 필자는 절망하지 않을 수 없다. 다시 강조하지만, 결과적으로, 이런 이야기가 나올 수 있었던 직접적인 원인을 찾아가면 일제 강점기 당시 차경석 죽이기에 앞장섰던 당시 신문기사, 잡지기사들이요, 배후에는 총독부 권력이 버티고 있기 때문이다. 문제가 되는 것은 물론 이 글 하나만이 아니다.

다음은 비교적 최근에 발표된 국내 굴지의 신문사에 게재된 한 권위 있는 저널리스트의 글 일부다.

> 일본 제국주의자들에게 국권을 빼앗겼을 때 민중의 불안 심리를 수렴하는 유사종교들이 창궐했었다. 그리고 3·1운동의 좌절로 앞날이 안개 속에 잠기면서 다시 그 불안 수렴의 유사종교가 창궐했으며 가장 폭넓은 수렴에 성공한 것이 바로 차천자의 보천교였다. 보천교에는 유사종교의 공통점인 민중염원의 공통분모를 모조리 교리에 수렴하고 있음을 볼 수 있다. 무병장수 호의호식은 만인에게 공통된 숙원이지만 살아서 지옥에 가 돌아가신 부모를 뵈올 수 있다는 것은 한국적 효사상의 수렴이다. 그 밖에

> 10%미만의 극소수 양반위주의 사회였던데 대한 상민의 반동과 선망이 수렴되고 수탈만 해가는 관료에 대한 민중의 반감과 선망이 수렴되었으며 단발 양복 등 새 풍조에 대해 반동을 상투와 푸른 두루마기를 고집하는 것으로 수렴한 것이다. 주의를 끄는 것은 3·1운동 후에 팽배돼 있는 국권에 대한 혼미와 불안을 수렴했다는 점에서 주의를 끈다. 물론 그 조건이 탄압받는 빌미가 되긴 했지만 당시 한국인의 잠재된 민족의식의 일단을 반짝 보는 것만 같다. 또한 유사 이래 현재까지도 과학이나 논리로 나누어지지 않는 이 한국인의 샤만적 심정의 20세기 전반의 존재형태로 이 차천자는 역사에 기억될 것이다.[111]

이 글에서 차경석은 이제 새 왕국의 벼슬을 팔아 사기를 친 것도 모자라 일제 강점기 당시에 독립운동까지 팔아서 사기를 쳤다는 내용으로 확대재생산 되고 있다. 이 저널리스트 역시 일제와 당시 언론들이 만들어내고 사용했던 '유사종교'라는 말을 더욱 거친 필봉으로 휘둘러대고 있다. 아니, 식민권력이 규정했던 조선의 '유사종교'보다 더욱 심한 필치로 보천교를 매도하고 있다.

현 언론계의 '차경석 죽이기' 현주소

개인적인 견해인지 모르겠으나 필자는 이 세상에 '유사종교'란 없다고 주장한다. 종교의 본질적 면을 검토하면 해답은 명약관화하다. 신앙에 무슨 '신앙 비슷한 것'이 있을 수 있는가. 그것은 기득권 세력이 만들어낸 억압적이고 위선적 개념에 지나지 않는다. 다

---

111 이규태, 〈이규태 역사에세이. 100년의 뒤안길에서… (28) 차천자 이야기〉, 《조선일보》. 1999. 9. 17. 23면.

른 시각으로는 근대 과학이 자기 우월성을 주장하기 위해 내세우는 경우도 있다. 이 저널리스트는 후자를 빙자하고 있다. '유사 이래 현재까지도 과학이나 논리로 나누어지지 않는 이 한국인의 샤만적 심정' 현상이라는 것이 근거다. 그는 과학으로 이해될 수 없는 '종교' 현상을 유사종교라고 보는지 모르겠으나 종교를 과학이나 논리로 나누어서 후자로 전자를 재단하려고 하는 이런 행태야말로 이미 그 한계가 노출되었다는 것은 굳이 재론할 여지도 없다. 과거 우리의 민속 중의 하나로서 장독대 위에 정화수 한 사발 올려놓고 두 손 모아 집안의 안녕을 비는 아낙네들의 풍경을 어렵지 않게 볼 수 있었다. 혹은 무당을 불러 굿을 하였던 풍경도 보았다. 개화기 이후 이른바 근대라는 '괴물'은 과학이라는 잣대로 우리 고유의 신교를 '미신'이라고 매도했다.

보천교는 신교에 뿌리를 두고 있는 신앙단체다. 일제는 그들의 식민통치를 위해 '유사종교'라는 위악적이고도 간교한 개념을 만들어 내어 탄압했다. 일제로부터 해방된 지 한 세기가 다가오고 있다. 아직까지도 일제의 논리에서 한 치도 벗어나지 못하는, 오히려 일제 때보다 더욱 후퇴해 가는 행태는 지양되어야 한다. 이 저널리스트는 거의 같은 내용을 몇 번씩이나 반복해서 우려먹었다.

> 배신자를 증발시킨 혐의로 충격을 주고 있는 '아가동산'은 돌발사건이 아니라 우리 역사의 뒤란에 면면히 흘러내린 검은 혈맥의 한 분출이다. … 일제 때 나라를 빼앗기고 의지할 정신지주를 잃은 백성을 유인, 가재도구를 빼앗고 강제노역을 시킨 사교가 우후죽순처럼 돋아났으며 그중 차천자교와 백백교는 유별났다. 차경석이라는 이는 지리산에 들어가 고천식을 올리고 천자로 등

극, 정읍에다 우람한 천자궁을 짓고 교도를 모았다. 1백 명의 신도를 모아 오면 현감벼슬을, 1천명은 감사, 1만 명은 판서벼슬을 내린다고 했다. 배당 약속을 이행치 못하면 추궁이라는 미명의 고문실에 데려가 가혹한 린치를 가하곤 했다.[112)]

1919년 천자로 등극한 차경석은 전라도 정읍군 입암면 대흥리에 십일전이라는 웅장한 궁전을 짓고 황제 행세를 했다. 그러고서 1백 명의 신도를 모은 자에게는 군수 벼슬을, 1천명을 모으면 감사 벼슬을, 1만 명을 모으면 대신 벼슬을 준다고 하자, 이를 믿고 전 재산을 바쳐 이곳에 이주하는 자들로 소도시를 이루었었다.[113)]

친일 단체인 일진회 전주 지부장이던 차경석은 3 1운동이 일어났던 해 지리산으로 입산, 고천식을 올리고 자칭 천자로 등극한다. 이 차천자는 전라도 정읍에다 천자궁을 짓고 뭇 시종-시녀를 거느리고 복식이나 법도를 천자처럼하고 사치를 극하였다. 그리하여 1백 명 신도를 모아오는 자에게는 군수벼슬을, 1천명 모아오는 자에게는 감사, 1만 명 모아오는 자에게는 정승벼슬을 내린다고 약속하고 만약 배당받은 신도 숫자나 금품을 모아오지 못하면 추궁이라는 미명의 고문실로 데려가 갖은 사형을 가해 공포 분위기를 조성했던 것이다. … 현재 우리나라에는 3백90종의 신흥종교가 있으며 1백50만의 신도가 이를 믿고 있는 것으로 조사되고 있다. 기독교계 불교계 단군계 무속계 등 13계

---

112 이규태, 〈이규태 코너 아가동산〉, 《조선일보》, 1996. 12. 14. 5면.
113 이규태, 〈이규태 코너 암매장〉, 《조선일보》, 1995. 3. 9. 5면.

조선일보 李圭泰 역사에세이 1999년 9월 17일 금요일 10판 제24478호 23

3·1운동 좌절감 이용 普天敎 만들어

100년의 뒤안길에서…

―――― ㉘車天子 이야기

◇당시 신흥교도들은 머리를 깎지 않고 상투와 댕기머리를 했다.

◇보천교주로 차천자로 불린 차경석(車京錫).

정읍에서 30리 떨어진 입암면(笠岩面) 대흥리(大興里)의 풍수부터 따져 볼 필요가 있다. 누가 보아도 관이나 갓을 쓰고 있는 듯한 갓 바위가 있어 천관산(天冠山)이요 천하를 다스릴 천자가 태어나 크게 흥(大興)할 땅이다. 대흥동 맞바라기에는 제영봉(帝營峰)이 있고 윗마을 이름은 왕심리(王尋里)다. 인근 들판이 '정감록'에 신인(神人)이 태어난다던 해도(海島)다. 이 모두 이곳에 천자궁을 짓고 천자로 군림한 차천자가 지은 지명이 아니라 이전부터 있었던 지명을 천자 출현에 부합시킨 것이니 이 곳 찾는데 머리도 많이 썼으려니와 대단한 지모의 소유자임을 미루어 알 수 있게 한다.

1920년대의 그 현장에 가보기로 한다. 동구에 들어서면 길 양편으로 나지막한 같은 규격의 초가 1000호가 줄지어 있는데 팔도에서 모여든 신도들의 집이다.천자궁으로 통한 이 길을 종로라 하는데 조금 걸어 들면 종각이 나오기 때문이다. 여기에는 천자를 상징하는 노란 놋쇠종이 걸려있는데 서울 종로의 종보다 크다.

경복궁 본떠 궁궐 지어

대궐 정문이 삼광문(三光門)으로 우람한 3층 지붕으로 돼있어 이 문을 드는 이를 압도시킨다. 그 문을 들어서면 수백칸짜리 기와집이 나오는데 오른쪽이 부인들이 사무를 보는 총의원(總宜院), 왼편이 남자들이 사무를 보는 총정원(總正院)이다. 복판에 경복궁 근정전을 본뜬 본전을 십일전(十一殿)이라 하는데 주역에 나오는 토(土)자형 구조로 내전을 지었기 때문이다. 그 안에 들면 오색단청이 된 아름드리 원주들이 수십길 뻗쳐 있고 그 복판 계단위에 용틀임 기둥으로 받친 성소(聖所) 삼광단(三光壇)이 차려져 있는데 그 뒤편에는 산천 일월성진이 그려진 병풍이 쳐져 있다. 이 천자궁에 들어갔다 나오는데 한시간 이상이 걸리는 규모였다.

처음에 천자를 상징하여 황기와로 구워 지붕을 얹었더니 경찰이 금지하여 여느 기와로 바꿔 얹었다 하며 목재는 멀리 백두산에서 실어나르느라 대흥리에 임시 정거장까지 두었었다 한다.

직접 차천자를 뵌 분의 기록에 보면 정전의 양편에는 팔뚝만큼 굵은 황촉(黃燭)이 켜져 있고 세그루의 커다란 석상이 나열해 있는데 바로 이들이 믿는 보천교(普天敎)의 주신인 옥황상제(玉皇上帝)상이다.

당아래에는 기골이 장대한 육척장신의 역사(力士) 둘이 시립하고 있으며 약 10분 동안 허리를 반쯤 숙이고 기다리고 있으니 통천관을 쓴 40대중반의 차천자가 나타난 것이다. 키는 6척이요, 체구는 비대한 편이며 얼굴은 타원형으로 이마와 콧등이 펀펀하고 수염을 거꾸로 세워 사나운 인상을 주었다. 신도들이 호칭하는 용코 용수염인 것이다.

시종들이 굴복사례하고 있는 가운데 이 탐방자와 문답이 시작된다. 분분한 조선의 민심을 여하히 통일하겠나이까고 묻자 인심을 통일하는 데는 종교아니곤 안되며 종교중에서도 서양처럼 국가와 밀착돼 있으면 안된다 했다. 조선문제의 해결은 그 시기가 불원하다길래 장차 조선이 독립되면 무슨 정체(政體)를 쓰는 것이 좋으냐고 물었더니 그때 민심의 동향을 보고 정할 일이라고 회피했다.

그리고 보천교도들이 가산을 모두 팔고 탐진한 것이 선생의 명령이냐고 묻자 하늘이 준 재산은 하늘 일에 쓰면 네것 내것이 없다하고 교인들로 하여금 왜 장발(長髮)시키느냐고 묻자 오히려 기독교도들이 단발하는 것은 왜 묻지않느냐고 반문했다.

야한 옷 女官이 술시중

이 탐방자는 오신 손님이니 융숭하게 대접해 보내라는 분부대로 거창한 주안상를 받는데 그릇과 수저가 모두 은제요 느슨한 옷차림의 여관(女官)이 술을 들고와 차천자가 친히 권한 것이라며 따랐다.

보천교주 차천자의 본명은 차경석(車京錫)으로 아버지 차치구(車致九)는 동학혁명때 전봉준(全琫準)의 참모로 싸우다가 관군에 잡혀 포살당했고 당시 15세의 차경석은 울분을 품고 동학당에 들어 갔다.

동학당을 기반으로 형성된 일진회(一進會)의 전주 지회장을 한것도 그런 연분에서였다. 전라도에서 교세를 떨치고 있던 증산교의 교주는 바로 차경석의 이모부요 그 교권 계승에 차경석이 뛰어들어 유리한 고지를 차지한다.

삼일운동이 일어나던 해 12월12일 경상남도 함양 지리산 줄기에 있는 대황산(大皇山) 정상에서 대황(大皇) 곧 천자로 즉위하는 제천의식을 올렸다. 그 휘하에 60벼슬아치를 두었는데 그 벼슬 이름들이 기발하다. 동서남북(東西南北)하는 방위, 금목수화토(金木水火土)하는 요일, 갑을병정(甲乙丙丁)하는 십간(十干), 자축인묘(子丑寅卯)하는 십이지(十二支), 동지(冬至) 소한(小寒) 대한(大寒)하는 이십사기절(二十四氣節), 간손곤건(艮巽坤乾)하는 팔괘(八卦)로 벼슬이름을 삼았다.

그리고 정씨 성을 가진 사람이 자기 어머니를 겁탈하여 태어났으므로 자기 이름은 정경석(鄭京錫)이라하여 당시 민중을 사로잡고 있던 정감록(鄭鑑錄)에 결부시키기도 했다. 그리고 정읍 입암아래 천자궁을 짓고 신도를 모으는데 1백명을 모으는 자에게는 국권이 회복되면 군수벼슬을, 1000명을 모으는 자에게는 감사벼슬을, 1만명을 모으는 자에게는 대신 벼슬을 약속하는 증서를 써주었다.

이렇게 모은 신도의 입교 의식을 본다. 입신한 교도들은 목욕재계하고 새옷으로 갈아입는다. 옥황상제강령지위(玉皇上帝降靈之位)란 신위를 복판에 두고 제상이 풍성하게 차려지고 스스로를 환난에서 구제해준다는 태을주(太乙呪)라는 주문(呪文)을 합송하며 사배(四拜)를 하는데 허공에 코끼리 호랑이 선녀선동(仙女仙童) 관음보살 등 헛것들이 보일때까지 계속한다. 보통 침식을 하지않고 사나흘동안 이 태을주 사배가 계속되기에 허기가 지고 현기가 나 헛것이 보이지 않을 수 없게 된다.

헛것 보일 때까지 절

이를 가리켜 눈이 떴다해서 개안(開眼)이라 했다. 개안으로 얻는 이득은 다음과 같다. 1) 자신은 물론 자손 삼대까지 부자가 된다. 2) 악질(惡疾)을 피하고 숙병(宿病)을 피하게 된다. 3)국권회복과 동시에 신도들은 이전 신분과는 아랑곳 없이 양반이 된다. 4) 삼재팔난(三災八難)을 면한다. 5)몸을 뜻대로 움직이게 되어 공중비행을 자유자재로 한다. 6) 상투를 보존함으로써 상제께서 그를 통해 보호를 한다. 7)죽어서도 선경에 들어 살게 된다.

몽매한 민중으로서 혹하지 않을 수 없는 입신조건들이 아닐 수 없다. 이 개안이 초등교도요 그후 2년여간 태을주 사배를 게을리하지 않으면 옥황상제가 눈앞에 어른거리는 단계에 이르는데 이를 얼굴을 보았다 해서 승안(承顔)이라 했다. 이것이 중등교도요 의식하지 않아도 태을주가 절로 튀어나오고 사지를 들어 약동을 하며 춤을 추는 망아(忘我)단계를 전신(轉身)이라 하며 이 단계에 이르면 고등교도다. 전신도가 되면 앉아서 만국이 돌아가는 일을 훤히 볼 수 있으며 장생불사하고 산채로 지옥에 들락날락하여 죽은 부모도 만날 수 있다 했다.

당시 함경도 덕원(德源)에서 관헌에게 체포되어 '제령위반(制令違反)'조목으로 기소당한 차천자교도 일행 14명에 대한 기소장을 보면 이렇다. 차천자교에 들면 질병에 걸리지 않고 죽었던 부모를 만나볼 수 있다 하고 일단 교에 들면 한 사람당 열 사람을 입교시키고 입교금으로 10원씩을 받는다. 이렇게 하여 가입인원이 15만5000명이 되면 일제히 일어나 독립운동을 할 터인데 지금 그 수령되는 차경석이 360명을 거느리고 전라도 지리산에 들어가 총기와 화약을 만드는 중이라 했다.

그리하여 오는 갑자년(1924) 음력 3월 15일 차경석이 조선국의 황제로 즉위하고 신도들은 응분의 높은 벼슬을 받게 된다는 것이었다. 그리고 구한국 관제에 따른 벼슬과 품작을 응분의 헌납자와 신심의 농도에 따라 증서로써 보증했다는 것이다.

일본 제국주의자들에게 국권을 빼앗겼을 때 민중의 불안 심리를 수렴하는 신흥종교들이 창궐했었다. 그리고 3·1운동의 좌절로 앞날이 안개속에 잠기면서 다시 그 불안 수렴의 신흥종교가 창궐했으며 가장 폭넓은 수렴에 성공한 것이 바로 차천자의 보천교였다.

민중염원 教理에 수렴

보천교에는 신흥종교의 공통점인 민중염원의 공통분모를 모조리 교리에 수렴하고 있음을 볼 수 있다. 무병장수 호의호식은 만인에게 공통된 숙원이지만 살아서 지옥에 가 돌아가신 부모를 뵈올 수 있다는 것은 한국적 효사상의 수렴이다. 그밖에 10%미만의 극소수 양반위주의 사회였던데 대한 상민의 반동과 선망이 수렴되고 수탈만 해가는 관료에 대한 민중의 반감과 선망이 수렴되었으며 단발(斷髮) 양복 등 새 풍조에 대해 반동을 상투와 푸른 두루마기를 고집하는 것으로 수렴한 것이다.

주의를 끄는 것은 3·1운동후에 팽배돼 있는 국권에 대한 혼미와 불안을 수렴했다는 점에서 주의를 끈다. 물론 그 조건이 탄압받는 빌미가 되긴했지만 당시 한국인의 잠재된 민족의식의 일단을 반짝 보는 것만 같다. 또한 유사 이래 현재까지도 과학이나 논리로 나누어지지 않는 이 한국인의 사면적 심정의 20세기 전반의 존재형태로 이 차천자는 역사에 기억될 것이다.

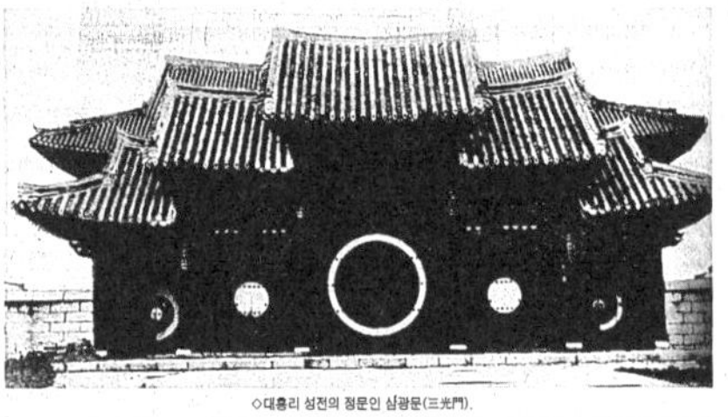

◇대흥리 성전의 정문인 삼광문(三光門).

◇정읍 입암면 대흥리 차천자의 성전(聖殿) 전경. 큰 건물이 성전인 십일전(十一殿).

이규태, 〈이규태 역사에세이. 100년의 뒤안길에서… (28) 차천자 이야기〉, 《조선일보》. 1999. 9. 17. 23면.

사교의 구조(이규태 코너).
《조선일보》. 1991.7.14. 5면

사이비종교(이규태 코너).
《조선일보》. 1994.2.23. 5면

암매장(이규태 코너)
《조선일보》. 1995.3.9. 5면

아가동산(이규태 코너).
《조선일보》. 1996.12.14. 5면

> 통으로 의식은 각기 다르나 그 중 사이비로 지탄받는 신흥종교의 공통성으로서 차천자교처럼 교주를 신격화 하는 것이나 말세론이나 개벽론을 내세우고 선민의식을 주입시켜 그 대가로 헌금을 도출함이며 이탈을 막기 위해 공포분위기를 조성한다는 것에는 공통되고 있다.[114]

> 나라를 강탈당하고 먹고 살길이며 벼슬길이며 이렇다 할 희망을 상실하고 무력해져 있던 1910~20년대는 바로 철조망 없는 수용소요, 환상의 파랑새를 대망하던 때였다. 당시 통계에 의하면 사교성의 유사종교가 전국에 2백여 개가 콩죽에 거품일 듯 일었던 사회 심리적 근거가 이에 있었던 것이다. 정읍에 천자궁을 짓고 천자로 행세 했던 차천자교의 교주 차경석은 1백 명의 신도를 모은 자에게는 군수 벼슬을, 1천 명을 모은 자에게는 감사벼슬을, 1만 명을 모은 자에게는 대신 벼슬을 약속하는 증서를 주고 신도를 끌어 모았다.[115]

이 저널리스트에게 '차천자'와 '보천교'는 사교집단 이야기를 할 때마다 등장하는 소위 '단골메뉴'였다. 그가 같은 말을 반복하는 차경석 관련 일화들이 얼마나 진실에 가까운 지는 검토할 때, 필자는 지극히 회의적이다. 필자가 조사하고 연구한 결과에 따르면 그가 전하는 일화 중 많은 부분이 사실과 거리가 멀다. 차경석이 자칭 '천자'라고 했다거나 보천교에서 벼슬을 팔아먹었다 따위는 그에 관한 왜곡, 조각, 매도행위에 다름 아니다. 물론 이런 행태는 이 저널리

----

114 이규태, 〈이규태 코너 사이비 종교〉, 《조선일보》, 1994. 2. 23. 5면.
115 이규태, 〈이규태 코너 사교의 구조〉, 《조선일보》, 1991. 7. 14. 5면.

스트가 처음이 아니고 차경석 생존 당시부터 자행되었던 것임을 지금까지 우리는 충분히 검토하였다. 이 저널리스트가 반복해서 우려먹는 차경석 관련 일화들은 일제 강점기 때 보도된 신문기사 등을 참고, 인용한 내용들에 다름 아니다. 달라진 것이 있다면 능수능란한 말 바꾸기, 화려한 수사법이다. 차경석이 사망하고, 보천교가 강제 해체된 지 80여 년이 지난 오늘날에도 '차경석 죽이기'를 똑같은 행태로 반복하고 있는 것이다. 단순한 반복이 아니라 지적으로, 기술적으로 더욱 교묘해지고 있다는 것이 필자의 지적이다. 이 저널리스트는 보천교를 '유사'종교에서 더 나아가 아예 사교로 매도하고 있다. '사교'란 사이비 종교란 뜻이겠다. 보천교가 유사종교인지, '사이비 종교'인지 아닌지에 관한 평가는 연구자들의 몫이다. 오늘날 보천교를 연구하는 많은 학자들의 연구 결과는 이 저널리스트의 주장과 다르다. 보천교에 관한 재조명, 재평가, 재발견이 필요한 이유다.

3) '보천교' 인가 '보천교 운동' 인가

2017년 현재 차경석이 사망한 지 81년이 지났다. 지금까지 검토한 바와 같이 그동안 차경석 죽이기는 멈추지 않았다. 오늘날에 이르러서는 더욱 다양해지고 더욱 교묘해진 문자행위를 통해 계속 진행되고 있다. 이 정도쯤 되니까 그 누구도 차경석 '진실'보기에 나서려고 하지 않는 것이 현실이다. 반대의 지적도 가능하다. '진실'을 보려고 해도 과거 차경석 죽이기로 일관된 문헌자료에만 묻혀 더 이상 진전을 보지 못하고 있다. 최근에 일부 학자들의 열정으로 많은 연구가 이루어지고 있는 것은 매우 고무적이다. 문제는 이 선행연구 역시 의도하였든 하지 않았든 차경석 죽이기의 그늘에서 벗어나지 못하고 있는 것은 한계로 지적된다.

> 일제 식민지 시대 보천교는 민족·민중운동의 구심체였으며, 따라서 종교조직을 내세운 정치운동 단체로 보고자 한다. 물론 1930년대 일제의 탄압에서 벗어나고자 보천교는 종교제도화를 꾀한다.[116]

> 학계에서는 보천교가 상해 임시정부에 독립운동 자금을 조달했다는 사실과 1918년 제주 법정사法井寺에서 항일 무장봉기가 있었다는 점, 그리고 조만식趙晩植의 권총단사건 등을 이미 연구 발표한 바 있다. 이러한 일련의 사건들은 적어도 보천교가 종교를 위장한 독립운동단체였음을 말해주는 것이며, 차월곡의 천자등극을 통한 조선의 독립은 그 연장선상에 있다고 보아진다.[117]

> 보천교에서 원년元年으로 삼고 있는 1909년부터 무진훈사戊辰訓辭가 있었던 1928년까지는 특별한 교리가 없었다. 교단(신파)내에서 이 시기를 '은도시대隱道時代'라 규정하고 있다는 점에서 보천교는 종교를 표방하고 있었지만 1928년까지는 종교로 보기 어려운 측면이 있다. 즉 처음부터 종교로 출발한 것이 아니었다고 하는 점이다. … 따라서 안후상이 "보천교는 사회운동화된 종교세력"이라고 주장하는 것과 맥을 같이하며 필자도 여기에 동의하고 있다.[118]

----

116 김재영, 「보천교 차천자등극설 연구」, 100-101쪽 각주 1.
117 김재영, 「보천교 차천자등극설 연구」, 123쪽.
118 김재영, 「보천교 차천자등극설 연구」, 124쪽. 인용문 가운데 '무진훈사', '신파' 등

보천교에 관한 한 연구의 결론 부분이다. 논자는 각주에서도 이렇게 덧붙인다.

> 보천교 운동을 종교로 위장한 독립운동의 일환으로 보는 이유는 보천교는 종교를 표방하고 있었지만 그에 상응하는 특별한 교리가 없었다는 점이다. 『보천교연혁사』나 『교전』, 『도훈道訓』 등은 교주 사후에 나온 책이며, 말 그대로 연혁을 기록한 것일 뿐 교리에 대한 특별한 언급이 거의 없다. … 또 차월곡 자신이 "보천교는 교教가 아니라 도道다"라고 말한 적이 있었다. … 또 차월곡을 비롯한 강일순을 따르는 제자들이 정치적 성향이 강했던 동학도인들이었다고 하는 것도 이미 밝혀진 사실이다.[119] 따라서 당시 보천교를 사상적이고도 정치적 성향이 강한 종교를 위장한 단체였다고 보았을 가능성이 크다.[120]

보천교가 '종교조직을 내세운 정치운동 단체', '처음부터 종교로 출발한 것이 아니었다', '보천교 운동을 종교로 위장한 독립운동의 일환', '사상적이고도 정치적 성향이 강한 종교를 위장한 단체', '사회운동화된 종교세력' 이라고 하였다. 한 마디로 보천교는 '보천교'가 아니라 '보천교 운동'이라는 것이 이 논자(들)의 주장이다. 보천교를 연구하는 마당에서 '보천교'면 보천교지 그 개념조차 애매한 '보천교 운동'은 무엇인가. 아마도 '보천교 운동'이란 보천교에서 종교성을 제외하고 그들의 주장대로 '사회운동화된 종교세력'으로 개념화하려는 의도로 보인다. 보천교가 종교 이상도, 이하도 아니라

의 용어에 관해서는 별도의 논의에서 검토한다.

119 이강오, 『한국의 신흥종교 자료편』, 전북대 한국신흥종교연구소, 1972, 20쪽.

120 김재영, 「보천교 차천자등극설 연구」, 100-101쪽 각주 1.

는 것을 후술하겠으나 논자들의 이와 같은 주장에는 어떤 의도가 개입되지 않았다면 참으로 이해하기 어려운 면이 있다. 또한 논자들의 주장을 그대로 수용할 경우, 그 문자행위 자체만 보면 일제 식민 통치자들이 보천교와 같은 민족종교를 '종교 유사한 단체'('유사종교')로 규정하면서 꾸며냈던 발언들과 동일한 주장으로 오해받을 소지도 있다는 점도 유의해야 한다.

보천교는 과연 '종교조직을 내세운 정치운동 단체'인가

선행연구에서는 보천교가 종교가 아닌, 종교를 위장한 사회운동단체 등으로 규정하는 이유에 대해 몇 가지를 근거로 제시하였다. 그 중의 하나는 보천교가 '종교를 표방하고 있었지만 그에 상응하는 특별한 교리가 없었다는 점'이라고 하였다. 그는 또한 보천교 내부 자료인 '『보천교연혁사』나 『교전』, 『도훈』 등은 교주 사후에 나온 책이며, 말 그대로 연혁을 기록한 것일 뿐 교리에 대한 특별한 언급이 거의 없다.'고 지적하였다.

『연혁사』는 제목 그대로 보천교의 연혁을 기록한 책이다. 그러나 『보천교지』와 『교전』의 경우는 다르다. 두 책은 보천교 경전에 다름 아니다. 이들 책에 '교리에 대한 특별한 언급이 거의 없다'는 것은 오독誤讀이다. 그의 지적과 같이 두 책은 차경석 사후에 간행되었다.[121] 문제는 두 책의 출처가 오늘날 '증산계 종교'에서 대부분 경전으로 활용하고 있는 초기경전 『대순전경』이라는 점이다. 보천교 신앙대상이었던 증산상제의 행적에 관해서는 『대순전경』을 거의 그대로 싣고 있다. 『대순전경』은 보천교 간부를 역임했던 이상호

---

121 보천교 〈교지편찬위원회〉, 『보천교교지』, 보천교중앙총정원, 1968. ; 보천교, 『교전』, 보천교중앙총정원·협정원·총령원, 1981.

가 1929년에 편찬한 초기경전이다.[122] 증산계 민족종교 단체의 신앙대상인 증산상제는 생전에 많은 가르침을 남겼고, 그의 가르침은 제자들에게 진리로 받아들여졌다. 증산상제 어천 후 이상호는 증산상제의 친자종도들인 김형렬, 차경석 등의 구술을 바탕으로 이 경전을 편찬했다.

이상호는 『대순전경』 이전에 증산상제의 행적을 기록한 『증산천사공사기』를 간행하였다. 이 책은 증산상제의 행적에 관한 최초의 기록이다. 다시 말하면 『대순전경』은 『증산천사공사기』를 바탕으로 재구성한 것이다. 이 책의 일부 기록에는 차경석의 구술임을 밝히고 있다.

> … 금산사 삼층전 미륵에 임어하사 삼십년을 경經한 후 최제우의게 제세대도濟世大道를 계시하섯더니 제우가 능히 유가전헌儒家典憲을 초超하야 대도의 취지를 천명치 못함으로 드듸어 천명을 거두시고 갑자로부터 팔괘에 응하야 8년을 경한 후 신미에 친히 탄강하시니 동경대전東經大全과 및 가사 중에 이른바 '상제'는 곳 천사天師를 이름일진저(차절此節은 차경석 전술傳述)"[123]

동학경전 『동경대전』과 최제우가 쓴 《용담유사》에 나오는 '상제'가 '천사' 다시 말하면 증산상제를 가리킨다는 이 기록은 현재 논의 중인 '보천교는 종교단체인가 정치 혹은 사회운동단체인가'라는 소주에와 관련해서도 중요하지만, 차경석 자신의 종교관을 확인할 수 있다는 점에서도 매우 중요한 자료다. 구체적인 논의는 다른 기회

----

122 이상호, 『대순전경』, 동화교회도장, 소화4년(1929).
123 이상호, 『증산천사공사기』, 상생사, 대정15년(1926), 11쪽.

로 미루겠으나 적어도 이 기록에 따르면 차경석은 신앙대상으로서 증산상제를 신앙하고 있었던 것이 분명하다. 그가 증산상제를 '상제'로서 신앙했다는 것은 보천교의 신앙대상이 증산상제이며, 나아가 보천교가 증산상제를 신앙했던 종교단체였다는 근거 중의 하나로 제시될 수 있다.

보천교 경전 『보천교지』, 『교전』의 모본이 된 『대순전경』

『대순전경』에는 증산상제의 행적과 가르침을 담고 있다. '교리'는 사전적 의미로 종교적인 원리나 이치, 다시 말하면 각 종교의 종파가 진리라고 규정한 신앙의 체계를 이루는 개념이다. 몇 가지 아쉬운 점이 있음에도 불구하고 『대순전경』은 초기경전으로서 증산계 종교단체의 교리를 담고 있다는 점은 누구도 부정하지 않을 것이다. 증산계 종교단체에서는 대부분 이 책 혹은 이 책을 재구성한 내용을 경전으로 활용하고 있기 때문이다. 보천교에서도 먼저 경전으로 『보천교지』를 편찬하였다. 『대순전경』을 모본으로 하여 전반부에 「증산천사편」을, 후반부에는 교주 차경석의 행적과 가르침을 담은 「월곡성사편」을 합본으로 편찬하였다. 뒤에 편찬한 『교전』은 『보천교지』와 같은 체제를 따랐다. 다만 편명을 달리하여 「천사편」과 「성사전聖師典」이라고 하였을 뿐이다. 앞의 논자가 '보천교는 종교를 표방하고 있었지만 그에 상응하는 특별한 교리가 없었다'고 주장하고 있으나 『교전』에는 「서」 앞쪽에 「교리」를 두었을 정도다.[124]

차경석은 1907년, 친자종도들 가운데 비교적 늦게 입문하였으나 증산상제의 촉망받는 제자요, 신도였다. 그는 증산상제에 대한 신앙심이 다른 어떤 제자들보다도 깊었다. 증산상제 어천 후에

----

124 『교전』, 1쪽.

도 그의 신앙심은 변함이 없었다. 1928년 이전까지만 해도 차경석에게 있어서 증산상제는 변함없이 신앙대상이었고, 당신의 가르침은 진리요, 교리에 다름 아니었다. 당시 보천교에 입교하여 증산상제를 신앙했던 신도들은 바로 그 증산상제의 가르침을 믿고 신앙했다. 증산상제의 가르침은 생전에 그를 믿고 따랐던 친자종도들에 의해 전해졌다. 보천교 교주 차경석도 그들 중 한 명이다. 선행연구에서 1928년 이전까지는 교리가 없었다고 주장하는 당시에는 더욱 충실하게 증산상제의 가르침을 전했다. 차경석이 1926년 『증산천사공사기』가 간행되기 이전, 초기 기록자 이상호에게 그의 스승 증산 강일순이 상제임을 직접 밝혔다는 기록이 하나의 근거다. 물론 증산상제의 가르침이 보천교의 교리가 되었음을 물론이다. 따라서 1928년 이전의 보천교에는 '특별한 교리'가 없었기 때문에 종교가 아니라는 논자의 주장은 보다 깊은 성찰이 필요한 대목이다.

"보천교는 무극대도다"

선행연구에서는 또한 "보천교는 교가 아니라 도다"라고 한 차경석의 진술을 보천교가 종교가 아니라는 논지의 근거로 제시하였다. 그들은 나아가 '차월곡을 비롯한 강일순을 따르는 제자들이 정치적 성향이 강했던 동학도인들'이었으며, 그러므로 보천교는 물론 동학까지 종교가 아니라 '사상적이고도 정치적 성향이 강한 종교를 위장한 단체'라고 주장하였다. 과연 그럴까. 원래 '종교'라는 말은 원래 근본이 되는 가르침을 의미하는 불교용어였다. 이 용어가 19세기 말 일본 메이지 시대에 서양의 'religion'의 번역어로 쓰이게 되면서 일반화된 것이다.[125] 그러나 선행연구에서 주장하는 '종교'의

----

125 'religion'의 어원은 라틴어의 'religio'로서, 초자연적인 존재에 대한 외경의 감

개념은 일반적인 의미의 그것을 벗어나 일제 강점기 이후의 지식인 사회에 일종의 '권력의 광기'를 형성하였던 근대문명의 일환으로서 근대, 서구의 유일신 신앙체계를 담보하고 있는 일종의 '오도된' 근대적 용어의 연장선상에 위치하는 개념으로 보인다. 만약 이 독해가 옳다면, 필자는 그들의 주장에 무리가 있다는 점을 지적한다.

필자는 "보천교는 교가 아니라 도다."라고 한 차경석의 말이야말로 다름 아닌 보천교가 종교 이상의 종교, 보편적인 종교 단체임을 선언한 진술이라고 결론 내린다. 차경석이 보천교는 '교가 아닌 도'라고 하였을 때, 그렇다면 '도'는 무엇인가라는 문제가 해명되어야 한다. 결론부터 말하면 그것은 '무극대도無極大道'를 가리킨다. 줄여서 '도'라고 한다.[126] 무엇보다도 먼저 차경석의 신앙대상이었던 증산상제의 행적을 기록한 경전기록을 통해 확인할 수 있다.

> 증산상제님께서 삼계대권을 주재하여 무극대도無極大道의 도문道門을 열고 9년 동안 천지개조의 대공사를 행하셨나니[127]

> 임인壬寅(道紀 32, 1902)년 4월에 상제님께서 전주 하운동 김형렬

정과 그것을 표현하는 의례 등의 행위를 의미한다. 고대 유럽에서는 기독교권의 성립과 함께 교의敎義와 의례의 체계를 갖춘 종교 집단을 가리키는 개념이 되었고, 중세에는 비세속적인 수도원 생활까지도 이 개념으로 불렸다. 현재 'religion'의 번역어로서의 '종교'는 불교·기독교·이슬람교·유교 등의 개별 종교들을 총칭하는 유類개념으로 사용되고 있다. 상식적으로 종교는 신이나 부처 등 초자연적인 존재에 관한 신앙을 가리키는 것으로 생각된다. 종교의 기본 요소는 신·부처·영靈·법·원리·도 등으로 불리는 초월적·절대적 존재에 대한 체험이다. 종교는 이러한 종교 경험을 핵으로 하여 그러한 경험을 공유하고 또한 공유하고자 하는 일정한 공동체(종교 집단)를 형성한다. '종교宗教', 『한국민족문화대백과』, 한국학중앙연구원.

126 여기서 '무극대도'에 관해 구체적으로 논의할 여유는 없다. 다음 글을 참조할 것. 『도전』; 안경전, 〈이 시대의 진정한 화랑은 역사의 원형정신을 회복하여 새 역사의 문을 여는 주인공 태을랑(2)〉, 《월간개벽》, 2017. 11, 세종출판기획, 55-58쪽.

127 『도전』 3:2:1.

金亨烈의 집에 계시며 천지대신문을 열고 천지공사를 행하시니라. 이 때 상제님께서 말씀하시기를 '내가 이제 천지를 개벽하여 하늘과 땅을 뜯어고치고 무극대도無極大道를 세워 선천 상극의 운을 닫고 조화선경造化仙境을 열어 고해에 빠진 억조창생을 건지려 하노라.' "[128]

'c무극대도'는 동·서 관통하는 보편적 의미의 종교개념

이 땅에 '무극대도'를 처음 선포한 이는 동학의 창시자 수운 최제우였다. 그는 〈몽중노소문답가〉에서 "만고 없는 무극대도 이 세상에 날 것이니 … 이 세상 무극대도 전지무궁 아닐런가."[129]라고 하였다. 최수운 역시 동학을 '종교'라고 직접 지칭한 일은 없었다. 「논학문」에 따르면 동학을 '천도天道'요, '동학'이라고 하였다.[130] 일반적인 줄임말로 '도'요, '학'이다. 전통적으로 동양에서는 근대적 용어인 '종교'를 포괄하는 개념으로서 종교를 '도', '학' 등의 용어로 표기하였다. 풍류도, 신선도, 불도, 불학, 유학 등이 예다. 심지어 천주교조차도 '서학西學'이라고 하였다. 물론 '교'라는 용어도 병행하여 사용하였다. 숭유억불에 사로잡혔던 조선 사대부들은 불교를 폄하하여 '불씨佛氏', 혹은 불교의 교조 석가모니 부처에서 가져와 '석씨釋氏'라고 하였다. 국사편찬위원회 『조선왕조실록』 사이트에서

---

128 『도전』 5:3:1-4.

129 최제우, 〈몽중노소문답가〉, 《용담유사》(『천도교 경전』), 천도교 중앙총부 출판부, 포덕138(1997), 185쪽.

130 묻기를 "그러면 무슨 도라고 이름합니까." 대답하기를 "천도이니라." 묻기를 "양도洋道와 다른 것이 없습니까." 대답하기를 "양학洋學은 우리 도와 같은 듯하나 다름이 있고 비는 것 같으나 실지가 없느니라. 그러나 운運인즉 하나요 도道인 즉 같으나 이치인 즉 아니니라." … 묻기를 "도가 같다고 말하면 서학西學이라고 이름 합니까." 대답하기를 "그렇지 아니하다. 내가 또한 동에서 나서 동에서 받았으니 도는 비록 천도나 학學인 즉 동학이니라. 「논학문」, 『동경대전』(『천도교 경전』), 30-32쪽.

'불씨佛氏'를 검색하면 246회가 나온다. '불씨의 도[佛氏之道]'는 33회. 불씨의 가르침[佛氏之敎]은 39회가 검색된다. '석씨釋氏'는 134회, '석씨의 도[釋氏之道]' 7회, '석씨의 가르침[釋氏之敎]'는 17회가 검색된다.[131)] '도'와 '교' 등을 혼용하였음을 알 수 있다. 차경석이 보천교는 '교'가 아니라 '도'라고 한 진술은 이와 같은 동양적 인식이 바탕하고 있다,

위에서 필자는 '도', '학' 등이라고 하였을 때는 근대적 용어로서 종교를 포함한 우리 고유의 신교를 포괄하는 의미라고 정의하였다. 여기서 근대적 용어라고 표현한 것은 서구의 유일신적 의미를 담보하고 있는 종교를 지칭한다. 보천교는 종교가 아니라는 주장들이 가리키는 '종교'가 근대 서구 종교를 지칭하는 것이라면, 그 지적은 틀리지 않다. 그러나 선행연구에서 주장하는 '종교'가 그 이상의 신앙체계, 다시 말해서 동양적 의미의 그것으로 '도', '학', '교' 등과 같은 보편적 의미로서 종교를 지칭하는 것이라면, 그 주장에는 무리가 따른다는 것이 필자의 결론이다. '무극대도', 줄여서 '도'야말로 동·서양의 '종교'를 관통하는 보편적 의미의 종교개념인 까닭이다.

최제우를 서구적 '종교'개념으로 몰아 처형한 정부 권력

최수운은 동학을 선포한 1861년부터 63년까지 3년 포덕을 전개하여 삼남지방에서 그를 따르는 자가 수만 인에 달했다. 봉건정부는 지레 겁먹었다. 당장 그를 잡아 들였다. 문제는 그를 서학(천주교)으로 몰아 체포하였다는 점이다. 최수운은 대구감영으로 끌려갔다. 경상감사 서헌순이 그를 심문하였다

----

131 국사편찬위원회, 조선왕조실록; http://sillok.history.go.kr/search/searchResultList.do. 검색일; 2017. 10. 23.

감사 물어 왈 사도邪道로써 민심을 어지럽게 하니, 그 죄 가장 중대하다.
선생 왈 무엇을 가르쳐 이름이뇨.
감사 왈 네 소위 하는 도는 서학이 아니냐.
선생 왈 아니라, 나의 하는 바 도道는 천도天道라, 동東에서 생하여 동에서 학學하니 동학이라면 오히려 가하려니와 서학이라 함은 가치 않다.[132]

정부 권력은 동학을 오히려 서학(천주교)로 몰았다. 최수운은 극구 부정했다. 천도요, 동학이라고 부르면 몰라도 서학이라니 가당치도 않다고 진술하였다. 그러나 당시 정부는 최수운을 천주교인으로 몰아 결국 처형하고 말았다. 동학을 곧 서학 다시 말하면 천주교와 같은 '종교'라고 판단한 까닭이다. 학계에도 이를 부정하지 않았다.[133] 결론적으로 동학은 근대적 용어로서 종교이되, 동양 고래로 신앙되어 온 인식체계로서의 그것은 무극대도, 다시 말하면 '도'라고 할 수 있다. 같은 논리는 보천교에도 적용된다. 보천교가 교가 아니라 도라는 교주 차경석의 주장은 지극히 옳은 진술이다. 그러나 이 진술을 근거로 보천교가 종교가 아니라는 주장은 무리다.

----

132 오지영, 『동학사』, 대광문화사, 1987, 33-34쪽. 이 책은 1973년도에 아세아문화사에서 처음 간행된 이후 이규태 교주校註, 문선각, 1973. ; 이장희 교주校註, 박영사, 1974. ; 민학사, 1975. ; 대광문화사, 1984 등이 나왔다. 일본에서도 번역판이 나왔다. 梶村秀樹 譯註, 『東学史: 朝鮮民衆運動の記録』, 平凡社, 昭和45(1970). 여기서는 大光文化社, 1987년판을 참조한다.

133 "서학을 능가 극복하겠다는 동학은 대내외적으로 위기의식이 고조되던 1860년대에 창도되어 개화 위정척사사상과 함께 그 전후시기를 통하여 형성된 민족구원의 종교이며 사상의 인식체계였다." 이현희, 『동학혁명사론』, 대광서림, 1994, 9쪽.

보천교를 '종교를 위장한 정치단체'로 몰아 탄압, 해체시킨 일제

'종교를 위장한 정치단체' 등과 같은 주장과 관련하여 또 하나 지적되어야 할 것이 있다. 보천교를 종교가 아니라, 종교를 위장한 단체라고 가장 먼저 주장한 것은 당초 조선총독부였다는 점이다. 일제는 그들이 원하는 식민통치를 위해 보천교와 같은 민족종교를 '종교 유사 단체' 즉 '유사종교'라고 규정하여 탄압의 빌미로 삼았다는 것은 앞에서 검토하였다. 결국 보천교를 비롯하여 많은 민족종교들이 유사종교라는 '누명'을 쓰고 온갖 탄압을 받으며 마침내 강제 해체당했다. 보천교를 '종교가 아닌, 종교를 위장한 단체'로 규정했을 때, 경우에 따라서는 일제 조선총독부가 식민통치를 위해 만들어낸 '유사종교'와 같은 시각으로 오해받을 소지가 있다는 점도 유의해야 한다.

> 태을교는 최근 항간에 무식계급 사이에서 조금씩 세력을 지닌 종교단체로 알려졌고, 훔치교 또는 보천교라고도 불려졌다. … 삼남(충청, 전라, 경상) 지방으로 전파되었고 지금은 서북지방에까지 영향력을 미치고 있으며 그 교도는 헤아릴 수 없을 정도로 수십만이라 칭해지고 있다. … 당국은 이를 보며 정치운동을 음모하는 비밀단체로서 그 검거 매우 엄밀히 하여 수 년 동안 강원도 및 삼남지방에서 수백 명의 교도를 체포하여 처형한 바 있고, 또 작년 봄 전주에 집적된 10만원의 돈을 압수하고 다수의 교도를 체포하였고 그 후 관헌의 취체는 한층 엄중해졌다.[134]

---

134 朝鮮軍參謀部, 〈太乙教ニ就テ〉, 《朝特特報》11號, 大正 十一年(1922) 三月 二十七日; 김철수, 『잃어버린 역사 보천교』, 469쪽. 원문은 위의 같은 책, 465-466쪽을 참조할 것.

이 문건은 일본 조선군 참모부가 작성하여 육군성, 참모본부, 예하부대, 조선헌병대, 관동군 등 20개 이상의 기관에 발송한 비밀보고 문건이다.[135] 조선군 참모부는 일본이 조선을 영구 상주할 목적으로 1916년 4월부터 설치되기 시작한 조선군 사령부 예하 참모부, 부관부, 경리부, 군의부, 수의부獸醫部, 법무부 등 총 6개의 부서 가운데 하나였다. 이들 부서들은 조선군사령관 직속으로 각 전투부대의 병사兵事에 관한 행정 및 의료·장비 등의 업무를 관할 수행하였다. 말하자면 참모부는 조선군사령부 전체를 움직이는 중추기관이라고 할 수 있다. 이 부대가 『보천교 일반』(1926)이 작성되기 이전에 보천교를 대상으로 작성한 이 보고서는 총독부의 식민통치에 활용되었음을 말할 나위가 없다. 문제는 이 보고서를 작성한 조선군 참모부가 보천교에 대해 "정치운동을 음모하는 비밀단체"로 보고 있다는 점이다.

'차경석 죽이기' 대열에서 벗어나야

필자는 보천교와 관련하여 누구보다 깊은 관심을 갖고 연구를 진행해 온 학자들의 주장이 일제의 그것과 같은 의도를 가졌다고는 생각하지도, 믿지도, 상상하지도 않는다. 그럼에도 불구하고 본인들의 의도와 상관없이 식민 권력의 논리와 일치한다는 오해의 소지가 있다는 점을 우려하지 않을 수 없다. 물론 이 같은 결과를 초래한 데는 여러 가지 원인이 있을 터다. 그 중의 하나는 지금까지 우리가 검토한 바와 같이 차경석이 활동할 당시부터 꾸준히 전개되어 온 다양한 세력들에 의한 '차경석 죽이기'에 본의 아니게 동참할 수밖에 없는 환경 때문이다. 차경석과 보천교에 관련된 자료가 대부분

---

135 김철수, 『잃어버린 역사 보천교』, 469쪽.

'차경석 죽이기'를 위해 생성된 자료 일색이고, 그 자료를 검증 없이 혹은 검증을 했다고 해도 여러 가지 제약(자료 부족 등) 때문에 자신도 모르게 거기에 매몰될 수밖에 없는 탓이다. 그런 수렁에서 스스로 떨치고 일어나는 것은 각 연구자의 몫이다.

물론 선행연구의 결론과 같이 보천교는 당시의 열악한 국내 환경에도 불구하고 다각도로 독립운동을 지원하였다. 그렇다고 해도 그것이 보천교의 존재목적 자체가 될 수는 없다. 종교의 본질이 질곡의 세상에서 고통 받는 인류에게 위안과 꿈, 희망을 주는 것이라고 할 때, 독립운동은 보천교라는 종교단체의 많은 역할 혹은 활동 중의 하나에 다름 아니었다. 독립운동은 당시의 한국 상황에서 시대적, 공간적으로 급선무가 되는 과제였으며, 바로 거기에 보천교가 '종교'로서 자기 역할을 충실하게 실천하였던 것이다. 이 부분은 아무리 강조해도 지나치지 않다. 보천교는 서구의 유일신 신앙을 담보하고 있는 근대적 개념의 '종교'를 초월 내지 포함하고 우리 고유의 신교를 아우르는 민족종교 단체, 그 이상도 이하도 아니었다. 종교를 종교라고 하지 않고, 보천교를 보천교라고 하지 않고 보천교를 논의한다는 것은 출발부터 오류를 범할 수 있다는 것이 관련 부분에 관한 이 글의 결론이다.

6

보천교 연구, 이제 시작이다

차경석은 보천교 교주였다. 일제 강점기, 그 암울했던 시대에 6백만 신도가 운집하여 위안과 꿈, 희망을 찾았던 민족종교 보천교의 교주였다. 일제는 그런 보천교를, 보천교 최고 지도자 차경석이라는 존재를 주시했다. 종교단체가 주동이 된 1919년 3·1운동을 경험한 일제는 그들의 원활한 식민통치를 위해 보천교와 같은 거대 종교집단을, 특히 민족주의를 강조한 민족종교 단체들을 적대시할 수밖에 없었다. 굳이 3·1운동 경험이 아니라고 해도 일본 메이지 정부는 이미 천황중심의 국가주의와 더불어 '신도 국교화' 체제를 구축하여 국민들을 통제·동원하였다. 국가 신도("신사는 국가의 종사")는 종교를 넘어선 종교, 초종교로서의 지위를 갖게 되었고, 메이지 정부는 이런 국가 신도와 더불어 모든 종교들을 정리하고 국가목적에 따르도록 종교예속화 정책을 실현시켰던 경험이 있었다.[136] 자국에서의 종교정책은 식민지 정책을 펼쳐 나가는 데 밑거름이 되었음은 물론이다. 이런 경험을 바탕으로 일제는 식민지 조선에서 민족종교의 '싹'을 잘라버리는 정책을 구사했다. 보천교가 본격적인 깃발을 올리기도 전인 1917년에 이미 차경석을 '갑종 요시찰'에 편입시킨 것이 근거다. 조선에서 민족종교의 성장을 우려했던 일제는 차경석과 보천교에 대해 끊임없이 감시하고 탄압했다. 1936년, 일제는 마침내 강제 해체의 칼을 뽑아들었다. 보천교는 다른 민족종

---

136 김철수, 『잃어버린 역사 보천교』, 19쪽.

교단체들과 함께 강제 해체되고 말았다. 보천교를, 차경석을 죽이자고 작정하고 나섰던 것은 식민권력뿐만이 아니었다.

《동아일보》·《조선일보》 양대 신문을 비롯한 당시 신문들도 차경석 죽이기에 거의 혈안이 되어 있다시피 하였다. 당시 언론들은 차경석을 '천자놀음을 하는 희대의 사기꾼'으로 만들었다. 최고 지도자인 차경석의 '희대의 사기꾼'이 되면 보천교 역시 '사기꾼 집단'이 된다. 당시 언론들은 이 목적을 위해 온갖 유언비어를 날조하여 보도했다. 언론들의 장난으로 차경석과 보천교의 모습은 세상에 드러났을 때부터 온통 만신창이가 되었다. 그것은 당시 언론들에 의해 왜곡, 조작되고 매도된 '얼굴'이었다. 그것은 일종의 '마녀 사냥'이었다. '차경석 죽이기'에 다름 아니었다. 《동아일보》·《조선일보》를 필두로 한 일간신문에 이어 천도교에서 발행하였던 《개벽》이 중심으로 당시 잡지들도 차경석 죽이기에 나섰다. 당시 학계에서도 차경석 죽이기에 동참하였다.

차경석이 살아있을 때도 그 정도였으니 사후에는 말할 것도 없었다. 차경석 사후, 보천교 해체 후, 나아가 1945년 해방 후에도 차경석 죽이기 행렬은 멈추지 않았다. 해방 후 차경석 내지 보천교 연구가 더욱 심각한 문제를 초래한다는 지적도 가능하다. 일제 강점기 당시 차경석 죽이기는 그 내용의 진실 여부와 상관없이 분명한 이유가 있었다. 당시 차경석 죽이기에 앞장섰던 일간신문, 잡지들도 나름의 이유가 있었다는 것은 본론에서 검토한 바와 같다. 많은 이유들이 있겠으나 필자는 당시 언론들의 차경석 죽이기 행태가 근대 문명개화에 반하는 전근대 '미신' 집단으로 매도하는 표적으로 보천교를 삼았다는 지적을 하였다. 또한 당시 잡지들, 특히 당시에 가장 권위 있었던 잡지 《개벽》을 발행하였던 천도교의 차경석 죽이기 이유는 같은 민족종교 단체로서 같은 뿌리(우리 민족 고유의 신교)를 두고 있었으면서도 불구하고, 바로 그 이유 때문에 차경석 죽이기에 혈안이 되었다는 분석을 하였다. 이밖에도 여러 가지 이유가 있었을 터다.

해방 후에 차경석 연구는 달라져야 했다. 해방 이전의 문자행위가 저널리즘 중심이었다면 해방 이후에는 학문적 연구가 중심이었던 까닭이다. 우리는 본론에서 차경석에 관한 문자행위들을 학계뿐만 아니라 저널리즘, 문화예술계까지 폭넓게 검토하였다. 결과는 참담하다. 차경석 죽이기는 현재 진행 중인 까닭이다. 속언과 같이 아이들은 장난삼아 돌을 던지지만, 개구리는 그 돌아 맞아 죽는다. 물론 지금까지 차경석과 보천교에 대해 문자행위를 한 많은 양식 있는 분들이 '장난삼아' 그런 행위들을 했다고는 생각하지 않는다. 그럼에도 불구하고 그들의 행위는 십중팔구 '차경석 죽이기'에 영합한 결과를 낳고 말았다는 것이 필자의 검토결과다. 짧다면 짧고 길다면 긴 시간이 흘렀으나 지금까지 얼굴을 드러낸 많은 문자행위들은 본의든 아니든 차경석 죽이기에 동참해 왔고, 시간이 흐를수록 확대재상산하였다. 결과적으로 차경석에게 붙어 응고되어버린 '천자놀음을 했던 희대의 사기꾼'이라는 '주홍 글씨'는 날이 갈수록 고착화되어갔다. 여기에 대한 이유 또한 어렵지 않게 찾을 수 있다. 자료의 부족과 함께 얼마 되지 않은 그 자료마저 왜곡, 조작되고 비틀어진 탓이다. 이 문제를 해결하고 보다 객관적 위치에서 차경석과 보천교의 진실을 규명하는 것은 이제 학문의 영역이다.

최근 학계 일각에서 차경석과 보천교 관련 연구가 비교적 활발하게 이루어지고 있는 현상은 매우 고무적이다. 그럼에도 불구하고 일부 연구들이 일제강점기 당시 저널리즘과 식민권력에 의해 왜곡, 조작된 그물에서 벗어나지 못하는 것은 아쉬움으로 남는다. 실례 중의 하나가 보천교를 '종교로 위장한 정치운동단체', '독립운동의 일환', '… 사회운동' 단체로 규정하고 논의를 출발하는 연구들이다. 이 글에서는 이와 같은 전제 자체에 무리가 있다는 지적을 하였다. 보천교가 '종교로 위장한 정치운동단체'였다거나 '독립운동의 일환'을 위한 유사종교 단체라는 것은 일제 식민권력이 규정했던 논리와 크게 다르지 않다는 오해를 받을 수 있다는 점도 제시하였다. 일제 식민권력은 바로 그 유사종교 단체의 머리에 보천교를 올려놓고 끊임없이 탄압했다. 보천교가 당시의 열악한 국내 환경에도 불구하고 다각도로 독립운동을 지원하였다는 것은 선행연구들의 공통된 결론이고, 필자 역시 이론이 없다. 그렇다고 해도 그것이 보천교의 존재목적 자체가 될 수는 없다. 종교의 본질이 질곡의 시대 혹은 세상에서 고통 받는 인류에게 위안과 꿈, 희망을 주는 것이라고 할 때, 독립운동은 보천교의 많은 역할 혹은 활동 중의 하나에 지나지 않았다. 독립운동은 보천교가 활동하던 당시의 피억압적 식민통치 상황에서 시대적, 공간적으로 급선무가 되는 과제였으며, 바로 거기에 보천교가 '종교'로서 자기 역할을 충실하게 실천한 과정이요, 결과물에 다름 아니었다. 앞에서 필자는 보천교가 우리 고유의 신교에 바탕을 두고 서구의 유일신앙 체계를 담보하는, 다시 말하면 근대적 개념의 '종교'를 초월 내지 포괄하는 보편적 개념의 종교인 '무극대도', 줄여서 '도'임을 다각도로 분석, 제시하였다. 종교를 종교라고 하지 않고, 보천교를 보천교라고 하지 않고 '보천교'를 논의한다는 것은 출발부터 오류를 범할 수 있다. 보천교 및 차경석 연구가 이 오류를 반성, 극복하고 더욱 활발하게 전개되기를 기대한다.

참고문헌

* 《개벽》 제1호, 〈세계를 알라〉(논설), 개벽사, 1920. 6. 25.
* 《별건곤》 제1호, 〈여언餘言〉, 개벽사, 1926. 11. 01.
* 김만, 〈잡지 기자 만평〉, 《동광》 제24호, 1931. 8. 4.
* 김재영, 「보천교 천자등극설 연구」. 『한국종교사연구』 9, 한국종교사학회, 2001.
* 김철수, 『잃어버린 역사 보천교』, 상생출판, 2017.
* 김탁, 『증산교학』, 미래향 문화, 1992.
* 나카무라 에미코, 「일제의 정보자료를 통해서 본 보천교」, 『"정읍 신종교와 민족운동사 규명" 학술용 역보고서』, 김방룡 외, 충남대 유학연구소, 2014.
* 박정숙, 「식민지 시기(1910년-1945년) 조선의 인구 동태와 구조」, 『한국인구학』 32(2), 한국인구학회, 2009.
* 〈신중국新中國의 신화제新話題: 평등상속平等相續과 주복연애主僕戀愛 (4) 산동성山東省 미신마굴迷信魔窟 대포大砲로 공격攻擊 소탕掃蕩. 조선의 흠치교가튼 종교단톄, 장발적長髮賊 「마천자馬天子」도 참사慘事〉, 《동아일보》, 1929. 8. 27.
* 오지영, 『동학사』, 대광문화사, 1987.
* 류동식, 『풍류도와 한국의 종교사상』, 연세대 출판부, 1997.
* 이강오, 『한국의 신흥종교 자료편』, 전북대 한국신흥종교연구소, 1972.
* 이규태, 〈사교의 구조(이규태 코너)〉, 《조선일보》, 1991. 7. 14.
* ——, 〈사이비 종교(이규태 코너)〉, 《조선일보》, 1994. 2. 23.
* ——, 〈암매장(이규태 코너)〉, 《조선일보》, 1995. 03. 9.
* ——, 〈이규태 코너 아가동산〉, 《조선일보》, 1996. 12. 14.
* ——, 〈이규태 역사에세이. 100년의 뒤안길에서. (28) 차천자 이야기〉,

《조선일보》, 1999. 9. 17.
* 이능화 저, 이종은 역주, 『조선도교사』, 보성문화사, 1985.
* 이기동, 『한국사 시민강좌』 45, 일조각, 2009.
* 이상호, 『증산천사공사기』, 상생사, 대정15년(1926).
* ──, 『대순전경』, 동화교회도장, 소화4(1929).
* 이영호, 『보천교연혁사』 속편, 보천교 총정원·협정원, 포교 50년 무술戊戌(1958).
* 이용선, 〈사교계邪教界의 거부 차경석〉, 《거부실록》 8, 양우당, 1982.
* 이정립, 『증산교사』, 증산교본부, 1977.
* 이현희, 『동학혁명사론』, 대광서림, 1994.
* 저암猪巖, 〈암영暗影 중中에 무쳐 잇는 보천교普天教의 진상眞相〉, 《개벽》 제38호, 1923. 8. 1.
* 증산도 도전편찬위원회, 『도전』, 대원출판, 2003.
* 차천자車賤者, 〈창피막심昌皮莫甚한 보천교普天教의 말로末路〉, 《개벽》 제54호, 1924. 12. 1.
* ──, 〈장발적長髮賊의 최후준동最後蠢動〉, 《개벽》 제56호, 1925. 2. 1.
* 차천자車天子, 〈신해新解 정감록鄭鑑錄〉, 《별건곤》 제11호, 1928. 2. 1.
* 최준식, 「이능화의 『조선도교사』」, 『도교문화연구』 7, 한국도교문화학회, 1993.
* 무라야마 지쥰 저, 최길성·장상언 역, 『조선의 유사종교』, 계명대 출판부, 1991.
* 전라북도, 『보천교일반』. 1926(『官內最近の狀況說明資料(全北)』 부록附錄, 1926)
* 村山智順, 『朝鮮の類似宗教』, 朝鮮總督府, 1935.
* 平安南道, 『陽村及外人事情一覽 ―平安南道』, 1924. 6.

동학-보천교-증산도로 이어지는 후천개벽의 맥脈

윤창열(대전대학교 교수)

1. 후천개벽의 맥을 찾아서
2. 동학東學의 참된 가르침
3. 보천교주 차경석과 보천교
4. 동학과 보천교의 맥을 이은 증산도
5. 무극대도 증산도

1

후천개벽의 맥을 찾아서

최수운 대신사는 평소에 항상 도인들에게 "개벽 이후로 세상에 혹 상제를 친히 모시고 문답하고 가르침을 받은 사람이 있었느냐."고 하였다. 1860년 4월 5일 대신사는 천상문답을 통해 우주를 통치하고 주재하는 상제님[천주天主, 한울님]과 직접 대화를 하면서 천명天命을 받았다. 이러한 내용은 『동경대전』과 『용담유사』의 곳곳에 나타난다. 특히 『도원기서』에 있는 대화의 내용 속에는 "너는 나의 아들이다. 나를 아버지라고 부르도록 해라.", 수운이 "아버지"라고 부르자 상제가 "너의 정성이 가히 아름답구나."하는 구체적인 내용까지 나온다.

동학의 출현은 우리 역사에서 근대사의 출발점이다. 더 나아가 우리민족과 세계 인류의 새로운 전기점을 마련한 획기적인 대사건이었다. 그러나 동학의 진면목은 이후 2세 교주 최시형과 3세 교주 손병희에 의해 왜곡되었고, 이를 계승한 많은 연구자들에 의해 더욱 왜곡되어 회복 불가능의 상태에 이르게 되었다.

이 글의 목적은 왜곡되고 굴절된 동학의 참모습을 드러내는 것이다. 먼저 수운이 말한 상제上帝[천주, 한울님]는 인격적인 존재라는 것을 밝혔고 이어서 동학의 특징은 우리민족의 원형문화이며 뿌리문화인 신교를 부활시키고 있다는 것을 서술하였다. 그리고 동학의 핵심 가르침이 상제가 이 땅에 강세하고 모든 인류가 시천주侍天主를 생활화하는 시대가 도래하며 괴질의 엄습과 후천개벽의 도래를 예고한 것임을 밝혔다.

수운 대신사는 무극대운이 열리고 무극대도가 나온다는 것을 여러 곳에서 이야기 하였지만 기존의 동학 연구가들은 이에 대해서 명쾌한 해석을 하지 못하고 있다. 여기에서는 또한 이에 대해서 상세한 설명을 하였다.

이어서 일제 강점기의 암울한 현실 속에서 600만의 신도를 거느렸던 보천교주 차경석과 보천교에 대해 밝혔다. 차경석의 동학에 대한 인연과 증산상제와의 만남, 상제가 그에게 내린 사명과 도수, 보천교 도세성장의 핵심인 60방주제도, 보천교의 몰락 등을 『증산도 도전』과 『보천교 교전』을 중심으로 살펴보았다. 차경석의 사명은 상제님 도운의 이종운移種運을 맡아 앞으로 오게 될 추수도운을 준비하는 것이었다. 동학과 보천교의 근본적인 공통점은 상제上帝의 뜻에 의하여 이 세상에 출현하게 되었다는 것이다.

동학을 이어 참동학 증산도가 출현하였고 보천교의 이종도운을 이어 추수결실도운의 사명을 띠고 증산도가 출현하였다. 증산도가 왜 참동학이 되는지 그리고 동학의 진정한 의미는 무엇인지에 대해 알아보았고, 이어서 보천교와 증산도의 관련성에 대하여 밝혔다. 동학, 보천교 증산도는 증산상제가 의도한 후천개벽을 준비하기 위하여 공통된 목적을 가지고 이 세상에 출현하였다.

참동학 증산도와 보천교의 맥을 이은 증산도의 관련 내용 기술은 『증산도 도전』과 『증산도의 진리』를 위주로 하였음을 밝혀둔다.

2

동학東學의 참된 가르침

1) 상제로부터 직접 천명을 받은 최수운 대신사

잘 알려져 있는 바와 같이 동학東學의 창립은 최수운(1824-1864) 대신사가 1860년 4월 5일 하늘에 계신 상제와의 천상문답天上問答 사건으로부터 시작하게 된다.

상제와 문답을 나눈 최수운 대신사

이를 『동경대전東經大全』의 「포덕문布德文」에서는 다음과 같이 기술하고 있다.

> 불의사월不意四月에 심한신전心寒身戰하여 질부득집증疾不得執症하고 언부득난상지제言不得難狀之際에 유하선어有何仙語 홀입이중忽入耳中하여 경기탐문즉驚起探問則 왈물구물공曰勿懼勿恐하라 세인世人이 위아상제謂我上帝어늘 여부지상제야汝不知上帝耶아 문기소연問其所然하니 왈여역무공고曰余亦無功故로 生汝世間하여 교인차법敎人此法하니 물의물의勿疑勿疑하라.
>
> 뜻밖에도 사월에 마음이 선뜩해지고 몸이 떨려서 무슨 병인지 집증할 수도 없고 말로 형상하기도 어려울 즈음에 어떤 신선의 말씀이 있어 문득 귀에 들리므로 놀라 캐어물은 즉 대답하시기를 "두려워하지 말고 두려워하지 말라. 세상 사람이 나를 상제

라 이르거늘 너는 상제를 알지 못하느냐."
그 까닭을 물으니 대답하시기를 "내 또한 공이 없으므로 너를 세상에 내어 사람에게 이 법을 가르치게 하니 의심하지 말고 의심하지 말라."[1)]

그리고 같은 내용이 『용담유사龍潭遺詞』에서는 다음 같이 기록되어 있다.

사월이라 초오일에 꿈일런가 잠일런가
천지天地가 아득해서 정신수습 못할러라
공중에서 외는 소리 천지天地가 진동할 때(「안심가」)[2)]
공중에서 외는 소리 물구물공 하였어라
호천금궐 상제上帝님을 네가 어찌 알까보냐(「안심가」)[3)]
천은이 망극하여 경진사월 초오일에
글로 어찌 기록하며 말로 어찌 성언할까
만고없는 무극대도 여몽여각 득도로다(「용담가」)[4)]

『동경대전』과 『용담유사』에는 우주의 주재자에 대한 호칭으로서 상제上帝, 천주天主, 한울님 등의 명칭이 나오는데, 모두 같은 의미로 보아야 한다. 상제와 천주의 명칭은 한문 경전인 『동경대전』에서 주로 나타나고, 한울님은 한글 가사인 『용담유사』에서 전적으로

----

1 천도교 중앙총부, 『천도교 경전』, 천도교 중앙총부 출판부, 포덕布德 133년, 18-20쪽. 이하 『천도교 경전』으로 줄임.
2 『천도교 경전』, 150쪽.
3 『천도교 경전』, 151쪽.
4 『천도교 경전』, 171쪽.

나타난다. 우리는 위의 천상문답에서 상제가 머무는 곳이 호천금궐이며, "세상 사람들이 나를 상제라 이르거늘 너는 상제를 알지 못하느냐."는 말을 통해, 첫째, 상제는 우리민족의 뿌리문화인 신교에서 받들어 온 삼신상제이며, 둘째, 모든 종교에서 우주의 절대자로 받들어온 하느님, 천주님, 옥황상제님이며, 셋째, 이제 모든 인류는 무엇보다도 먼저 상제를 알아야 한다는 것을 선언해 주었다는 것을 살펴볼 수 있다.

최수운의 구도 과정

그런데 수운은 어느 날 갑자기 하늘의 상제로부터 성령聖靈을 받고 도통을 한 것이 아니다. 그것은 1855년 을묘년乙卯年 천서天書사건을 통해 신인神人으로부터 책을 전해 받았고, "그 후 깊이 연구하여 그 이치를 꿰뚫어 보니 곧 이 책은 기도의 가르침을 담고 있었다."[5]의 내용에 따라 33세가 되는 병진년丙辰年(1856년)에 양산에 있는 천성산天聖山 원적암圓寂庵에 들어가 삼층으로 단을 쌓고 하늘에 기도를 하였으며, 34세가 되는 정사년丁巳年(1857년)에 다시 천성산天聖山의 자연동굴인 적멸굴寂滅窟에서 49일간 수행을 하여 심신心身을 정화하였다. 36세되는 기미년己未年(1859년)에 고향인 경주 용담으로 돌아오면서 이름도 제선濟宣에서 '세상의 어리석은 사람을 모두 구제한다.'는 의미의 제우濟愚로 개명하였으며, 방안에 부출산외不出山外의 글귀를 써 붙이고 세상을 올바르게 제도할 도를 깨닫지 못한다면 다시는 세상에 나가지 않겠다는 각오로 수련에 맹진한 결과였다.

---

5 윤석산 역주, 『도원기서道源記書』, 모시는 사람들, 2012, 18쪽.

너는 나의 아들이다

『도원기서道源記書』에는 천상문답天上問答의 과정 속에 다음과 같은 내용도 있다.

> 상제우왈上帝又曰 여汝는 오자吾子니 위아호부야爲我呼父也니라 선생先生이 경교호부敬敎呼父하시니 즉상제왈則上帝曰 여성汝誠이 시가가是可佳라.
>
> 상제 또 말씀하시기를 "너는 나의 아들이다. 나를 아버지라고 부르도록 해라." 선생이 공경스럽게 가르침을 받아 아버지라고 불렀다. 상제 말씀하시기를 "너의 정성이 가히 아름답구나."[6]

위의 내용은 상제가 인간과 신명뿐만 아니라 만유생명의 아버지가 된다는 것이며, 또한 상제와 대신사와의 관계를 엿볼 수 있기에 대단히 중요하다. 더 나아가서 하느님과 선천시대의 성자와의 관계도 유추할 수 있다. 즉 하느님[상제님]의 일을 대행하는 자는 하느님의 아들이 될 수 있다는 것이다. 또한 위의 내용은 후세의 학자들이 천상문답사건을 최수운의 개인적인 종교체험으로 폄하하거나 상제를 비인격신非人格神으로 왜곡하는 것에 대한 분명한 반론과 증거가 된다. 환상적 체험이 아니라 실제적 사건이라는 것이다.

동학 연구자들의 상제 왜곡

지금의 많은 학자들은 『동경대전』과 『용담유사』에 나오는 상제를 비인격신으로 왜곡하고 있는데 그 중 몇 가지를 살펴보면 다음과 같다.

---

6 윤석산 역주, 『도원기서』, 24쪽, 174쪽.

상제는 동양의 도교적인 주재신을 일컫는 말이다. 유교에 있어서는 우주자체가 자율적인 존재이지 별도로 이 우주를 주관하는 신이 있었다고 보지는 않는다.[7]

하늘님은 인간과 별개로 존재하는 외적 존재가 아니다. 기연의 눈으로 본다면 주체가 하늘이고 '나'는 주체를 모시는 존재에 불과하나, 불연의 눈으로 본다면 하늘님은 모시는 존재가 곧 하늘님이다. 불연의 눈으로 본다면 하늘님은 '내'안의 존재이다.[8]

하늘님이라 이름하는 것은 달리 이름 할 수 없기에 하늘님이라 이름 하는 것이지 이름으로 포착될 수 있는 어떤 실체적 존재를 칭하는 말이 아니다.[9]

동학의 신관은 인격신관을 가지고 있다고 볼 수 있다. 그러나 해월과 의암에 이르러서는 점차 인격신관의 의미가 작아지고 만물 안에 있는 한울님 즉 비인격적 신관 혹은 인즉천人卽天 신관으로 발전한다.[10]

윤석산은 상제는 도교의 주재신으로 천상문답의 주인공과 관련이 없는 것처럼 이야기 하고 유교에서는 우주를 주재하는 신이 있다고 보지를 않기 때문에 위의 상제는 비인격신이라는 것이다. 그러나 이것은 지나친 주장으로 원시유교 경전인 『시경』, 『서경』, 『주역』

----

7 윤석산 주해, 『동경대전』, 동학사, 1996, 22쪽.
8 오문환, 『사람이 하늘이다』, 솔, 1996, 58쪽.
9 오문환, 『사람이 하늘이다』, 66쪽.
10 김용해, 『수운 최제우』, 예문서원, 2005, 236쪽.

등에서는 인격적인 상제를 분명하게 언급하고 있다.

오문환은 상제님 하늘님이 별도로 존재하는 실체적 존재가 아니고 내 몸 안에 존재하는 것이라고 잘못된 설명을 하고 있다.

김용해의 해석은 대단히 정확하다. 수운의 상제 인식은 분명한 인격신이라는 것이다. 그러나 해월 최시형과 의암 손병희에 이르러 비인격신으로 왜곡되어 사물속에 존재한다는 물즉천物卽天, 사람이 한울님이라는 인즉천人卽天으로 변질되었다는 것이다.

전우주全宇宙를 신神으로 보는 범신론汎神論과 신神이 우주를 주재主宰하는데 관여하지 않는다는 이신론理神論, 내가 하늘님이고 하늘님이 내 안에 존재한다는 인내천론人乃天論 등 상제를 비인격신非人格神으로 보는 모든 상제관上帝觀은 최수운이 문답問答한 상제의 본질을 왜곡시키는 잘못된 주장들이다.

2) 인류의 뿌리문화인 신교神教를 부활시킨 동학東學

신교란 무엇인가

신교는 고조선 이전의 환국·배달국 시대부터 북부여·고구려·대진국까지 우리 민족이 국교로 받들어온 생활문화이며 뿌리문화이다. 또한 유교·불교·도교·기독교 등 기성종교의 근원이 되는 시원종교[ur-religion]이며 동서인류의 원형문화였다.

신교는 『규원사화』의 '이신설교以神設教', 『환단고기』의 '이신시교以神施教'의 준말로써, '매사를 신도神道로 가르친다' '신으로써 인간교화의 중심을 삼는다'는 의미가 들어있다. 신교의 중심에는 우주를 주재하고 통치하는 한 분의 상제가 있는데 우리민족은 이 분을 삼신상제라 불렀다. 삼신이란 세분의 하느님이라는 의미가 아니라 일신一神이 현실세계에서 세 가지 신성神性으로 작용한다는 뜻이다. 곧 만물을 창조해 내는 아버지[부父]의 역할을 하는 조화신, 인간과 만물을 가르치는 스승[사師]의 역할을 하는 교화신, 그리고 인간과 만물을 성숙시키고 각자 제자리를 잡을 수 있도록 다스리는 임금[군君]의 역할을 하는 치화신으로서의 역할을 한다는 것이다.

신교의 주된 행사는 삼신상제를 모시는 제천의식이다. 우리 민족은 소도蘇塗라는 신성한 지역을 정하여 상제님에게 천제天祭를 올리고 축제를 즐겼는데, 이것이 고구려의 동맹東盟, 부여의 영고迎鼓, 동예의 무천舞天, 중삼한中三韓시대의 상달제 등이다.

신교의 가르침 속에는 유불선儒佛仙의 모든 이념이 종합되어있다. 일찍이 최치원은 화랑도의 뿌리를 밝힌 「난랑비서문鸞郎碑序文」에서 우리민족에게는 유불선 삼교三教의 정신이 모두 포함되어 있는 풍류도風流道가 있었다고 하였다. 바람은 눈에 보이지 않지만 만물을 움직이게 하는 조화의 근원이니 풍류도는 곧 신교의 다른 말이라고 할 수 있다.[11]

신교의 맥을 회복한 동학

최수운은 무왕부복無往不復하는 순환의 이치 속에서 선천종교의 운이 끝나고 이제 새로운 진리와 가르침을 한울님으로부터 당신이 받았다는 것을 "유도불도儒道佛道 누천년에 운이 역시 다했던가 윤회같이 둘린 운수 내가 어찌 받았으며."(「교훈가」)라고 노래하였다.

또한 1863년 계해년癸亥年 8월 15일 추석날에 당신의 도가 유불선 삼도를 겸하여 나온 것임을 다음과 같이 밝혀주었다.

---

11 풍류소風流道 : 『삼국사기』 진흥왕 37년조에 "국유현묘지도國有玄妙之道하니 왈풍류曰風流라. 설교지원設教之源이 비상선사備詳仙史하니 실내포함삼교實乃包合三教하야 접화군생接化群生이라." 하였다.

> 15일 이른 새벽에 선생이 경상을 불러 말하기를, "이 도道는 유·불·선儒佛仙 세 도道를 겸하여 나온 것이다."하니, 경상이 대답하여 말하기를, "어찌하여 겸兼해진 것입니까?" "유도儒道는 붓을 던져 글자를 이루고, 입을 열어 운韻을 부르고, 제사에 소와 양을 쓰니, 이에 유도와 같다고 한다. 불도佛道는 도량道場을 깨끗이 하고 손으로는 염주念珠를 잡고, 머리에는 흰납[白衲]을 쓰고, 등燈을 켜니 이에 불도와 같다고 한다. 또 선도仙道는 용모를 바꾸어 조화를 부리고 의관衣冠은 채색이 있는 것을 입고, 제사를 지낼 때는 폐백幣帛을 쓰며 예주醴酒를 올리니, 이에 선도와 같다고 한다. 우리 도는 때에 따라 그때그때 알맞은 제례祭禮의 방법을 따른다."[12]

위의 내용은 유불선의 운수가 끝나면서 당신의 도가 나오게 되었고, 당신의 도는 유불선의 삼도三道를 모두 가지고 있음을 밝힌 내용이다.

수운水雲이 신교를 회복한 내용을 3가지 측면에서 살펴보면 다음과 같다.

첫째, 신교의 중심에 자리잡고 있는 상제신앙을 회복한 것이다.

> 나는 도시 믿지 말고 한울님만 믿었어라
> 내 역시 바라기는 한울님만 전혀 믿고. (「교훈가」)[13]
> 그말저말 다 던지고 한울님을 공경하면
> 아동방 삼년괴질 죽을 염려 있을소냐 (「권학가」)[14]

---

12 윤석산 역주 『도원기서』, 49쪽.
13 『천도교 경전』. 142쪽.
14 『천도교 경전』, 211쪽.

앞에서도 이야기한 것처럼 한울님과 상제·천주는 모두 같은 의미이다. 수운은 신앙의 대상을 자신이 아닌 한울님[상제上帝]이라고 분명하게 밝혀주고 있다. 동학의 본 주문에 있는 '시천주조화정侍天主造化定'의 천주가 바로 상제로 앞으로 모든 인류는 천주를 모시는 일을 생활화하게 된다는 것을 이야기하고 있다.

둘째, 신교의 주요행사인 제천의식祭天儀式을 거행하였다. 이에 대해 윤석산은 다음과 같이 이야기하고 있다.

> 또한 수운 선생은 자신에게 가르침을 받고자 모여든 자신의 제자들과 어울려 시문을 읊으며, 때로는 달 밝을 밤이면 산정에 올라 제를 지냈다고 한다. 이 때 지냈다는 '제'가 '제천의식'의 하나인 천제라고 생각된다. 기록에 의하면 돼지고기와 국수, 떡, 과일 등을 준비하여 산에 들어가 천제를 지내고 또 검무를 추었다고 한다.[15]

고종 원년 갑자甲子 2월 29일 경자일庚子日의 『일성록日省錄』 기록에도 '입산제천入山祭天'이라 하였고 선전관 정운구鄭雲龜의 「서계書啓」에도 '설단제천設壇祭天'했다고 분명하게 기록되어 있다. 그리고 당시에 천제天祭를 올릴 때 읽었던 축문祝文은 지금도 『천도교 경전天道教 經典』에 「축문祝文」으로 전해지고 있다.

셋째, 신교의 핵심에 해당하는 선仙과 장생長生에 대해서 대단히 많이 언급하고 있다는 것이다. 그 중 몇 가지만 살펴보면 다음과 같다.

---

15 윤석산, 『동학교조 수운 최제우』, 모시는 사람들, 2006, 146쪽.

유하선어有何仙語 홀입이중忽入耳中 (「포덕문布德文」)[16]

오유령부吾有靈符 기명선약其名仙藥 (「포덕문布德文」)[17]

여역장생汝亦長生 포덕천하의布德天下矣 (「포덕문布德文」)[18]

무위이화 될 것이니 지상신선 네 아니냐 (「교훈가」)[19]

선풍도골 내아닌가 좋을시고 좋을시고 (「안심가」)[20]

금수같은 너의 몸에 불사약이 미칠소냐 (「안심가」)[21]

나도 또한 한울님께 신선이라 봉명해도 (「안심가」)[22]

내가 또한 신선되어 비상천 한다 해도 (「안심가」)[23]

나도 또한 신선이라 이제보고 언제 볼고 (「몽중노소문답가」)[24]

수운은 신교의 도맥道脈에서 선맥仙脈을 부활시켜 증산상제는 그를 후천 선도仙道의 종장宗長으로 임명하였으며[25] 또한 최수운을 초혼하여 선仙의 기운이 갈무리 되어 있는 순창 회문산의 오선위기혈五仙圍碁穴에 장사를 지냈다.[26] 선은 인간이 건강하게 살게 하고 무병장수의 길로 인도하는 것이다. 선의 부활은 인류의 미래에 건강하고 장수하는 시대가 도래 할 것을 예시하고 있는 것이며, 또한 '선지조화仙之造化'[27]라 하였듯이 조화문명시대가 열릴 것을 예시하고 있는 것이다.

---

16 『천도교 경전』, 18쪽.
17 『천도교 경전』, 19쪽.
18 『천도교 경전』, 20쪽.
19 『천도교 경전』, 130쪽.
20 『천도교 경전』, 155쪽.
21 『천도교 경전』, 157쪽.
22 『천도교 경전』, 162쪽.
23 『천도교 경전』, 162쪽.
24 『천도교 경전』, 185쪽.
25 증산도 도전편찬위원회, 『도전』, 대원출판, 2003, 4편 8장 2절(『도전』 4:8:2).
26 『도전』 5:399:4.
27 『도전』 2:150:2.

3) 상제의 지상강세와 시천주 시대의 도래 선언

(1) 상제의 지상강세 선언

최수운崔水雲은 『용담유사』를 통해 상제의 강세를 다음과 같이 이야기하고 있다.

> 하원갑 지내거든 상원갑 호시절에
> 만고없는 무극대도 이 세상에 날것이니
> 너는 또한 연천年淺해서 억조창생 많은 백성
> 태평곡 격양가를 불구不久에 볼 것이니
> 이세상 무극대도 전지무궁 아닐런가.(「몽중노소문답가」)[28]

동양에서는 60갑자를 가지고 해를 표시하고 있고 천지지리天地之理는 삼원三元임으로 180년을 셋으로 나누어 상원갑자上元甲子·중원갑자中元甲子·하원갑자下元甲子라 표시한다. 수운이 살았던 1804년 갑자년부터 1863년 계해년까지는 하원갑이 끝나고 1864년 갑자년부터 1923년 계해년까지 다시 상원갑이 시작된다.

수운은 이 상원갑의 시기에 만고에 없는 무극대도가 이 세상에 나올 것이라고 하였다. 이에 대해 증산상제는 "너의 동토東土에 인연이 있는 고로 이 동방에 와서 30년 동안 금산사 미륵전에 머무르면서 최제우에게 천명天命과 신교神教를 내려 주었더니 조선 조정이 제우를 죽였으므로 내가 팔괘 갑자八卦甲子에 응하여 신미辛未(道紀 1, 1871)년에 이 세상에 내려왔노라."[29]라고 하였다.

---

28 『천도교 경전』, 185쪽.
29 『도전』 2:94:6-7.

최수운 대신사는 1864년 갑자년 3월 10일 대구 장대將臺에서 순도殉道를 하셨고 이해부터 8년이 지난 1871년 신미년에 증산상제가 탄강하여 이 땅에 무극대도를 선포하였다. 대신사는 대구 장대에서 처형당하기 직전에 "전 40은 내려니와 후 40은 뉘련가 천하의 무극대도가 더디도다 더디도다. 8년이 더디도다."라는 마지막 말을 남겼다고 한다.[30]

전 40은 당신의 나이(1824-1864)를 말한 것이고 후 40은 강증산 상제의 성수(1871-1909)를 개략적으로 말한 것이다.

(2) 시천주侍天主시대의 도래 선언

대신사는 상제와의 천상문답을 통해 상제로부터 "시천주侍天主 조화정造化定 영세불망永世不忘 만사지萬事知"라는 13자의 본주문과 "지기금지원위대강至氣今至願爲大降"이라는 8자의 강령주문降靈呪文을 받는다. 본주문의 천주는 상제이며 한울님이다. 본 주문에서 시상제侍上帝라고 하지 않고 시천주侍天主라고 한 것은 마테오 리치가 『천주실의天主實義』라는 책을 지으면서 천주는 기독교의 하느님으로 정착이 되어 동서양의 하느님관을 통일하려는 뜻도 있다고 사료되며, 천지를 음양적으로 볼 때 하늘에 계신 아버지 주님의 의미를 강조하고자하는 뜻도 있다고 사료된다.

시천주 주문과 강령주문의 의미

이 주문은 인류사적인 의의를 넘어 우주사적인 의미를 가지고 있다. 이제까지 인류는 자기를 나아준 생명의 뿌리인 부모님을 알고 살아왔지만 만유생명의 근원에 계신 천지부모를 잊고 살아왔다. 이

---

30 안경전, 『증산도의 진리』, 상생출판, 2015, 83쪽.

주문은 천지부모에 대한 의식을 각성시켜 준 것이다. 더 나아가 아버지 하느님을 올바로 모시[侍]는 길이 인간이 반드시 실천해야 될 길이며 성공의 길이라는 것을 밝혀준다. 천주를 올바로 모실 때 조화가 정해진다는 것이다. 또 '천주를 모시고 조화를 정한다'고 보면 성사재인成事在人의 과정을 이야기 한다고도 볼 수 있다. 여기서 조화는 후천 5만년 조화선경시대로 볼 수도 있고 인간의 신성이 개발되어 신통묘용을 자유자재로 구사하는 조화도통을 의미한다고도 볼 수 있다. 이는 시천주侍天主에 비례하여 조화造化가 열린다고 해석하는 것이다.

'영세불망만사지'는 시천주侍天主 조화정造化定을 영원히 잊지 않고 실천해 나가면[영세불망永世不忘] 만사지萬事知하는 은혜를 누릴 수 있다고 해석할 수도 있고, 후천세상을 맞이하여 모든 인간이 세상의 모든 일을 알게 되는 도통의 은혜를 받게 되는데 천주가 만사지萬事知하게 해준 은혜를 영원한 잊지 말고 보은해야한다는 의미로도 해석할 수 있다. '지기금지원위대강至氣今至願爲大降'의 강령주문은 이제 후천개벽기를 맞이하여 무극대운이 열리니 지극한 천지의 기운, 천지의 성령기운을 크게 내려주기를 기원한다는 내용이다.

『증산도 도전』에서는 이 주문의 중요성에 대해 다음과 같이 설명하고 있다.

> "이 본주문과 강령주문에는 동서고금의 모든 진리주제가 다 들어있다. 천주사상·조화사상·지기사상·만사지사상을 제대로 이해할 때 후천선경세계에 대한 대도의 안목을 가질 수 있다."[31]

----

31 『도전』, 198쪽.

증산상제는 "동학 주문에 '시천주조화정侍天主造化定'이라 하였으니 나의 일을 이름이라."[32]고 하였다. 증산상제의 시천주주侍天主呪에 대한 가르침을 살펴보면 다음과 같다.

> 시천주주侍天主呪는 천지 바탕 주문이니라. 시천주주에 큰 기운이 갊아 있나니 이 주문을 많이 읽으면 소원하여 이루지 못하는 일이 없느니라.[33]

위의 말은 시천주侍天主라는 것이 우주의 주재자 하느님을 모시는 것이므로 하느님을 올바로 모실 때, 아버지 하느님의 성령을 받을 때 인간이 소원하는 성공·도통·구원의 은혜를 모두 받을 수 있다는 것을 설명한다.

증산상제의 무극대도의 계승자인 태모 고수부는 "시천주주侍天主呪는 천명을 받는 무극대도無極大道의 본원주本源呪이니 상제님을 지극히 공경하고 내 부모와 같이 모시라는 주문이라."[34] 하였고, 대신사도 「교훈가」에서 "열석자 지극하면 만권시서 무엇하며"라고 하여 시천주주를 지극정성으로 외우면 책을 통해 얻을 수 있는 것 이상의 영적인 성숙이 이루어진다고 하였다.

해월의 천주 왜곡

수운에게 있어 상제·천주·한울님은 인격적인 존재로서 믿고 모시고 공경해야 할 대상이었다. 그런데 수운의 도를 계승한 동학의 2대 교주 해월海月 최시형崔時亨은 『해월신사법설』에서 시천주侍天主를 양

---

32 『도전』 3:184:9.
33 『도전』 2:148:1-2.
34 『도전』 11:180:5.

천주養天主라 하여 내 몸에 내재한 한울님을 모시고 길러야 한다고 왜곡하였다. 그는 "한울을 양養할 줄 아는 사람이라야 한울을 모실 줄 아느니라(「양천주養天主」)."[35]고 하였고, "나도 오장이 있거니 어찌 탐욕하는 마음이 없으리오마는 내 이를 하지 않는 것은 한울님을 봉양[養天主]하는 까닭이니라(「대인접물待人接物」)."[36] 하였으며, 또 "사람이 바로 한울이니 사람 섬기기를 한울같이 하라(인시천人是天이니 사인여천事人如天하라)(「대인접물」)."[37]고 하였다. 이는 천주가 인간의 내면에 자리하고 있다고 왜곡한 것이다. 또 기존의 제례의식인 향벽설위向壁設位를 조상의 심령心靈과 혈기와 정신이 나에게 남아있다 하여 향아설위向我設位로 변경하였다.

해월의 천주 왜곡은 여기에서 그치지 않고 "천지만물이 다 한울님을 모시지 않은 것이 없느니라(天地萬物이 皆莫非侍天主也니라)(「영부주문靈符呪文」)."[38]고 하여, 물물천物物天 사사천事事天의 범천론적汎天論的 천주관과 범물론적凡物論的 천주관으로 더욱 변질시켰다.

그의 "사람이 바로 한울이요 한울이 바로 사람이니 사람밖에 한울이 없고, 한울 밖에 사람이 없느니라(人是天 天是人이니 人外無天이요 天外無人이니라)(「천지인·귀신·음양」)."[39]는 그를 이어 손병희가 3대 교주가 되어 동학을 천도교로 개칭하고 천도교의 종지가 '인내천人乃天'임을 선포하면서 우주를 주재하고 통치하는 인격적人格的인 상제上帝와 천주天主의 개념은 동학에서 자취를 감추어 버리게 되었다.

『해월신사법설』의 「대인접물待人接物」에서 "도가의 부인은 경솔히

----

35 『천도교 경전』, 367쪽.
36 『천도교 경전』, 283-284쪽.
37 『천도교 경전』, 278쪽.
38 『천도교 경전』, 294쪽.
39 『천도교 경전』, 268쪽.

아이를 때리지 말라. 아이를 때리는 것은 곧 한울님을 때리는 것이니 한울님이 싫어하고 기운이 상하느니라."[40] 하였다.

❧ 의암의 천주 왜곡

이에 대해 증산상제는 1908년 손병희가 서울의 교당을 짓기 위해 전주에 와서 모금을 할 때 '인내천'이 사설邪說이라는 것을 다음과 같이 밝혔다.

> "누구든지 몽둥이를 들어 그 머리를 치며 '네 재능이 무엇이건대 사설邪說로써 민중을 속이며 부하들을 그다지 망치느냐!'고 꾸짖으면 대답하지 못하고 돌아갈 것이니라." 하시니라. 이에 한 성도가 "손병희가 어떤 사설을 퍼뜨려 행세한다는 말씀이옵니까?" 하고 여쭈니 말씀하시기를 "천天은 천이요 인人은 인이니 인내천人乃天이 아니니라. 또 손병희가 '아이를 때리는 것[타아打兒]'을 '하늘을 때리는 것[打天]'이라고 이르나 아이를 때리는 것은 아이를 때리는 것이요, 감히 하늘을 때린다고 할 수 없느니라. 하물며 사람의 생사와 화복이 하늘에 달려 있거늘 어찌 하늘을 때린다 하리오. 하늘은 억조창생의 임금[군君]이요 억조창생의 아버지[父] 되나니 옛 성현들이 하늘을 모시는 도가 지극히 엄숙하고 지극히 공경스러워 통통속속洞洞屬屬하고 수운의 하늘을 모시는 가르침이 지극히 밝고 정성스러웠느니라. 큰 근본[대본大本]이 어지러워지면 만덕萬德이 모두 그르게 되느니라." 하시니라.[41]

---

40 『천도교 경전』, 280쪽.
41 『도전』 5:233:6-14.

후세 연구자들의 천주 왜곡

최시형과 손병희의 왜곡된 천주관을 계승하여 후대의 대부분의 동학연구자들은 인격적인 상제·천주의 개념을 희석시키고 마음속에 존재하는 것으로 해석하거나 범신론적汎神論的으로 해석하고 있다. 이에 대해 살펴보면 다음과 같다.

> 사람은 원래 한울로서 사람이 된 것인 고로 즉 인내천人乃天인 고로 사람의 마음이 곧 한울이라는 뜻이다.[42]
> 동학의 한울님은 인간의 머리 위에 높이 떠 있는 하늘이라는 초월적 공간에 있는 그런 존재가 아니다. 즉 동학의 한울님은 수운 선생이 내놓은 '시천주'가 뜻한 바와 같이 '내안에 모셔져 있으며 동시에 이 우주에 편만해 있다.[43]

이들의 주장은 수운의 본래의 사상이 아니라 해월과 의암에 의해 왜곡되고 변질된 천주관을 계승하고 있는 것이다.

4) 무극대도의 도래 선언

동학 경전에 들어있는 무극

『동경대전』, 『용담유사』, 『도원기서』 속에는 무극지리無極之理, 무극대도無極大道, 무극지운無極之運 등 무극無極이라는 말이 대단히 많이 등장한다.

이를 살펴보면 다음과 같다.

---

42 이돈화, 『천도교 창건사』, 천도교 중앙종리원, 1933, 24-25쪽.
43 윤석산, 『동학교조 수운 최제우』, 204쪽.

무릇 천지의 무궁한 수와 도의 무극한 이치가 다 이글에 실려 있다(凡天地无窮之數와 道之无極之理가 皆載此書라)(「논학문」).[44)]

천운이 순환하여 가서 돌아오지 않는 것이 없으니 이로써 오만년 무극의 도를 나에게 명하여 내린 것이다(天運이 循環하야 無往不復일새 以五萬年無極之道를 命授於吾라).(『도원기서』)[45)]

꿈일런가 잠일런가 무극대도 받아내어(「교훈가」)[46)]

어화세상 사람들아 무극지운 닥친 줄을 너희 어찌 알까보냐.(「용담가」)[47)]

무극대도 닦아내니 오만년지 운수로다.(「용담가」)[48)]

이 세상 무극대도 전지무궁 아닐런가.(「몽중노소문답가」)[49)]

만고없는 무극대도 여몽여각 받아내어(「도수사」)[50)]

무극대도 닦아내어 오는 사람 효유해서(「도수사」)[51)]

만고없는 무극대도 이 세상에 창건하니(「권학가」)[52)]

무극대도의 특징에 대해 대신사는 "우리 도는 지금도 듣지 못하고 옛적에도 듣지 못하던 일이요 지금도 비교하지 못하고 옛적에도 비교하지 못하는 법이라(吾道는 今不聞古不聞之事요 今不比古不比之法也라)."(「논학문」)고 찬탄하였다.

----

44 『천도교 경전』, 40-41쪽.
45 윤석산 역주, 『도원기서』, 53쪽, 184쪽.
46 『천도교 경전』, 123쪽.
47 『천도교 경전』, 172쪽.
48 『천도교 경전』, 172쪽.
49 『천도교 경전』, 185쪽.
50 『천도교 경전』, 188쪽.
51 『천도교 경전』, 196쪽.
52 『천도교 경전』, 212쪽.

무극의 개념

이어서 무극대도란 무엇인가에 대하여 살펴보고자 한다. 무극이란 말은 태극太極, 황극皇極과 함께 우주를 잡아 돌리는 3개의 본체 중의 하나이다. 무극은 만유생명의 근원자리로써 현실세계를 창조하는 뿌리이다. 무극은 태극이 창조되기 이전 자리이므로 1태극보다 더 근원자리인 0무극이라 한다.

무극은 이 뿐만 아니라 현실세계에서도 작용하는데 이를 10무극이라고 한다. 이들을 구분하기 위해 0무극을 본체무극[본원무극]이라 하고 10무극을 현상무극이라고 부른다. 황극의 작용에 의해 분열의 극에 이르게 되면 만물은 10미토未土의 기운에 의해 성장을 중지하고 수렴과 통일의 과정으로 전환하게 된다. 이 10미토未土를 무극이라고 부른다. 이를 정확하게 이해하기 위해서는 인류문명사를 관통하는 질서의 틀을 알아야만 한다. 소강절은 원회운세론元會運世論을 확립하여 우주가 129,600년을 주기로 순환한다고 하였다. 이를 증산도의 안운산 태상종도사는 우주 1년의 도표를 만들어 우주 변화의 선후천관을 체계화하였다. 129,600년의 우주 1년은 다시 춘하추동으로 나눌 수 있는데 인간이 지상에서 살 수 있는 시간은 봄여름의 선천 5만년과 가을의 후천 5만년이다.

무극대도의 개념

선후천이 교대하는 하추교차기에 10미토未土의 기운을 가지고 우주의 주재자가 이 땅에 내려와 선천 5만년의 역사를 매듭짓고 후천 5만년의 새로운 세상을 열게 된다. 이때 열리는 후천 5만년을 무극대운이라 하고, 인간으로 강세한 상제가 새롭게 내어 놓으신 진리가 무극대도이다. 이를 몇 가지로 나누어 설명해보면 다음과 같다.

우주 1년 창조 이법 : 선·후천 개벽 운동

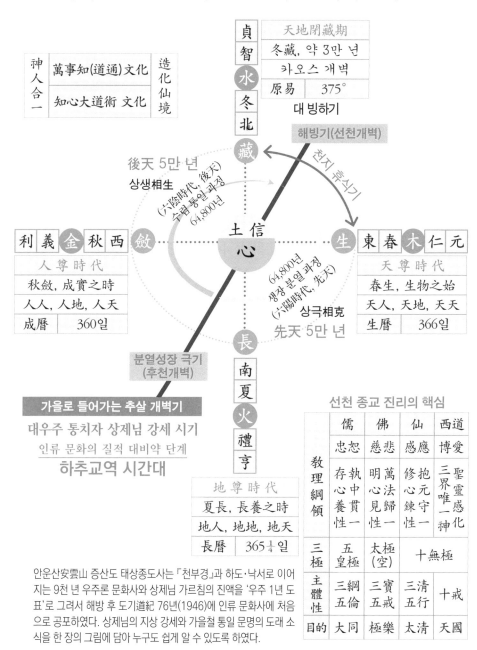

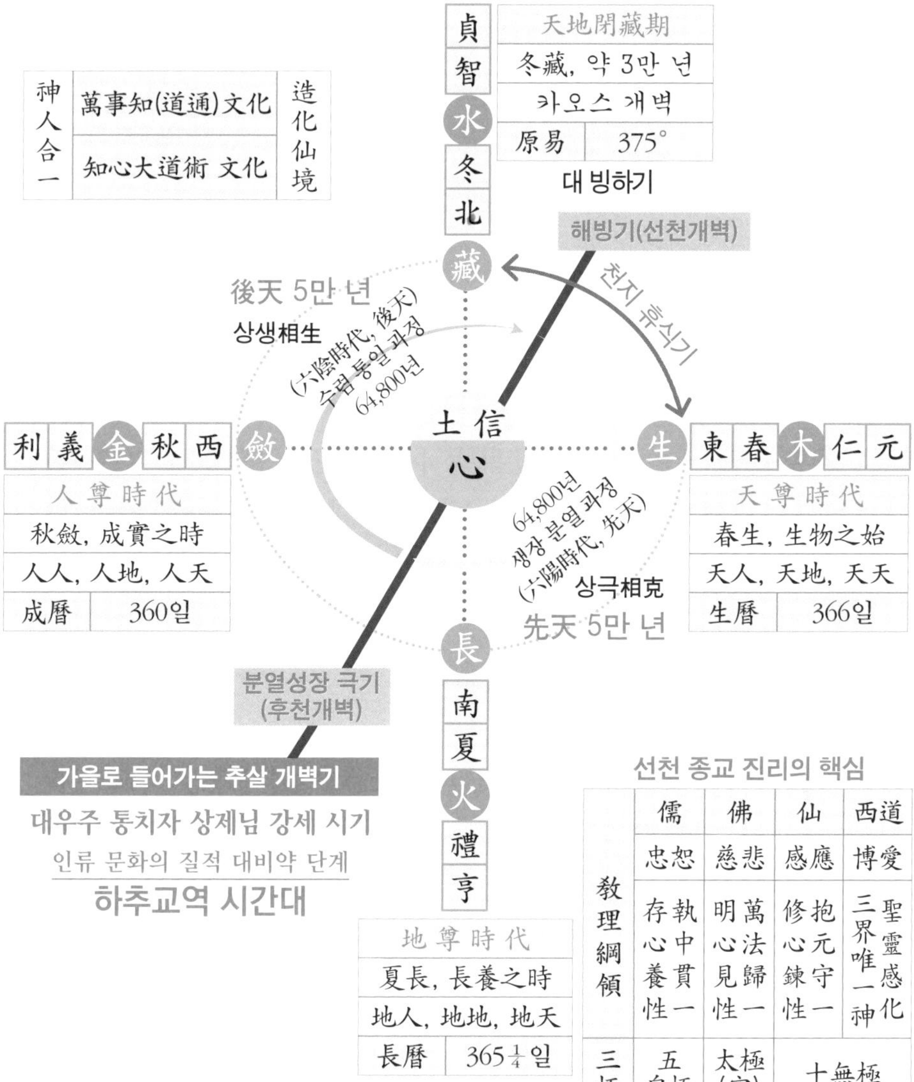

선천 종교 진리의 핵심

	儒	佛	仙	西道
教理綱領	忠恕	慈悲	感應	博愛
	存心養性 執中貫一	明心見性 萬法歸一	修心鍊性 抱元守一	三界唯一神 聖靈感化
三極	五皇極	太極(空)	十無極	
主體性	三綱五倫	三寶五戒	三淸五行	十戒
目的	大同	極樂	太淸	天國

안운산安雲山 증산도 태상종도사는 『천부경』과 하도·낙서로 이어지는 9천 년 우주론 문화사와 상제님 가르침의 진액을 '우주 1년 도표'로 그려서 해방 후 도기道紀 76년(1946)에 인류 문화사에 처음으로 공포하였다. 상제님의 지상 강세와 가을철 통일 문명의 도래 소식을 한 장의 그림에 담아 누구도 쉽게 알 수 있도록 하였다.

첫째, 무극대도는 무극제無極帝인 상제님[천주, 한울님]이 직접 내어 놓은 궁극의 진리이다. 하느님은 현실세계를 창조하는 근원에 있고 도道의 본원자리에 있으며 도의 주재자가 되기 때문에 삼극三極에서는 무극無極에 배합하여 무극상제, 무극제라고 부른다.

선천의 종교는 성자에 의해서 만들어진 진리이다. 무극대도는 성부하느님에 의해 만들어진 대도진리로 모든 인류를 구원의 대상으로 삼는 하느님의 대도이다.

둘째, 무극대도는 후천시대 가을의 대도이다. 가을이라는 것은 초목이 열매를 맺고 완성이 되듯이 인간이 성숙하고 문명이 대진하여 이루어지는 조화낙원시대이다. 무극지운이라는 것은 바로 가을철 5만년의 후천시대 운수를 이야기하는 것이다. 우주의 가을철에는 인간으로 온 상제가 그 운수를 주재하여 인간의 삶속에 선천시대와는 차원이 다른 새로운 문명을 열어 놓는데 이러한 후천의 대도를 무극대도라고 부른다.

셋째, 무극대도는 모순과 대립이 없는 상생과 조화의 대도이다. 극極이라는 말은 남극, 북극, 동물극, 식물극 등처럼 하나의 치우친 극단을 이야기 한다고 볼 수도 있다. 무극대도란 이러한 편벽된 기운이 없어지고 상극과 갈등이 무위이화無爲而化로 해소되어 사랑과 평화가 충만된 새진리이다. 선천시대는 상극의 대립 속에서 민족간, 종교간, 국가간, 이념간에 모순과 대립이 그치지 않아 싸움과 전쟁이 그칠 날이 없었다. 이제 후천 무극시대를 맞이하면서 하느님의 도법에 의해 하나의 이념으로 통일된 새시대를 맞이하게 되는데 이러한 상생과 조화의 대도를 무극대도라 한다.

넷째. 무극대도는 선천의 모든 진리가 종합되고 통일된 진리이다. 인간의 역사 속에서 열리는 후천무극시대는 10무극이 현실 속에서 열리는 현상무극이다. 10이란 수는 1수, 2화, 3목, 4금이 합해진 수로 동서남북, 춘하추동, 수화목금水火木金이 합일合一된 숫자이다. 10이란 다시 말해 시간과 공간, 인간과 만물을 조화하는 하느님 수이다. 10무극대도는 시간과 공간을 초월하여 이를 하나로 조화하고 통일한 완성된 진리이다. 『도원기서』에서 수운은 당신의 도가 "유불선 삼도三道"를 겸한 도라고 하였는데 바로 이것을 말하는 것이다. 무극대도는 종교의 합일을 넘어서서 과학과 철학까지가 하나로 조화된 통일의 대도이다.

다섯째, 무극은 도道의 본원자리이다. 그리고 10을 우리말로는 '열'이라고 한다. 열이라는 의미는 열린다[OPEN]는 뜻이다. 따라서 무극대도라는 것은 도의 근원, 도의 뿌리, 진리의 바탕과 근본이 완전히 열려서 다 드러나는 대도이다. 진리의 진면목 뿐만 아니라 인류의 역사 속에서 신비의 베일에 싸여 있었던 하느님의 진면목까지 모두 드러나게 되는 궁극의 대도이다.

수운이 「몽중노소문답가」에서 "너는 또한 연천年淺해서 억조창생 많은 백성 태평곡 격양가를 불구에 볼 것이니 이 세상 무극대도 전지무궁 아닐런가."라고 한 것은 후천 5만년의 무극대운 속에서 펼쳐지는 태평성대의 모습을 노래하고 있는 것이다.

그리고 "어화세상 사람들아 무극지운 닥친 줄을 너희 어찌 알까보냐." 하여, 천지대운인 무극지운이 온 것을 알기가 쉽지 않지만 모든 인류는 무극대운이 우리 눈앞에 다가 왔으니 미리미리 준비해야 한다고 일깨워 주었다.

5) 괴질의 엄습과 후천개벽 예고

괴질의 병겁을 지나 후천시대가 열린다

후천세상으로 넘어가기 직전에 괴질이 엄습하여 인류의 생사를 판단하게 되는데 수운은 이에 대해 다음과 같이 이야기하고 있다.

> 십이제국 괴질운수 다시 개벽 아닐런가(「안심가」, 「몽중노소문답가」)[53]
> 그 말 저 말 다 던지고 한울님만 공경하면 아 동방 삼년괴질 죽을 염려 있을 소냐(「권학가」)[54]

수운은 무극세상이 오기 전에 후천개벽이 있고 이때 괴질이 창궐할 것이라고 하였다. 그리고 이 괴질은 어느 나라에만 국한 된 것이 아니고 전 지구에 모두 엄습할 것이라고 하였으며 3년 동안 지속될 것이라고 하였다.

여기서 말한 12제국이라는 것은 지구상에 있는 모든 나라를 의미한다. 수운이 살던 그 시대는 제국주의 시대였다. 그리고 12는 십이지지로서 10간干이 하늘의 질서를 나타내고 12지支는 땅의 질서를 나타냄으로 12제국이라는 말로 지상에 있는 모든 나라를 표현한 것이라 생각된다.

---

53 『천도교 경전』, 184쪽.
54 『천도교 경전』, 211쪽.

후천시대는 5만년이다

마지막으로 후천개벽에 대한 이야기를 살펴보고자 한다.

수운은 평소에 항상 도인들에게 말하기를 "개벽 이후로 세상에 혹 상제를 친히 모시고 문답하고 가르침을 받은 사람이 있었느냐."[55] 고 하였다.

여기서의 개벽은 선천개벽을 말한다. 개벽은 선천개벽과 후천개벽이 있다. 선천개벽은 우주 1년 사계절에서 겨울이 끝나고 봄 시간대가 열리는 만물탄생 개벽을 말하고 후천개벽은 선천의 여름시대가 끝나고 후천의 가을시대가 열리는 만물성숙의 개벽을 말한다. 129,600년을 둘로 나누어 64,800년을 선천이라 하고 64,800년을 후천이라 하는 것은 자연의 선후천을 말하는 것이고 선천 5만년과 후천 5만년은 인간이 지상에 살면서 건설하는 문명의 선후천을 말한다.

『용담유사』에는 선천 5만년과 후천 5만년에 대한 이야기가 모두 나오고 있다. 「용담가」에 "한울님 하신 말씀 개벽 후 오만년에 네가 또한 첨이로다. 나도 또한 개벽 이후 로이무공勞而無功 하다가서 너를 만나 성공하니 나도 성공 너도 득의得意 너희 집안 운수로다."는 선천 봄 개벽 이후 후천 가을개벽이 열리려고 하는 이때까지가 5만년이었다는 말이다.

「용담가」의 "무극대도 닦아내니 오만년지 운수로다."와 「검결」의 "만세일지萬世一之 장부丈夫로서 오만년지五萬年之 시호時乎로다." 그리고 『도원기서』의 "천운이 순환하여 가서 돌아오지 않는 것이 없으니 이로써 오만년 무극의 도를 나에게 명하여 내린 것이다."[56]는 후천개벽으로 가을세상이 열린 이후 폐장되는 겨울이 올 때까지가 또

---

55 윤석산 역주, 『도원기서』, 53쪽.
56 윤석산 역주, 『도원기서』, 53쪽.

한 5만년이라는 것이다. 수운은 지금의 이 시대가 선천 5만년의 시대가 종말을 고하고 후천 5만년의 무극대운이 열리려고 하는 후천개벽의 대전환기라는 것을 우리들에게 전해주고 있는 것이다.

후천개벽은 공전절후空前絶後의 대변혁으로 신천신지가 열리는 자연개벽, 인간의 문명이 총체적으로 변혁되는 문명개벽, 그리고 인간의 정신과 육신이 환골탈태하는 인간개벽으로 구분할 수 있다. 그러나 일부 동학의 연구자들은 후천개벽의 의미를 축소시키거나 왜곡시키고 있다.

후천개벽은 천지개벽이 아니라 인간중심의 문화개벽을 뜻하는 것으로 인류역사문화 전반의 일대 변혁과 새로운 창조의 교체를 뜻한 말이다. 이와 같은 후천개벽의 역사관은 역사의 순환에 따른 천운의 회복을 의미한다.[57)]

본래 개벽은 천개지벽天開地闢의 준말로 천지가 새롭게 열리는 것이며 후천개벽은 무극대운이 새롭게 열리는 것이다. 무극제인 상제가 지상에 강세하여 하늘과 땅과 인간과 신명을 총체적으로 개벽하고 구원하여 천지창조의 이상향을 지구촌에 건설하는 것이다.

---

57 홍창화, 『천도교 교리와 사상』, 천도교 중앙총부, 1991, 58-59쪽.

3

보천교주 차경석과 보천교

1) 차경석의 동학 인연과 증산상제와의 만남

(1) 차경석의 동학 인연

앞에서 살펴보았듯이 동학은 본래 상제의 천명을 받은 최수운 대신사가 창도하였다. 대신사가 순도殉道하고 30년이 지난 1894년 갑오년 이 땅에 동학혁명이 발발하였다. 『증산도 도전』에서는 "선후천의 개벽이 본래 천도혁명天道革命이고 동학혁명은 이 혁명의 출발점"이라고 규정하였다.[58] 60갑자를 30개씩 전후로 나누면 후반부의 시작이 갑오甲午가 된다. 갑자년甲子年에 대신사가 순도殉道하고 30년이 지난 뒤 갑오년甲午年에 동학혁명이 일어났다는 것이 후천의 천도혁명을 상징하는 것이다. 증산상제는 후천개벽을 알리는 이 난의 대세를 낱낱이 지켜보았다.

차경석과 동학의 인연은 그의 아버지로부터 시작한다. 동학혁명 당시 차경석의 아버지 차치구(1851-1894)는 전봉준이 혁명을 일으킬 때 정읍에서 수천의 농민군을 이끌고 참여한 농민군 두령이다. 전봉준이 우금치전투의 패배와 태인전투를 끝으로 순창 피노리로 몸을 숨기자 차치구는 국사봉 토굴에 숨어 지내다 흥덕현감 윤석진에게 체포되어 1894년 12월 29일 흥덕 관아에서 분살형焚殺形을 당했

----

58 『도전』, 87쪽.

다고 한다.[59]

차치구의 아들 차경석은 동학을 신앙하며 이용구가 만든 일진회에 참여하여 전북 총대總代를 지내기도 하였고 일진회 간부들의 독단과 왜곡된 노선에 이의를 제기하기도 하였다.

(2) 증산상제와의 만남

1907년 5월 17일 증산상제가 김형렬의 집을 떠나며 "이 길이 길행이라. 한사람을 만나려 함이니 장차 네게 알리리라."고 하였다. 그리고 김제군 금산면 용암리 물방앗간에 머무르시면서 차경석을 기다렸다.

그 무렵 차경석은 동학의 3대 교주 손병희의 처사에 불만을 품고 새로운 길을 찾고 있던 중이었다.

당시에 증산상제는 1904년 진보희의 강경江景집회와 1904년 11월 일진회 회원들이 전주지회 개설문제로 불화가 생겨 이를 강제진압하려는 관에 대항하여 소동을 일으킬 때 상제님이 비와 눈을 크게 내려 방한설비 없이 노상에 모인 일진회 회원 수천 명을 해산하여 집으로 돌아가게 한 공사 내용[60] 등으로 미루어 볼 때, 차경석에 대해서 잘 알고 있었던 것으로 생각된다. 왜냐하면 강경집회와 11월의 소요 때 차경석이 일진회 전북 임시총대를 맡고 있었기 때문이다. 그리고 '한사람을 만나려고 한다'는 말씀 속에서 중요 성도 등을 미리 정해 놓고 만났다는 것도 알 수 있다.

----

59 박종렬 지음, 『차천자의 꿈』, 도서출판 장문산, 2002, 25-27쪽
60 『도전』 3:112.

증산상제와 차경석의 역사적인 첫만남

증산상제가 차경석을 만날 때의 상황이 『증산도 도전』에는 다음과 같이 기술되어 있다.

> 용암리龍岩里 물방앗간에 머무르시다가 그 앞 주막에서 정읍 사람 차경석車京石을 만나시니 당년 28세로 구척장신에 용모가 준수한 젊은이라. 원래 경석은 동학 신도로서 일찍이 일진회 전북 총대總代를 지낸 일이 있더니 이 날은 재산 문제로 송사하러 정읍에서 전주로 가는 길이더라. 경석이 용암리 주막에서 점심을 먹고 떠나려 할 즈음 상제님께서 대삿갓에 풀대님 차림으로 김자현 등 두어 사람을 데리고 들어오시거늘 경석이 상제님을 뵈니 의표儀表는 소탈한 가운데 씩씩한 기운을 띠시고 언어동지言語動止는 순진하고 꾸밈이 없으시며 안광眼光이 사람을 쏘는 듯하여 감히 똑바로 볼 수가 없더라. 사람을 대하여 정겹게 말씀을 나누시면 마치 봄바람이 온 들에 가득 찬 듯하고 일의 사리를 밝히심에는 대하大河가 물결치듯 풀어 놓으시고 말씀의 운치는 너그럽고 크시어 천둥이 구르는 듯하며 모든 행동하심이 호호탕탕하여 폭 잡을 수가 없는지라 경석이 절로 마음이 끌리고 상제님의 기품에 취해 말씀을 청하니 상제님께서 온화하게 대답하시고 술을 드시다가 닭국 한 그릇을 경석에게 권하시니라. 경석이 받으매 어디선가 벌 한 마리가 날아와 국에 빠지거늘 경석이 수저를 멈추고 혹 상서롭지 못한 일이 아닌가 하고 생각하니 상제님께서 말씀하시기를 "벌은 규모 있는 벌레니라." 하시니라. 경석이 여쭈기를 "무슨 업을 하십니까?" 하니 웃으며 말씀하시기를 "의원 노릇을 하노라." 하시고 경석이 다시 "어느 곳에 머무르십니까?" 하고 여

쭈니 말씀하시기를 "나는 동역객東亦客 서역객西亦客 천지무가객天地無家客이로다." 하시니라. 대저 경석이 상제님의 거주지를 여쭌 것은 뒷날 찾아뵈려 한 것인데 이렇게 말씀하시니 다시 찾기가 어렵겠으므로 떠나지 않기로 결심하고 이왕에 상제님의 지식을 시험하고자 하여 다시 "어떻게 하면 인권人權을 많이 얻을 수 있습니까?" 하고 여쭈니 대답하여 말씀하시기를 "폐일언蔽一言하고 욕속부달欲速不達이니라." 하시니라. 이에 경석이 아뢰기를 "자세한 뜻을 알지 못하겠습니다." 하니 상제님께서 일러 말씀하시기를 "사람 기르기가 누에 기르기와 같아서 일찍 내이나 늦게 내이나 먹이만 도수에 맞게 하면 올릴 때에는 다 같이 오르게 되나니 이르고 늦음이 사람의 공력에 있느니라." 하시니라.[61)]

증산상제의 도문에는 동학을 신앙하던 사람들이 많이 들어왔다. 차경석 성도를 제외하고도 박공우, 문공신, 김경학, 신경수, 황응종 등이 모두 동학신도였다. 유교, 불교 등의 신앙인들이 증산상제의 성도로 들어오지 않고 유독 동학신도들이 많이 도문에 들어온 것은 동학 신앙의 근본이 시천주侍天主에 있었기 때문이라 사료된다.

우리는 경석이 "어떻게 하면 인권을 많이 얻을 수 있습니까?"라는 질문 속에서 그의 마음속에는 사람을 많이 모아서 무언가를 해보고자 하는 욕심이 있는 사람이라는 것을 엿볼 수가 있다. 이어지는 구절은 다음과 같다.

경석의 이번 전주 길은 세무관과 송사할 일이 있어 서류를 가지고 가는 길이더니 경석이 서류를 내어 보이며 여쭈기를 "'세 사

----

61 『도전』 3:180:2-22.

람이 모이면 관장官長의 공사를 처결한다.' 하오니 청컨대 이 일이 어떻게 될지 판단하여 주십시오." 하거늘 상제님께서 그 서류를 소리내어 읽으신 뒤에 말씀하시기를 "이 송사는 그대에게 유리하리라. 그러나 이 송사로 인하여 피고被告의 열한 식구는 살길을 잃게 되리니 일의 곡직曲直을 불문하고 대인으로서는 차마 할 일이 아니니라. 남아가 반드시 활인지기活人之氣를 띨 것이요, 살기殺氣를 띰은 옳지 못하니라." 하시니라. 이에 경석이 크게 감복하여 말하기를 "선생님의 말씀이 지당하오니 이 길을 작파하겠습니다." 하고 즉시 그 서류를 불사르니라. 이 때 경석은 동학 신도로서 손병희를 따르다가 그 처사에 불만을 품고 다시 길을 바꾸려던 참이라. 이 날 상제님을 뵙고 모든 거동이 범속과 다름을 이상히 여겨 떠나지 않고 날이 저물기를 기다려 상제님의 뒤를 따라가니 곧 용암리 물방앗간이라. 경석이 상제님의 말씀을 들을수록 마음이 끌리어 그 자리에서 상제님을 모시겠다고 간청하되 상제님께서 허락하지 아니하시니라.[62]

송사는 경석의 바로 아래 동생 윤경의 아내 주판례가 시집올 때 윤경의 장인 주종호가 논을 떼어 사위에게 준 것으로 이것이 시비가 되어 송사가 빚어진 것이라 한다. 경석이 증산상제의 말을 듣고 그 자리에서 서류를 불사르고 송사를 작파한 것을 보더라도 경석도 대인의 심법이 있었고 기국이 컸다는 것을 알 수가 있다.

다시 다음 구절로 이어진다.

상제님께서 숙소를 김치경金致京의 용암리 물방앗간에 정하시니

62 『도전』 3:181.

음식이며 잠자리며 모든 것이 누추하기 이를 데 없어 여느 사람도 견디기 어려워하는데 경석이 이러한 고초를 겪으면서도 떠나지 아니하고 상제님을 '정읍의 자기 집으로 모시겠다.' 하거늘 상제님께서 진노하시어 큰 소리로 꾸짖으시기를 "나는 너와는 아무런 인연이 없노라. 어서 내 앞에서 썩 물러가라, 이놈아!" 하시니라. 상제님께서 경석이 떠나지 않음을 괴로워하시며 수차 물러가기를 재촉하시되 경석이 듣지 않고 계속 자기 집으로 함께 가시기를 간청하니 그 때마다 혹 성을 내시고 욕을 하시며 쫓아내기도 하시는데 경석이 보기에는 그러한 모든 일이 더욱 범상치 않을 뿐 아니라 수운가사水雲歌詞에 있는 '여광여취如狂如醉 저 양반을 간 곳마다 따라가서 지질한 그 고생을 뉘로 대해 그 말하며' 하는 구절이 생각나매 떠나지 않고 열흘 동안을 머물면서 제자가 되기를 굳이 청하니라. 이에 상제님께서 이르시기를 "네가 나를 따르려면 모든 일을 전폐하고 오직 내가 가르치는 바에만 일심一心하여야 할지니 이제 돌아가서 모든 일을 정리하고 6월 초하룻날 다시 이곳으로 찾아오라." 하시니라. 경석이 비로소 하직하고 집에 돌아와 아우들을 모아 놓고 상제님을 만난 일과 전주 송사를 작파한 일을 말하며 "너희들, 사람 생명이 크냐, 돈이 크냐? 나는 사람을 죽일 수가 없어 그냥 돌아왔노라. 이제 나는 선생님을 따라 사람 살리는 공부를 하려 하노라." 하고 아우들을 설득하더니 드디어 모든 일을 정리하고 6월 초하룻날에 다시 용암리에 와서 상제님을 뵙고 정읍으로 가시기를 간청하니라. 이 날 밤에 상제님께서 풀밭에서 주무시다가 닭이 운 뒤에 일어나시어 말씀하시기를 "잘못 풀밭에 누웠구나. 왜 일찍 깨우지 않았느냐." 하시니라. 상제님께서 돌 위에서 주무시기도

하고 들판의 농부들과 한가로이 말씀을 나누기도 하시니 경석이 뒤따르며 지성으로 모시니라. 상제님께서 계속 경석의 추종을 불허하시다가 사흘 동안을 지내신 뒤에야 비로소 허락하시며 말씀하시기를 "내가 일찍이 목물 속에서 허우적거리며 고생하다가 겨우 헤어나 발목물에 서 있는데 네가 다시 나를 깊은 길물로 끌어들이는구나." 하시니라.[63]

자신의 집으로 상제를 모시고 가는 차경석

용암리 물방앗간은 금산면 쌍룡리로 지금은 논으로 변했다고 한다. 차경석은 5월 17일부터 27일까지 열흘간 믿음을 시험하는 기간을 무사히 통과한다. 이후 강증산 상제는 "네가 나를 따르려면 모든 일을 전폐하고 오직 내가 가르치는 바에만 일심하여야 한다."하여, 그에게 커다란 임무를 내리려고 준비를 시켰고 6월 1일 다시 찾아오라고 말하였다. 6월 1일은 차경석의 생일날이다. 생일은 모든 사람이 태어난 날이다. 이날 다시 찾아오라고 한 것은 그를 당신의 일꾼으로 거듭 태어나게 한다는 숨은 뜻이 들어 있다.

6월 1일 용암리 물방앗간으로 다시 경석이 찾아온다. 증산상제는 3일을 더 머무르신 후 6월 4일 경석의 집으로 출발을 한다. 『보천교교전』에는 6월 3일 출발한 것으로 되어 있으나 출발하는 날 원평에 이르러 '군중을 향하여 말하였다'는 내용을 보면, 원평장이 가을의 성숙을 상징하는 4·9장이 섬으로 4일이 옳은 것으로 판단된다. 증산상제는 일진회가 일어난 1904년부터 삿갓을 쓰다가 이날부터 의관을 갖추었는데 이를 보더라도 앞으로 그가 맡을 역할이 대단히 중요하다는 것을 살펴 알 수 있다. 이날 저녁 차경석은 증산상제를

---

63 『도전』 3:182.

정읍 솔안 최씨 재실에 있는 친구 박공우의 집으로 모시고 간다. 이때 증산상제가 두 사람에게 이르기를 "이제 만날 사람 만났으니 통정신通情神이 나오니라."[64]고 하였다. 그리고 다음으로 당신의 신원을 밝혀 "동학 주문에 시천주조화정侍天主造化定이라 하였으니 나의 일을 이름이라."[65]고 말하였다. 통정신은 뜻과 마음을 통하게 하는 신이다. 증산상제가 차경석 박공우 두 사람을 만난 뒤에 이 말을 한 것은 이 두 사람의 기국이 상제님과 심법이 통할 수 있을 정도로 크기 때문에 비로소 당신이 누구인지 신원을 밝힐 수 있다는 것이다. 그래서 증산상제는 "천하의 통정신은 정읍으로 운이 돌아온다."[66]고 하였다.

증산상제는 1907년 6월 이후 차경석의 집에 자주 머물면서 수부공사, 포정소공사, 남조선배공사, 무신납월공사 등의 대공사를 처결하였다.

2) 차경석에게 내린 사명과 포교활동

증산상제의 천지대업은 선천개벽이 시작되면서부터 예정이 된 일이고 환국 배달국 시대부터 준비된 일이며 선천종교가 나오면서 더욱 구체화 되었고 실질적인 시작은 최수운 대신사와의 천상문답사건부터 비롯하여 현실화되었다. 그러나 "수운이 능히 유교의 테 밖에 벗어나 진법을 들춰내어 신도와 인문의 푯대를 지으며 대도의 참빛을 열지 못하므로"[67] 1871년 상제님께서 이 땅에 오게 되었던

----

64 『도전』 3:184:7.
65 『도전』 3:184:9.
66 『도전』 4:109:2.
67 『도전』 2:30:15.

것이다. 증산상제는 1901년부터 1909년까지 9년 동안 모사재천謀事在天의 천지공사를 집행하고 1909년 6월 24일 천상의 보좌로 환궁하였다. 이후의 역사는 성사재인成事在人의 과정이다. 천지공사는 크게 세운공사와 도운공사로 나누어지는데 도운공사는 증산상제의 도가 인간 역사에 뿌리내려 도성덕립하는 개척과정에 관한 공사이다.[68] 생장성으로 삼변성도三變成道하는 우주원리에 의해 도운의 과정도 제1변, 제2변, 제3변의 과정을 통해 완성된다.

증산도 이종도운의 사명을 맡은 차경석

차경석의 최대의 공덕은 증산상제에게 태모 고수부를 천거한 것이다. 1911년 상제의 성령을 받아 도통을 한 태모 고수부는 도운이 낙종落種과 이종移種과 추수秋收의 3변 과정을 통해 매듭지어질 것을 다음과 같이 말하였다.

> 이 때 수부님께서 일어나 앉으시어 갑자기 상제님의 음성으로 경석에게 "누구냐?" 하고 물으시니 경석이 놀라며 "경석입니다." 하거늘 또 "무슨 생이냐?" 하고 물으시니 경석이 "경진생庚辰生입니다." 하고 대답하니라. 이에 말씀하시기를 "나도 경진생이라. 속담에 동갑 장사 이利 남는다 하나니 우리 두 사람이 동갑 장사하자." 하시고 다시 생일을 물으시니 경석이 "유월 초하루입니다." 하고 대답하거늘 말씀하시기를 "내 생일은 삼월 스무엿새라. 나는 낙종落種 물을 맡으리니 그대는 이종移種 물을 맡으라. 추수秋收할 사람은 다시 있느니라." 하시니라.[69]

----

68 안경전, 『증산도의 진리』, 604쪽.
69 『도전』 11:19:6-10.

위의 내용은 도운의 전개 과정을 벼농사를 짓는데 비유하여 말한 것이다. 태모의 생일이 들어 있는 3월은 볍씨를 뿌려 못자리를 만드는 때니 낙종落種을 하는 때이고 차경석의 생일이 있는 6월은 모내기를 하는 때로서 이종移種을 하는 때이다. 여기서 차경석의 사명이 확연히 드러난다. 그는 증산도의 1변 도운에서 이종 운을 맡아 증산도의 대부흥시대를 여는 사명을 맡고 있는 것이다.

차경석이 기국이 크고 많은 사람을 거느릴 능력이 있는 사람이라는 것은 "경석은 대재大才요 만인지장萬人之長이 될 만하다. 너에게 일극一極을 주노라."[70] 한 증산상제의 말에서도 확인할 수 있다. 또한 욕심도 대단했는데 증산상제가 소원을 묻자 "열지裂地를 원한다."[71]고 하여 한나라의 왕이 되고자 하는 뜻을 피력하였다. 이에 대해 『증산도 도전』에서는 "차경석 성도는 천하를 쥐고 통솔할 만한 기국과 뱃심이 있었다. 상제님께서는 그 영웅적인 기질을 도운 개척의 역사에 쓰시어 난법도수의 시간대에 인사 대권을 맡는 사역자로 내세우셨다."라고 해석하였다. 또 한 번은 "십오十五 주시기를 원하옵니다."[72]라고 아뢰자 "도적놈이로다."하고 꾸짖으며 허락하지 않은 내용도 있다.

동학역신 해원도수의 주인공 차경석

차경석의 기국과 배짱이 컸던 것은 후천음양도수를 볼 때 아내를 12명을 원했고 증산상제가 이유를 묻자 "십이제국에 한 명씩 두고 달마다 한 나라씩 순회하면 남아 행락行樂의 극치일까 하옵니다."[73] 라는 말에서도 확인할 수 있다. 이러한 영웅의 심법에 걸맞게 증산

----

70 『도전』 3:291:3.
71 『도전』 6:85:2.
72 『도전』 5:257:2.
73 『도전』 5:204:7.

상제는 그에게 동학 역신 해원공사의 주인공으로 임명하였다. 다음은 이에 관한 공사를 보신 내용이다.

> 공신이 여러 성도들을 돌려보낸 뒤에 상제님께서 공신, 경수, 응종에게 일러 말씀하시기를 "경석이 성경신誠敬信이 지극하므로 달리 써 볼까 하였으나 제가 스스로 청하니 어찌할 수 없는 일이로다. 지난 갑오년에 동학 신도들이 여러 만 명 학살되어 모두 지극히 원통한 원귀寃鬼가 되어 우주간에 나붓거리는지라 원래 동학은 보국안민輔國安民을 주창하였으나 때가 때인 만큼 안으로는 불량하고 겉으로만 꾸며대는 일이 되고 말았나니 다만 후천 일을 부르짖었음에 지나지 못함이라. 마음으로 각기 왕후장상王侯將相을 바라다가 뜻을 이루지 못하고 그릇 죽은 자가 수만 명이니 그 신명들을 해원시켜 주지 않으면 후천에 역도逆度에 걸려 반역과 화란이 자주 일어나 정사政事를 못 하게 되리라. 그러므로 이제 그 신명들을 해원시키려고 원혼을 통솔할 자를 정하려는 중인데 경석이 십이제국을 말하니 이는 스스로 청함이라. 이제 경석에게 동학 역신 해원의 삼태육경三台六卿 도수를 붙이리라." 하시고 "그 부친이 동학 접주로 그릇 죽었고 경석도 또한 동학 총대總代였으니 오늘부터는 동학 때 한 맺힌 신명들을 전부 경석에게 붙여 보내어 이 자리에서 왕후장상의 해원이 되게 하리라." 하시니라. 또 말씀하시기를 "춘치자명春雉自鳴의 설화說話를 들어 보라. 배짱이 그만하면 능히 그 책임을 감당하리니 뒷날 두고 보라. 경석이 금전도 무수히 소비할 것이요, 사람을 모으는 것도 갑오년보다 훨씬 많게 될 것이니라. 경석에게 밥주걱을 맡겼나니 경석은 제왕帝王만큼 먹고 지내리라. 이렇게 풀어놓아야

후천에 아무 일도 없으리라." 하시고 두루마리에 글을 써서 대공사를 처결하시며 외인의 출입을 금하시니라.[74]

위의 내용 속에서 차경석은 기국은 컸으나 욕심이 많았다는 것을 알 수 있다. 또한 동학신도들이 "안으로는 불량하고 겉으로만 꾸며대는 일이 되고 말았다."고 하였는데 인격적·도덕적·능력적·심법적으로 준비가 되지 않고 구호만 요란하게 외쳤다는 것도 엿볼 수 있다.

『증산도 도전』에서는 왜 강증산 상제가 동학 신명을 차경석에게 붙여 해원케 하였는가에 대하여 다음과 같이 설명하고 있다.

시천주조화정侍天主造化定을 노래하며 후천개벽을 학수고대한 동학혁명의 종군자들이 바로 상제님의 무극대운을 부르짖은 일꾼들이기 때문이다. 이에 상제님께서 몸소 그들의 원한을 초기 증산도 도운 개척의 운로에 붙여 해소시키셨다.[75]

장군도수를 맡은 차경석

다음의 공사는 차경석에게 농바우 장군도수를 붙이는 공사이다.

후에 경석을 데리고 순창 농바우 박장근의 집에 이르러 말씀하시기를 "이제 천하대세를 회문산 오선위기형五仙圍碁形의 형세에 붙여 돌리나니 네게 한 기운을 붙이노라." 하시니라. 이어 장근에게 이르시기를 "너의 머슴을 불러 어젯밤 무엇을 본 일이 있는지 물어 보라." 하시거늘 장근이 머슴을 불러 물으니 머슴이 대

---

74 『도전』 5:205.

75 『도전』 646-647쪽.

답하기를 "어젯밤 꿈에 한 백발 신선이 하늘에서 내려와 농바우를 열고 큰칼과 투구와 갑옷을 꺼내는데 장검은 서릿발이 돋은 듯하고 갑옷과 투구는 빛이 나서 눈이 부셨습니다. 신선이 칼과 투구와 갑옷을 저에게 주면서 '한 장군이 명命을 받들고 여기에 올 것이니 이것을 그 장군에게 주라.' 하므로 제가 그것을 받아서 두었사온데 그 자리가 바로 저 자리입니다." 하며 경석이 앉은 쪽을 가리키는지라 상제님께서 들으시고 "네가 꿈을 옳게 꾸었도다. 농바우의 전설이 허망한 말이 아니로다." 하시고 다시 장근에게 말씀하시기를 "너는 이 공사의 증인이니라." 하시니라. 대저 그 지방에는 농바우 속에 갑옷과 투구와 긴 칼이 들어 있는데 '장군이 나면 내어가리라.'는 말이 전하여 오니라.[76)]

또 차경석을 장군에 임명하는 다음과 같은 공사도 있다.

12월 20일에 성도들에게 24절후를 읽히신 후 밤중에 경석의 집 앞 버드나무 밑에 벌여 세우시고 북쪽을 향하여 휘파람을 부시니 난데없이 방장산方丈山으로부터 한 줄기 실구름이 일어나서 사방을 둘러 문턱 모양을 이루거늘 상제님께서 큰 소리로 외쳐 말씀하시기를 "곤이내閫以內는 짐朕이 제지制之하리니 곤이외閫以外는 장군이 제지하라!" 하시니라.[77)]

곤이외閫以外는 장군이 제지하라는 말은 삼국시대 오나라의 손권이 백면서생 육손을 대장군으로 임명할 때 그의 손을 들고 외친 말

----

76 『도전』 3:207:5-14.
77 『도전』 6:92.

이다. 이는 증산상제가 영웅의 정신을 가진 차경석을 내세워 난법 도운의 개척시대를 열도록 명한 공사이다.[78]

차경석의 포교활동

이어서 이러한 도수를 부여 받은 차경석의 포교활동에 대해서 살펴보고자 한다.

1916년 차경석은 태모로부터 통교권을 빼앗고 24방주 체제를 조직하였다. 이때가 낙종落種에서 이종移種으로 전환하는 시기라고 말할 수 있다.

차경석은 상제님께서 그의 집 벽에 "천고춘추아방궁千古春秋阿房宮이요 만방일월동작대萬方日月銅雀臺라."[79]고 써 붙인 것과 "곤이내閫以內는 짐朕이 제지制之하고 곤이외閫以外는 장군이 제지하라."[80]와 1909년 정월 초삼일 새벽에 상제님을 대행代行하여 고사치성제告事致誠祭를 올린 것을 종통의 근거로 삼았다. 특히 마지막 고사치성을 중시하여 보천교에서는 1909년을 포교원년으로 정하였고 기유년己酉年 1월 3일을 교통수수일敎統授受日, 창교기념일創敎紀念日로 정하여 치성을 올렸다. 다음해 1917년 일제의 감시를 피해 외유를 떠나 포교에 진력하였고 1919년에는 24방주제도를 확대하여 60방주제를 조직하였다. 강증산 상제가 공사본 동학역신해원도수와 방주제라는 비밀조직 그리고 식민지 백성으로서 의지할 곳이 없었던 백성들의 희망이 되어 1920년에는 신도가 무려 600만에 달하고 간부의 숫자만 55만7천7백 명이 되었다고 한다.[81]

---

78 『도전』, 842쪽.
79 『도전』 3:187:2.
80 『도전』 6:92:3.
81 안경전, 『증산도의 진리』, 651-652쪽.

증산상제는 경석에게 동학 역신 해원의 삼태육경三台六卿도수를 붙여 그를 통해 왕후장상의 해원이 되게 한다고 말하였다. 증산상제의 말처럼 차경석은 1921년 9월 24일 황석산 고천제에서 교명을 보화교普化教라 하고 국호를 시국時國이라고 선포하였다. 그런데 후세에 보천교라고 알려진 것은 5개월 뒤인 1922년 2월에 경성의 포교 책임자 이상호는 보화교로는 경찰의 의심을 피하기 어렵다고 여겨 보화교의 보普자와 당시 공인된 천도교나 천주교의 천天자를 따서 보천교로 조선총독부에 등록하였다는 것이다.[82]

차경석의 보천교는 국가조직의 형태를 강하게 띄고 있다. 신유(1921)년 정월에는 교단을 재조직해 전국 각 도에 정리正理와 부정리副正理를 각 1명씩 두고 360군에는 포장布長과 부포장副布長을 각 1명씩 배속하였다고 한다.[83]

삼태육경이란 삼정승과 육조판서를 상징하며 각도와 군의 책임자들은 개벽을 하고 새로운 세상이 도래하면 자신들이 새로운 국가에서 실지로 그 직책을 맡게 될 것이라고 생각을 하였다. 인간과 신명은 신인합일神人合一의 관계로 일체를 이룬다. 동학혁명 때 왕후장상을 꿈꾸다 참혹하게 죽은 60여만 명에 이르는 동학농민군들의 신명이 보천교의 간부들에게 붙어 해원을 한 것이다.

차경석에게 붙인 천지공사 도수

증산상제는 차경석이 600만 신도의 두령이 될 수 있도록 위에서 언급한 도수 이외에도 많은 공사를 통해 물셀 틈 없이 도수를 붙여놓았다. 이에 대해서 몇 가지만 살펴보면 다음과 같다.

----

82 김철수, 『잃어버린 역사 보천교』, 상생출판, 2017, 42쪽.
83 안경전, 『증산도의 진리』, 652쪽.

첫째가 포정소布政所도수이다. 증산상제는 "이는 포정공사布政公事라. 정읍에 포정소布政所를 정하노라 하시며 장차 크게 흥하리라."[84] 하였다.

이에 대해 『증산도 도전』에서는 다음과 같이 설명하고 있다.

> 포정소는 상제님 진리를 펴는 도정道政의 본부가 자리 잡는 곳으로 제1변 파종 도수는 정읍대흥리, 제3변 도운의 추수 도수는 미래의 수도인 태전太田에 붙이셨다. 제1변과 제3변 도운의 중심지는 모두 태극의 시종始終 도수에 의해 대大 자로 시작하는 곳이다.[85]

둘째, 왕자 포덕도수이다. 강증산 상제는 "왕자 포덕도수王者布德度數를 정읍에 둔다 하시더니 뒷날 경석이 교도 수백만을 두니라."[86] 하였다. 이는 경석이 일세의 왕처럼 등극을 하고 수많은 교도를 거느리게 된다는 뜻이다.

셋째, 천맥도수이다. 이에 대해 증산상제는 다음과 같이 공사를 보았다.

> 정읍 대흥리에 계실 때 하루는 성도들에게 "정읍에 천맥阡陌 도수를 붙인다." 하시고 공사를 행하신 후에 말씀하시기를 "여기가 못자리니 이것이 천하파종天下播種 공사니라." 하시니라.[87]

---

84 『도전』 6:78:4-5.
85 『도전』 3:291:4
86 『도전』 3:291:4.
87 『도전』 6:48

천맥도수에 대해 『증산도 도전』에서는 다음과 같이 설명되어 있다.

> 논밭사이에 가로 세로로 난 길. 남북으로 난 것을 천阡, 동서로 난 것을 맥陌이라 한다. 곧 상제님 진리가 거미줄처럼 전후좌우 막힘없이 사방으로 길을 내고 서로 연결하여 지구촌을 석권하는 규모 있는 포교도수이자 대규모의 인사조직을 뜻한다.[88]

정읍과 천맥도수

이 도수는 차경석의 성姓인 '차車'와 그가 터전을 정한 '정읍井邑'과도 밀접한 관련이 있는 도수라고 생각된다. 장기판에서 '차車'는 전후좌후로 막힘없이 행마를 하니 세상 구석구석까지 파고들어 포교를 하는 도수와 연결된다. 정읍井邑의 정井은 대단히 많은 의미를 가지고 있다. 이중 몇 가지만 살펴보면 다음과 같다.

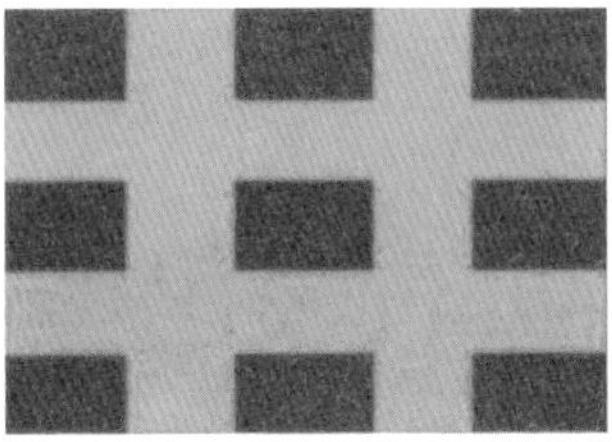
보천교 교기. 황색바탕에 적색赤色으로 물들여 정井자가 나오게 했다.

첫째, 보천교의 교기敎旗가 정자井字로 되어 있다. 보천교에서 교기를 처음 만든 때는 이상호가 경성 동대문 밖 창신동에서 보천교 진정원眞正院이라는 간판을 걸고 포교활동을 시작할 때인 1922년 2월 이후로 추정된다.[89]

정井의 의미에 대해 『보천교 교전』에서는 다음과 같이 설명하고 있다.

---

88 『도전』, 821-822쪽.
89 김철수, 『잃어버린 역사 보천교』, 42쪽.

> 정井의 근원으로부터 사해四海에 미치나니 그것이 광대廣大해짐을 어찌 쉽게 말할 수 있으리요. 대저 사람에게 도道가 있는 것이 고기에게 물이 있는 것과 같으니 물을 얻으면 살고 물을 잃으면 죽나니 가련한 창생蒼生들이 큰 못의 고기가 큰 가뭄을 만난 것처럼 말라 그 형세와 정황을 차마 볼 수가 없기 때문에 이에 정주井主를 정하여 모두 구제하는 권한을 두었건만 그대들이 만약 도를 나누어 받을 힘이 없다면 생명을 구제하는 기운이 어떻게 도달할 수 있겠는가.[90]

이를 통해 보면 보천교기는 정읍井邑의 정자井字를 나타낸 것이고 수원水源이 되어 백성들을 이롭게 기르는 것을 나타낸 것이라 할 수 있다. 이는 주역의 48번째 괘인 수풍정괘水風井卦와도 상통하는 의미이다.

둘째, 정井의 형상이 상하좌우로 소통되어 있듯이 정읍을 중심으로 사해四海 끝까지 포교가 거미줄처럼 얽혀 뻗어나가는 것을 상징한다. 정井의 가운데 구口가 태극을 상징하고 중심을 상징한다.

셋째, 정井은 원십자[십十]의 형상으로 추상하여 볼 수 있다. 이에 대한 해석은 다양하게 할 수 있지만 가장 중요한 것은 우주 주재자의 마음, 10무극 상제의 무극대도라고 해석할 수 있는 것이다.

위의 내용을 요약하면 증산상제의 무극대도가 정읍 대흥리大興里에서 발원하여 크게 흥하여 방방곡곡 구석구석까지 퍼져나감을 상징한다고 해석할 수 있다.

---

90 보천교 중앙총부, 『보천교 교전』, 보천교 중앙총부 발행, 포교 73년, 412-413쪽.

3) 60방주 조직

이어서 보천교 도세성장의 핵심인 60방주제와 그 조직에 대하여 좀 더 자세히 살펴보고자 한다.

차경석은 1919년 9월 그믐날 함양군 지곡면地谷面 덕암리德庵里 서만식의 집에 이르러 덕암리 뒤 대황산大篁山 기슭에 단소壇所를 정하고 3층으로 단을 쌓고 60방주를 3회로 삼분三分하여 10월 초순 참배케 하였다. 보천교에서는 60방주제方主制를 도체道體라 하고 그림으로 표시하고 있다.[91)]

이어서 도체도道體圖를 다음과 같이 해설하고 있다.[92)]

수화금목은 교정敎正이라 칭하고 동서남북 춘하추동은 교령敎領이라 칭하고 이십사방은 포주胞主라 칭하고 이십사절후는 운주運主라 칭한다.

<table>
<tr><td rowspan="5">60방주</td><td>4교정</td><td>사행</td><td>수화금목</td></tr>
<tr><td rowspan="2">8교령</td><td>사방</td><td>동서남북</td></tr>
<tr><td>사계</td><td>춘하추동</td></tr>
<tr><td>24포주</td><td>24방위</td><td>건乾, 해亥, 임壬, 자子, 계癸, 축丑, 간艮, 인寅, 갑甲, 묘卯, 을乙, 진辰, 손巽, 사巳, 병丙, 오午, 정丁, 미未, 곤坤, 신申, 경庚, 유酉, 신辛, 술戌</td></tr>
<tr><td>24운주</td><td>24절후</td><td>동지, 소한, 대한, 입춘, 우수, 경칩, 춘분, 청명, 곡우, 입하, 소만, 망종, 하지, 소서, 대서, 입추, 처서, 백로, 추분, 한로, 상강, 입동, 소설, 대설.</td></tr>
</table>

60방주 구성도

----

91 『보천교 교전』, 380쪽.
92 『보천교 교전』, 381쪽.

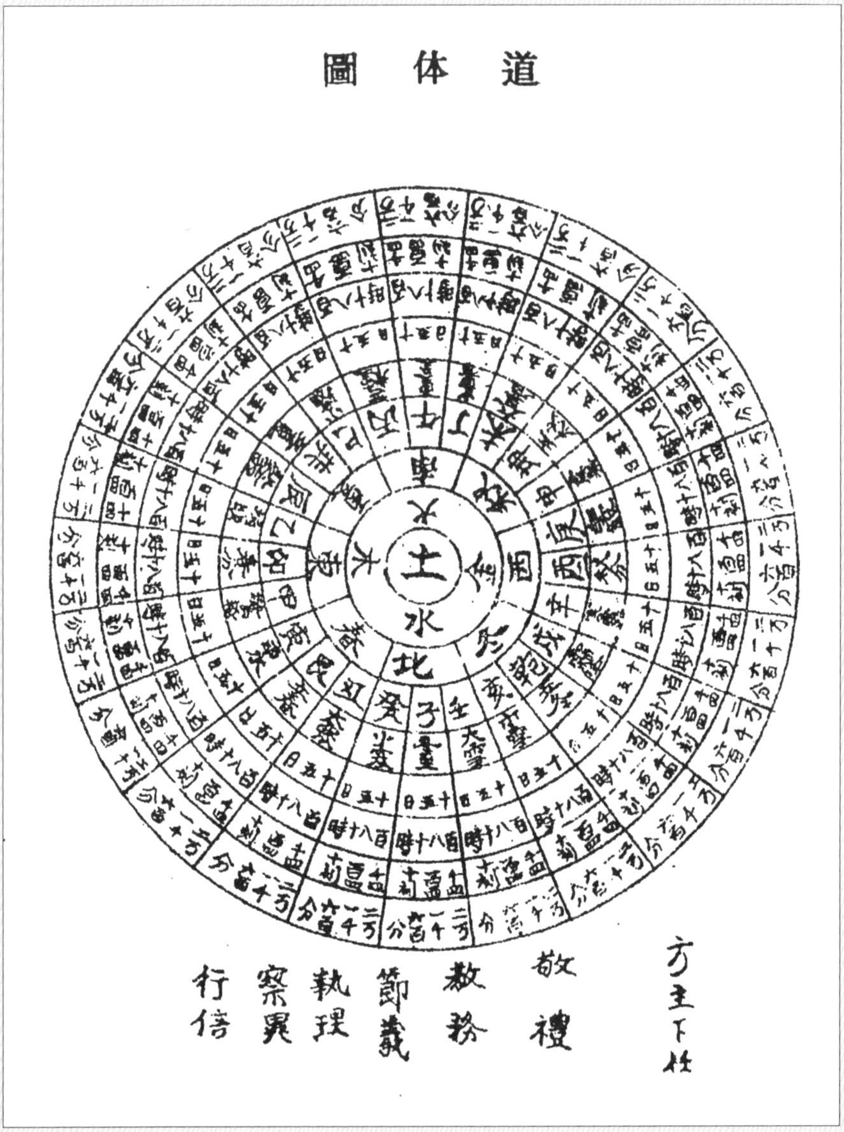

보천교 도체도道體圖

보천교의 중앙에서 쓰는 인장印章을 무기일월토戊己日月土로 각刻하였다. 그 뜻은 무기戊己는 24방위의 중앙이고 일월日月은 24절기의 기강紀綱이고 토土는 오행의 중앙임으로 곧 60방주의 중앙이라는 의미를 취하였다[93]고 했는데 이는 교주 차경석을 상징한다고 볼 수 있다.

60방주 아래 6임, 12임, 8임, 15임을 둠

도체도 원의 아래에 방주하임方主下任이라 하고 경례敬禮, 교무教務, 절의節義, 집리執理, 찰이察異, 행신行信이라 하였는데 이는 60방주 아래 둔 6임任의 명칭이다.

또 6임任 아래 12임任을 정하여 일왈흥사一曰興思 이왈소청二曰掃淸 삼왈수정三曰需淨 사왈근업四曰勤業 오왈과서五曰寡舒 육왈관서六曰寬恕 칠왈추양七曰推讓 팔왈징위八曰懲危 구왈계단九曰稽斷 십왈순행十曰詢行 십일왈반환十一曰叛還 십이왈훼복十二曰毁復이라 하였다.[94]

12임 아래에는 다시 8임을 두고 8임 아래에 15임을 두었다. 도체도의 24절기 외원外圓에 15일日, 180시時, 1,440각刻, 21,600분分으로 표시되어 있는 것을 분석하면 60방주제가 1년을 기준으로 시간, 시각, 분으로 세분해 나갔다는 것을 알 수 있다. 180시는 15×12=180으로 15일의 시간이고 1,440각은 180×8=1,440으로 15일의 각수刻數이고 21,600분은 1,440×15=21,600으로 15일의 분이다.

60방주 아래 6임, 12임, 8임, 15임을 둔 이유

60방주 아래 6임을 두어 360명을 구성한 것은 1년이 360일로 이

---

93 『보천교 교전』, 383쪽.
94 『보천교 교전』, 383쪽.

루어진 것을 상징하는데 60갑자가 6회 순환하여 1년을 이루는 것과 같다. 6임 아래에 12임을 둔 것은 하루가 12시간(동양에서 12지지를 가지고 하루를 표시한 시간이다)으로 이루어진 것을 상징하며 360명×12=4,320명으로 구성된다.

12임 아래 8임을 둔 것은 1시간이 8각으로 이루어진 것을 상징하며 4,320명×8=34,560명으로 구성된다. 8임 아래 15임을 둔 것은 1각이 15분으로 이루어진 것을 상징하며 34,560명×15=518,400명으로 구성된다.

60+360+4,320+34,560+518,400의 숫자를 모두 더하면 55만 7천 7백명의 간부 숫자가 나온다.

이를 도표로 나타내면 다음과 같다.

조직	구성	상징
60방주	교정, 교령, 포주, 운주	60갑자
60방주 아래 6임	60×6	360일
6임 아래 12임	360×12	1일이 12시로 구성
12임 아래 8임	4,320×8	1시간이 8각으로 구성
8임 아래 15임	34,560×15	1각이 15분으로 구성
총계	557,700명	

60방주 산하 조직표

4) 보천교의 몰락과 차경석의 죽음

동학 역신 해원도수가 서서히 끝나가면서 증산상제가 짜놓은 공사 그대로 보천교는 1924년 갑자년부터 쇠퇴의 길로 접어들게 된다. 현실적인 이유로는 일제의 강력한 탄압과 집요한 음해공작, 내부의 분란, 증산상제에 대한 믿음의 와해, 그리고 무리한 건축공사 등을 꼽을 수 있다. 본고에서는 『증산도 도전』에 있는 강증산 상제의 가르침을 통해 관련 내용을 살펴보고자 한다.

천지공사로 결정된 차경석의 운명

증산상제는 1907년 10월 순창 농바위에 가서 장군도수를 붙이시고 돌아오는 길에 경석에게 다음의 글 한 수를 읽어 주었다.[95]

> 경지영지불의쇠經之營之不意衰하니 대곡사로결대병大斛事老結大病이라
> 천지권우경지사天地眷佑境至死하니 만사아손여복장漫使兒孫餘福葬이라
> 천하사를 평생 경영하다 뜻밖에 쇠패하니
> 배포가 아무리 커도 일이 쇠해져 큰 병을 얻으리라.
> 천지가 도와주어도 마침내 죽음에 이르니
> 헛되이 자손을 부려 남은 복마저 장사지내는구나.

위의 글은 보통 차경석의 만장으로도 해석한다고 한다. 위의 4구句의 끝 글자가 쇠衰·병病·사死·장葬으로 되어 있다. 부의쇠不意衰는 자신의 의지와 상관없이 쇠퇴하게 되고 아무리 기국이 커도 600만에 달하던 신도들이 떠나가고 자신의 뜻이 이루어지지 않자 가슴속에 큰 병이 들고 결국 죽음에 이르러 장사를 지낸다는 의미이다.

1907년 10월에 증산상제가 차경석의 시종始終공사를 선후로 본 것이다.

차경석은 1925년부터 십일전十一殿을 짓기 시작하여 1929년 2만

---

95 『도전』 3:208:10.

여평 부지에 십일전과 45채에 이르는 부속건물을 준공했다. 상제가 1907년 6월 쯤 경석의 집 벽에 "천고춘추아방궁千古春秋阿房宮이요 만방일월동작대萬方日月銅雀臺라."고 써 붙이며 경석으로 하여금 마음에 간직하여 잊지 않게 하시고 또 다음과 같이 경계하여 말하였다.

> "경석아, 집을 크게 짓지는 말아라. 그러면 네가 죽게 되느니라."
> 하시니라.
> 하루는 상제님께서 형렬에게 말씀하시기를 "정읍이 대창大昌하되 잠농지운蠶農之運이라. 누에는 집만 지으면 죽나니 집만 끝이 나면 죽으리라." 하시니라.[96]

위의 말은 차경석의 운명을 암시해 주고 있는 내용이다. 진시황이 아방궁을 지었지만 영화를 누리지 못하고 죽었고 조조가 역시 동작대를 지었지만 역시 왕이 되지 못했음을 나타낸다.

십일전 건물의 준공과 더불어 보천교는 빠른 속도로 와해되기 시작했다.

신로 변경

1928년 1월 3일 차경석은 무진설법戊辰說法을 통해 신앙 대상을 선친인 차지구로 변경하고 교리를 유교식 교리로 변경하였으며 주송呪頌수련을 금지하고 정좌수행법正坐修行法으로 변경하여 신로信路를 변경하였다.

이에 대해 증산상제는 다음과 같은 공사를 본 적이 있다.

----

96 『도전』 3:187:2-5.

하루는 상제님께서 한참 바쁘게 공사를 보시다가 느닷없이 "경석아! 네가 나를 꼭 믿겠느냐?" 하시니 경석이 "예! 꼭 믿겠습니다." 하고 대답하거늘 이와 같이 세 번을 다짐받으신 후에 다시 물으시기를 "그렇다면 내가 두겁을 써도 믿겠느냐?" 하시니 "예! 그대로 믿겠습니다." 하고 대답하니라. 상제님께서 말씀하시기를 "너희 집안은 전주 이씨全州李氏 때문에 망하게 되리라."[97]

전주이씨는 차경석의 부인이다. 두겁이라는 것은 가늘고 긴 물건의 끝에 씌우는 물건으로 증산상제가 전주이씨의 꿈에 거짓된 내용을 보여주고 이를 곧이곧대로 믿는 차경석의 미래를 훤히 꿰뚫어보고 하는 말인 것이다.

『증산도 도전』에는 이에 대해 다음과 같이 설명하고 있다.

차경석 성도가 도기道紀 58년(무진戊辰 1928)에 이르러 아내 이씨로부터, '영안을 통하여 보니 상제님의 자리에 삼황오제신이 들어서고 상제님께서 풀대님에 삿갓을 쓰고 보좌를 떠나시더라.'는 말과 '삼황오제신은 곧 경석의 아버지 차치구'라는 말을 듣고 혹하여 차치구를 신앙 대상으로 받들고 교리도 유교식으로 바꾸었다.[98]

꿈을 이루지 못할 것을 공사로 처결함

증산상제를 배신한 차경석의 꿈은 결코 이루어질 수 없었다.

증산상제는 차경석에게 "네가 무슨 천자냐 하시고 천자를 도모하는 자는 다 죽으리라."[99] 하였고 태모 고수부도 "네가 천자라 하나

---

97 『도전』 6:90:1-3.
98 『도전』, 841-842쪽.
99 『도전』 6:53:5.

헛천자니라."[100]고 꾸짖었으며 결국 용이 되지 못하고 이무기가 될 것을 다음과 같이 말하였다.

> 대흥리에서 하루는 차경석, 안내성, 박공우를 데리고 앞내에 나가 목욕하실 때 경석에게 명하시어 소금 한 줌을 가져다 물 위에 뿌리게 하시고 물에 들어서시며 "고기잡이를 하리라." 하시더니 느닷없이 경석의 다리를 잡고 "큰 이무기를 잡았다." 하시거늘 경석이 아뢰기를 "제 다리입니다." 하니 "그렇게 되었느냐?" 하시고 놓으시니라. 이후에 경석과 공우를 데리고 어디를 가실 때 경석을 돌아보며 말씀하시기를 "이무기가 용龍이 되려다가 되지 못하고 땅에 떨어지면 30리 안이 쏘가 되나니 이 말을 잘 기억하라." 하시니라.[101]

또 강증산 상제는 차경석이 배반할 것을 알고 다음과 같이 경계하였다.

> 대흥리 경석의 집에 계실 때 하루는 경석을 마당에 꿇어앉히시고 공우에게 망치를, 윤경에게 칼을 들리신 뒤에 대청마루에 올라 정좌하시더니 경석을 향해 큰 소리로 말씀하시기를 "네가 이후에도 지금 나를 모시고 있을 때와 같이 마음이 변하지 않겠느냐? 일후에 만일 마음이 변개함이 있으면 이 망치로 더수기를 칠 것이요, 이 칼로 배를 가르리라. 꼭 변함이 없겠느냐?" 하고 다짐을 받으시니라. 또 말씀하시기를 "나를 따르는 자는 창성하고, 나를 배반하는 자는 멸망하느니라." 하시니라.[102]

---

100 『도전』 11:112:3.
101 『도전』 6:54.
102 『도전』 6:55.

차경석의 죽음

1936년 정월에 월곡(차경석의 호)의 종질 차순기가 칼을 들고 월곡의 거실에 들어가 죽이겠다고 날뛰어 월곡은 이를 피했으나 이후 신색神色이 나빠지고 뒷발에 종기가 나 큰 고통을 겪었다.[103)]

증산상제는 실패한 왕의 대표 인물인 초패왕 도수를 차경석에게 붙이시는 다음과 같은 공사를 보았다.

> 하루는 형렬과 경석을 데리고 순창 장군암將軍岩에 가시어 공사를 행하실 때 경석을 장군바위에 앉히시고 상제님께서는 형렬과 함께 바위 아래에 서시어 말씀하시기를 "오늘 너에게 초패왕楚霸王 도수를 붙이노라. 모든 일에 선으로써 행사하라."[104)]

항우는 진나라를 멸망시키고 초패왕이 되었으나 유방과의 전쟁에서 패배하여 자결로써 일생을 마감하였다.

차경석의 최후에 대해 『증산도 도전』에서는 다음과 같이 기술하고 있다.

> 병자丙子(道紀 66, 1936)년 윤 3월 10일에 차경석이 가족들과 60방주를 비롯한 많은 신도들을 불러 모으고 말하기를 "내가 신도들에게 몹쓸 짓을 했다. 600만 교도들, 저 불쌍한 사람들, 내 사람들…. 내가 없어져야 한다." 하더니 잇몸을 찔러 피를 내고 마약을 입에 넣은 뒤에 얼마 후 숨을 거두니 시각은 오후 두시경이라.[105)]

----

103 박종렬, 『차천자의 꿈』, 241쪽.
104 『도전』 5:180:1-3.
105 『도전』 11:320:1-3.

일세의 풍운아 차경석은 초패왕처럼 결국 자살로써 생을 마감하였다.

맡은 바 사명을 완수한 차경석

이상의 내용을 통해 보면 강증산 상제의 천지공사 내용은 일점일획의 오차 없이 현실의 역사에 전개가 된다. 나라를 잃어버린 암울한 현실 속에서 차경석은 자신의 역사적 사명을 완수하고 세상을 떠난 것이다. 그의 사명은 개척 도운의 이종도수를 맡아 조선의 방방곡곡에 상제님의 진리를 전파하여 제1변 도운의 부흥시대를 열어 추수운의 토대를 쌓는 것이었다. 제1변 도운이 없었다면 제3변 도운인 지금의 증산도도 존재하기가 어려웠을 것이다. 지난至難한 역사적 환경을 극복하고 600만명의 신도를 거느리고 일제의 탄압 속에서 시국時國이란 나라를 선포했던 차경석은 그의 이름 '클 경', '돌 석' 그대로 도운의 주춧돌이 되었던 것이다. 그리하여 증산상제도 어천하기 직전 "내가 천지신명 공판에서 정읍 차경석을 잘 선정하여 실수가 없으니 내가 사람을 잘 알아서 썼다."[106]고 말하였다.

---

106 『도전』 10:26:7.

4

동학과 보천교의 맥을 이은 증산도

1) 참동학 증산도

증산도는 1871년 이땅에 강세한 강증산 상제가 창도한 무극대도이다. 증산상제는 1901년부터 1909년까지 선천의 역사를 매듭짓고 후천 5만년 인류가 살아갈 조화문명시대를 9년 천지공사로써 질정하고 천상의 보좌로 어천하였다.

최수운과 문답한 상제는 증산상제

증산상제는 최수운의 천상문답사건 당시의 상제가 당신임을 다음과 같이 밝혀주고 있다.

> 최수운崔水雲에게 천명天命과 신교神教를 내려 대도를 세우게 하였더니 수운이 능히 유교의 테 밖에 벗어나 진법을 들춰내어 신도神道와 인문人文의 푯대를 지으며 대도의 참빛을 열지 못하므로 드디어 갑자甲子(道紀前 7, 1864)년에 천명과 신교를 거두고 신미辛未(道紀 1, 1871)년에 스스로 이 세상에 내려왔나니 동경대전東經大全과 수운가사水雲歌詞에서 말하는 '상제'는 곧 나를 이름이니라.[107]

또 다음과 같은 말을 전해주었다.

---

107 『도전』 2:30:14-17.

> 하루는 여러 성도들을 앉혀 놓고 말씀하시기를 "최수운이 성경신이 지극하기에 내가 천강서天降書를 내려 대도를 열게 하였더니 수운이 능히 대도의 참빛을 열지 못하므로 그 기운을 거두고 신미년에 직접 강세하였노라."[108]

위의 내용을 통해볼 때 상제·천주·한울님을 비인격신으로 보고 내 몸 안에 존재하는 것이라 하며 범신론적汎神論的으로 보는 것들은 모두 왜곡된 사론邪論이다. 증산상제는 "동학주문에 시천주조화정侍天主造化定이라 하였나니 나의 일을 이름이라."[109]고 하여 당신이 천주天主임을 직접 밝혀 주었다.

증산상제는 지금의 처한 현실과 당신이 하고자 하는 일과 당신의 신원을 다음과 같이 정확히 밝혀 준다.

> 이제 온 천하가 대개벽기를 맞이하였느니라. 내가 혼란키 짝이 없는 말대末代의 천지를 뜯어고쳐 새 세상을 열고 비겁否劫에 빠진 인간과 신명을 널리 건져 각기 안정을 누리게 하리니 이것이 곧 천지개벽天地開闢이라.[110]

> 이제 온 천하가 큰 병[大病]이 들었나니 내가 삼계대권을 주재하여 조화造化로써 천지를 개벽하고 불로장생不老長生의 선경仙境을 건설하려 하노라 나는 옥황상제玉皇上帝니라.[111]

----

108 『도전』 4:9:1-2.
109 『도전』 3:184:9.
110 『도전』 2:42:1-4.
111 『도전』 2:16.

후천시대를 열기 위해 이 땅에 강림한 증산상제

지금은 선천 5만년의 시대가 끝나고 후천 가을 시대가 열리려고 하는 후천개벽기이다. 이때에는 우주의 주재자가 이 땅에 강림하여 하늘과 땅과 인간을 통치하는 대권[삼계대권]을 발동하여 병든 천지를 뜯어 고치고 개벽기에 인류를 구원하여 후천 5만년의 조화선경세계를 건설하는 것이다.

증산상제는 "최수운은 내 세상이 올 것을 알렸다."[112]라고 하였다. 최수운의 사명은 하느님께서 이 땅에 오니 그를 잘 모셔야 한다는 시천주侍天主의 길을 열어 놓은 것과 앞으로 후천 5만년의 무극대운이 열린다는 것과 괴질병겁이 이 땅에 엄습하여 후천개벽으로 새 세상이 열린다는 것을 알리는 것이다. 그리하여 증산상제는 "수운가사는 수운이 노래한 것이나 나의 일을 노래한 것이니라."[113] 하였고 또 "수운가사에 새 기운이 갊아 있으니 말은 소장蘇張의 구변이 있고, 글은 이두李杜의 문장이 있고, 알음은 강절康節의 지식이 있나니 다 내 비결이니라."[114]고 말하였다.

동학의 진정한 의미

증산도는 참동학이라 말할 수 있는데 증산상제는 "최제우는 유가儒家의 낡은 틀을 벗어나지 못하였나니 나의 가르침이 참동학이니라."[115]고 하였고 또 "내내 하고 난 것이 동학이라."[116]고 하였으며 또 다음과 같이 말하였다.

---

112 『도전』 2:31:5.
113 『도전』 2:31:6.
114 『도전』 2:32:1-2.
115 『도전』 2:94:9.
116 『도전』 10:34:2.

동학 주문에 '시천주조화정侍天主造化定'이라 하였으니 나의 일을 이름이라. 내가 천지를 개벽하고 조화정부를 열어 인간과 하늘의 혼란을 바로잡으려고 삼계를 둘러 살피다가 너의 동토에 그친 것은 잔피孱疲에 빠진 민중을 먼저 건져 만고에 쌓인 원한을 풀어 주려 함이라. 나를 믿는 자는 무궁한 행복을 얻어 선경의 낙을 누리리니 이것이 참동학이니라.[117]

위의 내용을 분석해보면 참동학은 2가지의 의미가 있다. 첫째는 기존의 동학은 진정한 동학의 의미를 나타내지 못하고 있고 상제의 가르침이 동학의 진면목을 나타내고 있다는 것이고, 둘째는 동학의 목적을 실현시켜준다는 의미이다. 동학의 의미는 동방의 가르침이라는 뜻이다. 증산상제는 동방의 의미에 대해서 다음과 같이 말하였다.

언제든지 동쪽에서 먼저 일어나니 동으로 힘써라.[118]

상제님께서는 어디를 가실 때 항상 머리를 동쪽으로 먼저 두르시고, 동쪽으로 한발을 내딛으신 뒤에야 비로소 다른 곳으로 향하시니라.[119]

서양이 곧 명부라. 사람의 본성이 원래 어두운 곳을 등지고 밝은 곳을 향하나니 이것이 곧 배서향동이라. 만일 서양 사람을 믿는 자는 이롭지 못하리라.[120]

---

117 『도전』 3:184:9-12.
118 『도전』 3:306:9.
119 『도전』 5:420:1.
120 『도전』 2:120:1-3.

동방은 빛이 처음 비춰오는 곳이고 만물의 생명이 시작되는 곳이다. 더 나아가 역사와 문명이 새롭게 시작하는 출발점이다. 따라서 이번 개벽기에 인류를 구원하는 구원의 대도도 동방땅에서 시작되는 것이다. 그러므로 상제가 오는 곳도 동방땅이며 무극대도가 나오는 곳도 동방땅이며 후천개벽기에 인류를 구원하여 신문명을 여는 장소도 동방이 되는 것이다. 이것이 동학과 참동학의 진정한 의미인 것이다.

상제는 무극을 주재하는 무극상제이다. 증산상제는 "이제 말세의 개벽세상을 당하여 앞으로 무극대운無極大運이 열린다."[121]고 하였고 또 "무극대도無極大道를 세워 선천상극의 운을 닫고 조화선경造化仙境을 열어 고해에 빠진 억조창생을 건지려 한다."[122]고 하였다. 최수운이 "어화세상 사람들아 무극지운 닥친 줄을 너희에게 알까보냐.(「용담가」)", "무극대도 닦아내니 오만년지 운수로다.(「용담가」)"는 바로 증산상제가 여는 후천 5만년 조화선경세계를 말하고 있는 것이다.

2) 이종도운移種道運 보천교 추수도운秋收道運 증산도

제1변 도운의 이종도수를 맡은 차경석

생장성으로 삼변三變하는 우주의 법도에 따라 강증산 상제의 도운도 제1변, 제2변, 제3변 도운으로 전개가 된다. 앞에서 태모 고수부가 "나는 낙종落種 물을 맡으리니 그대는 이종移種 물을 맡으라. 추수秋收할 사람은 다시 있느니라."[123] 한 말에서 살펴보았듯이 태모는

---

121 『도전』 2:15:3.
122 『도전』 5:3:3-4.
123 『도전』 11:19:10.

벼농사에서 파종播種의 도수를 맡아 증산도 교단을 처음 개창하였고 차경석은 이종移種의 도수를 맡아 일제 강점기에 600만명의 제1변 도운의 대부흥시대를 열었다.

1936년 차경석의 죽음과 함께 제1변 도운은 끝이 나고 제2변 도운이 열리는 1945년까지 10년간 휴식기를 갖게 된다. 이 10년의 기간은 제2변의 지도자가 성장하는 기간이다. 제2변의 지도자는 보천교를 토양으로 하여 역사 속에 등장하게 된다.

이치복 성도로부터 도를 전수받은 태상사부

1909년 1월 15일 부안 사람 이치화李致和가 백암리로 증산상제를 처음 찾았을 때의 상황을 『도전』에서는 다음과 같이 묘사하고 있다.

> 이 때 상제님께서 방 안에서 내다보시며 "오랜만에 큰 일꾼 하나 들어오는구나." 하시고 치화가 인사를 여쭙자 마루로 올라오게 하신 뒤에 "이럴 때는 나이 적은 사람이 나이 많은 사람에게 인사를 받느니라. 사배를 하라." 하시니라. 치화가 공손히 사배를 올리니 이번에는 치화를 앉혀 놓고 친히 단배單拜로 답하시고 거주성명을 물으시거늘 치화가 아뢰기를 "시생은 부안 사람으로 성은 이가李哥요, 이름은 영로榮魯, 자字는 치화致和입니다." 하니 상제님께서 "화和는 화禍와 같은 음이라. 사람은 복이 있어야 하나니 치화致和를 치복致福으로 하라." 하시며 친히 이름을 고쳐 주시니라.[124)]

이에 대해 『증산도의 진리』에서는 다음과 같이 설명하고 있다.

---

124 『도전』 3:294:1-5.

상제님께서 이치복 성도를 '큰 일꾼'이라 하신 것은, 추수 도운을 여는 인물이 출세하는 데에 그가 결정적으로 기여할 것을 암시하신 것입니다.

이치복 성도는 차경석 성도의 전횡으로 성도들이 수부님 곁을 떠날 때 가장 나중에(1916년) 나와서, 제화교濟化教를 열어 포교활동을 했습니다. 그는 1918년경에 안면도安眠島에서 존성은 안安씨요 성휘는 병炳자, 욱彧자이신 태상사부太上師父님(안운산 태상종도사太上宗道師님의 부친)을 만나 상제님 도를 전했습니다. 이후 태상사부님께서 보천교 신앙을 하시게 됨에 안운산安雲山 태상종도사님은 어린 시절부터 집에 드나드는 수많은 신도들이 나누는 도담을 들으면서 상제님 진리를 스스로 터득하셨습니다.[125)]

제2변 도운시대를 연 태상종도사

아버지를 따라 보천교를 신앙하던 안운산 태상종도사는 해방과 더불어 정읍 대흥리에 남아 있던 보천교 교당에 자리를 잡고 강증산 상제의 대도사업을 시작하였다.[126)] 그 뒤 김제군 금산면 용화동에서 적극적으로 포교활동을 전개하여 수십만 명의 교세를 일으켜 증산도의 제2변 부흥시대를 열었다. 차경석 성도의 호가 월곡月谷인데 이는 달이 나오는 골짜기란 뜻이다. 천지天地부모인 상제님과 태모님의 무극대도는 일월日月의 생명을 가진 지도자에 의해 역사 속에서 작용을 하게 된다. 일월은 괘卦로는 감리坎離이고 오행으로는 수화水火이다. 수화는 수水가 체體가 되고 화火가 용用이 됨으로 증산상제는 체용의 법도에 의해 물이 먼저 용사하게 한 것이다.

----

125 안경전, 『증산도의 진리』, 665-667쪽.
126 안경전, 『증산도의 진리』, 668쪽.

제3변 추수도운을 연 증산도

6.25 전쟁으로 1954년부터 대휴게기를 선포하시고 20년을 지난 뒤 태상종도사는 "갑을甲乙로써 머리를 든다."[127]는 증산상제의 말대로 1974년 태전(대전의 본래의 명칭)에서 수화일체水火一體의 원리로써 제3변 도운을 시작하였다. 증산도의 추수도운 시대가 비로소 열린 것이다. 증산도의 도운은 정읍 대흥리에서 시작된 1변 도운의 맥을 이어서 태전에서 매듭을 짓는 것이다.

또 정읍 대흥리에서 본 포정소 도수는 제3변 도운에서도 그대로 적용되어 태전에 도정道政의 본부가 자리 잡아 추수도운을 준비한다. 또한 정읍에서 파종播種된 천하파종天下播種도수[128]는 천맥阡陌도수에 의해 지구촌 곳곳에 뻗어나가게 된다.

---

127 『도전』 6:109:6.
128 『도전』 6:48:2.

5

무극대도 증산도

1860년 4월 5일 최수운 대신사는 우주를 주재하고 통치하는 상제上帝님[천주, 한울님]과의 천상문답天上問答을 통해서 천명天命을 받고 동학東學을 창도하였다. 이는 『동경대전』『용담유사』『도원기서』의 곳곳에서 명백한 사실로서 확인된다. 그러나 2세 교주 최시형과 3세 교주 손병희에 의해 인격적인 천주는 비인격적인 존재로 왜곡되어, 내 몸에 존재하는 것으로 변질되고 더 나아가 물물천物物天, 사사천事事天으로 더욱 변질되었다. 그 결과 지금의 동학 신도와 연구자들은 동학을 창시한 수운의 본뜻을 따르지 않고 왜곡된 주장을 추종하고 있다. 이것은 동학의 근본 취지를 부정하고 있는 것이다.

수운의 근본 가르침은 이 천주를 올바르게 모셔야 한다는 것이다. 이것이 본 주문의 '시천주조화정侍天主造化定'의 참된 의미이다. 또한 앞으로 천주가 이 지상에 강세하여 '무극대도'를 열어 놓는다고 하였다. 무극대도는 무극제無極帝인 상제가 직접 내 놓는 하느님의 대도이고, 전인류를 구원하는 구원의 대도이며, 후천 5만년 조화문명 시대를 여는 조화의 대도이고, 모순과 대립이 없는 상생의 대도이며, 모든 진리가 통일된 통일의 대도이고, 진리의 바탕과 진면목이 모두 드러나는 궁극의 대도이다. 수운은 후천세상이 열리기 전에 괴질이 지구촌을 엄습하고 나서 후천개벽이 이루어지는데 이때 한울님을 잘 공경하면 죽을 염려가 없다고 하였다.

보천교를 창시한 교주 차경석은 이땅에 온 상제를 모신 종도이다. 그와 그의 아버지는 모두 동학을 신앙하였고 1907년 5월 17일 상제님을 용암리 주막에서 처음 만났다. 그의 만인지장萬人之長이 될 만한 영웅적인 기개와 배짱을 높이 평가한 증산상제는 그에게 시천주조화정侍天主造化定을 노래하고 후천개벽을 학수고대하며 무극대운을 부르짖고 동학혁명에 참가하였다가 참혹하게 죽은 동학 역신 해원도수의 주인공으로 삼았다. 그리고 또한 그에게 장군도수, 포정소도수, 왕자포덕도수, 천맥도수 등을 붙여 일제강점기의 암울한 현실 속에서 1변 도운의 개척의 사명을 맡겼다.

그는 증산상제가 붙인 도수사명에 따라 60방주제를 통해 포교에 진력하여 1921년 황석산 대천제에서 시국時國이라는 나라를 선포하고 보화교[보천교]를 창립하였다. 그의 신도는 600만에 이르렀고 간부만 55만 7천 7백 명에 이르렀다.

그러나 일제의 강력한 탄압과 집요한 음해공작, 내부의 분란, 상제님에 대한 믿음의 와해, 그리고 무리한 건축공사 등으로 쇠퇴의 길을 걷다가 1936년 윤3월 10일 그의 죽음과 함께 보천교도 종말을 고하게 되었다. 그렇지만 그는 증산도 도운의 이종移種도운의 사명을 완수하여 제3변 도운의 토대를 쌓았다.

보천교 신도였던 안병욱 태상사부를 따라 보천교를 신앙하던 안운산 태상종도사는 해방과 더불어 정읍 대흥리에 남아 있던 보천교 교당에 자리를 잡고 대도사업을 시작하였다. 그 뒤 김제군 금산면 용화동에서 적극적으로 포교활동을 전개하여 수십만 명의 교세를 일으켜 증산도 제2변 부흥시대를 열었다. 6,25전쟁으로 1954년 대휴게기를 선포하고 20년이 지난 1974년 태상종도사는 수화일체水

火一體의 원리로써 제3변 도운을 시작하였다.

증산도는 동학에서 부르짖은 시천주侍天主, 무극대도, 무극대운, 후천개벽, 병겁, 후천선경건설 등의 맥을 이은 참동학이다. 동학의 의미는 동방의 가르침이란 뜻으로 동방은 빛이 처음 비춰오는 곳, 만물의 생명이 시작되는 곳, 역사와 문명이 출발하는 곳, 개벽기에 인류를 구원하는 성소의 의미가 있다.

정읍 대흥리에서 시작한 증산상제의 무극대도는 태전에 본부를 두고 추수도운을 준비한다.

동학·보천교·증산도의 공통점은 증산상제의 뜻에 따라 이 땅에 출현하게 되었다는 것이다. 동학은 이 땅에 상제가 강세하고 후천개벽을 통해 무극대운이 열린다는 것을 선포하였고, 차경석의 보천교는 이종도운을 받아 상제님 대도의 운로를 개척하였으며, 증산도는 추수도운을 맡아 상제님 대도를 결실하는 사명을 띠고 있다.

참고문헌

* 김용해, 『수운 최제우』, 예문서원, 2005.
* 김철수, 『잃어버린 역사 보천교』, 상생출판, 2017.
* 박종렬, 『차천자의 꿈』, 도서출판 장문산, 2002.
* 보천교 중앙총부, 『보천교 교전』, 보천교 중앙총부 발행, 포교 73년.
* 안경전, 『증산도의 진리』, 상생출판, 2015.
* 오문환, 『사람이 하늘이다』, 솔, 1996.
* 윤석산 주해, 『동경대전』, 동학사, 1996.
* 윤석산 역주, 『도원기서道源記書』, 모시는 사람들, 2012.
* 이돈화, 『천도교 창건사』, 천도교 중앙종리원, 1933.
* 증산도 도전편찬위원회, 『증산도 도전』, 대원출판사, 2003.
* 천도교 중앙총부, 『천도교 경전』, 천도교 중앙총부 출판부, 포덕布德133년.
* 홍창화, 『천도교 교리와 사상』, 천도교 중앙총부, 1991.

보천교 교리의 성립과 변경

유철(상생문화연구소 연구위원)

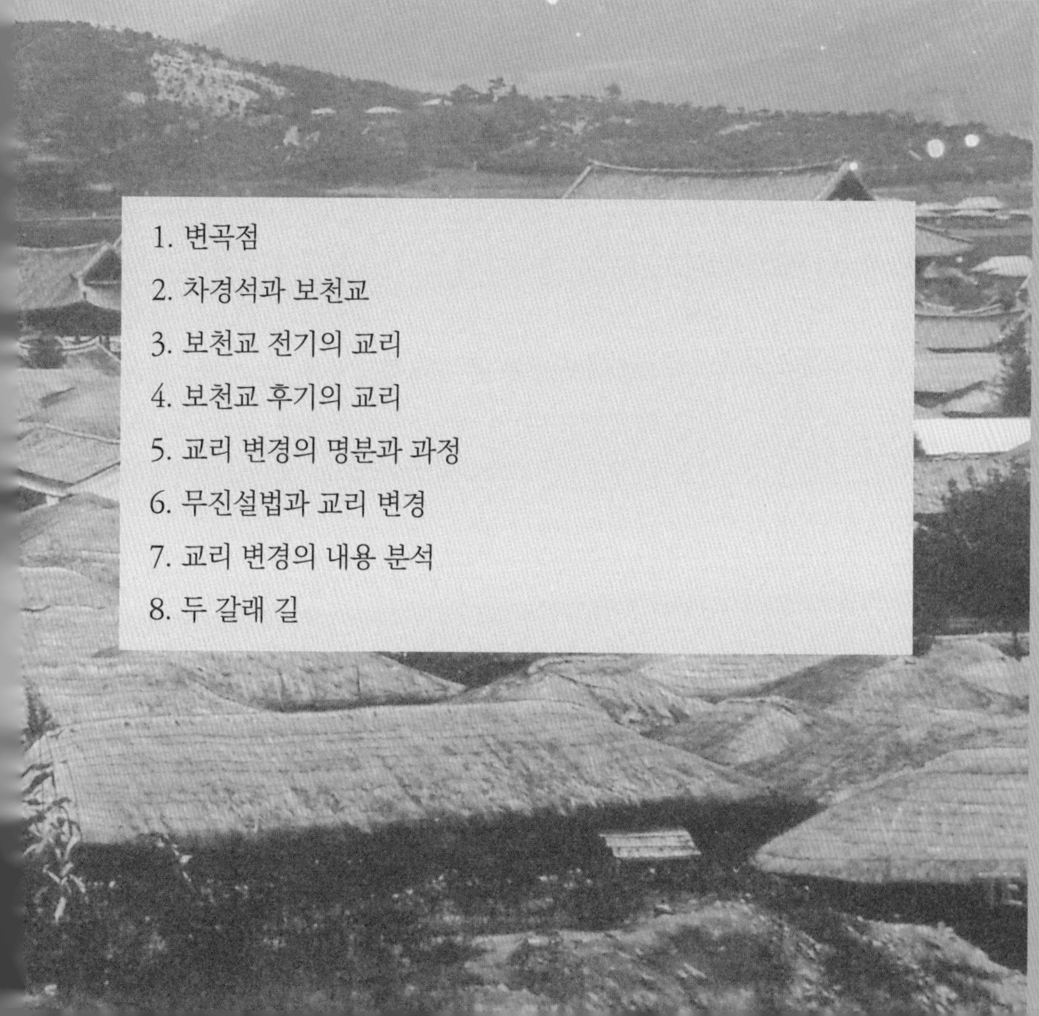

1

변곡점

보천교普天教는 강증산 상제姜甑山 上帝(증산 강일순姜一淳, 1871-1909, 아래 증산상제로 통일) 사후 차경석車京石(1880-1936, 호는 월곡月谷, 본명은 윤홍輪洪)에 의해 만들어진 종교단체이다. 강증산은 인간으로 강세한 상제라고 알려져 있었고, 수많은 종도들은 이를 믿고 그의 가르침을 따르며 그를 스승이자 신앙의 대상으로 받들었다. 그 종도들 중에 차경석이 있었다. 차경석은 비록 다른 종도들보다는 조금 늦은 시기(1907년)에 입문했지만 그 열정과 신념으로 빠른 시간에 증산상제의 핵심 제자가 되었다. 이는 증산상제가 천지공사天地公事에서 차경석에게 중요한 공사를 맡긴 것에서도 알 수 있다. 그리고 차경석 역시 증산상제를 하느님으로 인식하며 그 가르침을 열성적으로 따랐다. 이는 증산상제 사후 그의 행동에서 잘 드러난다. 하느님, 상제라 믿고 따랐던 증산상제가 세상을 떠나자 종도들은 실망하고 뿔뿔이 흩어졌다. 그러나 차경석은 수석 성도인 김형렬과 함께 증산상제를 추모하며 그 곁을 지켰다. 『보천교 교전』은 이에 대해 자세히 기록하고 있다.[1)]

증산상제 사후 그 종통은 고수부高首婦(고판례高判禮, 1880-1935)[2)]에

----

1 보천교 중앙총정원, 『교전』, 문화사, 1981, 498쪽 이하 참조. 증산도 도전편찬위원회, 『증산도 도전』, 대원출판, 2003, 10편 83장 이하 참조.(이하 『도전』 편:장:절로 표기) 증산상제 사후 갈 길을 몰라 방황하던 신도들은 차경석의 제안으로 금산사 미륵전을 찾아 증산상제를 기렸으며, 차경석은 그 후 스스로 증산상제의 가르침에 따라 수행을 하며 화천化天한 증산상제의 음성을 듣는 등 그 신앙이 전혀 변하지 않았다.

2 차경석의 이종사촌으로 이름은 고판례이다. 차경석이 천거하여 증산상제에 의해 수

게로 이어졌다. 이를 증산도에서는 '수부도수首婦度數'로 설명하고 있다. 수부도수의 핵심은 고수부에게 종통을 전하는 공사公事(천지공사天地公事)를 통해서 증산상제의 도통맥道統脈이 이어진다는 것이다. 증산상제의 성령을 받아 대도통을 한 고수부 주위로 자연스럽게 여러 종도들이 모여 들었고, 1911년 고수부는 대흥리 차경석의 집을 본소本所로 하여 강증산을 상제로 신앙하는 첫 교단을 열게 되었다.[3] 이 때 교 이름을 묻는 종도들에게 고수부는 '선도仙道'라고 명명하였다.[4]

그 후 1914년 교세가 확장되자 건물을 지어 성전으로 삼게 되었다. 그러나 원래 차경석은 기국이 크고 욕망이 남다른 인물로 교권을 장악하려는 의지가 강하였다. 차경석은 고수부를 다른 종도들과 격리시키고 자신이 모든 권한을 행사하려고 하였다. 그러자 여러 종도들은 교단을 나와 각자 흩어져 따로 교파를 세우게 되었고 이로써 증산 교단의 분열시대가 열리게 되었다. 그 후 1918년, 결국 고수부는 최초의 교단을 세운 대흥리 성전에서 본소를 옮겨 김제 조종리로 가게 된다.

그 과정에서 1916년, 차경석은 늘어나는 신도들을 효과적으로 통제하기 위하여 24방주 제도를 도입, 주요 간부 24명을 선발하고 이들을 방주方主라 불렀다. 그러므로 대흥리 교단이 차경석의 교단으로서 형태를 갖추게 된 시점은 24방주를 임명하고 조직체계를 갖춘 1916년부터라고 보아야할 것이다. 물론 이 때는 아직 고수부가 대흥리를 떠나기 전이었지만 차경석이 교권을 가지고 있었고, 조직을 구성하고 방주를 임명하였기 때문이다.

부로 책봉되었다.

3 『도전』 11:19 이하 참조.

4 『도전』 11:29:2. 혹은 태을교라고도 불렸다.

1919년에는 이 조직을 확대시켜 방주를 60명으로 개편하고 그 이하 간부를 임명하여 방대한 조직체계를 만들었다. 같은 해 10월 그는 경상남도 함양군 서하면 대황산 아래 있는 덕암리 서만식徐萬植의 집 후원에 제단을 쌓고 치성을 행하고 60방주를 고천告天하였다. 차경석 교단의 방주제 도입과 확대는 매우 짧은 시간에 그 교도수가 기하급수적으로 증가하였다는 것을 증명하는 것이다.

그런데 이렇게 교단의 급속한 부흥에도 불구하고 신앙과 의례, 규범을 갖춘 교리 체계가 없었다는 점은 언뜻 이해하기 어렵다. 물론 교리가 없었다는 것은 올바른 표현이 아니다. 명문화된 교리체계가 없었을 뿐 그 이전부터 전해 내려온 사상과 신앙의 규범은 있었다고 보아야할 것이다. 즉 강증산을 만나고 그를 옥황상제로 신앙했던 차경석, 그리고 증산상제 사후 도통을 이은 고수부의 교단에 들어가 함께 증산상제를 신앙했던 차경석과 그의 교단이 어떤 신앙과 교리의 체계를 가지고 있었는가 하는 것은 불문가지이다.

문제는 보천교사의 흐름을 볼 때 하나의 변곡점이 있다는 점이다. 보통 '무진설법戊辰說法'이라고 불리는 1928년 천제에서 행해진 차경석의 훈사訓辭가 그것이다. 그리고 대부분의 신종교 학자들은 이 무진설법을 기준으로 해서 보천교의 교리가 그 이전과 달라졌다고 주장한다. 필자의 관심은 이를 확인하는 것이다. 즉 강증산을 만나 그를 상제로 인식하고 사후死後에도 그를 극진히 신봉했던 차경석이 보천교를 창교하여 새로운 가르침과 신앙심으로 교리와 신앙대상을 설정하였다면 그 내용은 무엇이고, 그 과정은 어떠한가 하는 것이다. 물론 일제 치하라는 당시의 시대 상황과 교단 내의 여러 가지 복잡한 사건들이 존재했고[5] 이는 교단의 정체성에도 영향을 미칠

----

5 예를 들어 보천교 신도들의 배교행위, 이상호의 혁신운동이라든가 보천교내 유학자

수 있었을 것이다. 그러나 일명 '신로 변경信路變更'이라는 이름의 변화는 그 변화 전과 변화 후를 구분하여 명확히 고찰하고 분석해야 할 중요한 연구 대상이다. 필자는 이러한 관점을 가지고 보천교 그 속으로 들어가고자 한다.

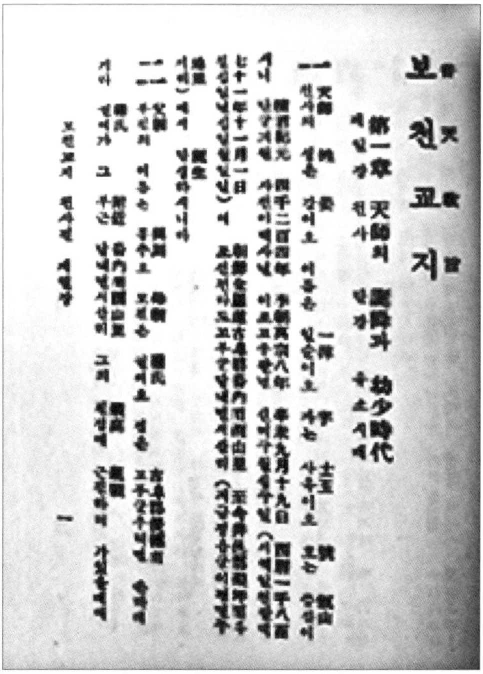
보천교지

第一章 天師의 誕降과 幼少時代

제일장 천사의 탄강과 유소시대

보천교지 천사편 제일장 一

《보천교지》 첫 페이지

신도들의 학문적 성향이 빚은 불화 및 일제의 탄압 등등.

2

차경석과 보천교

차경석에 대한 이해가 선행할 때 보천교와 그 교리에 대한 이해 역시 분명해질 것이다. 이를 위해서는 그의 성장 과정과 성격을 살펴볼 필요가 있고. 나아가 차경석에게 가장 많은 영향을 준 두 가지 사건, 즉 동학혁명東學革命과 증산상제와의 만남을 들여다보아야 할 것이다. 동학에서 차경석의 위치, 그리고 증산상제와의 만남과 그의 영향을 검토해야 하고, 이것을 바탕으로 그 이후 차경석의 종교적 성향 등에 대해서 살펴보아야 한다.

1) 생애와 동학활동

먼저 차경석에 대해 알아보자. 차경석은 어떤 인물이고 어떤 삶의 과정을 거쳐 민족 종교에 커다란 획을 그은 보천교를 창교하였는가? 그 생애가 궁금한 것은 이러한 의문을 풀기 위해 자연스러운 것이다.

차경석의 생애

차경석은 동학혁명의 한 축을 맡아 농민전쟁을 이끌었던 차치구車致九(차중필車重弼, 1851-1894)의 장남으로 1880년 7월 3일, 전라북도 고창의 흥덕면이라는 곳에서 태어났다. 보천교 『교전敎典』에 따르면 그의 이름은 윤홍輪洪이며 자字는 경석京石이고 호號는 월곡月谷이다.[6)]

----

6 보천교 『교전』, 369쪽. 보천교 경전으로는 『보천교지普天敎誌』(보천교 중앙총정원,

차경석. 도포자락에 갓을 쓴 모습이 인상적이다.

1964)와 『교전』(1981)이 있다. 이 두 책은 내용이 동일하나 편집 순서가 조금 다르다. 공히 「천사편天師篇」과 「성사편聖師篇」으로 나뉜다. 그 두 책은 모두 『대순전경』과 그 체계가 같다.(물론 증산상제의 생애와 가르침을 담은 부분, 즉 『천사편』에 한해서) 이로보아 이 두 책은 『대순전경』을 참조한 것으로 보인다. 단지 『대순전경』에서 몇몇 구절들은 삭제하거나 두 장을 통합하여 하나의 장으로 만들기도 하였다. 따라서 『대순전경』과 『교전』은 그 장절이 일치하지는 않는다. 이 글에서는 『교전』을 중심으로 인용하고 필요에 따라 『보천교지』나 『대순전경』을 참고로 한다.

그의 생가 터와 관련하여 흥미로운 이야기가 기록되어 있다. 그의 고향 흥덕면에 임감역이란 사람이 새로 집을 지어 이주하였는데 구렁이와 호랑이가 매일 출몰하여 살수가 없어서 그 집을 포기하고 다시 이사를 하였는데 차경석의 부친이 그 집을 구하여 이주하자 호랑이가 사라졌으며, 그 집에서 차경석이 태어났다는 것이다.[7)]

『교전』에서 차경석의 탄생과 성장에 대한 기록은 이것이 유일하므로 그의 어린 시절을 알기 위해서는 다른 기록을 참조해야할 것이다. 『차천자의 꿈』을 집필한 박종렬은 그 책에서 차경석의 대담한 심성과 효심을 잘 알려주는 일화를 소개하고 있다. 차경석의 부친인 차치구(차중필)는 갑오농민혁명에서 전봉준과 함께 거사한 주요 인물 중의 한사람이었다. 그는 동학혁명의 1차, 2차 봉기에 농민군을 이끌고 참전했으며, 공주 우금치 전투에서 패하여 숨어 지내다가 밀고로 체포되어 분신형으로 사망하였다. 그 당시 차경석의 나이는 불과 15세였다. 분신형을 당한 그날 밤 차경석은 형장을 뒤져 차치구의 시신을 찾아 업어 고향 대흥리에 장사지냈다.[8)] 이러한 차경석의 행동은 범부의 경지를 넘어선 대담함을 보여주는 것이다.

또 하나의 일화는 차경석의 기국을 잘 보여준다. 차경석은 입암산성立巖山城 내에 별장사別奬舍라는 건물에 불을 질렀다는 모함으로 사형을 언도받고 감옥에 갇히게 되었다. 고문과 옥살이로 고통 받으며 죽을 날을 기다리던 차경석은 이 때 감옥에서 자신의 처지를 허탈히 여겨 시 한수를 읊게 된다.

----

7 『교전』, 369쪽 이하 참조. 『교전』은 「천사편」과 「성사편」으로 크게 나뉘어 있으며 「천사편」은 증산상제의 생애와 행적, 가르침을, 「성사편」은 차경석의 출생과 행적을 기록하고 있다. 그런데 「성사편」의 1장이 '월곡 성사의 탄강과 유년 시대' 라고 제목이 달려 있으나 그 분량은 한 쪽에 불과하다. 2장은 '집지수도執贄修道'라는 제목인데 이 장의 첫 대목은 차경석이 증산상제를 만나는 장면이다.

8 박종렬, 『차천자의 꿈』, 장문산, 2002, 33쪽.

복력수지등로기伏櫪誰知登路騎
함로미작견기홍啣蘆未作見機鴻
마구간에 엎드린 말, 뉘라서 천리마인줄 알리오
갈대 머금은 고니, 올가미 못 본 신세일세.[9)]

비록 감옥에 갇혀 있는 신세지만 자신을 말 중에서 가장 뛰어난 천리마에 비유하고 있다. 말 중에 최상의 말이 천리마인 것처럼, 차경석 자신은 최고의 자질과 기국을 갖춘 인재임을 시로 표현한 것이다.

차경석의 학식

『차천자의 꿈』을 저술한 박종렬은 위의 시 외에 감옥에서 아전과의 시 문답을 소개하고 있다. 만일 짧은 시간에 즉흥시를 운율에 맞춰 지을 수 있는 정도면 그 학식 또한 높았을 것이다. 실제로 정읍시의 홈페이지에는 차경석의 일화를 소개하며 그의 시 능력을 전하고 있다.

월곡은 한 때 남의 모함을 받고 장성 옥에서 옥고를 치르고 있던 중, 사형수로서 '복력수지등로기伏櫪誰知登路騎 함로미작견기홍啣蘆未作見機鴻'라는 시를 남기기도 했다. 장성 옥중에서 옥살이 중 사형을 받았다. 사형 집행 3일 전에 위의 즉흥시를 읊으니 장성 부사가 그의 시 솜씨에 놀라 극찬하고 다른 운자韻字를 내어 시작詩作을 겨누며 좋아했다. 월곡의 뛰어난 인품을 잘 알게 된 장성 부사는 날이 밝은 즉시 광주 목사를 찾아가 월곡의 면죄를 간청했다. 그 후 즉각 월곡은 옥중에서 풀려나는 몸이 되었다.[10)]

----

9 박종렬, 『차천자의 꿈』, 43쪽에서 재인용.
10 정읍시 홈페이지. 박종렬, 『차천자의 꿈』, 46-47쪽에서 재인용.

이러한 기록에서 볼 때 차경석의 학문 경지는 비록 어린 나이였지만 결코 낮다고 볼 수는 없을 것이다. 차경석의 학식에 대해서 『증산도 도전』에서는 다음과 같이 기록하고 있다.

> 이 때 경석이 모든 행동에 위엄을 내어 양반의 기습氣習을 본뜨거늘 상제님께서 말씀하시기를 "대인의 공부를 닦는 자는 항상 공근恭謹하고 온화한 기운을 기를지니 이 뒤로는 그런 기습을 빼어 버리라. 망하는 기운이 따라 드느니라." 하시니라. 경석이 어려서부터 유가 서적을 탐독하였으나 유독 『주역周易』만은 이해하기 어려운지라.[11]

인용문을 볼 때 양반의 언행을 하였다는 것에서, 그리고 어려서부터 유가의 서적을 탐독하였고 『주역』 이외의 책들은 상당한 이해 수준에 도달했다는 구절에서 볼 때 차경석이 어느 정도의 학식을 갖추고 있었다는 것을 알 수 있다. 또한 일진회 전라남북도 순회관이었다는 것 역시 그가 무학이라고 할 수 없는 증거가 되기도 한다.

증산상제와 고수부의 생애와 가르침을 기록한 『증산도 도전』

1922년 당시 차경석을 만나 인터뷰한 내용이 《개벽》지에 실렸는데 이 글을 개제한 비봉산인飛鳳山人의 평가 역시 동일하다.

----

11 『도전』 3:198:1-5.

세상 사람은 차씨를 하나의 미신가요, 또한 무식자로서 다만 우민愚民을 유혹하여 금전 사취하는 자라 한다. 그러나 내가 보기에는 그는 그렇게 무식한 이가 아니다. 비록 현 시대의 지성은 부족하다 할지라도 구시대의 지식은 상당한 식견이 있다.[12)]

그럼에도 차경석에 대한 평가는 엇갈린다. 『증산교사甑山敎史』를 저술한 이정립은 그 책에서 차경석의 인물됨과 그의 학식에 대해 매우 부정적인 기록을 남겼다.

차경석은 고부인의 이종제요 또 천사의 명령으로 부인을 자기 집에 모시고 있으므로 부인의 신임을 받아 교단의 안팎일을 총찰總察하며 찾아오는 신도들을 응접하게 되었다. 그러나 종도들 중에 가장 젊고 무학無學하고 한미寒微하고 또 천사께 추종하기도 이 년밖에 안 되므로 매양 종도들 좌중에서 치중置重되지 못한지라 이에 종도들을 배척할 마음을 품기 시작하였다.[13)]

여기서 이정립은 단적으로 차경석의 배움을 '무학'이라고 규정하고 있다. 뿐만 아니라 차경석이 고부인의 교단에서 여러 사정(어리고, 무학하고, 입문이 늦고 등)으로 중요한 위치에 서지 못하여 사사로운 마음을 먹고 종도들을 배척하려고 한다고 평가한다. 무학할 뿐 아니라 옹졸하다는 것이다. 사실 이정립의 차경석에 대한 평가는 이 책에서 대부분 부정적이다.

사람에 대한 평가는 주관적인 면과 객관적인 면을 동시에 봐야하

----

12 《개벽》 38호, 개벽사, 1922. 8. 1. 87쪽. 박종렬, 『차천자의 꿈』, 41쪽에서 재인용.
13 이정립, 『증산교사』, 증산교본부, 1977, 52쪽.

며, 주관적인 면에 대한 평가는 평가자에 따라 다를 수 있다. 그러나 학식은 주관적이기 보다는 객관적인 면에 속한다. 물론 학식이란 것 역시 상대적이다. 성현의 입장에서 일반 학자는 학식이 낮을 수 있다. 이정립 역시 학식이 있다는 것은 분명하지만 그렇다고 차경석을 '무학'이라고 평가한 것은 문제가 있다. 저자의 주관적 감정이 개입된 것일 수 있다.

『보천교연혁사』에 기록된 차경석의 언행은 결코 무학자의 것은 아니다. 예를 들어 1919년(포교 11년) 4월에 교도들에게 선포한 글에서 차경석의 학문적 깊이를 알 수 있다.

> 무릇 천지의 대운은 그 사람이 아니면 명하지 않고 인간의 대업은 그 명이 아니면 이루지 못하노니 사람은 그 사람이 있고 운에도 그 운이 있어 그의 행하는 바 또한 그 때가 있을 뿐이니….[14]

『보천교연혁사』에서 이러한 문구는 다수 발견할 수 있다. 특히 보천교에서 발간한 『도훈』을 보면 제자와의 문답이 나오는데 그 내용은 공맹孔孟의 인의仁義 사상에 대한 것이니 어찌 차경석이 무학일 것인가.[15] 그렇다면 차경석을 무학이라고 규정한 이정립의 견해가 의심스럽다.[16] 차경석의 학문적 경지는 후에 교리변경과 연관해서도 중요한 정보가 아닐 수 없다. 왜냐하면 기존의 교리에서 유교적

---

14 "夫天地之大運 非其人不命 人間之大業 非其命不成 人有其人 運有其運 其之所謂 亦有其時"(이영호 편, 『보천교연혁사』 상.)

15 보천교본부, 『도훈』, 1986, 114쪽 이하 참조.

16 이정립의 『증산교사』는 증산의 가르침을 따른 종도들의 행적과 그들의 종단을 역사적으로 기술한 것이다. 이정립과 이상호는 형제간이고 그 둘은 보천교 혁신운동을 주도했고, 결국 퇴출된 인물이다. 물론 그들의 입장에서는 혁신운동이라고 이르지만 차경석의 입장에서는 배교자들이다. 이정립의 차경석에 대한 시각이 공정하지 못할 수도 있다고 판단되는 이유이다.

주요 개념으로 교리를 변경하기 위해서는 유교에 대한 깊은 이해가 필요하기 때문이다.

≫ 동학활동

성인이 되자 차경석은 동학에 가담하게 된다. 차경석의 부친 차치구는 당시 널리 알려진 동학접주였고 차경석은 자연스럽게 동학에 입문했다. 20세 때 부친의 고향인 정읍군 입암면 대흥리로 이사하여 동학운동에 종사했다. 갑진(1904)년 가을, 손병희가 주도한 동학 부흥운동인 갑진 개혁운동이 진보회進步會를 거쳐 겨울에 일진회一進會로 통합되자 그 초기 조직 활동에서 차경석은 전라도 순회관이 되어 일진회의 실세로 활동하였다.[17]

아버지의 죽음과 세상의 부패를 목도한 차경석에게 새로운 세상에 대한 관심과 실천은 당연한 것이었다. 손병희가 삼대 교주로 활동하던 동학은 민족운동을 활발히 도모하고 있었다. 그러나 차경석이 가입한 대동회는 그 실무를 맡은 이용구에 의해 조직의 방향이 친일로 향하였고 그 이름도 진보회, 일진회로 변경되며 점차 일제에 협력하게 된다. 당시 일진회의 친일 행위는 민중의 반감을 사고 있었고 손병희는 일진회를 포기하고 동학의 맥을 이어 천도교天道教를 창설하게 된다. 그러나 일진회의 친일행위는 더 심해지고 차경석 역시 그 단체에 실망하고 탈퇴하였다. 그즈음에 증산상제를 만나게 된다. 이러한 상황을 『교전』에서는 다음과 같이 기술하고 있다.

> 경석은 원래 동학신도로서 손병희를 따르다가 그 처사에 불만하

---

17 갑진년 겨울 일진회 지부사무소 개설 과정에서 관찰사와 빚은 큰 소요, 을사년 2월 전주 아전과 일진회원간의 큰 분쟁 등에서 월곡은 고위 간부(총대)로 이름을 알렸으며 자연스레 그 인근에서 유명 인사였을 것으로 추정된다.

야 다시 길을 고치려 하는 차次 이라. 이날 천사께 뵈임에….[18]

2) 증산상제와의 만남

운명적 만남

일진회를 탈퇴하고 생업에 종사하던 차경석은 송사 문제로 전주에 가던 길에서 우연히 증산상제를 만나게 된다. 동학에 가담하고 일진회의 간부로 지낸 것은 민족주의적 의식과 아버지 차치구의 죽음에 대한 원한, 그리고 그 당시 동학혁명의 시대적 조류 등의 원인이 있었다고 판단된다. 그러나 이러한 활동이 그의 종교성을 보여준 것은 아니다. 보천교주 차경석의 종교적 정체성은 증산상제와의 만남에서 시작된다고 해도 과언이 아닐 것이다. 그 만남의 시작을 보천교 『교전』은 다음과 같이 기록하고 있다.

> 정미년(1907) 5월에 천사 형렬의 집을 떠나시며 가라사대 이 길이 길행吉行이라 한사람을 만나려 함이니 장차 네가 알리라 하시고 용암리 물방앗집에 머물으다가 그 앞 주막에서 정읍 사람 차경석을 만나시니라. 경석은 전주로 가는 길에 이 주막에서 잠깐 쉬더니 천사 대삿갓에 푸단님으로 김자현 등 두어 사람을 다리고 오시니 경석이 그 소탈한 가운데 씩씩한 기운을 띠우신 의표와 순진한 가운데 꾸밈이 없는 언어동지를 보고 비범히 여겨 말씀을 청하니 천사 온화하게 대답하시고 술을 마실 새 닭국 한 그릇을 경석에게 권하시니 경석이 받음에 문득 벌 한마리가 국에 빠지거늘 경석이 수저를 멈추니 천사 가라사대 벌은 규모 있는

---

18 『교전』「천사편」, 3장 13절.

벌레니라 하시더라.[19]

한편의 풍경화 같은 장면에서 한국 근대사의 큰 획을 그은 운명적 만남을 읽을 수 있다. 증산상제와 차경석의 만남은 우연으로 비치지만 우연이 아니다. 그것은 증산상제의 말에서 알 수 있다. 증산상제는 이미 차경석을 만날 것을 예견했다. 더욱이 차경석과의 만남에 커다란 의미를 두고 있었다. 김형렬의 집을 나서며 '이 길은 길행이라'고 한 말에서 이를 알 수 있다. 그리고 이 말에는 차경석과의 만남이 증산상제의 공사에 중요한 계기가 된다는 의미 역시 담겨있다. 이는 또한 벌에 대한 설명에서도 짐작가능하다. 벌이 닭국에 빠진 것과 이 벌에 대해 '규모 있는 벌레'라고 설명한 것은 차경석의 미래를 은유적으로 표현한 것으로 생각된다. 한 벌통에 들은 벌의 수는 무수히 많고, 각각의 벌들이 집을 짓고 역할을 분담하여 생활하는 것을 차경석의 보천교 교단의 형상에 빗댄 것처럼 보인다.

증산상제의 동곡 약방

----

19 『교전』「천사편」, 3장 10절.

이 첫 만남에서 차경석은 먼저 증산상제의 신원에 대해 확인한다. 증산상제의 언어동지에 깊은 감명을 받은 후 그의 직업과 어디에 머무는지를 묻는다. 이에 대한 증산상제의 대답 역시 은유와 함의로 그 정확한 뜻을 바로 이해하기는 어렵다.

> 의원노릇을 하노라. 나는 동역객서역객東亦客西亦客 천지무가객天地無家客이로다.[20]

증산상제는 자신의 직업을 의원醫員이라고 말한다. 의원이란 병을 고치는 사람을 지칭한다. 그러나 증산상제가 말하는 의원은 단순히 인간의 병을 고치는 직업만을 뜻하지는 않는다. 이는『증산도 도전』의 구절 "한 지방의 병만을 막아도 아니 될 것이요, 온 세상의 병을 다 고쳐야 하리라. 또 한 때의 병만을 막아도 아니 될 것이요, 천하 만세의 병을 다 고쳐야 하리니 이로써 만국의원萬國醫院을 개설하노라."[21]에서 알 수 있다.

또한 사는 곳 역시 하늘아래 집이 없으니 영원한 손님일 뿐이라는 것에서 단지 이 땅에 천지공사를 행하러 잠시 온 것을 암시한다고 보여진다. 세상을 구제하는 의원이요, 동에서도 서에서도 집없이 떠도니 천지의 일을 하는 손님이라는 증산상제의 말씀에서 차경석은 더욱 신비감을 느끼게 된다. 중요한 것은 그 다음 구절이다. 인권人權을 얻는 방법을 묻는 경석에게 증산상제는 다음과 같이 말한다.

> 폐일언蔽一言하고 욕속부달欲速不達이니라 … 사람 기르기가 누에

20『교전』「천사편」, 3장 11절.
21『도전』5:248:12-13.

기르기와 같아서 일찍 내이나 늦게 내이나 먹이기만 도수度數에 맞게 하면 올릴 때에는 다 같이 오르게 되느니라.[22]

권력을 얻는 방법을 묻는 질문에 대한 답이다. 서둘러서 되는 것은 없으니 인권을 얻고 말고는 오직 도수에 맞춰 정해져 있다는 것을 말한다. 권력을 얻고자 하는 욕망을 가진 차경석의 심성을 꿰뚫어보면서 서두르지 말 것을 경계하면서 모든 것은 도수에 달린 것으로 누에가 오르는 것에 비유하여 먹이 주는 일만 제대로 한다면 그 뜻이 이루어진다고 말한다.

종도가 되다

차경석은 증산상제와의 첫 만남에서 모든 일을 작파作破하고 증산상제를 따를 것을 결심한다. 이는 가족의 생사가 달린 송사訟事를 포기하는 것에서 드러난다. 송사를 계속하면 유리하지만 상대방 열한 식구의 살길이 없어지니 이는 대인이 할 일이 아니라는 증산상제의 말을 따른다. 이러한 차경석의 입문은 여러 종도들의 입문과 비교해서 순수함과 열정이 묻어난다. 즉 다른 여러 종도들이 증산상제의 신이한 치병과 신도적 권위에 감동받아 입문하였다면 차경석은 그러한 신비경험 없이 오직 증산상제의 인품과 말씀에 매료되어 종도의 길로 접어든 것이다.

이미 마음을 굳힌 차경석은 증산상제의 뒤를 따라 갔다. 그러나 처음 증산상제는 차경석을 제자로 받아들이지 않았다. 오히려 차경석이 자신을 따르는 것에 괴로워하고 화를 내거나 욕도 하였다. 그 이유는 무엇일까? 길을 나서며 차경석을 만날 것을 예견하고 또 그

---

22 『교전』「천사편」, 3장 11절.

에게 여러 가르침을 내린 뒤에 정작 차경석의 입문을 거절한 것이다. 이는 차경석의 마음을 떠보는 것임과 함께 차경석의 욕망으로 인한 미래의 부작용을 염려한 것이 아닌가 한다. 그러나 차경석은 물방앗간 앞 주막에서의 이 만남을 운명으로 받아들였다.

> 수운가사에 '여광여취 저 양반을 간곳마다 따라가서 지질한 그 고생을 누구다려 한말이며'라는 구절이 문득 생각나 깊이 깨달은 바가 있어 떠나지 아니하고 열흘 동안을 머물며 제자 되기를 굳이 청하거늘….[23]

이러한 차경석의 마음과 행동을 본 증산상제는 '나를 따르려면 모든 일을 전폐하고 오직 나의 가르치는 바에만 일심하여야 할지니 이제 돌아가서 모든 일을 정리하고 다시 이곳으로 찾아오라.'[24]는 말로 제자 됨을 허락하였다. 또한 『교전』에 의하면 증산상제는 차경석을 제자로 거둔 이후 삿갓을 쓰고 풀대님을 하던 모습에서 의관을 갖추어 행차하며, 나아가 공사와 관련해 여러 다양한 언급을 한다.

그 당시 차경석의 인도로 함께 입문한 종도가 박공우이다. 그 둘의 특징은 동학과 관련이 있다는 점이다. 증산상제는 그 둘과의 만남 후 다음과 같이 말한다.

> 이제 만날 사람 만났으니 통정신이 나왔노라…나는 서양 대법국 천계탑 천하대순이라. 동학주呪에 '시천주 조화정'이라 하였으니 내 일을 이름이니라. … 내가 천지를 개벽하고 조화정부를 열어

----

23 『교전』「천사편」, 3장 14절.
24 『교전』「천사편」, 3장 14절.

인간과 하늘의 혼란을 바로 잡으려 하여 삼계를 둘러 살피다가 너의 동토에 그쳐 잔피에 빠진 민중을 먼저 건지려 함이니 나를 믿는 자는 무궁한 행복을 얻어 선경의 낙을 누리리니 이것이 참 동학이라.[25]

증산상제의 이 한마디에 차경석은 모든 해답을 얻었을 것이다. 무엇보다도 증산상제는 차경석과의 만남에 강한 의미를 부여한다. 차경석과의 만남으로 통정신通情神이 나왔다는 말은 곧 서로 새로운 일을 같이 할 마음이 맞는 사이라는 선언이다. 차경석으로서는 증산상제의 제자로 재차 인증받는 순간이기도 하다. 나아가 증산상제의 신원身元이 분명해졌다. 의원이란 말로, 천지무가객이란 은유로 전한 증산상제의 신원을 명확히 한 것이다. '시천주조화정侍天主造化定'이라는 동학주문을 들어 스스로 천주, 즉 상제라는 것을 드러낸 것이다. 동학에 몸담았던 차경석으로 이보다 더 분명한 설명은 없을 것이다.

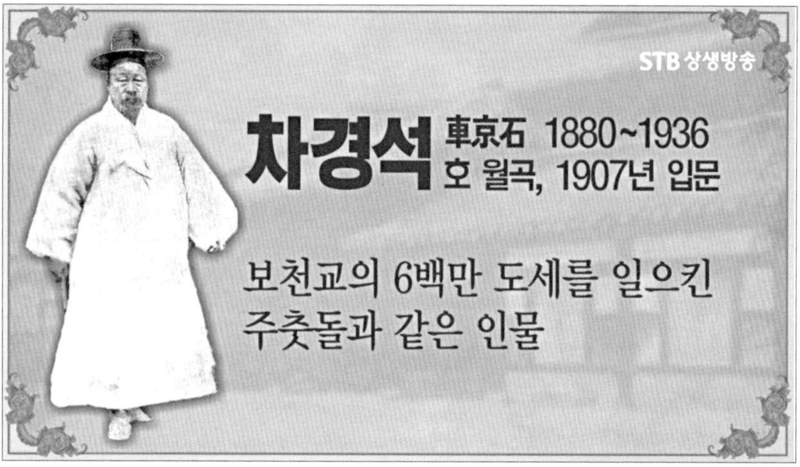

차경석은 보천교를 창교하였고 한때 600만의 신도수를 기록하였다고 알려져 있다.

---

25 『교전』「천사편」, 3장 16절. 문장은 현대문으로 다듬었음.

그리고 동학에서 주문처럼 부르던 천주로서 증산상제는 잔피孱疲에 빠진 민중을 먼저 건지려 한다는 말로써 동학혁명을 겪으며 당한 민초들의 고통과 원한을 모두 해소해줄 것이라는 희망을 차경석에게 주었다. 차경석 역시 비참한 아버지의 죽음을 목격하였고, 이것으로 인한 원한과 삶의 고통이 극에 달해 있었던 것이다. 하지만 그 무엇보다도 증산상제의 가르침은 새 세상을 여는데 실패한 동학, 나라를 빼앗고 백성을 탄압하는 일제와 타협하는 동학이 아니라 세상을 구원하는 '참동학'이라는 말에서 차경석의 신심은 더욱 확고해졌을 것이다.

3) 차경석의 종교활동

차경석은 비록 다른 제자들에 비해 늦은 시기에 입문했지만(1907년) 처음 증산상제가 받은 다짐대로 불고가사不顧家事하며 일심一心으로 가르침을 따르고 증산상제의 천지공사에 수종들었다.

증산상제의 어천

차경석의 신앙심은 증산상제의 사후에 더욱 빛이 났다. 증산상제를 따르던 제자들은 모두 증산상제를 상제님으로 받들고 새로운 세상이 열린다는 믿음을 가졌었다. 뿐만 아니라 새 세상에서는 지금과 달리 높은 직책에 부유한 삶을 살 수 있다는 기대가 컸다. 이러한 신앙심과 기대가 수많은 고난과 핍박, 주위의 야유에도 굳건하게 증산상제를 따르도록 한 이유이기도 했다.[26] 차경석 역시 증산상

----

26 『교전』「천사편」, 9장 4절에 "1908년 동짓달에 광찬이 개벽을 속히 붙이지 아니하심에 불평을 품어 항상 좌석을 시끄럽게 하며 가로되 '내가 집안일을 돌보지 아니하고 여러 해 동안 선생을 따르기는 하루바삐 새 세상을 보자는 일이거늘 ….' "이라고 기록

제가 천지공사를 마치었음을 선언하자 "공사를 마치셨으면 나서시기를 바라나이다."[27]라고 말한다. 그런데 하느님으로 받들던 증산상제가 어느 날 갑자기, 40세도 안된 젊은 나이에 죽음을 맞이했다. 이는 제자들에게 너무나 충격적이며 허탈한 일이었다. 보천교『교전』「천사편」의 마지막은 다음과 같다.

> 여러 종도들이 천사의 시체를 방안에 모시고 문을 닫고 나와서 탄식하여 가로되 허망한 일이로다 대인의 죽음이 어찌 이렇게 아무 이상이 없이 잠자는 것과 같으리오. … 이날 손바래기 본댁에 부고하여 천사의 부친을 모셔오고 궤안에 든 돈으로 외빈外殯할 때 종도들은 다 해산함으로 월곡이 박공우를 만류하여 구릿골 앞 큰골 장래달 기슭에 치상治喪하였다.[28]

증산상제가 세상을 떠나자 종도들이 해산하였고 차경석과 박공우가 치상하였다는 내용이다. 『증산도 도전』에서는 이 때 상황을 "천만 뜻밖에도 상제님께서 어천御天하시매 몇몇 성도들이 크게 낙심하여 흩어져 돌아가니라."[29]라고 기록한다. 그러나 차경석의 행동은

한 것에서 알 수 있다.

27 『교전』「천사편」, 9장 19절.

28 『교전』「천사편」, 9장 27-28절. 이와 같은 내용은 『도훈』에도 "기유己酉 6월 24일 사시巳時에 천사 김형렬 집에서 화천하시니 추종 제자 수십 인 이지만은 모두 도통 공부 방법이나 얻을까하는 욕심 욕망으로 상종하다가 불의의 시간에 천사 홀연히 화천하시니 모두 허망하다고 흩어져 돌아가니 성사 의리와 정리를 사모하사 박공우를 만류하여 상여 뒤를 행하사 동후산록에 매장하시고 귀가하여 수시로 비룡산에 오르사 옥황상제를 부르시며 고지통곡하시다. 그 때에 교조의 유물인 약장 한 개와 작은 궤한 개가 동곡리 김형렬 집에 있었는데 형렬이 이를 타인에게 매각하였는지라 성사께서 이를 도로 찾아 정읍 본체에 보관하시고 수시로 약장 앞에 나아가서 배례를 드리시다."(『도훈』, 8-9쪽.)

29 『도전』 10:62:3.

달랐다. 화천化天 후 한 달 쯤 지나서 차경석은 생전의 증산상제가 스스로 미륵불이며 화천시化天時 금산사로 들어가리라고 한 말을 되새기며, 미륵전을 참배하면 깨달음이 있을 것이라고 믿고 종도들과 미륵전을 찾아 치성을 지냈다.[30] 그 후에도 금산사를 찾아 수행하며 증산상제를 애모하였으며 증산상제가 천지공사를 보던 장소를 찾아 사색에 몰두하기도 하였다.[31]

신앙심

이처럼 차경석은 누구보다도 신앙심이 깊었으며 수석 성도인 김형렬과 함께 증산상제의 주요 천지공사에 수종들었다. 증산상제도 이러한 차경석의 인물됨과 기국을 인정하고 공사에 참여시켰다. 그 중에 다음의 내용은 차경석에 대한 증산상제의 신뢰를 드러낸 일화이다.

> 대흥리에 계실 때 하루는 차경석, 안내성, 박공우를 데리고 앞내에 나가 목욕하실 새 경석을 명하사 백염일국白塩一掬을 가져다가 물위에 뿌리라 하시고 물에 들어서시며 가라사대 고기잡이를 하리라 하시더니 문득 경석의 다리를 잡고 가라사대 큰 고기를 잡았다 하시거늘 경석 가로되 내 다리로 소이다 하니 선생이 가라사대 그렇게 되었느냐 하시고 놓으시니라.[32]

> 하루는 여러 종도들에게 소신을 물으시고 다시 월곡에게 물으시니 월곡은 열지裂地를 원하거늘 가라사대 너는 병부兵部가 마

----

30 『도전』 10:84:1-17 참조.
31 『도전』 10:86:1-11 참조.
32 『교전』「천사편」, 3장 127절.

땅하니라 하시니 월곡이 불쾌히 여기는지라 천사 일러 가라사되 직신直臣이 아니면 병권을 맡기기 어려움으로 이제 특히 네게 맡기노라 하시니라.[33]

차경석과 관련된 주요 천지공사는 '초패왕도수', '동학역신해원공사', '낙종이종도수' 등이 있다. 그러나 보천교에서는 무엇보다도 1909년 정월 초 3일의 공사에서 차경석과 증산상제의 종통이 전해졌다고 강조한다.[34] 『교전』에서는 이에 대한 내용을 다음과 같이 찾을 수 있다.

> 기유(1909) 정월 초하루 성사 본가에서 천사께옵서 현무경과 병세문을 쓰시어 성사에게 전수하시면서 모든 일이 욕속부달이라 사람 기루기가 누에 기루기와 같아서 성숙조만이 인공人工에 있나니라 하시고 또 가라사되 이제 하늘도 뜯어고치고 땅도 뜯어고쳐 물셀틈 없이 도수를 놓았으니 제 한도에 돌아 닫는 대로 새기틀이 열리리니 평천하는 내가 맡고 치천하와 인사처리에 대하여는 너에게 맡기노라 조심하여 잘 처리하라 하시다. 기유년 정월 초삼일 매상昧爽에 고사치성제를 천지신명에게 거행할 새 성사주聖師主로 하여금 반천무지로 제례를 대행하시다.[35]

보천교에서는 위의 기록에서처럼 증산상제가 1909년 1월 1일 공사를 보면서 평천하를 맡고 치천하는 차경석에게 맡겼다는 것과 1909년 1월 3일 새벽에 고사치성제를 지낼 때 차경석에게 제례를

---

33 『교전』 「천사편」, 4장 85절.
34 《보광》 1호, 27쪽, 34쪽. "기념일은 정월 초3일 즉 교통전수일"이라고 적고 있다.
35 『교전』 「성사편」, 376-3777쪽.

대행하게 하였다는 것을 근거로 해서 차경석에게 증산상제의 종통이 전해졌다고 믿는다. 『도훈』을 기록한 편자는 특히 이에 대해 "성사께서 천사님을 만나신지 불과 수삼 년에 불의의 일을 당하시어 때때로 비룡산에 올라 통곡하시고 약장 앞에 나아가 배례를 드리시며 삼년거상하실 때 기유(1909)년 정월 고천제에 몸소 제세안민濟世安民의 대도 맡으심을 깨달으시어 …."[36]라고 주를 달아 적고 있다. 보천교의 주요 치성일에 1월 3일이 포함되는 것은 이 날이 종통전수일로 중요한 의미가 있기 때문이다.

『교조약사敎祖略史』 역시 이에 대해 "기유년 정월 초3일에 (증산상제가) 고사치성제를 천지신명에게 거행할 새 초2일 밤에 비룡촌으로 자리를 옮기셔서 차교주로 하여금 제례를 대행하라 하시고 초3일에 정읍을 떠나시어 전주군 양림면 동곡리 김형렬의 집에 거처하시다."[37]라고 기록하고 있다.

그러나 이는 보천교의 주장일 뿐 실상은 그렇지 않다. 증산상제는 자신의 종통대권을 수부인 고판례에게 넘겨주었고 따라서 최초의 증산교단은 고수부에 의해서 성립되었다. 차경석은 고판례의 교단 창립에 참가했을 뿐이다. 수부 고판례가 교단을 처음 연 것은 1911년이다. 이에 대해 『증산도 도전』은 다음과 같이 기록하고 있다.

> 신해년(1911) 10월에 태모님께서 … 신도神道로써 포정소布政所 문을 여시고 도장 개창을 선언하시매… 대흥리 차경석의 집을

----

36 『도훈』, 9쪽.

37 이영호가 엮은 『교조약사敎祖略史』는 증산상제의 신원과 탄생, 천지공사를 언급하고서 증산상제가 옥황상제의 권능을 행하였다고 적고 있다. 그 다음 차경석과의 만남과 교통전수를 밝힌 뒤 증산상제의 어천과 그의 유품인 약장의 행방에 대해 기록하고 있으며 증산상제의 유골의 행방에 대해서도 기록하고 있다.

본소本所로 정하시고 각기 사방으로 돌아다니며 포교에 힘쓰게 하시니라.[38]

고수부의 교단에 들어가다

대원사에서 49일, 신경수의 집에서 100일의 수행을 통해 활연대각豁然大覺한 고수부의 신권神權을 확인한 증산상제의 종도들은 고수부가 차경석의 집에 포정소를 열자 그 곳으로 모여들었다. 그리고 교의 이름을 선도仙道라고 명명하였다.[39] 비록 차경석의 집에 첫 도장을 마련했지만 그 주체는 고수부였고, 또 고수부의 신권神權을 보고 당시의 종도들이 모여들었던 것이다.[40]

차경석은 자기의 집에 본소가 정해진 것을 계기로 도장의 여러 일을 장악하고 교권을 소유하려는 마음을 품게 되었다. 그러자 여러 종도들은 도문을 떠나고 일부는 차경석을 따돌리고 본소를 다른 곳으로 이전하고자 하였다.[41] 고수부 역시 본소를 이전하고자 하였으나 차경석의 반대로 실패하고, 오히려 차경석은 통교권을 장악한 다음 자신을 따르는 신도들을 중심으로 교의 간부(24방주)를 임명하게 된다. 이로부터 고수부가 연 대흥리 교단은 실제로 차경석의 교

----

38 『도전』 11:28:1-7.
39 『도전』 11:29:2 참조.
40 이에 대해 박종렬은 다음과 같이 말한다. "고판례는 증산이 사망한 후 금산사 미륵전에서 증산의 탄생기념 치성을 올리고 있었다. 그때 갑자기 증산의 목소리로 말을 하는 등의 신통한 모습을 보이기 시작했다. 고판례의 이적을 본 월곡은 급히 증산의 심임을 받고 있던 김형렬을 찾아가 그가 보관 중이던 약장을 찾아와 신주독으로 모셨다. 그러자 고판례는 살아있을 때의 증산과 같은 기행이적을 내보이기 시작했다...증산의 사망으로 심한 회의를 품었던 제자들은 다시 고판례를 따르게 되었다. 고판례를 추종하면서 증산도문은 고판례를 중심으로 새로운 종교 집단을 형성하기 시작했다. 월곡은 이런 분위기를 활용해 서서히 자신의 야심을 실현하기 위한 행보에 박차를 가하게 된다."(박종렬, 『차천자의 꿈』, 88-89쪽.)
41 『도전』 11:37:1 이하 참조.

단이 되었고, 고수부는 거처하는 방에 고립되어 신도들과의 면회가 금지되었다.

치복의 본소 이전 운동을 저지한 경석은 이 해 동지절에 통교권統敎權을 장악한 다음 김형규金炯奎, 문정삼文正三 등 심복 신도 스물네 사람을 24방주方主로 임명한 뒤에 각 지방으로 파견하여 신도들을 수습하고 교권敎權을 집중시키니라. 이 때부터 경석은 태모님께서 옆에 계시는 것이 불편할 뿐 아니라 태모님께서 날마다 "네 이놈, 경석아!" 하시니 다른 사람이 들으면 자기의 체면이 손상될까 두려워 먼저 태모님과 신도들 사이를 이간하여 인맥을 끊게 하고 다음으로 태모님께서 거처하시는 방을 '영실靈室'이라 칭하며 방문에 주렴珠簾을 걸어 놓고는 '예문禮門'이라 하여 자신의 허락 없이는 누구도 출입을 금한 채 그 아내 이씨李氏에게만 태모님의 수발을 들게 하니 이는 겉으로는 태모님을 높

고수부가 문을 연 최초의 증산 교단, 대흥리 교단 본소

이는 체하면서 실제로는 신도들이 태모님을 알현謁見하는 길을 막기 위함이더라.[42]

차경석이 교단의 교권을 장악하였지만 당시 증산상제의 친견 종도들은 모두 흩어져 각자 독립된 교단을 세우게 되면서 증산상제의 가르침을 내세운 다양한 교파가 분립되었다.[43] 1918년 고수부는 대흥리 교단을 떠나 김제에서 새로운 도장을 열었고, 대흥리 도장은 명실상부 차경석의 교단이 되었다. 그리고 보천교의 역사도 여기서 시작된다고 보아야할 것이다.

4) 보천교의 설립

교권장악

차경석의 보천교는 언제 시작되었는가 하는 물음은 그 해답이 분명하다. 앞의 절에서 필자는 고수부의 '선도'에 참가한 후 그 교권敎權을 장악하고 24방주를 임명한 1916년이 보천교의 시작이며, 1918년 고수부가 대흥리 교단을 완전히 떠난 그 때가 보천교단의 실질적인 기원이라고 보아야 할 것이라고 밝혔다. 이강오 교수는 그의 논문 「보천교」에서 다음과 같이 말한다.

교주 차경석은 증산의 제자이며… 증산의 사후 고씨가 교통을 계승하여 '태을교'(일명 선도교)라는 종교단체가 이루어질 때에 주동적인 역할을 하였으나 뒤에 고씨의 태을교를 제압하고 자파의

42 『도전』 11:39:1-9.
43 『도전』 11:39:1 이하 참조. 이 때 교파를 형성한 종도는 안내성(순천), 이치복(원평), 박공우(태인)을 비롯하여 김형렬, 김광찬, 문공신, 김병선 등이다.

교단을 창립하여 1919년에 보화교라는 교명을 선포하였고, 다음 해에 보천교로 개명하여 현재에 이르고 있다.[44)]

인용문에서 고씨는 고수부를 말한다. 증산상제는 수부공사를 통해 고판례를 수부로 책정하였기에 증산교계에서는 고판례를 수부로 부르는 것이 옳을 것이다. 이강오 교수도 고수부가 증산상제의 종통을 이었다는 것과, 증산상제 신앙 단체인 선도교를 창립한 것에 대해 인정한다. 여기서 주목할 것은 차경석의 교단이 공식화 된 것은 1919년부터라고 한 점이다. 이러한 내용은 보천교 『교전』에 자세히 기록되어 있다. 1918년 고수부가 교단을 떠나고 그 다음해인 1919년 가을에 차경석은 고천제를 지내고 60방주를 임명하면서 자신의 교단을 하늘과 땅에 선포하게 된다.

기미己未년 9월 회일晦日에 교주께서 함양군 지곡면 덕암리… 대황산록에 단소를 정하사 … 진성고천盡誠告天할새 육십인을 삼회로 삼분하야 고명告名하시니… 기시其時에 선임選任된 육십방주 등이 협의하여 교주를 선생으로 숭배코저 한대….[45)]

대황산 고천제

60방주를 임명하고 이들의 이름을 하늘에 고하는 의식으로 차경석은 자신의 교단을 체계화 하였다. 여기서 중요한 구절은 차경석(교주)을 교단의 스승으로 받들고자 하였다는 점이다. 즉 60방주로 체계화된 교단에서 그 교의 교주이며 자신들의 스승으로 차경석을

---

44 이강오, 「보천교, 하국신흥종교 자료편 제1부-증산교계 각론에서」, 전북대학교 『논문집』 제8집, 1966, 3쪽. 여기서 교명선포는 1919년이 아니라 1921년 대천제 때이다.
45 『교전』, 378-379쪽.

추대한 것이다. 이 때 차경석은 그 추대를 받지 않고 사양한다. 이에 대해 『도훈』은 “이 때에 60방주가 협의하고 교주를 선생님으로 숭배하고저 한데 성사주 불허왈 ‘나의 덕이 부족하여 스승의 자리에 거하기 부당하니 이 뒤에 도덕이 숭고하여 스승이 될 만한 사람이 있으면 그 때에 그 사람으로 선생을 숭배함이 가하다’ 하시다. 당시에 여러 사람이 교주를 따르매 다만 주인장이라 칭호하고 언어에

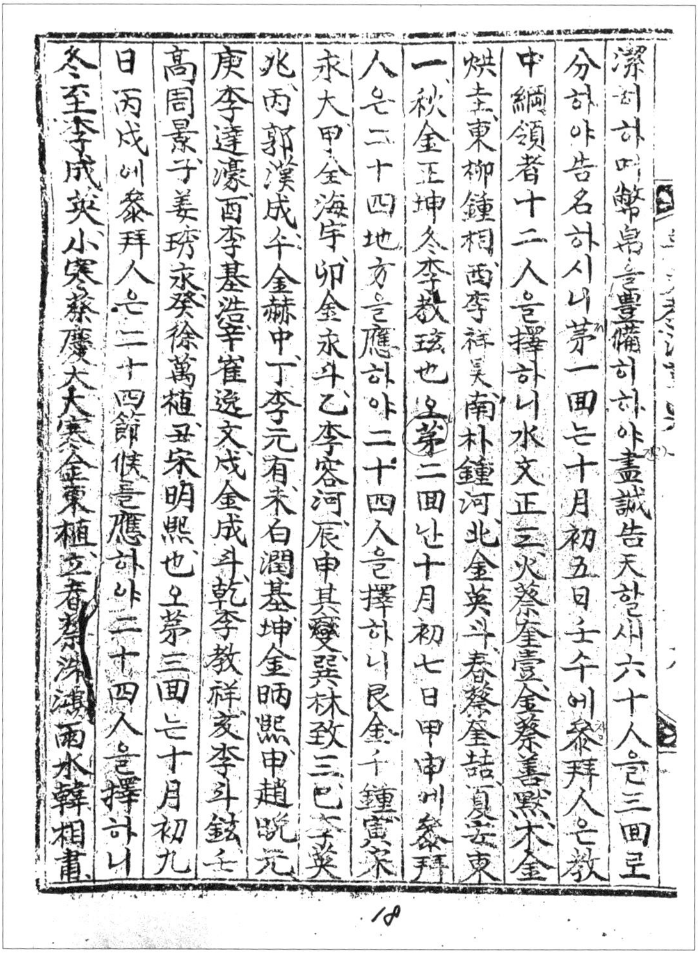
潔히하며幣帛을豊備히하야盡誠告天할새六十人을三回로
分하야告名하시니第一回는十月初五日壬子에叅拜人은教
中綱領者十二人을擇하니水文正三、火蔡奎壹、金蔡善默、木金
烘圭、東柳鍾桐、西李祥昊、南朴鍾河、北金英斗、春蔡奎喆、夏安東
一、秋金正坤、冬李教珪也오第二回난十月初七日甲申에叅拜
人은二十四地方을應하야二十四人을擇하니艮金千鍾、寅宋
永大、甲全海宇、卯金永斗、乙李容河、辰申其燮、巽林致三、巳文英
兆、丙郭漢成、午金赫中、丁李元有、未白潤基、坤金晒熙、申趙晄元、
庚李達濠、酉李基浩、辛崔逸文、戌金成斗、乾李教祥、亥李斗鉉、壬
高周景、子姜琇永、癸徐萬植、丑宋明熙也오第三回는十月初九
日丙戌에叅拜人은二十四節候를應하야二十四人을擇하니
冬至李成英、小寒蔡慶大、大寒金東植、立春蔡洪淵、雨水韓相肅、
18

『보천교연혁사』의 60방주 고천 내용

있어서도 서로 경대하여 상하의 구분 없이 지내왔음으로 교주께서 전과 같이 지내자 함이라."[46]라고 기록하고 있다.

보화교에서 보천교로

2년 뒤인 신유년 9월 24일에는 교명敎名을 하늘에 알리는 천제를 지내게 된다. 『교전』은 이를 다음과 같이 기록하고 있다.

> 신유년 9월 24일에 교운의 영창永昌과 교명 고천제를 거행하기 위하여… 제천장소를 황석산에 정하고 수백 평을 착평鑿平하여 오좌자향午坐子向으로 제단을 만드는데 단이 구층이요… 단상壇上에 일월병日月屛을 세우고 위목位目은 구천하감지위, 옥황상제하감지위, 삼태칠성응감지위라 하고 대서大書하여 삼위三位를 설設하고… 초헌初獻한 뒤에 독축讀祝하사 교명을 고천告天하시니 왈보화교曰普化敎라 하다… 불가무교주고不可無敎主故로 선생께서 교주의 위位에 거居하심을 허許하시니라.[47]

이로 볼 때 차경석 교단이 정식 명칭을 가지고 스스로 교주취임까지 마친 시점은 1921년 황석산 고천제부터라고 보아야 한다. 물론 이 때 교명을 보화교普化敎라고 하였지만 이를 등록할 때 보천교라고 하였으므로 차경석의 교단명은 보천교로 불리게 되었다. 그러한 변경의 이유에 대해서 『교전』은 다음과 같이 말한다.

---

46 『도훈』, 14쪽.

47 『교전』, 388-394쪽. 이에 대해서는 『도훈』에서도 언급하고 있다. "교명을 고천하는 동시에 불가불 교주인 선생께서 교주의 위에 거하심을 허락하시니 이 때부터 사제의 규모가 성립되다."(『도훈』, 28쪽.)

본교의 이름은 성사께옵서 전술한 바와 같이 신유년 구월 이십사일 보화교로 고천告天한 보화교라 칭함이 당연하거늘 보천교라 총칭함은 그 이유는 미상하오나 당시 방주인 이상호씨가 경기도 경찰부의 기탄忌憚[꺼림]으로 인하여 보천교라 개칭하기로 양해를 득하였다고 한다. 또 속칭 훔치교, 태을교라고 함은 본교 주문 초두가 훔치 훔치 태을천상원군 운운云云 하는 까닭인 것이다.[48]

국호 시국

교명에 대해서는 더 이상 이론이 없을 정도로 명확하게 언급되고 있다. 그런데 여기서 한 가지 주목할 것은 당시 언론에서 황석산 고천제에서 차경석이 교단의 명과 함께 국호國號를 선언했다는 내용이다. 1922년 10월 26일 ≪동아일보≫ 기사에 의하면 〈자칭 대시국

황석산 전경

48 『교전』, 394-395쪽.

大時國황제, 태을교주 차경석이 국호와 관제를 발표하였다는 풍설〉이라는 제목 하에 '전라북도 정읍군에 근거를 둔 보천교의 교주 차경석이 이 새로운 국호와 관제 등을 발표하였는데 국호는 대시국이라 하고 자기가 친히 황제가 되고 관제는 한국 시대의 대신 제도에 의하여 육임 이하에 이십팔임, 육판서 등을 두고, 십삼도에는 도지사 대신에 도정리를 두고, 군수 대신에 삼백 육십의 포장包長을 두고… 국새國璽는 대시국황제지새大時國皇帝之璽라 하였다더라.'[49]라고 기록하고 있다. 그런데 문제는 기사가 사실을 기록한 것이 아니라 풍설을 듣고 이를 기사화 한 것이라는 점이다. 이강오 교수도 「보천교」라는 논문에서 이에 대해 주장하고 있는데 이 역시 정확하지는 않다.

보천교 본부가 자리한 정읍. 보천교는 일제시대 독립운동을 지원한 민족종교로도 그 의미가 깊다.

----

49 박종렬, 『차천자의 꿈』, 104쪽 재인용.

제문(황석산 고천제 제문)에는 '국호왈시국國號曰時國 교명왈보화敎名曰普化'라고 하였으니, 이로써 차경석은 보화교라는 교단의 교주가 되는 동시에 시국이라는 나라의 황제위에 등극함을 고천하였던 것이다.[50]

위의 인용문처럼 이강오 교수는 제문에 국호가 시국이라고 적혀있다고 하였으나 이에 대해 "『보천교연혁사』에는 '교명왈보화'만 기재되어 있으나, 축문의 실제 내용은 '국호왈시'라고 되었다고 함"이라는 각주를 달고 있다. 즉 구전口傳을 다시 기록한 것이다. 박종렬 역시 이에 대해 기록하고 있으나 아마도 이강오 교수의 논문을 읽고 쓴 듯 하다.[51] 분명한 것은 『보천교연혁사』나 『교전』 모두 '교

정읍 대흥리에 남아있는 보천교 건물

----

50 이강오, 「보천교」, 11쪽. 괄호는 필자에 의함.
51 박종렬, 『차천자의 꿈』, 103쪽.

명보화'라고만 기록하고 있다는 점이다.[52] 더욱이 『도훈』에서는 황석산 천제를 기록하면서 교명을 보화라고 한 것은 정확히 언급하고 있으나 그에 대해 괄호로 설명하기를 '축문미상祝文未詳'이라 적고 있다.[53]

----

52 고수부의 교단에 들어가 1914년부터 조금씩 세력을 얻어가던 차경석은 1916년 12월에 고수부를 소외시키고 24방주를 임명하였다. 그리고 불과 3년 뒤인 1919년 10월에 그 조직을 확대해서 60방주를 임명한다. 이러한 교 조직을 바탕으로 입교자가 기하급수적으로 늘어나게 되는데 3년 만에 간부교도만 56만 가까이 되는 조직을 만들었다. 그 당시 차경석은 방주 등 간부를 임명할 때 교첩과 인장을 수여했는데, 이러한 행위는 차경석이 천자가 되어 새 왕조를 만드는 것으로 받아들여졌고 교의 간부들은 후에 관직을 받아 큰 역할을 할 것으로 믿게 되었다. 1920년 들어서는 천지운로가 자신을 향해 열린다고 주장하면서 차경석은 스스로 동방의 맹주가 될 것이고 일제의 식민지 조선은 세계통일의 종주국이 될 것이라 하였다. 차경석은 1921년 황석산 고천제에서 국호를 시국時國이라 하고 교명教名을 보화교普化教로 선포하였다는 소문이 돌면서 차경석의 천자등극설은 점점 사실화되기 시작했고, 그의 호칭도 '차천자車天子'로 불리게 되었다. 문제는 이를 뒷받침할 만한 기록을 찾을 수 없다는 점이다. 그러나 여러 정황으로 볼 때 이러한 소문을 근거 없는 것으로 무시할 수만은 없다.

53 『도훈』, 28쪽. 그 당시 풍설로 차경석의 등극설이 유행한 것은 분명하다. 아마도 일제의 보천교 탄압전술과, 일제하에서 민중의 희망이 보천교 조직이나 차경석의 인물됨 등과 어울려 유포된 것으로 보인다. 차경석은 1936년 ≪조선중앙일보≫에 실린 기자 유춘섭柳春燮과의 인터뷰에서 '들으니 늘 천자차모天子車某라고 하니 그 어떠한 출처입니까?'라는 물음에 "허허 남아가 천하에 뜻을 두고 출세함에 한 개의 창생도 남김없이 제도함이 옳거늘 그 까짓 천자가 다 무엔가 나는 모를 일이야. 간혹 신문지상에 그 같이 떠들지마는 한 사람의 신문 기자도 나를 방문하고 나의 참된 소회를 듣고 간 사람이 없이 자기들 마음대로 떠드는 것은 도리어 웃어버리고 말일이지"라고 말하였고 '그렇다면 갑자년등극설甲子年登極說도 허탄虛誕한 소문이오?' 라고 묻자 "그야 더군다나"라고 답한다.(김철수, 『잃어버린 역사 보천교』, 상생출판, 2017, 42쪽에서 재인용.

3

보천교 전기의 교리

전기 교리와 후기 교리

위에서 본바와 같이 차경석의 종교적 활동은 증산상제를 만나면서부터 시작되었다. 증산상제 사후에는 그의 이종사촌누이이자 증산상제에 의해 수부로 책정된 고수부의 선도교에 참여하여 신앙생활을 하였다. 그곳이 보천교 탄생의 토대였다. 그렇다면 보천교의 뿌리는 증산상제며 그 교리는 당연히 증산상제의 가르침에 근거하고 있을 것이다.

그런데 보천교 연구가들에 의해 '무진설법'이라 불리는 사건 이후 보천교의 교리가 유교식으로 바뀌게 된다. 또한 신앙의 대상 역시 바뀌게 되는데 이를 '신로 변경'이라고 부른다. 교리의 변경과 신로의 변경이 함축하는 것은 변경 전과 후의 내용이 서로 구분된다는 점이다. 즉 교리와 신앙의 대상이 증산상제 중심에서 멀어졌다는 것을 의미한다. 필자의 관심은 그 전후를 살펴보는 것이다. 여기서는 교리변경 전과 후를 나누어 간단히 '전기前期의 교리'와 '후기後期의 교리'로 구분하고자 한다.

전기 교리, 증산 상제의 가르침

먼저 전기의 교리가 무엇인지 알아보자. 여기서 전기라 함은 신로 변경 이전, 즉 1928년 무진년 이전을 의미한다. 그렇다면 보천교의 전기는 황석산 고천제로 보천교라는 교단명으로 공식화된 1921년부터 1928년 초까지가 될 것이다.[54] 이 전기의 교리에 대해 『교전』은 차경석의 직접적인 발언을 적고 있다.

> (계유년 3월 1일 오후 1시에 교리를 설명하시다)… 우선 교리를 선전 포교할 만큼 말한다. 인의, 사대 강령, 상생, 대동을 명심하라… 유불선 삼도의 이치는 어떠한가를 말한 연후에 우리 보천교는 어떠한 이치라는 것을 말하여야 듣는 사람도 조리調理가 소상하여 순서가 있지, 시종始終과 두미頭尾가 없이 사대 강령만 말하면 듣는 사람도 요령을 얻지 못하나니라. 년전年前에 이상호가 간판을 걸고 있을 때에 일심一心, 상생相生, 거병去病, 해원解冤, 후천선경後天仙境 등의 말로 교리를 정하여 선전 포교하였으나 그것은 하등의 교리가 아니다.[55]

이 인용문에서 '년전에 이상호가 간판을 걸고 있을 때'는 이상호가 일본경찰과 합의하여 교의 공개를 약속하고 감옥에서 나와 1922년 교명을 등록하고 서울에 보천교 진정원을 설립하면서 본격적인 보천교 활동을 하던 때를 말한다. 여기서 중요한 문구는 보천교가 사대 강령을 교의 행동지침으로 정하기 이전에 교리가 있었는데 그것이 바로 일심, 상생, 거병, 해원, 후천선경 등이라는 내용이다. 물론 차경석은 이러한 교리가 이상호에 의해 선전 포교된 것이라고 선을 긋고 있지만 전기 보천교의 교리인 것은 분명히 인정하고 있다.

그런데 이러한 교리는 알다시피 증산상제의 핵심 가르침이다. 차

----

54 또한 24방주를 조직했던 1916년부터 1928년까지를 원태을교 시대로 규정하고 있기도 하며, 교단 내에서는 원년으로 삼고 있는 1909년부터 무진훈사가 있었던 1928년 까지를 음도시대로 규정하기도 한다.

55 『도훈』, 74쪽.

경석은 증산상제의 주요 제자이며, 2년간의 종도 생활에서 증산상제의 가르침을 믿고 따르며 천지공사에서 중요한 역할을 하였다. 그리고 증산상제 사후의 행동으로 볼 때 특히 차경석은 다른 제자보다 깊은 신앙심을 가진 인물이었다. 그런 차경석이 증산상제의 가르침으로 보천교의 교리를 삼는 것은 너무나 당연한 일이다. 보천교 『교전』의 구성을 보면 「천사편」과 「성사전」으로 구성되는데 이 또한 보천교와 증산상제의 연맥을 보여주는 것이다. 그리고 「천사편」에서는 보천교 전기 교리와 일치하는 사상들이 기록되어 있다.

> 대저 제생의세濟生醫世는 성인의 도요 재민혁세災民革世는 웅패雄霸의 술이니라. 이제 천하가 웅패에게 괴로운지 오래라. 내가 상생의 도로써 만민을 교화하며 세상을 평안케 하려 하노니… 대인을 공부하는 자는 항상 남살리기를 생각하여야 하나니….[56]

> 이후에 공우 다시 천사를 모시고 태인읍을 지날 새 두 노파가 지나거늘 천사 길을 비켜 외면하고서야 다 지나가기를 기다려 길을 가시며 '이제는 해원시대라. 남녀의 분별을 띠워 각기 하고 싶은 대로 하도록 풀어놓았으나 이후에는 건곤의 위차位次를 바로 잡어 예법을 다시 세우리라.[57]

> 내가 천지를 개벽하고 조화정부를 열어 인간과 하늘의 혼란을 바로잡으려 하야 삼계를 두루 살피다가 너의 동토에 그쳐 잔피孱疲에 빠진 민중을 먼저 건지려 함이니 나를 믿는 자는 무궁한

----

56 『교전』, 35-36쪽.
57 『교전』, 95-96쪽.

행복을 얻어 선경의 낙을 누리리니 이것이 참동학이라.[58]

내가 서촉西蜀에 있어도 일심하는 자에게는 찾아오리라,[59]

이상의 인용문에서 상생, 해원, 일심, 후천선경 등이 모두 증산상제가 제자들에게 전한 주요 가르침임을 알 수 있을 뿐 아니라, 증산상제를 신앙하는 보천교 역시 이러한 가르침을 결코 무시하지 않고 있음도 알려진다.

초기 교리 선포

보천교에 관련된 현존하는 가장 초기의 저작물로 ≪보천교보普天教報≫가 있다. 1922년 7월 이상호에 의해 발간되었다. 이 잡지 창간호에서 제일 먼저 언급하고 있는 논제는 '보천교 종지'이다. ≪보천교보≫라는 보천교 최초의 기관지를 발간하면서 무엇보다 세상에 알려야할 것이 보천교가 어떤 가르침을 따르는가 하는 문제였기 때문일 것이다.

이상호가 1922년에 창간한《보천교보》표지

...윤리 도덕은 무도하고 천하는 모두 병들었다. 이에 세상 모든 곳과 세상 모든 사물, 세상 모든 일에 원한이 맺혔다. 천사께서 천하를 대순하다가 이 땅에 강세하시어 선천의 묵은 도수를 단

58『교전』, 81쪽.

59『교전』, 291쪽.

고 후천 무궁한 운을 여시고 '하늘의 성공과 땅의 평화', '만병의 제거와 원한의 해소'라는 가르침을 전하시었다.[60]

여기서도 알 수 있듯이 증산상제의 가르침인 거병, 해원, 후천선경이 바로 보천교의 종지라는 것이다. 즉 보천교 교리는 결코 보천교가 성립되면서 보천교 스스로 만들고 선포한 것이 아닌 것이다. 이상호는 '비록 자신이 증산상제의 친자親炙를 받지 못하였으나 선배의 구전口傳에 인하여 단편적인 언행에 대해 기술하고 있다'[61]는 단서를 달고 있어서 보천교 초기 교리의 기원과 내용을 분명히 하고 있다. 거병, 해원, 후천선경 등의 보천교 종지는 자신이 창작한 것이 아니라 증산상제를 신앙했던 당시의 종도들의 증언으로부터 나온 것임을 강조한 것이다.

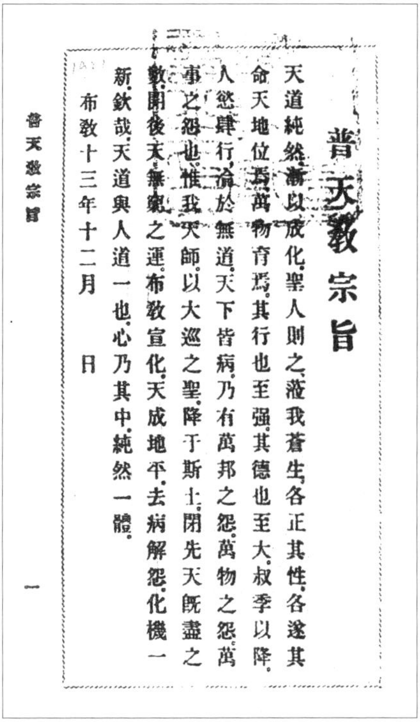
普天敎宗旨
天道純然。常以成化。聖人則之。蒞我蒼生。各正其性。各遂其
命。天地位焉。萬物育焉。其行也至强。其德也至大。叔季以降。
人慾肆行。淪於無道。天下皆病。乃有萬邦之怨。萬物之怨。萬
事之怨也。惟我天師。以大巡之聖。降于斯土。閉先天旣盡之
數。開後天無窮之運。布敎宣化。天成地平。去病解怨。化機一
新。欽哉。天道與人道一也。心乃其中。純然一體。
布敎十三年十二月 日

普天敎宗旨 一

《보천교보》 첫 장에 실린 〈보천교 종지〉

또한 이 잡지 중에 〈종교사상宗教史上의 증산천사〉와 〈일심〉이라는 제목의 글들을 싣고 있는 것을 볼 때 보천교의 기원과 방향이 무엇인지 분명하게 드러난다.[62] 이강오 교

----

60 《보천교보》, 1쪽, 〈보천교 종지〉 중에서. 이 책에 실린 〈보천교 종지〉는 1921년 12월에 작성되었고 1922년 7월 출간될 때 게재되었다.

61 《보천교보》, 25쪽.

62 《보천교보》, 보천교 진정원, 1922, 23쪽 참조.

수는 이러한 사정을 들어 다음과 같이 말하고 있다.

> 종도 중에서 증산의 사상이라고 여겨지는 것을 가다듬고 추려서 종교적 가치로서 인정될 수 있는 교리나 교강을 규정하고 싶은 당연한 욕구를 품게 되었다. 그리하여 이를테면 당시 보천교의 신진교인 이상호, 이성영 등은 1921년 처음으로 사대교강四大教綱을 발표하고….[63]

여기서 말하는 1921년은 ≪보천교보≫가 발간되기 전에 〈보천교 종지〉라는 글이 쓰여진 시기(1921년 12월)와 유비될 수 있다. 이강오 교수는 사대교강에 대해 '처음에는 일심, 상생, 거병, 해원을 교강으로 하고 후천선경을 목적으로 하였던 것이, 그 후에 신화일심神化一心, 인의상생仁義相生, 거병해원去病解冤, 후천선경으로 개정되었다'[64] 라고 말한다.

천사의 교의

1923년에 창간된 ≪보광普光≫(1923년 10월 25일 발간)에서도 보천교 교리에 대해 명확히 규명하고 있다. ≪보광≫은 ≪보천교보≫가 창간호만 발간되고 바로 폐간된 후 새롭게 기획 발간된 보천교의 기관지이다. 그렇다면 그 내용들도 마찬가지로 보천교의 공식 입장이라고 할 수 있을 것이다.[65] 이 창간호에서 규정한 보천교 교리는

---

63 이강오, 「보천교, 한국의 신흥종교 자료편」, 25쪽.

64 이강오, 「보천교, 한국의 신흥종교 자료편」, 5쪽 각주 참조. ≪보광≫ 창간호에서는 '신화神化, 일심, 상생, 거병去病, 해원, 후천선경'을 교리라고 규정하고 있다.

65 ≪보광≫은 보천교의 월보月報로 1923년 창간된 후 4호까지 발간되었다. ≪보광≫의 편집인은 이상호의 동생인 이정립인데 이때까지만 해도 보천교의 핵심 간부로 차경석의 종교 활동을 보좌하고 있었다.

상생, 해원, 후천선경 등이다. ≪보광≫ 첫 장에 실린 〈선포문〉은 이를 적고 있다.

> 천사께옵서 새로운 세계를 대순하사 천지의 현기玄機를 조정하시고 신인의 숙원을 화해하사 선천의 수數를 닫고 후천무궁의 운運을 여시니 이것이 천지공사이며 우주의 진리를 기초로 하여 신화神化, 일심, 상생, 거병去病, 해원, 후천선경의 교의敎義를 널리 선포하시니 이것이 만화귀일萬化歸一이며 후천의 신운新運을 만나 천사의 교의를 신봉하고 선포하여 사해형제와 더불어 장엄한 선경을 개척하고 영세태평의 무량행복을 누리고자 함이 우리 보천교의 목적이요 사명이로다.[66]

이 글의 제목은 〈선포문〉인데 그 내용에서 볼 때 목적어는 '천사의 교의敎義'라고 할 수 있다. 즉 보천교의 기관지인 ≪보광≫ 창간

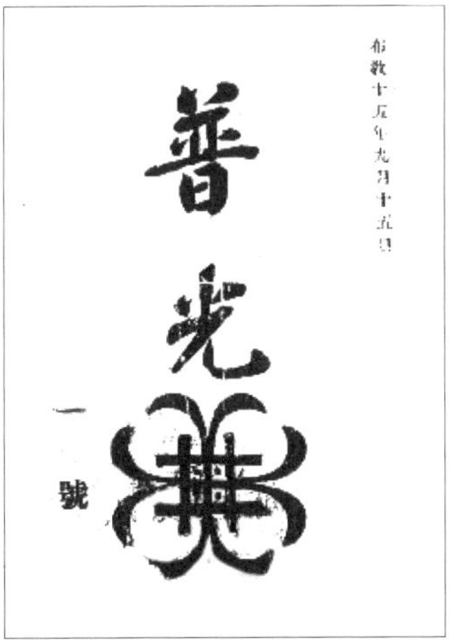

≪보광≫ 창간호 속표지

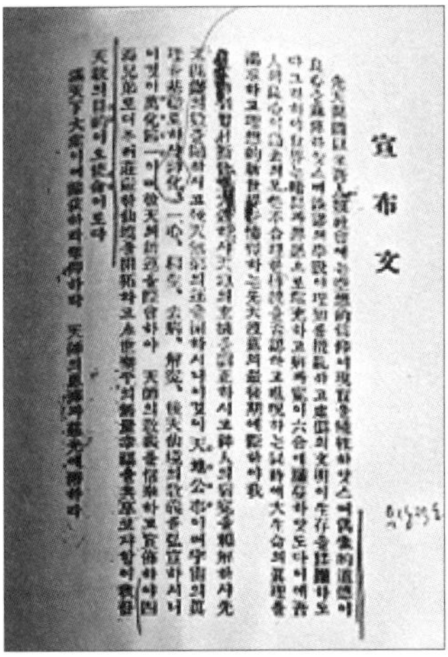
宣布文

≪보광≫ 창간호에 실린 〈선포문〉

----

66 ≪보광≫ 창간호, 첫 장 〈선포문〉 중에서.

호에 〈선포문〉을 싣고 있는데 그 〈선포문〉의 목적은 곧 '천사의 교의'인 일심, 상생, 거병, 해원, 후천선경 등을 선포하는 것이다. 또한 이러한 교의는 결코 인간의 사상이나 이념에서 나온 것이 아니라 '우주의 진리에 기초한 하느님의 가르침'이라는 기록이 주목된다. 이로 볼 때 증산상제의 도맥을 잇는다고 밝힌 보천교는 그 이름을 건 이후 교의는 일심과 상생, 해원과 후천선경임이 분명하다.

이 창간호에 기고된 원고 중에서 '해원解寃의 묘체妙諦'라는 제목의 글이 있는데 여기에 다음과 같은 주장이 있다.

> 나는 우리 교의 정법안正法眼(정법을 보는 눈)인 해원의 요지…해원의 묘법은 우리의 교조이신 대법천사 증산 선생의 개시하신 대도라.[67]

이글의 필자는 '봉래蓬萊'이다.[68] 호인지 필명인지 모르지만 그가 쓴 '해원의 묘체'는 상당히 논리적이며 체계적인 글(논문에 가까운)이다. 이정도의 필력을 가진 사람이라면 아마도 증산상제의 가르침을 받드는 자이면서 보천교에서도 어느 정도 역할을 가진 것으로 예상된다. 따라서 그가 보천교의 교리인 해원에 대해 규정한 것은 곧 보천교의 공식적 입장으로 봐도 무방할 것이다. 특히 창간호의 제일 첫머리를 장식하는 글이기에 그 무게는 간단하지는 않을 것이다.

보천교의 신앙 대상

특히 ≪보광≫ 창간호에 실린 〈답객란答客難〉에서도 보천교 교리

---

67 ≪보광≫ 창간호, 14쪽.
68 ≪보광≫ 제2호와 3호에도 해원에 관한 글이 있다. 〈해원론〉이란 제목의 이 글의 필자는 남주南舟인데 남주는 곧 ≪보광≫의 발행인인 이정립(이성영)의 호이다.

에 대한 언급이 있다. 이 〈답객난〉의 필자는 필명을 '일교인一教人'이라고만 하였는데 그 내용을 보면 수년 전에 보천교에 입교한 사람으로 한 때 유물론을 신봉하여 어떤 종교에도 관심이 없었고, 또 유물론에 실망하고 현대문명의 허위와 죄악을 비관하여 예술에서 답을 찾고자 하였으나 실패하여 부득이하게 종교에 귀의한 것을 알 수 있다. 그러나 당시의 기독교나 불교가 아닌 보천교를 선택한 이유는 기존 종교의 고루한 교리, 즉 천당이나 극락, 성서나 계율, 허위의식을 반대하기 때문이며, 그래서 새로운 터전에 새로 건축 중인 신종교에 들어왔다고 말한다.[69] 교리에 대한 문답은 다음과 같다.

> 문 : 보천교는 몇 해 전에 창설하였으며, 교조는 누구신가요?
> 답 : 15년 전에 증산 천사께서 개종開宗하시었소….
> 문 : 귀교의 신앙 대상은 무엇인가요?
> 답 : 우리 교도는 순일한 마음으로 증산 천사께 절하나이다.
> 문 : 귀교의 교의는 어떠하온지요?
> 답 : ...후천선경을 건설함이 유일의 사명입니다. 이 선경 건설에 대한 필수 재료로 하여 천사께서는 일심, 상생, 거병, 해원의 묘체妙諦로써 우리에게 가르쳐 주셨나이다.[70]

교의 전체적인 윤곽(필자는 〈답객란〉에서 천사의 성적, 교의 역사, 내부조직, 집행기관, 교의, 경전, 의식, 계율, 교육 등을 기록한다고 밝히고 있음)을 정확히 묘사하고 있는 것으로 보아 교단 내의 위치 또한 예사롭지 않은 듯 한 필자는(이정립이라고도 함) 교의에 대해 일심, 상생, 거병, 해

---

69 《보광》 창간호, 21쪽 이하 참조.
70 《보광》 창간호, 29-30쪽.

원, 후천선경 등이라고 분명히 말하고 있다. 그 중 후천선경 건설이 교의 가장 중요한 목적이고 일심, 거병, 상생, 해원은 이를 실현하는 법방으로 모두 증산상제가 전한 가르침임을 분명히 한다. 이로 보아 보천교의 전기 교리에 대해서 다른 이견을 달기는 어려울 것이다. 특히 위 인용문에서 주목할 것은 보천교의 창설자를 차경석이 아니라 증산상제라고 한 점이다. 이는 보천교의 뿌리가 증산상제이며, 그의 가르침이며, 또 그를 신앙하는 단체임을 강조한 것이다.

무엇보다도 당시 보천교에는 경전이 없었다는 사실에서 보천교가 증산상제의 가르침에 전적으로 의지하고 있음을 알 수 있다. 〈답객란〉에서 교의 경전이 무엇이냐는 물음에 문자로 된 경전은 없다고 말하면서 '진리는 문자에 있는 것이 아니라 청정무구淸淨無垢한 마음

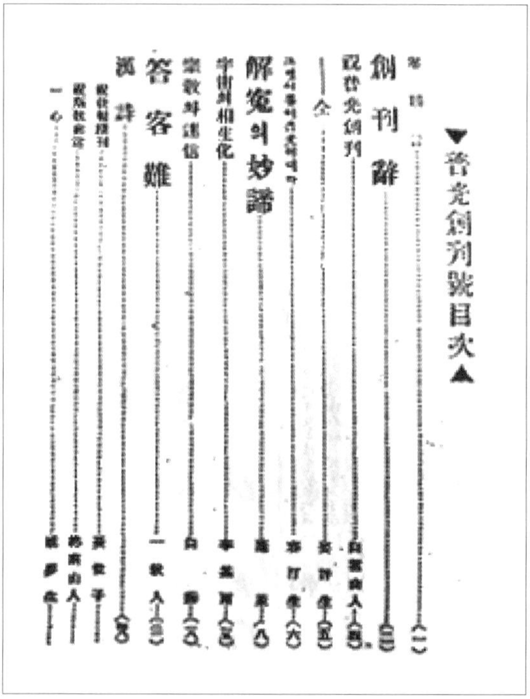

▼普光創刊號目次▲

創刊辭

解寃의 妙諦

宇宙의 相生化

宗敎와 迷信

答客難

漢詩

《보광》 창간호 목차. 〈답객란〉이 있다.

에 있다'고 주장한다. 곧 보천교는 다른 경전으로 가르침을 삼는 것이 아니라 교의 교조이며 신앙의 대상인 증산상제가 전한 말씀인 '불문경不文經'으로 신앙과 교의를 지킨다는 것이다.

그러나 보천교 『교전』이나 『도훈』, 1958년에 발간된 『연진研眞』 등에서 말하는 보천교의 교리는 '인의仁義'이다. 즉 초기의 교리와는 다르다. 사실 보천교의 교리를 담고 있는 책자로 1920년대에 발간된 것이 절대 부족한 상황에서 그 교리의 변경 과정을 살피는 것은 무리가 있다. 그러나 분명한 것은 초기의 교리는 증산상제의 생전 가르침과 동일하다는 것이다.

4

보천교 후기의 교리

교리의 정통성

후기의 교리에 대해 그 시점을 가장 빠른 날로 기록한 것은 『도훈』이다. 『도훈』의 편자는 증산상제 사후 차경석의 행동을 묘사하면서 다음과 같이 자신의 의견을 주註로 적고 있다.

> 성사께서 천사님을 만나신지 불과 수 삼 년에 불의의 일을 당하시어 때때로 비룡산에 올라 통곡하시고 약장 앞에 나아가 배례拜禮를 드리시며 삼년 거상居喪 하실 때, 기유(1909)년 정월 고천제에 몸소 제세안민의 대도 맡으심을 깨달으시어, 교리와 강령을 정하사 사방에 선포하시니….[71]

이 때 정한 교리가 인의이고 주의는 상생이며 목적은 대동이고 사대 강령은 경천, 명덕, 정륜, 애인이라는 주장이다. 그러나 이러한 기록은 믿기 어렵다. 왜냐하면 증산상제 사후 삼년 거상 할 때라면 1909년에서 1912년 사이가 될 것인데 이 때는 차경석이 고수부의 교단에 속해있을 시점으로 교파를 만들기도 전이었다. 그럼에도 이러한 주석註釋를 단 것은 보천교의 유교적 교리가 정해진 시점을 앞당겨 그 정통성을 찾기 위함일 것이다. 그러나 앞에서 본 바와 같이 전기의 교리는 거병, 해원, 일심, 후천선경 등 증산상제의 가르침을

71 『도훈』, 9쪽.

이은 것들이다. 이에 대해 신종교 연구의 선구자인 이강오 교수는 다음과 같이 말한다.

> 차경석이 교리개혁을 하면서 이 사대교강四大教綱은 이상호의 독자적인 의견 발표라고 했으나 실은 그 때에 체계화된 교리, 교강이 없었으므로 그에게 위임하여 체계를 세워 제출하도록 한 것이다.[72]

이강오 교수의 말은 1921년까지는 보천교의 교리로 공식화 된 것이 없었고, 이상호에게 위임된 상황에서 정해진 교리가 바로 초기의 교리라는 것이다. 보천교 교리의 변경은 차경석 사후에 발간된 『보천교지普天教誌』[73]에서 그 전후前後가 잘 드러난다. 그 〈서문〉은 증산상제의 교리와 차경석의 교리를 구분하는 중요한 내용을 담고 있다.

> 가) 증산천사께옵서 선천의 도수를 폐하시고 후천의 운수를 여실 새 신명공사를 행하사 만고의 원을 해解하시고(해원) 상생의 도를 여사… 후천오만년 조화선경을 건설하시니….[74]

> 나) 당시 종도 중 천사의 도를 알고 그 종지를 득한 이는 오직 차월곡 성사 한 사람이라 천사의 명령을 봉승奉承하시어 본교를 창설하여 도운을 개창하고… 우리 대도로 하여금 무량세계의 유일한 큰 가르침을 지으니… 그 문적文籍은 교리왈教理曰 인의요, 강령

----

72 이강오, 「보천교」, 13쪽 각주.

73 『보천교지』(1964년 발간)는 『교전』(1981년 발간)보다 먼저 발간된 보천교 경전으로 그 내용은 『교전』과 거의 같다.

74 『보천교지』, 서序, 1964, 2쪽. 이 서문은 1964년 7월 구동서具桐書가 쓴 글이다.

왈綱領曰 경천, 명덕, 정륜, 애인이니 이는 천하지대본天下之大本이요 주의는 상생이고 목적은 대동이니 이는 천하의 달도達道라.[75)]

위의 가)와 나) 두 인용문은 모두 『보천교지』 서문에서 가져온 것이다. 즉 보천교의 연원과 교리와 조직 등을 총망라하는 책의 서문에서 증산상제의 가르침을 해원과 상생, 후천선경으로 적시하면서, 몇 줄 뒤에서는 차경석의 보천교 교리에 대해서 교리를 인의라 하고 강령은 경천, 명덕, 정륜, 애인 등이라고 기록하고 있다. 즉 이 서문에 내포된 함의는 보천교의 교리가 모두 증산상제의 가르침을 근거로 하고 있는데, 그 중 일심, 상생, 거병, 해원, 후천선경 등은 초기의 교리로 선포되었고, 추후에 다시 인의와 사대 강령 등의 교리가 차경석에 의해서 선포되었다는 것이다.

전기 교리를 위한 변명

『보천교지』가 「천사편」과 「성사편」으로 구성된 것으로 보아 보천교의 교리 역시 증산상제와 무관하다고 할 수는 없다. 서문에서 밝히듯이 보천교는 '천사의 명령을 봉승奉承하여' 즉 '받들고 이어서' 창설되었기 때문이다. 그럼에도 차경석은 증산상제의 근본 가르침과는 다른 교리를 내세우고 있다.

차경석은 초기의 교리가 일심, 상생, 거병, 해원으로 정해진 것에 대해 자신과 무관함을 강조하면서 다음과 같이 말한다. 이는 1933년 교리설법에서 행한 것이다.

년전에 이상호가 간판을 걸고 있을 때에 일심, 상생, 거병, 해원,

----

75 『보천교지』 서序, 2-3쪽.

후천선경 등의 말로 교리를 정하여 선전 포교하였으나 그것은 하등의 교리가 아니다. … 그 때에 여予의 몸이 활발치 못하고 산곡山谷 중에 숨어있었으므로 나의 말을 듣지 아니하고 제 마음대로 발명하여 온 것을 갑자기 변동하지 못하고 지금까지 왔다.[76)]

초기의 교리가 그렇게 정해진 것을 이상호의 독단으로 행해진 일로 몰고 있지만 이강오 교수의 주장처럼 이 말을 사실 그대로 믿기는 어렵다. 결국 이는 차경석의 교리 변경에 대한 명분이라고 판단된다. 사실 차경석의 말처럼 교단 초기(1917년 이후) 그는 일경日警의 검거를 피해 전국을 유랑하여 교에 대해 자세히 관여할 상황이 아니었다. 자연스럽게 보천교의 실무는 위임되었고 이상호는 그 위임된 권한에서 교리와 교명을 선포한 것이다. 그 과정은 다음과 같다.

황석산에서 고천한 보화교의 교명이 선포도 되기 전에 보천교라는 명칭으로 바뀌게 되었다. 이는 지난 8월에 경성에서 체포된 간부 이상호가 수감 중에 경기도 경찰부 간부를 만나, 본교의 교리와 조직 내용을 공공연하게 밝힘으로써 자유로운 종교 활동을 얻을 수 있다는 약속을 받고 출감하여, 교주와 협의한 끝에 본교의 사대교강을 천명闡明하고 보천교라는 명칭으로 인허를 구하였다. 그리하여 이상호는 출감한 즉시로 1922년 2월 1일 경기도 동대문 밖 창신동에 '보천교 진정원'이라는 간판을 붙이고 원장으로 집무하였다.[77)]

----

76 『도훈』, 74-75쪽 및 『보천교연혁사』 상 참조.
77 이강오, 「보천교」, 13-14쪽. 이강오 교수는 "1922년에 간부 이상호가 조선통독부에 보천교라는 교명으로 종교적 공인 신청을 할 때에 증산의 천지공사에서 교리 내용을 체계화한 것으로서 제시한 교리 강령과 목적은 다음과 같다. 사강령-일심, 상생, 해

이강오 교수의 설명에 따르면 보천교라는 명칭과 교리는 차경석과 협의 하에서 정해진 것이며 이상호는 단지 등록을 대행한 것이다. 아니면 적어도 차경석의 위임과 암묵적인 동의하에 그렇게 한 것이다.[78] 이 당시만 해도 보천교의 이름도, 교리도 없는 상태였기에 등록을 위해 이를 밝힐 필요가 있었고 교리는 당연히 증산상제의 가르침을 그 중심으로 할 수밖에 없었다. 그러나 차경석은 자신이 만든 보천교에 자신의 교리를 선포할 생각을 하고 있었다.

차경석은 1933년에 교리를 설명하면서 전기의 교리인 거병, 해원, 일심, 상생, 후천선경 등에 대해서 모두 이상호가 간판을 걸고 있을 때 정한 것으로 이는 하등 교리가 될 수 없다고 말한다. 이 말은 결국 차경석이 생각하는 다른 교리가 있다는 말이다. 그리고 이러한 초기 교리가 이상호가 발명해낸 것으로 폄하하는 것 역시 새로운 교리를 선포하기 위한 이유에서라고 생각된다. 만일 전기의 교리가 증산상제의 가르침이라고 한다면 이를 폐기하고 새로운 유교적 교리를 선포하는 것은 당시 교도들에게 설득력이 없기 때문이다. 무엇보다도 전기 교리가 부당함에도 오랫동안 용인해온 것은 차경석 본인도 그 교리를 인정했기 때문일 것이다.

원, 거병, 목적-후천선경….”(이강오, 「보천교」, 42쪽.)라고 말한다.

78 사실 이와 관련된 『보천교연혁사』의 기록은 조금 다르다. 즉 감옥에 갇혔을 때 경기도 경찰부로 이송되었고 후지모토 고등과장이 이상호를 선생으로 예우하면서 ‘종교는 동서를 막론하고 누가 감히 사랑하지 않으리오. 그러나 선생의 행동은 음지에 숨어 암중暗中 행사하니 관청에서도 여하한 사정을 몰라 혐의를 받았으나 지금부터 선생이 공명정대한 행동을 하여 관청의 양해를 얻어 포교하면 관청에서도 후원할 것이다’라고 설득하였고, 이에 이상호는 석방을 요구하여 차경석을 만나 교의 공개를 상의하였다. 여기서 이상호는 차경석에게 “교의 공개를 약속하고 석방을 얻어 왔으니 만일 약속을 위반하면 소자는 감히 이 땅에 거처하지 못하고 국경을 넘어 탈주할 수밖에 없습니다”고 말하였다. 교의 공개에 대한 이상호의 협박으로 들린다. 결국 차경석은 출판물 허가와 관청의 양해를 얻음을 재가하였다.(『보천교연혁사』 상, 참조) 즉 1921년 9월 24일 고천제에서 보화교라고 고천하였으나 10월에 이상호가 석방되어 찾아와 교의 공개를 결정하였으며, 교명은 이상호의 독단적 결정으로 보천교로 정해진 것이다.

전기 교리 비판

위 『도훈』에서 인용한 글을 볼 때, 새로운 교리를 선포하는 시점에 와서 그 이전의 교리를 부정해야하고 그 근거도 부당함을 밝힐 수밖에 없는 차경석의 고충이 묻어난다. 더 나아가 차경석은 초기 교리에 대해 하나씩 조목조목 비판하면서 교리로서의 가치를 부정한다.

> 일심이라 함은 누구나 다 말하는 것이지 하필 보천교뿐만 아니니 독특한 교리라 할 수 없고, 해원이라 함은 이 세상의 누구나 다 말한다. 온 세상이 천연天然적으로 그러하는데 독특한 교리라 할 수 없고, 거병이라 함은 이 세계에 병을 낫게 한다는 것이지 교리가 아니다. 상당한 방침으로 말하면 자연 낫는다. 만일 이것을 교리라 하면 어떻게 치병한다는 조목이 없으니 교리가 아니 되며, 후천선경이라 함은 세상에서 미신으로 말을 하니 병이 다 나으면 선경이 소용이 없으며 보천교는 더 진보할 수 없고 해원이 다 되면 더 진보할 수 없다. 세상은 항시 병病과 원冤으로만 지내는 것이 아니고 그러면 정당하게 교인이 되는 대도大道가 아니다.[79]

보천교의 새 교리에 속하는 주의인 '상생'만 빼고 초기 교리 모두를 부정하고 있다. 그런데 그 비판의 논리가 궁색하다. 특히 후천선경에 대한 비판은 완전히 비논리적이다. '병이 다 나으면 선경이 필요 없다'거나 거병과 해원으로 후천선경이 다 되기 때문에 '보천교는 더 이상 진보하지 않는다.'는 주장은 솔직히 비판을 위한 비판일 뿐이다. 또 거병과 해원의 교리는 병과 원이 있는 자를 그 병과 원에서 자유롭게 해 준다고 유혹해 교인으로 유인하는 것이므로 종교의

---

79 『도훈』, 74-75쪽.

'대도'가 아니라는 비판은 새로운 대도로서 보천교의 교리가 요구된다는 것을 강조하는 것이기도 하다.

유교적 교리 구상

이러한 과정을 거쳐 차경석이 유교 이념의 새로운 교리를 구상하고 그 의미를 형성하기 시작한 때는 1923년 정도라고 판단된다. 다음의 글은 새로운 교리에 대한 차경석의 고뇌가 담겨 있다.

> (1933년) 3월 1일 오후 1시에 교리를 설명하시다. … 사대강령을 내가 중년으로부터 여러 사람에게 가르치고 깨우쳐주지 못하였으므로 사대강령의 뜻을 다 알지 못하여 같은 도리와 같은 문자를 각각 저 의견대로 이해하여 그 말이 하나가 아니다. 금일로부터 내가 여러 사람을 앞에 두고 꼭 가르쳐 주려 하였더니 금번 기회에도 복잡한 형편에 의하여 교리를 말하지 못하고 우선 포교하는데 말의 상위相違나 없도록 대강 말하노니 명심하여 들어라.[80]

위 인용문에 의하면 차경석은 중년 이후로 사대강령을 정하고 이를 주위 교도들에게 가르치려고 했다는 것과 그럼에도 사대강령에 대한 정확한 의미가 전해지지 않자 1933년 3월 1일 서로 다른 이해가 없도록 사대 강령에 대해 공식적으로 설명하고 있다는 것을 알 수 있다. 여기서 차경석이 4대강령을 정한 '중년 이후'는 적어도 보천교 혁신운동이 일어나기 전인 1923-4년(차경석의 나이 44세 전후) 정도가 될 것이다. 왜냐하면 혁신운동의 원인 중 하나가 증산상제의 교통과 교리를 이어받은 보천교가 그것을 부정하고 유교적 교리

---

80 『도훈』, 75쪽.

에 치우친 것이기 때문이다.[81] 그러나 이 때는 아직 인의라는 교리와 사대강령을 공식적으로 발표하지는 않았다고 보여진다. 그 이유는 ≪보천교보≫와 ≪보광≫ 등 보천교 잡지에서 보천교 교리에 대해 공공연히 시대교강(거병, 해원, 상생, 일심)을 선전하고 있기 때문이다. 아마도 인의와 사대강령 등 유교적 교리는 이상호, 이정립 두 형제 방주가 보천교에서 파문된 뒤인 1925년 이후에 공식화 된 것이 아닌가 판단된다.

1933년 도훈의 그 다음 구절에서는 새로운 유교적 교리에 대한 차경석의 자세한 설명이 기록되어 있다.

> 사람이 물을 때 보천교는 어떤 주의主義냐 하면 답 왈曰 우리 주의主義는 상생相生 두자라 하라… 이 사람은 저 사람을 사랑하고 저 사람은 이 사람을 사랑함이 상생이라. … 서로 용서하고 피차가 서로 살아가는 주의다 … 상생을 하자면 어떠한 법으로 가르치고 배우느냐 하면 우리 교는 사대강령이 있으니 일왈一曰 경천敬天, 이왈二曰 명덕明德, 삼왈三曰 정륜正倫, 사왈四曰 애인愛人이다. … 그러면 교리敎理는 무엇인고? 왈 인의仁義라. 인의는 대인대의大仁大義니 우리 교리이다. 목적은 무엇인고? 대동大同이다. 세계가 대동함을 내 눈으로 본다고 목적目的이다. … 온 천하가 동일한 제도로 우주가 일가一家가 되어 한 가족과 같이… 온 세계가

---

81 이강오 교수는 보천교의 배교운동의 원인을 "이와 같은 배교 항쟁은 원래 차교주의 축전축지縮天縮地하는 능력과 혁명주가 될 운수가 오직 증산에 의하여 주어진 것으로 생각하여, 증산교의 신도적 교리 면에서 차교주를 추종했던 교인들이 이제 새삼스럽게 증산의 신도를 부정하고 인의만을 중시하는 유교에 가까운 신앙으로 변하는 차경석의 주장에 그대로 따를 수 없었기 때문이다."(이강오, 「보천교」, 42-43쪽.)라고 설명한다.

크게 한가지로 되는 것이 목적이다.[82]

이는 차경석이 보천교의 교리로 정한 인의와 사대강령 그리고 주의와 목적을 명확히 밝힌 구절이다. 사대강령은 물론이고 교리인 인의와 목적인 대동 모두 유교의 주요 개념들이라고 볼 수 있다. 차경석은 같은 날 교리설법에서 사대강령 각각에 대해서 자세하고 긴 설명을 덧붙이고 있다.

그렇다면 왜 차경석은 증산상제를 신앙하던 그 시절 그 가르침으로 만든 교리를 부정하고 유교적 개념들로 교리를 삼은 것인가?

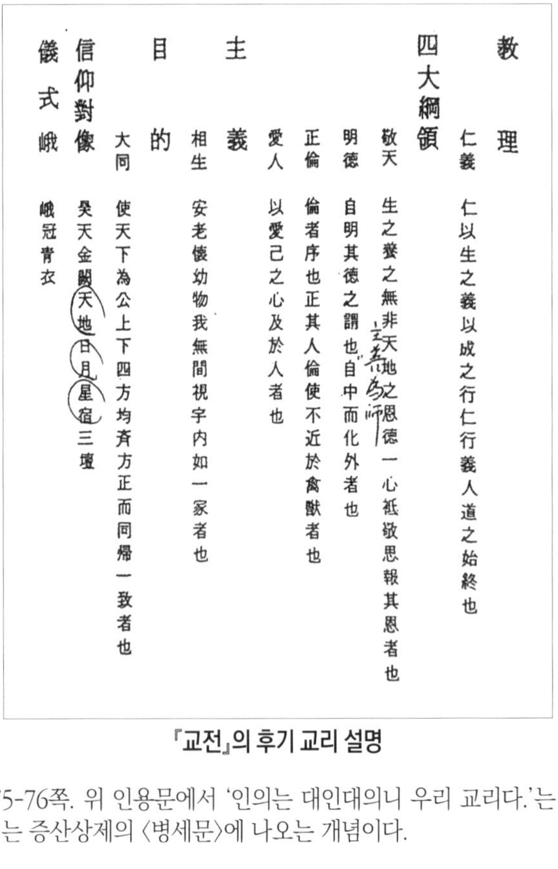
教理 仁義 仁以生之義以成之行仁行義人道之始終也
四大綱領
敬天 生之養之無非天地之恩德一心祗敬思報其恩者也
明德 自明其德之謂也自中而化外者也
正倫 倫者序也正其人倫使不近於禽獸者也
愛人 以愛己之心及於人者也
主義 相生 安老懷幼物我無間視宇內如一家者也
目的 大同 使天下為公上下四方均齊方正而同歸一致者也
信仰對像 昊天金闕天地日月星宿三壇
儀式 峨 峨冠靑衣

『교전』의 후기 교리 설명

----

82 『도훈』, 75-76쪽. 위 인용문에서 '인의는 대인대의니 우리 교리다.'는 구절이 있는데 '대인대의'는 증산상제의 〈병세문〉에 나오는 개념이다.

5

교리 변경의 명분과 과정

교주 차경석의 교리

전기와 후기의 교리가 이렇게 구분된다면 차경석에게 있어서 교리 변경의 과정과 명분은 무엇이고 변경된 내용은 무엇일까? 그리고 교리를 변경했다면 증산상제의 신원과 그에 대한 믿음은 어떻게 변화했을까?

그럼 차경석은 언제부터 보천교의 교리를 자신의 관점에서 새롭게 규정하려 했는가 하는 문제부터 살펴보자. 이는 전기의 교리에서 벗어나 유교적 교리로 바뀌게 된 과정에 대한 고찰이다. 보천교는 1909년 1월 3일을 교통을 이어받은 날로 규정하고, 보천교사에서는 1909년을 포교원년布教元年으로 기록하며, 증산상제를 교조教祖로 신앙하고 그 가르침을 이어받고 있다. 그러나 실제로는 증산상제 사후 대부분의 종도들은 증산상제의 도통道統을 전수받은 고수부의 선도교를 중심으로 모여들었다. 차경석 역시 선도교에서 종교활동을 하면서 점차 그 중심에 서게 된다.

그 후 교세教勢가 급격히 확장되자 일제는 차경석을 탄압하였고 이를 피해 조선 팔도 곳곳을 도망다니면서 한편으로 포교하며 한편으로 교단 운영을 배후조종하였다. 『보천교연혁사』는 차경석이 1917년 10월 4일에 대흥리를 떠났다고 기록한다. 이러한 상황에서 교의 고위 간부인 이상호가 보천교 조직 운영에 관여한 것 역시 불

가피한 일이었다.[83]

차경석은 고수부의 교단을 거쳐 천신만고 끝에 자신의 교단인 보천교를 설립했다. 이제 차경석의 위치는 달라졌다. 그는 보천교의 교주로 추대되었으며, 모든 교권을 통제하고 행사하며, 교리 역시 스스로 선포할 수 있는 위치에 서게 되었다. 거대한 야망을 가진 차경석에게 새로운 시대를 열고자 하는 욕망과 그에 맞는 새로운 교리 체계가 필요한 것은 어쩌면 당연한 것이었다. 더구나 광대한 조직을 운영하기 위한 규범 역시 필요했을 것이다.

차경석이 새로운 교단의 조직 체계를 구상하고 이를 실천한 첫 과정은 1916년 24방주를 임명한 것이다. 이는 증산상제와 그 도맥道脈을 이은 고수부의 교단을 자신의 교단으로 만드는 작업이었다.[84] 24방주제는 조직의 확장에 의해 필요한 구상이었는데, 몇 년이 지나지 않아 교도 수가 크게 증가하자 24방주제를 60방주제로 확대하였다.[85] 새로운 조직은 새로운 이념을 필요로 할 것이다. 그리고 차경석은 이를 정당화하기 위해 고천제를 지낸다.

----

83 이상호는 1916년 24방주를 정할 때 비록 방주로 임명되지는 못했지만 당시 이상호, 백윤기, 이치상 등 3인은 24인의 방주에 속하지 않고 단독으로 교무를 집행하라는 명을 받았다.(『보천교연혁사』 상 참조.)

84 24방주제는 증산상제의 24제자에서 나온 체제일 가능성도 있다. 이강오 교수에 의하면 증산상제는 김형렬, 김경학, 차경석 등 24명을 24절후에 맞춰 24수제자로 삼았는데(이강오, 「보천교, 한국의 신흥종교 자료편」, 8쪽 참조.) 차경석이 24방주제를 만든 것 또한 그와 같다.

85 차경석은 1919년 7월에 강원도 울진군 서면 전천동에 있을 때 송대선으로 하여금 채규일, 김홍규 두 사람을 불러 24방주제를 60방주제로 확대 개편할 것을 선언하고 자격 있는 사람을 천거하라고 명한다. 그리고 9월에 경북 봉화군 춘양면 학산리에 있을 때 고천제 장소를 정하면서 교인 중 강령자綱領者 60인을 선택하여 10월 초 덕암리 제천 장소에 도착하게 하라고 명하였다. 특히 사사로운 감정으로 60방주를 선택해서는 안 된다는 것을 엄하게 지시하였다. 이로 볼 때 60명의 각 방주가 정해진 시점은 9월 이후 천거하기 시작하여 10월 초 고천제 이전이 될 것이다.(『보천교연혁사』 상 참조.)

기미년 구월 회일晦日(그믐날)에 교주께서 함양군 지곡면 덕암리 서만식의 집에 임하사 날짜를 정하시고 덕암리 뒤 대황산에 단소壇所를 정하사… 진성고천盡誠告天할 새 60인을 삼회三回로 삼분三分하야 고명告名하시니….[86]

이 고천제는 선도교에서 고수부를 퇴출시키고 차경석이 명실상부 교단의 주인이 된 후 60방주를 정하고 이를 하늘에 고하는 의미를 갖는다. 이 천제에서 그 당시 임명된 60방주가 차경석을 선생으로 숭배하고자 하였으나 차경석이 겸양謙讓의 의사를 표하며 거절하였다.[87] 이러한 상황으로 보아 이 고천제는 차경석이 그 교단의 실질적 교주로서 천제를 집행하고 교의 조직 체계를 공식화하여 교단의 실체를 교도들에게 공표한 행사라고 할 수 있다.

경고문에 나타난 교리의 단초

1919년 10월에 거행된 고천제 이전인 4월에 차경석은 몇몇 방주를 불러 '세상사가 위험한 시절이니 교도를 경계하여 망동치 못하게 하라.'하고 경고문을 지어 교도에게 널리 선포하라고 명한다. 이 교훈(경고문)에서 교리 변경의 첫 단초를 발견할 수 있다.

덕德이란 만 생명의 근원이요 만사萬事의 성질性質이라. … 그러나 덕은 도道에 있고 조화造化는 덕에 있으니… 도가 있으면 덕이 있고 덕이 있으면 조화가 있으니 이는 천리天理의 확고한 인사人

----

86 『교전』, 378-379쪽.

87 『교전』, 379쪽 참조. 『보천교연혁사』에 의하면 이 때 60방주에는 4방위 방주 중 서西방주에 이상호, 그리고 24절후의 방주 중 동지冬至방주에 이성영(이정립)이 임명된다.(『보천교연혁사』 상 참조.)

> 事의 원기元氣라. 대장부 일거에 나쁜 소행을 버리는 것은 무엇으로써 하는 것인가. 그러므로 불가불不可不 도덕道德으로 하는 것이니라. 오직 내가 가르치는 바는 본래 옛 성인이 서로 전한 도덕이라.[88]

물론 여기서 말하는 도덕이 윤리강령은 아니라 할지라도 차경석이 도덕에 관한 자신의 가르침을 처음으로 전한 것으로 매우 의미가 있다고 판단된다. 특히 교도 수가 급격히 늘어감에 조직 체계를 60방주제로 확대 개편하는 시기에 교단의 교인들에게 내린 경고문으로 차경석의 교리 구상의 한 단서로 파악될 수 있을 것이다.

특별한 제단 설위

두 번째 과정은 1921년 천지대제이다. 1921년에 행한 고천제는 그 이전 고천제와는 규모에 있어서 훨씬 큰 행사였다. 일단 제단의 층수層數가 1919년엔 3층 제단이었으나 이 때는 9층 제단을 쌓았다.[89] 그리고 제단에 설치한 신위神位 역시 그 이전에는 보이지 않던 양식으로 설위設位되었다. 보천교 『교전』에는 이에 대해 약 7쪽에 걸쳐 자세히 기록하고 있다. 그 중 제단에 대한 설명은 다음과 같다.

> 단상에 일월병日月屛을 세우고 위목位目은 구천하감지위九天下鑑之位, 옥황상제하감지위玉皇上帝下鑑之位, 삼태칠성응감지위三台七星應鑑之位라고 하고 대서大書하여 삼위三位를 설設하고 삼층 일면에 배례석을 설設하고 신유추구월이십사일辛酉秋九月二十四日 경신시庚

----

88 『보천교연혁사』 상.

89 제단의 크기에 대해 "제단을 축할 새 단이 9층이오 높이가 칠척이촌이오 넓이는 최상층은 사방 십오척尺이다."고 적고 있다.(『교전』, 392쪽.)

申時에 교주께서 삼층 단상에 등登하사 제례祭禮를 봉행하실 새[90)]

고천제의 모습을 마치 보는 듯이 기록하고 있는데 중요한 문구는 일월병풍과 삼위의 위패이다. 고천제告天祭는 '하느님에게 제사를 지내며 고하는 의례'이다. 일월병풍은 제단에 모신 위패가 아니라고 하더라도 삼위는 제祭의 대상을 상징하는 위패라고 한다면 이는 증산상제를 상제로 신앙하고 그에게 천제를 지내는 모습과는 다른 의례이다. 비록 옥황상제 위패가 있으나 그 외 구천이라는 하늘과 삼태칠성이라는 별의 위패도 존재하며 그 각각에 대한 해석 역시 특이하다. 이 의례의 의미에 대해 이강오는 다음과 같이 말한다.

일월병 및 삼광영

90 『교전』, 393쪽.

> 본교의 신앙 대상인 옥황상제는 증산의 천지공사 이념에서 볼 때에 모든 신단을 통솔하는 지도적 일신一神으로 되어있거니와 여기에서는 이 우주를 체體와 용用, 운행運行의 3면에서 보면서 구천은 우주의 체요, 옥황상제는 우주의 용사신用事神이요, 삼태 칠성은 우주의 운행상運行象이라고 보았다.[91]

이러한 제단설위祭壇設位는 증산상제 생시에는 볼 수 없는 보천교만의 특징으로 보아야할 것이다. 그 다음 해에 이러한 위패를 상징하는 삼광영三光影이 보천교 본부 성전에 설치되었고 이로써 삼광영을 통한 신앙의 상징과 해석이 정해진 것이다. 다시 말해 삼광영이라는 새로운 종교적 개념으로 신앙 대상이 상징되었다는 것이다. 1921년 황석산 천제를 통해서 차경석은 신앙 대상에 대한 새로운 해석으로 체, 용, 운행이라는 종교적 체계를 만든 것이다. 차경석의 이러한 종교적 태도로 볼 때 보천교를 이끌어가는 방향을 스스로 새롭게 결정하고 있는 것으로 보아야 한다. 그렇다면 차경석은 고수부의 교단을 자신의 교단으로 만들고자 하는 마음을 가진 상태에서 새로운 교의 체계와 교리도 생각해둔 것으로 판단된다.

---

91 이강오, 「보천교」, 40쪽. "그 다음 해(1922. 5. 15) 본부 성전에 신단을 설피하였는데 여기에도 또한 일, 월, 성을 상징하는 삼광영을 봉안하였다. … 이 일광영은 구천을, 월광영은 옥황상제를, 성광영은 삼태칠성을 각각 상징한다는 것이다. 여기에서도 중앙의 월광영 신위位座가 옥황상제의 성령聖靈이라고 신봉한다. 이는 옥황상제가 구천의 중앙에서 사방상하를 통솔하는 권한이 있다는 것을 의미한다."(이강오, 「보천교」 41쪽.) 이정립의 『증산교사』에서도 이에 관련된 기록이 있다. "임술년 5월 보름날 치성실을 낙성하거늘 삼광영이라고 부르고, 입암산을 중앙에, 삼성봉을 왼편에 방장산을 오른편에 그리고, 산의 하늘에 해, 달, 칠성을 그린 벽화와 목재에 도금한 십이층 원형탑과 구층 정방형탑과 칠층 찰감탑의 삼위를 봉안하여 이것을 신앙 대상으로 하고 정문 위에 호천금궐이라는 편액을 그렸다."(이정립, 『보천교사』, 증산교본부, 1977, 103쪽.)

⚘ 존상제 숭도덕

그 다음 세 번째 과정은 1922년 정월에 12계명을 선포한 것에서 찾을 수 있을 것이다. 『보천교연혁사』는 그 상황을 다음과 같이 말하고 있다.

1922년 정월에 차교주가 도피하고 있던 임실군 고덕면에 방주 몇 사람을 불러 12계명을 교중敎中에 선포토록 하였는데, 그 내용은 다음과 같다. 1. 존상제尊上帝, 2. 숭도덕崇道德, 3. 친목동인親睦同人, 4. 망난음양罔亂陰陽, 5.이재공정理財公正, 6. 절용후생節用厚生, 7. 불유탄망不有誕妄, 8. 무위자존無爲自尊, 9. 막회탐욕莫懷貪慾, 10.신물시기愼

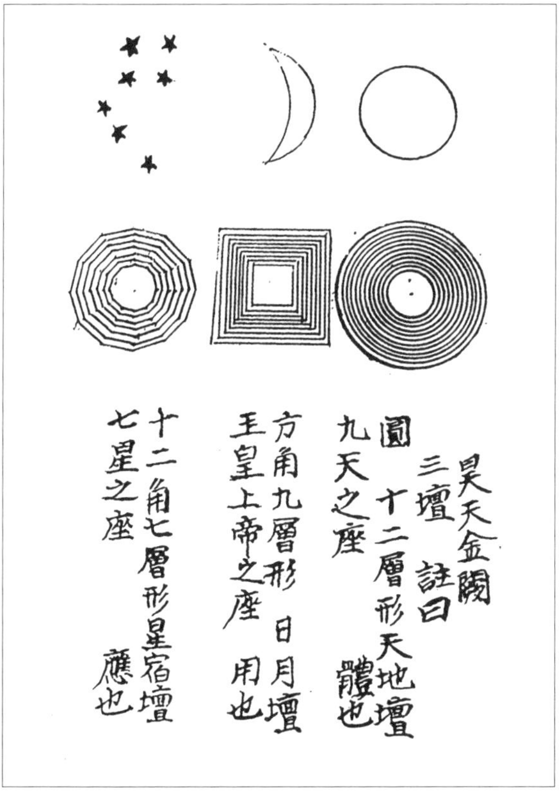

『도훈』에 실린 호천금궐 3단壇에 대한 설명

物猜忌 11. 정직물아正直勿阿, 12. 물훼타인勿毁他人. 이상의 계명에 범하는 자가 있으면 강등 또는 출교黜敎시킨다.[92]

이 때는 1921년 황석산 천제를 통해 신앙 대상에 대한 새로운 해석을 한 그 다음 해이다. 황석산 천제는 차경석이 보화교라는 교명을 정하고 그 교주로 취임하는 아주 중요한 천제였다. 차경석은 도피 중이라 교의 행정과 관리를 직접하지 못하기 때문에 주요 방주들을 도피처로 불러 교단의 실천 이념을 12개로 정리해서 선포한 것이다.

12계명 중에서 1계명이 존상제, 즉 상제를 모시고 신앙한다는 뜻으로 이는 증산상제를 신앙했던 제자나 그 신도들에게 있어서 최고의 계명일 수밖에 없다. 차경석이 이를 제1 계율로 한 것은 그 스스로 증산상제를 상제로 믿고 존숭하기 때문일 것이다.

그 다음 두 번째 계율이 숭도덕, 즉 도덕을 숭상한다는 것이다. 여기서 도덕이란 삶의 규범이지만 그 중에서도 인과 의를 말하는 것으로 보아야 한다. 왜냐하면 그 밖에 10개의 계명 역시 다양한 도덕적 규범에 속하기 때문이다. 차경석은 1935년 을해년 4월 2일의 훈사訓辭에서 '숭도덕', 즉 도덕의 중요성을 강조한다.

> 오도吾道의 제일선동자第一先動者는 도덕이요 오교吾敎는 인의가 위주爲主하니 인의로 근본 삼으라. … 사람이 금수와 다름은 사람에게 오륜五倫이 있음이니 이 오륜五倫을 행한즉 사람이오 불행不行즉 금수라. 그러므로 만물 중에서 사람이 최고 귀하다 하시고….[93]

---

92 『교전』, 406쪽 이하 및 『보천교연혁사』 상 참조.
93 『교전』, 526-527쪽.

그러나 차경석의 이러한 구상에도 불구하고 그가 강증산을 상제로 모시는 신앙심은 그 새로운 구상의 바탕에 깔려 있었다. 즉 앞의 세 과정은 보천교가 차경석의 교단으로 공식화되는 과정이면서 또한 그 교단에 대한 차경석의 교리가 구상되는 과정으로 볼 수 있지만 그렇다고 증산상제의 한계를 벗어난 것은 아니다.

차경석이 초기의 교리 체계를 버리고 본격적으로 새로운 교리 체계를 구상한 것은 시대일보사건(1924)과 보천교혁신운동(1924-5)을 거치면서일 것이다. 왜냐하면 그 두 사건의 핵심에는 모두 초기 보천교의 교리와 체제, 조직을 구상한 이상호가 있었기 때문이다. 이상호는 보천교의 고위 간부로서 대외적인 주요 업무를 하였는데 무리한 업무 확장과 실패로 인해 차경석의 신임에서 멀어져갔으며 결국에는 출교되고 말았다. 그리고 출교된 이상호에 의해 정해진 초기 교리를 부정할 수 있는 명분도 얻게 되었다.

6

무진설법과 교리 변경

무진년의 설법

보천교의 교리가 새롭게 체계적으로 변경된 결정적 시점은 1928년이었다. 보천교 연구가들 사이에서 '무진설법', 혹은 '신로 변경 사태' 등으로 불리는 1928년 고천제는 보천교 역사에서 전환점이었다.

1921년 이후 조직과 자금이 급속히 팽창하자 이와 반대로 배반자 역시 속출하게 되었다. 그 중 이상호는 이른바 '보천교혁신운동'을 전개하고 그와 뜻이 맞는 교의 간부들과 함께 1928년 새로운 교파인 '동화교東華教'를 세우게 된다. 이러한 교내의 혼란과 배반, 시국대동단으로 인한 교단 내외內外의 공격은 차경석에게 진퇴양난의 상황이었다. 『보천교연혁사』 하권은 포교 20년 무진년에서 시작되는데 그 첫 기록은 다음과 같다.

> (1928년) 정월 초4일에 교주께서 교도 수백 명을 모이게 한 뒤 역학易學의 하도낙서도河圖洛書圖를 걸어놓고 음양진퇴소장陰陽進退消長의 이치와 천지인天地人 배합配合의 도를 삼 일간 설법하시다. 보천교 선포 이래 혹자의 전도傳道오류로 인하여 허령미신지설虛靈迷信之說을 경청하는 폐해가 있었으나 지금부터 동양도덕의 정종正宗되는 원리를 전 세계에 포양褒揚하게 되었다. … 교령으로 일 년 칠대치성일을 정월 초 1일, 정월 초 3일, 춘분, 하지, 8월

15일, 추분, 동지로 정하시다.[94]

무진년 설법에서 차경석은 보천교를 창교한 뒤에 '허령미신지설虛靈迷信說'의 폐해가 있었다고 말하는데 이 허령미신설은 방사方士들의 술수이다. 나아가 증산상제의 신도적 가르침을 지칭하는 것이

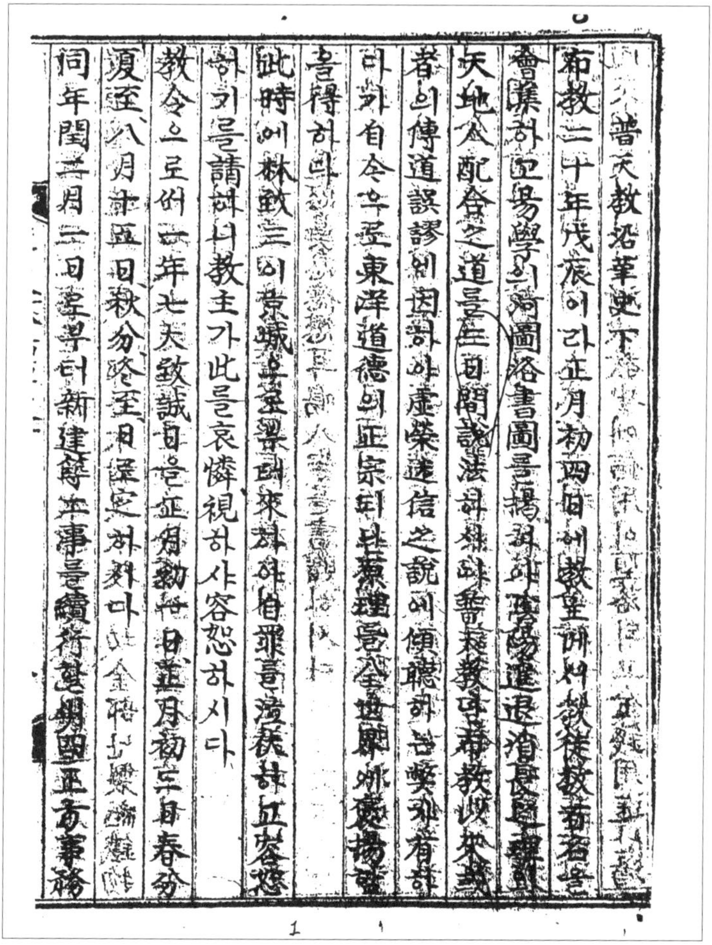
普天教沿革史下

布教二十年戊辰이라 正月初四日에 教主께서 教徒教者를

會集하고 易學의 河圖洛書圖를 揭하야 陰陽進退消長의 理致

天地人配合之道를 三日間說法하시니 普天教의 根本教理

者의 傳道誤謬에 因하야 虛榮迷信之說에 傾聽하는 弊가 有하

다가 自今으로 東洋道德의 正宗되는 眞理를 全世界에 宣揚

을得하라

此時에 林敬三이 京城으로브터 來하야 自罪를 陳訴하고 容恕

하기를 請하니 教主가 此를 哀憐視하사 容恕하시다

教令으로써 一年七大致誠日을 正月初一日 正月初五日 春分

夏至 八月十五日 秋分 冬至日로 定하셧다

同年閏二月二日로부터 新建築工事를 續行할새 期間工事事務

『보천교연혁사』 하下 첫 장의 무진설법의 내용

----

94 『보천교연혁사』 하, 1쪽.

다. 이러한 태도는 그동안 여러 번에 걸친 수련 공부의 실패로, 그리고 보천교 조직 운영에서 나온 문제점이나 한계로 인해 증산상제의 신도적 수행 방법에 대한 포기에서 나온 결과로 판단된다. 증산상제의 가르침은 천지공사 시기부터 주위에서 미신지설이라는 오해를 받기도 했다. 조화정부와 신도세계에 대한 증산상제의 가르침이 그러한 평가를 낳은 것은 사실이다.

유교적 수행법

그러나 증산상제의 천지공사에 참여하고, 또 주요 도수를 맡은 차경석의 입장에서 신도를 전적으로 부정한다는 것은 이해하기 힘들다. 따라서 증산상제의 신도세계와 세간의 허령미신은 구분되어야 하고[95] 차경석의 허령미신에 대한 비판은 증산상제의 신도적 수행 방식에 대한 부정이라기보다는 포기를 의미하고, 그 결과 새로운 유교적 수행 공부법을 받아들인 것으로 보인다.

> 공연히 풍운조화를 공부한다든가 신술을 가르쳐 준다든가 그러한 부정배의 허탄지설虛誕之說에 주저치 말고 허욕을 내지 말고 중앙에서 지도하는 말 이외에는 절대로 믿거나 듣지 말라...우리 공부는 자수自修함에 있고 귀신을 받아들임이 아니다. 고로 신통묘법으로 풍운조화둔갑장신風雲造化遁甲藏身은 소인의 일이요 군

---

95 이와 관련하여 『보천교연혁사』에 의미 있는 기록이 있다. "1917년 정월에 경북 고령 사람 3인이 찾아와 교주에게 절하여 가로되 '경상남북도에 교인이 많으나 아직 사문師門에 출입이 없사와 진리를 알지 못하오나 우리 3인이 돌아가 듣고 본 바로 말로 타이를지라도 이웃무당[隣巫]과 같아도 우리 교인은 망동치 말게 하라 하시고….' "(『보천교연혁사』 상.) 여기서 보천교의 교리를 설명해주면 이웃 무당의 이야기와 유사하다고 오해할 수도 있으나 보천교는 무당의 설과 다르니 교인들을 잘 타일러 망동하지 않게 하라는 차경석의 명이 담겨있다. 즉 천지공사의 신도차원과 무당의 이야기를 분별해서 잘 전하라는 뜻으로 해석된다.

자의 도가 아니다.[96]

1934-5년에 행한 차경석의 훈사이다. 신술이나 풍운조화, 둔갑술 등은 결코 올바른 도가 아니라고 비판하면서 중앙에서 지도하는 말, 즉 보천교의 도덕적 종지를 따라 스스로 수양함을 강조하고 있다. 차경석이 신술을 부정하는 이유는 동양 정종의 윤리와 배치되기도 하지만 실패로 끝난 도통 수련의 부작용에서 벗어나고자 한 것으로 해석하기도 한다. 차경석이 몇몇 방주들에게 수행을 지시한 것 역시 신통묘술에 도달하라는 것이 아니었다.

> 포교의 전적인 교무는 대리와 6임에게 위탁하고 오는 10월로 위시하야 조용한 곳을 택하야 정신을 수양하라. 그러나 지금 내가 이르는 바는 방사方士 무리의 신통묘술이 아니오, 옛 성인이 서로 전해 내려오는 심법이라. 즉 오직 유일극기唯一克己의 공工을 사思하고 방심放心을 구하야 그 처음을 내복乃復할지어다.[97]

이는 1920년 방주들에게 수행을 명하며 한 말인데, 여기서 차경석은 '방사의 신통묘술'과 '옛 성인의 심법'을 서로 대비하고 있다. 이러한 명에 따라 방주들은 49일을 정하고 수행하였다. 이 수행공부는 그 다음 해 초에 방주들이 새배를 하러 찾아 왔을 때 차경석이 그 각 방주의 공부 소득을 물어 볼 정도로 관심이 많았다. 그러나 오히려 수행한 방주 중 김영두는 수행이 뜻대로 되지 않자 배교심을

---

96 『교전』, 524-525쪽.

97 『보천교연혁사』 상. 1920년 8월에 차경석은 방주 중 대표자 김홍규, 채규일, 채선묵, 문정삼, 이상호, 김영두, 이용하, 유종상, 박종하, 김정곤, 이교현, 안동일, 채규철, 이교상, 조만원, 전해우 등을 불러 정신 수양을 명했다.(『보천교연혁사』 상 참조.)

품었다고 기록하고 있다.[98] 이러한 실패들이 반복되어 증산상제의 신도적 수행이나 신도 세계에 대한 교리를 포기하고 유교의 수도 방법을 택한 것으로 보인다.[99]

신로 변경

1928년의 무진설법에서 강조한바 역시 '부정배의 신술'을 배격하고 그에서 벗어나 '중앙에서 지도하는 공부', 즉 새로운 교리인 '동양도덕의 정종'으로서 유교적 이념을 전 세계에 선포할 것이라는 선언을 한 것이다. 더 나아가 보천교의 주요 치성 행사에서 증산상제의 탄강과 어천 날짜에 지내는 대치성을 없애 버렸다. 이는 지금까지 지켜오던 증산상제에 대한 신앙심의 변화를 뜻하는 것으로 해석되기도 한다.

문제는 도통전수기념道統傳授記念 치성시致誠時에 차경석의 부인 이씨가 개안開眼이 된 가운데 제단 위 옥황상제의 자리에 있어야할 증산상제가 철망에 씌워져 신단 아래 내쳐져 있고, 그 대신 차경석의 부친인 차치구가 그 자리에 앉아 있음을 보는 사건이 생기고, 이를 빌미로 하여 차경석은 4방주를 불러 증산상제를 옥황상제라 믿는

----

98 『보천교연혁사』 상, 참조. 방주들에게 수행을 지시하면서 방사들의 신통묘술이 아니라고 하였지만 방주 중 김영두는 수행을 통해 '신통묘술'이 있을 것으로 기대했다는 기록(『보천교연혁사』 상 참조.)으로 보아 방주들은 신도적 도통을 기대한 것으로 보인다.

99 이정립은 『증산교사』에서 고수부가 교단을 나간 후 그 때까지의 포교 방법인 광명수련을 버리고 새로운 방법으로 옮겨간 이유를 설명하고 있다. "이에 채규일, 이상호, 문정삼 세 사람이 협력하여 신도들을 수습하여 교세를 만회하려할 새 포교 방법을 근본적으로 고치고 종래로 고부인에게 집중되었던 신도들의 신뢰 감정을 경석에게로 옮기기에 힘을 들였다. 종래의 광명 수련에 의존한 포교 방법은 매양 경석에 대한 비난 공격의 기세를 올리는 결과를 일으키게 되므로 이것을 허령이라 하여 배척하고 규일이 고안한 서전書傳의 홍범도해弘範圖解와 김일부의 정역팔괘正易八卦와… 포교의 새 방법을 정하였다."(이정립, 『증산교사』, 61-62쪽.)

지금까지의 교리를 버리고 옥황상제는 인격신이 아니라는 새로운 교리를 설명하게 된다.[100] 이정립 역시 무신설법에 대해 자세히 기록 하고 있다.

> 무진년 정월에 경석은 간부들을 소집하여 종래로 표방하여 오던 해원, 상생의 교리를 폐기하고 새로운 교의 체계를 세운다는 설법을 행하였다. … 또 종래의 신앙 대상이었던 증산천사를 배반하여 버리고 삼황오제신의 권화權化인 망부亡父 차치구의 신神을 신앙 대상으로 할 것과 천사의 탄생절과 화천절을 치성일에서 제외할 것을 선언하고….[101]

이정립의 주장은 보천교의 진술과는 달리 차경석에 대한 비판적 시각이 깔려있다. 특히 차경석을 성사, 혹은 선생으로 존칭하지 않고 경석이라고 호칭한 것과 차경석의 무진설법을 증산상제에 대한 배반으로 규정한 것 등이 그러하다. 이정립의 주장은 이 무진설법으로 교의 주요 간부들이 격렬히 항의하고 이후 불평을 품어 혁신운동을 계획하게 되었다는 것이다.

---

100 이강오, 「보천교」, 42쪽 참조. 이강오는 여기서 당시 여女방주로서 그 자리에 동석했던 신정심愼正心의 증언을 토대로 "지난날에 교인들이 증산을 옥황상제로 믿어 장차 보천교인들에게 주어질 신통묘술과 경세經世의 운수가 모두 증산의 신적인 권화에 있다고 믿었던 것이 허무맹랑한 것이었다."라고 기록하고 있다.
101 이정립, 『증산교사』, 121-122쪽.

7

교리 변경의 내용 분석

보천교의 교리가 전기와 후기로 구분되고 또 보천교의 신앙 대상이, 아니면 적어도 신앙 양태가 변화되었다는 것은 부정할 수 없다. 그리고 그 변화 과정에 대해 지금까지 검토하였다. 중요한 것은 그러한 변화가 이정립의 말대로 증산상제에 대한 배반이고 부정이라고 평가할 수 있는가 하는 점이다. 과연 차경석은 증산상제에 대한 신앙심과 그의 가르침을 폐기한 것인가?

보천교의 유교관

보천교 『교전』에서는 유교적 교리 성립의 명분을 다음과 같이 말한다.

> 천사 선화하신 후 월곡성사께옵서 그 명령을 받어 인의의 교리와 경천, 명덕, 정윤, 애인 사대 강령으로 국경의 제한과 인종의 차별이 없이 천하창생을 가르쳐 화化께 하사 상생의 주의로 대동선경의 락원에 영원한 행복을 한가지로 누리게 하셨으니 이것이 보천교의 목적된 취지이다.[102]

이와 관련된 『교전』의 제목은 '5. 교리와 사대강령과 주의와 목적'이라고 되어 있다. 위의 인용문에 의하면 차경석이 보천교 교리

102 『교전』, 395쪽.

를 '인의'로 정한 것은 증산상제의 명령을 받든 것이라고 하는데 이는 사실일까? 한마디로 이러한 교리가 증산상제의 명령 혹은 가르침에 따른 것이라는 주장은 사실로 보기 어렵다. 왜냐하면 인의와 사대강령인 경천, 명덕, 정윤, 애인 등은 전적으로 유교적 개념이고, 증산상제는 유교적 교의나 학설에 긍정적 입장은 아니었기 때문이다.[103]

> 하루는 어느 지방에서 젊은 부인이 부상夫喪을 당한 뒤에 순절하였다 하거늘 천사 들으시고 가라사되 악독한 귀신이 무고히 인명을 살해한다 하시고 글을 써서 불사르시니 이러하니라. '충효열忠孝烈, 국지대강國之大綱, 연然, 국망어충國亡於忠, 가망어효家亡於孝, 신망어열身亡於烈'[104]

> 을사년에 유, 불, 선 석자를 써 놓으시고 각기 뜻가는 대로 한 자 씩 집으라 하시거늘…그 아해가 유儒자를 집거늘 가라사대 이일로 인하여 후일에 너희들이 유로써 폐해弊害를 당하게 되리라.[105]

> 유는 부유腐儒니라.[106]

유교의 핵심 가치인 충, 효, 열에 대해 부정적이며, 유교의 교리나

---

103 그럼에도 '천사의 명을 받아'라고 기술한 것은 유교적 교리의 정당성을 보천교가 바탕하고 있는 증산상제에서 찾고자 하는 것은, 그렇게 함으로써 교도들에게 교리를 받아들일 것을 설득하는 효과가 있기 때문일 것이다.
104 『교전』, 125쪽.
105 『교전』, 141쪽.
106 『도전』 5:400:6.

가치가 세상을 어지럽히므로 '부유腐儒'라고까지 평가한다. 이처럼 유교에 대해 비판적 입장을 가진 증산상제에 의해서 보천교의 교리가 유교적 이념으로 정해졌다고 하는 것은 부적절하다.

그리고 증산상제의 가르침에 따라 보천교 초기의 신도들 역시 유교에 대해 비판적 입장을 견지하고 있다는 점 역시 유교적 교리가 증산상제의 명령이라고 보기 어려운 이유이다. 속표지에 크게 일심이라고 적고 있는 ≪보광≫ 2호는 교리 중에서 주로 일심에 대한 기고寄稿가 많다. 그 ≪보광≫ 2호에 실린 첫 글은 '배고심拜古心을 혁파革破하고 오직 순일한 맘으로 천사께만 절하라'는 제목의 글이다. 여기서 배고심, 즉 '옛 것을 숭상하는 마음'이란 곧 유교 등 증산상제의 가르침 이전 성인의 가르침을 진리로 생각하는 것을 말한다. 필자는 이 글에서 '증산상제는 모든 옛 성인을 초월하며 우주의 본

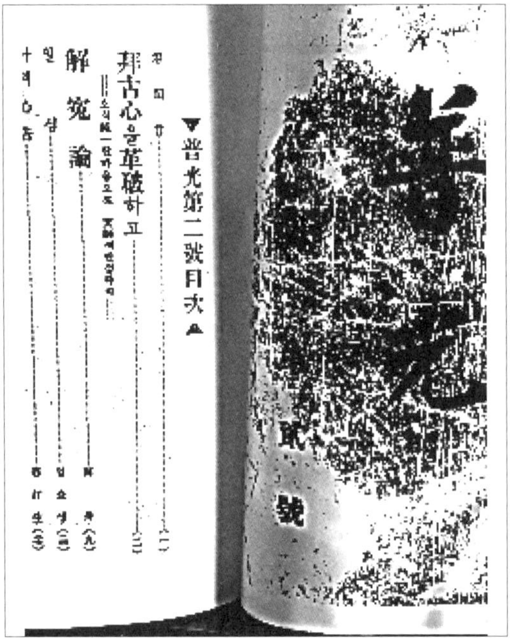

《보광》 2호에 실린 〈배고심을 혁파하고〉

체이시며 인문구경人文究竟의 광명'이라는 언급 후에 증산상제의 가르침은 옛사람의 법을 따르는 것도, 그것을 조술祖述하는 것도, 그 고인의 연장도 아니라고 주장하면서 다음과 같이 말한다.

> 일부 교우 간에는 아직도 배고심으로 벗어나지 못하고 천사의 교의를 구생명의 연장으로 곡해하는 이가 더러 있다. 즉 어떤 사람은 유교 교의를 전제로 하여 그 범위 내에서 우리 교의를 승인하려 하며 … 만일 우리 교의가 유교 교의를 … 전제로 하여 성립될 것이라면 … 이는 천사께서 공자의 제자를 의미하는 것이니 이는 천사의 신성을 위해함이다….[107]

이처럼 교단 초기에 신앙하던 교인들의 입장은 결코 유교적이지 않았다. 오직 증산상제의 가르침만이 보천교의 교의이며, 이는 절대적이며 새로운 것이며 참된 것이라는 믿음이 깔려 있다. 이는 역으로 보천교단 내에 유불도의 가르침과 증산상제의 가르침을 혼동하거나, 유불도의 가르침을 따르는 것이 곧 증산상제의 가르침을 따르는 것과 같다고 여기는 풍조가 있었던 것이 아닌가 판단된다. 필자는 이를 경계하고 있는 것이다.

증산 상제와 후기 교리

보천교의 교리가 초기와 달리 후기에 와서 유교적으로 변했다고 한들 이것은 증산상제와는 무관하다할 것이다. 그렇다면 차경석이 자의적으로 어떤 필요에 의해서 '유교적' 교리를 주장했다고 볼 수

---

107 ≪보광≫ 2호, 1923. 12, 보광사, 4-5쪽. 이 글의 필자는 미상이다. 원문에서는 유불도 모두에 대한 가르침을 따르는 것을 예로 들고 있으나 필자는 유교에 한하여 인용하였다.

밖에 없다. 그러나 비록 유교적이긴 하지만 증산상제의 가르침을 완전히 벗어난 것은 아니다. 알다시피 인의와 상생과 선경은 모두 증산상제의 주요 가르침이다. 그 중에서 상생은 보천교 전기의 교리이면서 후기의 교리이다. 보천교 『교전』 「천사편」에서도 상생에 대한 증산상제의 가르침을 찾을 수 있다.[108]

그리고 인의는 증산상제가 강조하던 '대인대의大仁大義'의 줄인 표현이다. 기유년 설날 증산상제는 차경석의 집에서 공사를 보면서 글을 적어 병에 넣어 봉한 적이 있는데, 증산상제 화천化天 후에 차경석이 그 병을 열어보니 〈병세문病勢文〉이 들어있었다. 그 〈병세문〉 중에 '대인대의 무병無病'이란 글귀가 적혀 있었다.[109] '춘무인春無仁이면 추무의秋無義라'[110]는 구절도 있다. 이처럼 인의 역시 증산상제의 가르침 중 하나이다.

특히 보천교 신앙에서 가장 중요한 것은 바로 '대동선경의 낙원에서 영원한 행복을 누리는 것'인데, 이는 보천교의 목적이다. 대동선경은 증산상제의 후천선경을 유교화한 것이라고 볼 수 있다. 즉 증산상제의 천지공사가 인류를 구원하고 후천선경을 열기 위한 것이듯, 보천교 역시 대동선경 곧 '도덕적으로 완전한 이상사회'가 그 목적이다. 이상 세계를 유교의 특징인 '대동'으로 형용한 것이다.

이처럼 차경석은 결코 초기 교리를 근본적으로 부정하지는 않았다. 초기의 교리 중 일심에 대해서도 그 중요성을 인정하고 다음과 같이 말한다.

----

108 "이제 천하가 웅패에게 괴로운지 오랜지라 내가 상생의 도로써 만민을 교화하며 세상을 편안케 하려하노니…."(『교전』, 36쪽.)
109 『교전』, 221쪽 이하 참조.
110 『교전』, 270쪽.

> 사람은 일심의 힘이 위대하니 일심이 있으면 성공하지 않는 자가 없다. 맹종孟宗의 설순雪筍과 왕상王祥의 빙리氷鯉가 다 일심의 힘이라 고로 일심이 지극하면 산악도 평평하게 하고 강도 뒤로 돌릴 수 있느니라.[111]

결국 차경석이 증산상제의 명을 받아 교리를 정했다는 것은 옳기도 하고 그르기도 한 평가이다. 형식적으로 증산상제의 가르침을 받아들이고 있으며 그 내용에 있어서는 '유교적 삶과 이상세계'를 교리에 덧붙이고 있는 것이다.

교리의 유교화

그러나 비록 증산상제의 색채를 남겨두었지만 보천교의 후기 교리는 그 내용에 있어서 유교화 되었다는 것은 분명하다. 왜냐하면 사대강령은 말할 것도 없고 인의나, 상생, 대동선경도 모두 도덕적 실천이념으로 규정하기 때문이다.

> 인의仁義는 인仁으로서 생生하고 의義로서 성成하나니 인을 생하고 의를 행함은 사람의 도에서 시종始終이다. 우리 보천교는 인의를 주장하여 어진 일과 옳은 일로써 이 세상에 잘 살아 가자는 주의요 장래 대동세계 극락선경을 건설하자는 목적이다. 극락선경은 도덕의 세상을 이름이니 온 세계가 도덕으로 화하여 평화로운 생활을 후천 오만 년에 영구히 행락幸樂하자는 것이니라.[112]

----

111 『교전』, 527쪽. 이 인용문은 1935년의 훈사이다.
112 『교전』, 396쪽. 인의에 대한 차경석의 설명은 증산상제의 '대인대의'와 같은 개념이지만 뜻은 다르다. 증산상제는 유교의 개념인 '인의예지신'을 정의하면서 "불수편

교리 인의에 대한 설명이다. 인의는 어질고 옳은 행위이며, 이러한 인의로써 교의 목적인 도덕적으로 완전한 대동선경을 건설하는 것이다. 증산상제가 강조한 신도 세계와 선仙의 경계는 이러한 교리 설명에서 찾아보기 어렵다. 도덕적 삶과 평화로운 세계가 항구히 유지되는 세상은 분명 이상 세계지만, 증산상제의 후천선경은 이러한 경계를 넘어 신도神道와 선仙이 바탕이 되는 세상이므로 보천교적 교리와 목적과는 일치하지 않는다. 인의, 선경, 후천 오만년이란 용어를 사용함으로써 증산상제의 가르침을 버리거나 부정하지 않으면서 그 내용은 유교적 색깔이 덧칠해져 있다.[113]

교리의 변화가 이러하다면 신앙 대상의 변경은 어떠한가? 앞에서 말한바 차경석은 증산상제를 옥황상제로 신앙하던 마음을 바꿔 삼광영을 만들고 이 삼위를 신앙의 대상으로 삼았다. 그렇다면 증산상제에 대한 신앙심도 변질되었을까?

차경석의 신앙심이 변질된 대표적 상징으로 흔히 무진설법을 할 때 주요 치성일에서 증산상제의 탄강일과 화천일을 배제한 것을 지적한다. 차경석 역시 이러한 반발이 생기는 것을 의식해서인지 굳이 그 배제 이유를 다음과 같이 설명하고 있다.

애편악왈인不受偏愛偏惡曰仁이요, 불수전시전비왈의不受全是全非曰義요….”라고 했다.(『도전』 8:94:1) 즉 ‘치우치게 사랑하고 미워한다 평評 받지 않음이 참된 어짊[仁]이요 모두 옳다거나 그르다 평 받지 않음이 바른 의義’라는 것이다. 인간의 행위에 대한 설명이긴 하지만 어질고 옳음보다는 사랑과 미움 그 어느 쪽에도 치우치지 않고, 긍정과 부정 어느 쪽에도 치우치지 않는 행위나 마음을 인과 의라고 한 것이다.

113 차경석은 유교적 교리가 보천교의 정체에 있어 오해를 받는다는 것을 알고 다음과 같이 말한다. “재래在來의 공자의 교를 정치의 교敎라 하고 종교가 아니라 하며 우리를 대하여 국가사업이니 무엇이니 하지마는 양생송사養生送死가 곧 인의도덕이니 인간 사업의 선악과 온한溫寒과 강유剛柔가 다 인의이니 인의가 아니면 도덕이 아니다.”(『도훈』, 97쪽. 1933년 훈사.)

> 유림의 제사는 그 스승의 제사이니 … 그 생일 및 이른바 기념의 날을 제사하면 다 불佛의 도道이니 어찌 유儒의 중도中道라 이르리요. 제사에 제권祭權이 있으니 그 생일 및 사일死日의 제사 권리는 그 혈족에 있음이요 비록 제자라도 그 권리는 임의로 행사하지 못함이라 … 오교吾敎의 증산 제사는 사제師弟의 예라. 어찌 제권을 임의로 행하리요. 만약 그 생일 기일忌日을 제사하면 불佛에서 흘러나옴이라. 제사에 생일 기일 치성을 폐지함은 우리 교법을 정리함이라.[114]

증산상제의 생일과 기일忌日에 치성을 올리지 않는 것은 신앙심의 변질이 아니라 그 법도가 불도의 것이기 때문이라는 변명이다. 이는 역으로 유도의 교리를 택한 길을 걷는 보천교의 법도에서 증산상제의 생일과 화천일에 치성을 하지 않는 것이 옳다는 것을 강조하고 있다. 이러한 변명에도 불구하고 연구가들은 무진설법 이후 차경석의 태도에 대해 신앙심의 변질이라고 평가한다.[115]

태을주 주문 수행

차경석의 신앙심이 변질되었는지 알기 위해서는 1934년 10월 차

---

114 『도훈』, 108-109쪽.

115 이강오 교수는 무진설법을 현장에서 들었던 신정심愼正心의 증언을 토대로 다음과 같이 말한다. "지날 날에 증산을 옥황상제로 믿어 장차 보천교인들에게 주어질 신통묘술과 경세經世의 운수가 모두 증산의 신적인 권화權化에 있다고 믿었던 것이 허무맹랑한 것이었다고 말하면서, '증산은 옥황상제에게 기만을 당했고, 나는 증산의 사술詐術에 속임을 당하였고, 너희들은 나에게 속임을 당하였으니 이제부터는 종전과 같이 증산을 옥황상제로 믿고 그의 권화에 의하여 신통묘술이 나올 것을 믿지 말 것이며, 오직 고성古聖이 전수한 인의의 대도를 준수遵受함이 가하다.'고 하였다."(이강오, 「보천교」, 34쪽.) 이정립 역시 같은 주장을 한다.(이정립, 『증산교사』, 121쪽 이하 참조.)

경석이 무라야마 지준[116]과 한 인터뷰의 내용을 검토할 필요가 있다. 이 인터뷰에서는 무진설법 이후 차경석이 증산상제의 신도적 수행과 상제로서의 신원에 대한 부정 및 신앙심의 변질 등에 대해 다른 평가를 하게 한다. 다음은 태을주太乙呪 주문 수행에 대한 무라야마 지준과 차경석의 문답이다.

> 문: 선생님의 신체가 건강하신데 본래부터 그러합니까 수양력으로 그러합니까?
> 답: 본래 보통사람보다 강건하였지만 28세에 교조를 만난 후로 사십세 이후로부터 몸이 더 비대하여지고 … 년소시年少時에 복냉증腹冷症으로 복통이 있었으나 삼십세 이후로는 복통이 자연히 나았으니 아마도 수양력인 듯합니다.
> 문: 그러면 태을주로서 수양을 하였습니까?
> 답: 처음에는 태을주를 읽지 않았으나 계축년(1913)부터 비로소 다른 사람도 가르치면서 나도 송독하였습니다.
> 문: 여러 가지 이치를 수양력으로 각득覺得하셨습니까?
> 답: 교조가 화천하신 후로 천지가 붕퇴崩頹한 것 같고 … 무슨 이치로 화천하게 되었는지 생각이 많았으나 우연히 한 생각이 들어 교조가 이 세상에 계지지 아니한 이치를 각득하고 그 후로는 의심을 파하였다.[117]

----

116 무라야마 지준(村山 智順, 1891-1968)은 일본의 민속학자이다. 조선총독부의 촉탁 직원으로 근무하면서 일제 강점기 한국의 민속과 관련된 많은 조사 자료를 남겼다. 일련종 승려이자 묘코지[妙廣寺]의 주지인 무라야마 지젠[村山智全]의 양자로 입적되어 그 밑에서 성장했다. 1919년 동경제국대학 사회학과를 졸업하고, 조선총독부 촉탁으로 조선 사회 민속 조사를 담당하였다. 일제강점기 한국의 민간 신앙에 대한 많은 양의 자료를 남겼다.

117 『교전』, 497-8쪽.

이 문답으로 볼 때 차경석은 55세 되던 1934년까지, 적어도 1934년 시점에는 증산상제에 대한 신앙과 태을주 수련의 중요성을 스스로 인정하고 있었다. 이는 교리의 변경과 무진설법을 통해 보여준 증산상제에 대한 신앙의 변질과는 상반된 발언이었다. 특히 총독부 일본인 관리와의 대화에서는 보천교의 신도적 측면을 감추는 것이 유리함에도 이렇게 대답하였다는 것은 의미심장하다고 판단된다. 물론 차경석은 이 대화에서 전기의 교리인 일심, 상생, 거병, 해원, 후천선경을 부정하고 인의의 교리를 다시 강조하였다.[118] 그러나 태을주 주문 수행과 증산상제에 대한 신념은 재삼再三 강조한다.

太乙呪
吽哆
훔 치
吽哆
훔 치
太乙天 上元君 吽哩哆哪都來 吽哩喊哩娑婆訶
태 을 천 상 원 군 훔 리 치 야 도 래 훔 리 함 리 사 파 하

태을주 주문

118 『교전』, 506쪽 참조.

문: 개안開眼 방식은 무엇입니까?

답: 주문을 독讀하면 됩니다.

문: 그러면 그 주문을 지금까지 이르렀습니까?

답: 그렇습니다. … 교조의 말씀에 이 주문(태을주)을 써놓고 보니 식시食匙(숟가락)의 모양과 같다. 천하의 복록과 수명이 여기에 있고 질병이 유행할 시에도 주사로 주문을 적어 문에 붙이면 사기邪氣를 제압한다 하여 록표錄票라 합니다.[119]

교전 성사전 五〇八

總宰 權理 有 神 名目 有 日月 卽 上帝
총재하는 권리가 유하다 신이라 함은 명목이 유하니 일월이 즉 상제이라
上帝 天 範圍內 在 十二戒銘 中 獨特 上帝 尊
상제도 천의 범위내에 재한 것이다 십이계명 중에난 독특히 상제를 존한다
言 村山曰 玉皇上帝 姜甑山 座次 關係 教主
언하였음니다 촌산왈 옥황상제와 강증산과 좌차의 관계가 엇떠함니가 교주
曰 卽 上帝 村山曰 甑山 先生 人間 生 卽 玉皇上
왈 그 자리가 즉 상제입니다 촌산왈 증산 선생의 인간에 생하심이 즉 옥황상
帝 化現 教主曰 生存時 玉皇上帝
제가 화현하심이심닛가 교주왈 그렀읍니다 생존시에 내가 옥황상제라는 말
有 村山曰 教徒 篤實 教 信 上帝 同様
삼도 유하였습니다 촌산왈 교도가 독실하게 교를 신하면 상제와 동양으로
教主曰 太乙呪 誦讀 開眼 玉皇上帝 承顔 肉体
됩니가 교주왈 태을주를 송독하야 개안이 되면 옥황상제를 승안하야 육체는
此地 在 神 玉京 問答 法 有 村山曰
차지에 재하여도 신은 옥경에 가서 문답하는 법이 유합니다 촌산왈 그러면 그

『교전』에 실린 무라야마 지준과의 인터뷰 내용. '강증산=옥황상제'라는 차경석의 증언

----

119 『교전』, 506-509쪽.

이 문답에서도 태을주의 신도적 측면과 그 주문의 효력에 대한 차경석의 믿음이 잘 드러난다. 또한 비록 태을주에 대한 문답이지만 교조인 증산상제를 신봉하는 마음을 느낄 수 있다. 그리고 실제로 무라야마 지준은 이에 대한 궁금증을 가지고 다음과 같이 물어보았다.

> 문: 옥황상제와 강증산과 좌차座次의 관계가 어떠합니까?
> 답: 그 자리가 즉 상제입니다.
> 문: 증산 선생의 인간에 생生하심이 즉 옥황상제가 화현化現하심이십니까?
> 답: 그렀습니다. 생존 시時에 내가 옥황상제라는 말씀도 있었습니다.[120]

차경석의 신앙심을 엿볼 수 있는 이보다 더 좋은 기록은 없을 것이다. 젊은 시절에 강증산을 만나 스승이자 상제로 모시고 신앙한 차경석의 고백은 강증산이 곧 인간으로 강세한 옥황상제라는 것이다. 비록 유교적 교리를 선언했지만 결코 증산상제에 대한 신앙심이 변질 된 것이 아니었다.

---

120 『교전』, 508쪽.

8

두 갈래 길

보천교를 창시한 차경석. 그는 증산상제를 만난 처음부터 죽기까지 증산상제를 신앙하며 그의 가르침을 따랐다. 보천교 연구가들에 의해서 '무진설법'이 교리의 변경으로, 그리고 증산상제에 대한 신앙심의 변질로 해석되었지만 필자의 생각은 다르다. 차경석은 증산상제의 제자이며 신도였다.

그렇다면 무진년 이후 유교적 교리로의 변화나 신통묘술에 대한 비판, 그리고 신앙 대상에 대한 새로운 해석 등 차경석의 태도는 어떻게 받아들여야할 것인가? 그 또한 사실이 아닌가?

무라야마 지준과의 대담에서 차경석의 답변이 모두 진심이라고 본다면 1934년을 전후로 해서 다시 증산상제의 가르침과 그 신성神性으로 회귀한 것이라고 판단해야할 것이다. 즉 보천교를 창교하는 과정에서 차경석은 자신만의 색채로 보천교를 운영하였고 그 과정에서 교리와 신앙대상 등에 대한 양식樣式의 변화가 있었던 것은 분명하지만, 말년의 모습에서는 증산상제의 가르침을 믿고 따르던 종도 시절의 차경석을 발견할 수 있다.

사실 유교적 교리로의 변경에서도 차경석은 증산상제의 가르침의 한계를 벗어나지 않았다. 교세가 확장되면서 배교자들이 생겨나고 시국대동단으로 인한 내외부의 비판에서 유교적 도덕과 인의를 강조하여 조직의 안정을 꾀하려고 한 것으로 볼 수도 있다. 그리고 허령미신지설을 비판하고 금지했지만 이는 방사들의 술수일 뿐 증산상제의 신도세계와 태을주 수행의 결과를 부정한 것은 아니다. 여러 번에 걸친 신도적 수행의 결과가 좋지 않자 이를 포기한 것일 뿐 부정한 것은 아니다. 나아가 삼광영의 신위 중심에는 옥황상제가 존재했다.

물론 차경석의 태도는 오해받을 만 했다. 그러나 우리는 보천교를 보면서 보천교 이전의 차경석과 말년에 일본인 종교연구가와 대화하던 차경석을 함께 보아야 한다. 그 중간에 유교적 교리로 자신만의 색채를 내고자 했고, 삼광영 신위로 신앙의 양태를 변화하고자 시도했고, 유교적 심신 수행의 길을 모색했던 보천교주로서의 차경석이 존재했었다.

차경석의 이러한 태도는 차경석 사후 보천교의 방향을 두 갈래로 갈라놓게 된다. 하나는 증산상제를 옥황상제로 신봉하고 그 가르침을 따르는 방향으로, 다른 하나는 차경석을 교주가 아닌 교조로 신봉하고 그의 도덕적 유교적 수신법을 유지하는 방향이다. 오늘 우리가 가야할 방향은 과연 어디일까? 필자는 차경석의 거대한 체구 속에 감춰진 욕망보다 증산상제를 따르고 신앙하던 인간 차경석의 순수한 마음을 보고 싶다.

참고문헌

* ≪개벽≫ 38호, 개벽사, 1922. 8. 1.
* ≪보천교보≫ 창간호, 한성도서주식회사, 1922. 7.
* ≪보광≫ 1호, 보광사 인쇄부, 1923. 10.
* ≪보광≫ 2호, 보광사 인쇄부, 1923. 12.
* ≪보광≫ 3호, 보광사 인쇄부, 1924. 1.
* ≪보광≫ 4호, 보광사 인쇄부, 1924. 3.
* 김철수, 『잃어버린 역사 보천교』, 상생출판, 2017.
* 김홍규 편, 『이사전서二師全書』, 보천교 중앙총정원.
* 노길명, 「일제하 증산교운동-보천교를 중심으로 한 서설적 연구」, 숭산 박길진 박사 고희 기념논총 『한국근대종교사상사』, 원광대학교 출판국, 1984.
* 민역국 편, 『시감時鑑』, 보천교 총정원, 1984.
* 박종렬, 『차천자의 꿈』, 장문산, 2002.
* 보천교본부, 『도훈』, 1986.
* 보천교 중앙총정원, 『보천교 교전』, 문화사, 1981.
* 보천교 중앙총정원, 『대도지남』, 1952.
* 보천교 중앙총정원, 『보천교지』, 동양인쇄사, 1964.
* 이영호 편, 『보천교연혁사』, 보천교 편집국, 1935.
* 이영호, 『교조약사』
* 보천교 중앙총정원, 『성사교훈』, 1980.
* 이강오, 「보천교 : 한국 신흥종교 자요편 제일부 증산교계 각론에서」, 전북대학교 『논문집』 Vol. 8, 1966.
* 이강오, 「한국의 신흥종교 자요편 제일부 : 증산교계 총론 그 연혁과 교리의 개요」, 전북대학교 『논문집』 Vol. 7, 1966.

* 이상호 편, 『대순전경』, 말과글, 2001.
* 이정립, 『증산교사』, 증산교본부, 1977.
* 임병학, 「보천교의 교리와 『정역正易』사상 -팔괘도八卦圖를 중심으로-」, 『신종교연구』 Vol. 34, 2016.
* 진정애, 「보천교와 무극도의 신앙대상에 대한 고찰」, 『신종교연구』 Vol. 25, 2011.
* 정동찬, 『시정時正』, 보천교普天教 성서편찬위원회, 1969.
* 증산도 도전편찬위원회, 『증산도 도전』, 대원출판, 2003.

월곡月谷의 '중中'에 대해 말하다

황경선(상생문화연구소 연구위원)

1. '중中을 잡는 것이 우리의 도道며 주의主義'
2. 중은 하나며 모든 것
3. 중으로부터, 중 안에서, 중과 함께
4. 채 건립하지 못한 중의 깃대

1

'중中을 잡는 것이 우리의 도道며 주의主義'

"어떻게 하면 인권人權을 많이 얻을 수 있습니까?" 월곡月谷 차경석車京石(이하 월곡으로 호칭함)이 1907년 증산甑山상제를 처음 보는 자리에서 꺼냈던 물음이다. 월곡은 암울한 일제 강점기 시절인 1920~1930년대 커다란 세력을 형성했던 종교단체 보천교의 창시자다. 증산께서는 이들에 의해 교조教祖로서 신봉된다. 월곡이 원한 인권이란 문맥상 우리가 통상 이해하는 인간의 기본적 권리와 같은 것을 말하는 게 아니다. 사람들에게 추앙을 받고 그들에게 영향력을 행사할 수 있는 권세를 뜻한다. 그는 바람대로 수십만 혹은 수백만에 이르는 신도들이 결집한 교단의 교주가 되고 그들로부터 '거룩한 스승[성사聖師]'으로 받들어졌다. 월곡의 물음에 대한 증산상제의 대답은 이랬다. "폐일언蔽一言이고 욕속부달欲速不達이다." 한때 노도怒濤와 같이 일어났던 보천교의 기세가 어떻게 전개될지 넌지시 암시돼 있다.

그런데 월곡은 인권을 얻어 무엇을 하고자 함이었을까? 그를 믿고 몰려든 사람들에게 무엇을 가르치고 다스려서 그들을 어디로 이끌고자 함이었을까? 그가 주도한 교화教化와 치화治化의 바탕에 놓인 사상은 무엇이었을까. 이 글은 그의 종교적, 정치적 사상의 핵심에 속하는 것으로서 중中 개념을 제시하고자 한다. 월곡 스스로가 중과 그것을 붙잡는 것이 보천교의 도道며 주의主義라고 선언한 바 있다. 우리의 논의는 『교전教典』, 『도훈道訓』, 『시감時鑑』 등 그의 언행을 기록한 텍스트를 중심으로 이뤄질 것이다.

잘 알려져 있다시피 중은 비단 월곡만이 아니라, 무엇보다 유가儒家에서 근본 개념의 자리를 차지한다. 이들에게서 중은 주로 천도天道, 인도人道 그리고 천인합일天人合一의 차원에서 다뤄진다. 이에 따라 우리 또한 월곡의 중 개념을 그 세 가지 관점에서 다룰 것이다. 물론 이 셋은 각각의 중이 아니라 하나의 동일한 중을 향해 접근하는 방식들이다. 달리 말하면 하나의 중은 그 셋으로서 자신을 나타내는 것이다.

우리는 먼저 월곡에서 천도와 인도로서 중을 살펴볼 것이다. 이 같은 논의 속에 월곡의 중 개념은 유가의 중 이해와 많은 부분 유사하지만 또한 차이가 있다는 점이 자연스럽게 드러날 것이다. 이어서 그에게서 천인합일의 중이 어떻게 성립하는지, 그 일치의 장場은 무엇인지 탐문할 것이다. 이때 월곡의 설명이 내보이는 '아직 채 드러나지 않은, 그렇지만 사유돼야 할 것'을 물음의 실마리로 삼는 방식을 취할 것이다. 이와 관련 중과 제帝에 대한 문제가 불거지게 된다. 중과 제란 두 '궁극자' 사이의 관계, 말하자면 그 '사이'는 어떻

용암리 주막. 증산상제와 월곡이 처음 만난 곳으로 알려진 용암리 주막 자리

게든 결정되어야 한다. 그러한 존재론적인 요구에서뿐만 아니라 월곡과 그의 보천교는 상제上帝(혹은 옥황상제)를 그들의 신앙 대상으로 삼았다는 점에서 그 같은 논의를 지나칠 수 없다. 이제 이런 문맥 속에 전개될 우리의 논의는 '중中'의 자형字形과 어원 및 그 사상사적 연원淵源을 살펴보는 것으로부터 출발한다.

2

중은 하나며 모든 것

' 중中'은 바람에 펄럭이는 깃발을 표현

'중中'은 육서六書에서 상형자象形字에 속하는 것으로서 '口'(또는 'O')의 한 가운데를 'ㅣ'이 꿰뚫고 있는 모습이다. 이러한 자형으로부터 시, 공간의 '중앙', 어느 한쪽으로 치우치지 않는 '중립', 넘치지도 모자라지도 않는 '적절함, 중정中正' 등의 의미를 이끌어낸다.

어원적으로는 '중' 자字가 바람에 펄럭이는 깃발을 표현한 데서 나온 것이라고 한다. 원시 시대 깃발은 토템이 강림하고 신령을 드러내는 상징이었는데, 마을의 한 가운데 세워졌으므로 중을 의미하게 된다는 것이다. 이에 따르면 그 깃발 아래 같이 모이는 사람들이 한 족속[족族]이다. 예컨대 중국 문자학자인 당란唐蘭은 이렇게 설명한다. 중은 깃발의 형태가 변한 것이며, 깃발이란 본래 씨족사회의 표지標識로서 큰 일이 있을 때 사람들은 그것을 보고 사방에서 몰려왔다.[1)] 공동체 한 마당에 세워진 깃대는 대동과 결집의 신호 노릇을 했다는 것이다. 또 그 깃대를 신성한 솟대로 이해하면서 "나무 끝에 높이 매달려 휘날리는 깃발은 하늘을 향해 손 비비고 싶은 그 사람들의 마음이었을 것"[2)]이라고 말하기도 한다. 한편 글자 가운데 있는 원형圓形을 피가 가득 담긴 그릇을 상징하는 것으로 보기도 한다. 이때 피[혈血]는 '맹盟'이란 글자에서 보듯이 사람들이 대동과 믿음을

----

1 서중서 주편主編, 『갑골문자전』, 사천사서출판사, 1998, 39-40쪽.
2 김성재, 『갑골에 새겨진 신화와 역사』, 동녘, 2000, 179쪽.

서약하는 의식儀式으로 나눠 마신 신표信標로 풀이된다.

반면 그 '중' 자의 옛 형태는 북[고鼓]을 나타낸다고 보는 관점도 있다.[3] 중 자의 가운데 있는 원형이 북을 가리킨다는 것이다. 북은 사람이나 귀신을 불러 모으고 사람의 신명을 부추겨 함께 하는 모든 것들의 일치를 기하는 용도로 쓰이는 악기다. 따라서 북은 그러한 대동과 혈맹을 필요로 하는 곳, 예컨대 전쟁이나 축제, 천제天祭 등의 현장에서 주요하게 쓰일 것이다. 여기서 한민족의 옛 마한시대에 사람들을 모으고 신령을 불러들이는 표시로 소도蘇塗에 달았던 북을 상기할 수 있다. 나아가 북 소리는 존재론적으로는 천지의 모든 것이 그 생명의 싹을 틔워 성장하여 제 고유함을 유지하며 함께 조화를 이루도록 고취하는 '천지본음天地本音'을 의미할 수도 있을 터다.[4]

위의 해석들은 '中'이 갑골문이나 소전에서 '口' 또는 '○'에 'ㅣ'이 관통된 형태 등으로 쓰였던 전거를 바탕으로 한다. 그러나 이에 대해 'ㅣ'를 깃대로만 여기는 것은 옹색하다는 견해도 있다. 이 주장에 따르면 'ㅣ'은 갑골문에서 '十'을 표현한다. 그리고 사방四方과 그 중심을 가리키는 형태의 '十'은 열매나 씨앗을 상징한다. '十'은 열매나 씨앗을 중심으로 생명이 사방으로 발현發現하는 모습을 그리고 있다는 것이다. 열매나 씨앗에는 하늘로부터 주어진, 각 개체의 고유한

----

3 이밖에도 활이 과녁의 가운데를 관통한 모양을 본뜬 것이라고 주장하기도 한다.
4 『백호통의白虎通義』는 북에 대해 이렇게 설명한다. "북은 [우레를 상징하는] 진괘震卦의 음音이며 격동하는 소리다. 만물은 약동하려는, 충만된 힘으로부터 진동震動하며 나온다. 우레가 치고 따뜻함이 부드럽게 하고 바람이 흩어지게 하고 비가 적셔준다. 지덕至德한 소리에 분발하고 화평한 기운에 감응한다. 같은 소리는 서로 호응하고 같은 기운은 서로를 구한다. 신명이 응應하며 천지가 보우保佑한다. 그 뿌리에 만물의 시작이 있는 것이다. 그래서 북이라고 한다(鼓, 震音煩氣也. 萬物憤懣震動而出, 雷之動之, 溫以暖之, 風以散之, 雨以濡之, 奮至德之聲, 感化平之氣也, 同聲相應, 同氣相求, 神明報應, 天地佑之, 基本乃在萬物之始耶, 故謂之鼓也).

성性이 담겨 있다. 성숙한 초목은 미발未發의 상태로 간수된, 그 본성의 현실화다. 이로부터 '十'과 그로부터 파생된 중은 천명天命이나 본성이 우러나오는 곳을 가리킨다고 해석된다. 중은 곧 사방 전체의 통일성이며 모든 것의 시원처로서 이해돼야 한다는 것이다.

또 다른 해석의 방편으로 '中'을 구성하는 '口'와 '丨'의 의미를 새롭게 새겨볼 필요가 있다. '口'는 '에워쌀 위, 나라 국 자'로서 작은 단위의 영역에서 지극하게는 하늘, 땅, 인간, 신들의 세계를 포함한 사방四方 전체를 의미할 것이다. 반면 '丨'은 '뚫을 곤 자'로서 하나로 관통함을 뜻한다. 이 경우 중은 천지 사방을 하나로 꿰뚫고 있는 것을 가리킨다. 달리 말하면 모든 것을 그 자신을 중심으로 불러 모으는 것이다. 이 때 중은 모든 것이 하나이고 하나가 모든 것인 통일성을 가리키게 될 것이다. 『설문해자說文解字』에서도 중의 본 뜻은 '조화롭게 어울림[화和]'이라고 하면서, '口'은 '입 구'가 아닌 '에워쌀 위'로 읽어야 하고, '丨'는 아래서 위를 향하든 위에서 아래로 향하든 모두 '口' 안에 있는 것이라고 밝힌다. 이 중 안에서 중으로부터, 모든 것은 고유하게 있으며 하나의 조화를 이룬다. 모든 것들은 공통적으로 하나의 중을 포태胞胎로 삼은, 말하자면 같은 피를 나눈 '동포'다. 이러한 해석은 아마도 기존의 설명들을 아우르는 여지를 제공할 수 있을 것이다.

유가의 맥을 꿰뚫는 중中

사상사적으로 보면 '中'이란 글자는 『서경書經』「대우모大禹謨」에 처음 등장한다. '인심유위 도심은미 유정유일 윤집궐중人心惟危 道心惟微 惟精惟一 允執厥中'. 이른바 '16자字 심법心法'으로 일컬어지는 이 구절은 중국 고대의 제왕 순舜이 우禹에게 자신의 자리를 물려주면서 전한 내용이라고 한다. 그러나『논어論語』「요왈堯曰」을 보면 이에 앞서 요堯가 먼저 순에게 '윤집궐중允執其中'이라는 가르침을 전수한다. 순이 이에 더해 '인심유위人心惟危 도심은미道心惟微 유정유일惟精惟一'이란 세 구절을 부연 혹은 보충한 것이다. 주자는『중용장구中庸章句』「서문序文」에서 이 중의 가르침을 요순우堯舜禹이래로 성인聖人과 성인이 서로 이은 심법이라고 밝히고 있다. 또한『서경』「서문序文」에서는 여기에 천하를 다스리는 법이 있다고 말한다. '윤집궐중' 혹은 '[유정유일] 윤집기중'은 '[오직 마음을 하나로 모아] 중을 잡아 그것을 굳게 지켜라'란 뜻이다. 순이 덧붙인 '인심유위 도심은미'는 사람의 마음은 대개 그 중에서 벗어나 인도人道를 지키지 못할 위태로움에 놓여 있고, 중의 도심道心은 무색무취無色無臭하고 있는 듯 없는 듯하여 쉽게 파악하기 어렵다는 뜻으로 이해된다.

이 중의 가르침은 요순우로부터 공자, 맹자를 거쳐 정자程子, 주자朱子로 이어지는 유가 도통맥道統脈의 정신적 근간을 차지하게 된다. 이런 맥락에서 중은 유가 사상의 성격을 잘 드러내는 정수精髓며 그들이 지향하는 최고의 가치로 평가된다. 흔히 공자에서 '일이관지一以貫之'하는 개념은 인仁이나 충서忠恕로 설명되지만, 그만큼이나 일반적으로 중으로 규정되기도 한다. 무엇보다도 유가의 주요 경전의 하나인『중용中庸』은 중과 중으로서 성誠을 주제로 삼고 있다. 송대宋代에 유학의 중흥을 이룬 신유학에서는 인仁이 중의 자리에 들어선다. 인이 모든 것을 관류하며 그것들을 쉼 없이 살리고 살리는 생의生意를 지닌 중심으로서 하나라는 것이다. "천지는 만물을 낳음[생물生物]을 마음으로 삼고, 사람과 물의 생명은 각기 그 천지의 마음을 얻어 각기 제 마음으로 삼는다. 그러므로 마음의 덕에 대해 말하면, … 한마디로 인일 따름이다."[5]

이렇듯 중은 일반적으로 천도와 인도의 차원에서 각각 존재론적인 우주 조화의 중심과 인륜人倫의 최상 규범으로 해석된다. 이 가운데 사실은 후자의 논의가 더 두드러지는 편이다. 즉 사람이 때와 상황에 따라 마땅함과 도리에 맞게 행위를 하도록 하는 규범이며, 나아가 동시에 세상을 다스리는 경법經法의 요체란 측면에서 중을 다루는 시도가 우세하다. 그렇지만 요순우가 서로 전한 '윤집궐중'의 심법이 단지 혹은 우선적으로 시중時中의 행위와 다스림을 강조할 뿐인가? 설사 그렇다고 하더라도 중에 맞게, 중에 따라 행동하고 다스리라는 가르침의 궁극적 근거는 다시 중이 아닌가? 오직 한 마음으로 그리로 나아가 붙잡고 지켜야 할 중은 무엇인가 혹은 어디에 있는가? 우리는 중의 어원 및 역사와 관련한 위 논의를 발판으로 삼아 먼저 중에 대한 예비적 규정을 다음 절에서 시도할 것이다.

중의 고자古字

미리 규정해 본 중 개념

1) 중은 천지 사방(口, ○)을 하나로 꿰뚫음(丨)으로써 하나며 모든 것이다. 그것은 자신을 중심으로 모든 것을 회집會集하는 것이자 또

---

5 天地以生物爲心者也, 而人物之生又各得夫天地之心以爲心者也. 故語心之德, 雖其總攝貫通, 然一言以蔽之, 則曰仁而已矣.(『주자대전朱子大全』 권卷67)

한 그렇게 하나로 불러 모여 있는 전체다. 그래서 중은 하나고 하나는 중이다. 중은 열매, 씨앗이 가지와 줄기, 꽃의 시원이며 바탕이듯 모든 개체의 본성이 나오는 근원이며 그것들을 하나로 꿰는 통일성이다. 그런 의미에서 그 하나의 중은 그 이상의 가치가 없는 지극한 것[극極]이다.

2) 중은 그와 같이 모든 것의 시작, 시원이며 그것들에 공통된 본질이란 의미에서 "천하의 대본大本"[6)]인 한, 유有도 무無도 아니어야 하며 혹은 유이면서 무여야 한다. 텅 비어 있되 유의 가능성을 가득 품고 있는, 있는 듯 있지 않은 있는 것 같은 은미隱微한 것이어야 한다. 그렇지 않고 중이 유형有形의 어떤 것이라면 그것의 존재 근거를 또 다시 구해야 한다. 이것은 악순환의 문을 여는 것이다. 또한 이 경우 중은 자신을 실체적으로 분할하지 않고서는 만물에 속할 수 없다. 그리고 그렇게 쪼개진다면 이미 하나가 아니고 중이 아니다. 반면 중이 무일 따름일 경우에도 중은 "천하의 대본"이 될 수 없다. 무에서 나올 것은 무밖에 없기 때문이다.

3) 그와 같이 유무가 뒤섞인[유무이혼有無而混] 은미한 것으로서 우리가 발견할 수 있는 유일한 보기는 기氣[일기一氣]다. 허령虛靈한 기만이 하나며 모든 것일 수 있다.

4) 만물의 열매고 씨앗인 중은 마땅히 인간의 본성을 이룬다. 따라서 인간에서 본성 혹은 인간됨의 성취는 중을 얻는 데[득중得中] 놓여 있다. 중이 이러저러한 인륜人倫을 궁극적으로 구속하는 척도가 된다.

5) 중이 모든 것을 통일하는 하나인 한, 제나 상제로 불리는 최고의 존재자 또한 자신 안에 포괄해야 한다. 중 자의 옛 형태가 그리고

----

6 中也者, 天下之大本也.(『중용』 제1장)

있는 깃대를 솟대로 보는 해석에 기대어 말하면, 공동체의 중심에서 땅에 뿌리박고 하늘을 향한 '솟대'를 통해 서원誓願하고 또 그로부터 계시를 받고자 하는 하늘의 주재자 또한 중에 속해야 한다. 다른 한편 모든 것을 주재하는 제는 그 하나인 중마저도 넘어서는, 탁월한 것이어야 한다. 그렇지 않다면 제는 최상의 존재자가 될 수 없다. 이런 사정은 모든 것을 포괄하는, 가장 넓은 것인 중과 모든 것을 능가하는, 가장 높은 것인 제가 서로에게 속하면서 일체를 이룬다는 것을 말한다. 그런 의미로 제는 중 자체여야 한다.

중의 어원과 자형과 관련하여 주어진 사실로부터 잠정적으로 이끌어진, 이러한 설명들은 이후의 논의에서 보다 구체적으로 확증돼야 할 것이다. 이제 이 선행 규정들을 조명으로 삼아 중에 대한 월곡의 이해를 살펴보자. 이제까지 논의에서 시사되듯 우리는 천도, 인도, 천인합일의 관점에서 월곡의 중 개념에 접근하고자 한다.

몽골 오보의 깃발들. '중中'이 유래한 깃대를 하늘 향해 기원하는 사람들의 마음이었을 솟대로 이해하기도 한다.

3

중으로부터, 중 안에서, 중과 함께

있는 듯 있지 않은 있는 것 같은

월곡은 중을 "만물의 원시元始"[7]로 파악한다. 예컨대 나무의 몸통과 가지와 뿌리가 다 중심으로부터 화化하듯, 모든 것들은 중에서 화생化生한다는 것이다. 중이 아니면 화하여 나올 곳이 없다. 물고기가 물에서 살 듯 모든 것은 그 하나의 중 안에 있다. 동시에 모든 것은 그 하나를 제 본성으로서 품고 있다. "만물은 중에서 귀정歸正"[8]하며 "천지대도天地大道는 물물이 중中으로부터"[9] 행한다. "전권全權을 주장하는 이는 즉 중中"[10]이며 "중이 하나도 되고 원元도"[11] 된다. 월곡은 중을 화생의 근원이며 모든 것이 하나의 어울림 속에 제 본성대로 머무는, 또한 그렇게 하도록 하는 통일성으로 파악하는 것이다. 그래서 그에게서 하나의 중은 '지극한 것[극極]'의 자리를 차지한다.[12]

그런데 월곡은 중이란 본래 허虛하고 무無하다고 말한다. 물론 이

----

7 『도훈』, 1986, 93쪽. 이하 『도훈』으로 약함. 이하 보천교가 펴낸 문헌을 인용함에 있어 본문의 경우에는, 한자에 독음을 달거나 한자를 병기하고 '[ ]'에 뜻풀이를 포함하는 등 일부 원문의 수정이 있음을 밝혀둔다. 각주에서는 원문 그대로 따 옮겼다.

8 『도훈』, 94쪽.

9 『도훈』, 134쪽.

10 『시감』, 보천교 총정원전문사, 1984, 95쪽. 이하 『시감』으로 약함.

11 『도훈』, 90쪽.

12 중국 송대宋代의 육사산陸梭山·육상산陸象山 형제가 주자와 벌인 논쟁에서 하나[一]와 중을 (태太)극極과 동일시했으며, 『서경』의 홍범구주洪範九疇 제오第五에서는 황극皇極에 대해 '황皇은 대大며 극은 중'이라고 주석했다.

때 허, 무는 곧 절대적인 무와 같을 수는 없다. 이미 앞에서 밝혔듯, 중이 단순히 무일 뿐이라면 "만물의 원시"가 될 수 없다. 무에서 나올 수 있는, 다시 말해 화할 수 있는 것은 무밖에 없기 때문이다. 동시에 유有, 즉 있는 어떤 것으로 여겨도 그것은 "만물의 원시"가 될 수 없다. 왜냐하면 이 때는 하나의 존재자로서 중의 근거, 말하자면 중보다 앞서는 새로운 '원시'를 찾아나서야 하기 때문이다. 이는 월곡이 말하는 중의 허, 무는 유도 무도 아닌 혹은 유, 무가 뒤섞인 사태로 이해돼야 함을 말한다. 그런 의미에서 "중은 가히 머물 데가 없다."[13] 또 『중용』의 중에 대해 주자가 말하듯, 일정한 체體가 없다.[14] 방소方所도 체도 없는 중의 존재와 관련하여 『삼일신고三一神誥』를 소개하는 글에 나오는, 다음과 같은 말에 주목할 수 있다. "[허공 또는 천天은] 밖은 허하고 안은 공하며 늘 중심으로 머물러 있다."[15] 여기서 허공, 천은 우주의 근본인 하나를 가리킨다.[16]

월곡은 그 유무이혼有無而混의 중 자리에 '무극이태극無極而太極'을 놓는다. 무극, 태극이 만물이 귀정하는, 즉 그것들이 비로소 제 고유함대로 있게 되는 "천지만물天地萬物의 본本"[17]이라는 것이다. "역易이란 음양이 서로 바뀜을 이름이니 태극의 동動함이 즉 역이다. 이를 이른바 '무극이태극'"이라 하는데 "음양의 그 본체"며 "중"을 가

----

13 『교전』, 중앙총정원 외, 1981, 483쪽. 이하 『교전』으로 약함.
14 蓋中無定體, 隨時而在, 是乃平常之理也.(『중용장구』 2)
15 外虛內空, 中有常.
16 그리고 일부一夫 선생의 다음과 같은 묘妙한 말 또한 같은 사태를 나타낼 것이다. "묘妙하고 묘한 그윽하고[玄] 그윽한 이치는 없고 없고 있고 있는 있음과 없음의 사이에 있다.(妙妙玄玄玄妙理 无无有有有無中)" 또 이렇게 말하기도 한다. "'지극한 없음의 중'에 들어서 느낌의 경지에 이르면 마침내 천하의 '지극한 있음의 원인'을 통할 수 있다.(立於至無之中而及其感也, 遂通天下至有之故也.)"(『정역正易』)
17 『교전』, 446쪽.

리킨다.[18] "성인이 중中을 말함은 즉 무극이라."[19] '무극이태극'을 이와 같이 중으로 보는 것은 기존 성리학의 논의 테두리에서는 생소한 것이다. "천지만물의 본"을 이루는 무극이란 음양이 혼잡하지 않은 순수 음양으로서 종시終始, 선후, 상하, 좌우를 구할 수 없는 경계다. 그래서 '무극'이라 부르며 원圓으로써 그 형상을 표현한다.[20] 태극은 이 "무극无極의 복판(중中)"[21]에서 생한다. 태극은 무극 자체로부터 열려 나오는 것이다. 그리고 태극이 동하여 음양이 서로 어울리고 오행이 전개되면서, 천지 만물이 비롯된다. 월곡은 무극, 태극을 사람과 나무에 적용하여 설명한다. 사람의 경우 마음 가운데[심중心中]의 소공小孔이 무극이며 그로부터 생겨난 마음이 태극에 해당한다. 또 나무라면, "심통心通은 즉 태극이요. 심통 중에 소공은 즉 무극"[22]이다.

'무극이태극'은 중국 송나라 때 유학자인 주렴계周濂溪(1017-1973)의 『태극도설太極圖說』에 등장하는 말이다. 『주역周易』「계사전」에서 태극을 우주의 근원으로 설명한 이래 동양 전통적 사유에서 태극은 형이상학의 궁극적인 자리를 차지했다. 그런데 주렴계는 여기에 무극을 얹어 '무극이태극'이라고 하는 것이다. '무극이태극'은 성리학자들 사이에 치열한 논란거리가 된다. 여기에 대해 상세히 다룰 수 없지만 이 논란에서 제기되는 주장들은 크게 두 가지로 나눠질 수 있다. 먼저 무극을 비실체적이며 비시원적인 태극의 존재 양태를

---

18 『시감』, 107쪽.
19 『시감』, 111쪽.
20 유무가 화합和合된 무극의 존재를 형形과 구별하여 상象으로 규정하며, 그 성질을 다음과 같이 설명한다. "형形의 분열이 극미세極微細하게 분화分化하여서 조금만 더 응고하여지면 형이 될 수 있는 직전의 상태에 있는 것이다." 한동석, 『우주변화의 원리』, 대원출판, 2001, 43쪽.
21 『교전』, 438쪽; 참조 『시감』, 102쪽.
22 『시감』, 101-102쪽; 『교전』, 438쪽.

형용하는 것으로 보거나 아예 무극을 인정하지 않는 입장이 있다. 여기에 무극을 태극에 앞서는 우주 생성의 시원처 및 원동력으로 봐야 한다는 주장이 맞선다. 결국 이 논쟁은 크게 무극을 '아무 것도 아닌 것'으로 보느냐 아니면 태극을 선행하는 '어떤 것'으로서 이해하느냐 하는 두 관점으로 좁혀진다. 이는 계사 '이而'를 어떻게 해석하느냐 하는 문제이기도 하다.

우리는 앞에서 이미 우주의 하나를 유나 무로 규정하는 것은 논리적 딜레마에 빠지며 유이며 무 혹은 유무이혼으로 보아야 한다는 점을 지적했다. 월곡이 무극과 태극을 하나로 봄으로써 바로 이와 같은 해결 방식을 취한다. "천지만물天地萬物의 근본은 무극 태극 둘뿐이니 무극이 태극이요 태극이 무극이라."[23] 우리가 무극, 태극을 비록 순차적으로 말하지만 그것들은 "본래 간격이" 없으며 "다만 나누면 둘"이라는 것이다."[24] 초목의 예로써 말하면 씨앗이 땅에 있으면 무극, 그 싹이 땅 위로 솟아나오면 태극이라 구분할 수 있으나 모두 한 초목의 시원일 뿐이다. "사람이 배속에 있을 때는 무극이요 난 즉 일태극一太極"[25]이다. 즉 무극, 태극은 구분되지만 또한 하나라는 것이다. 싹[태극]은 씨앗[무극]의 현실화요 씨앗은 싹의 가능성을 품고 있다. 무극은 '아직' 유형이 아닌 태극, 태극은 '이미' 무형이 아닌 무극으로서 둘은 동일하다. 또 이런 그의 입장은 '무극이태극'에서 계사 '이'를 선후의 관계가 아니라 상이한 것의 동시성, 단일함의 사태로 이해하는 것이기도 하다. 이와 관련 김일부金一夫의 다음과 같은 말을 상기할 만하다. "부처는 공 가운데[중中] 하나로 돌아감[공중귀일空中歸一]을, 선가仙家는 중을 지켜 하나를 품

23 『도훈』, 41쪽.
24 『교전』, 446쪽
25 『시감』, 103쪽.

음[수중포일守中抱一]을 그리고 유가儒家는 중을 잡아 하나로 관통함 [집중일관執中一貫]을 말하는데, 여기서 중이란 하나[일一]가 감춰진 것이고 하나는 중의 작용이다. 이것이 이른바 '무극이태극'이다."[26] 월곡에 앞서 일부가 '하나=중=무극이태극'이란 주장을 밝혔음을 알 수 있다.

하나=중=무극이태극=기氣=인仁

월곡은 또한 음양의 본체며 모든 것의 중심[中]인 '무극이태극'에서 동정動靜이, 그와 함께 음양이 생겨나게 하는 것은 온양溫陽의 바람 혹은 양기陽氣라고 한다. 그럼으로써 그는 '무극이태극'과 '양기'를 동일시한다. "중심中心의 양은 훈훈한 온기가" 있으며 "중심은 온양을 포함한 것"으로 보는 것이다.[27] 봄에 "양기陽氣의 풍風이 중심에 동動하여"[28] 꽃과 잎이 피듯 텅 빈 중심에서, 아니 중심이 텅 빈 허이고 무이기에 양기의 바람이 좌우로 흔들면서 음양이 나뉜다. 그리고 음양의 기가 서로 왕래하고 밀고 당기는 가운데 만물이 생겨난다.[29] 이 중심과 양기는 좀 더 엄밀하게 보면, 온양의 기[양기]는 공허한 중심의 발현 혹은 그것의 용用, 중심은 그 일기一氣를 머금고 있는 체體가 되는 방식으로 하나를 이룰 것이다. 나아가 월곡은 자신이 가르치는 도道는 이 중심의 양기라고 한다. "도道도 중심中心의 양기와 같음이라. 여予[나]의 가르치는 바는 중심中心의 양기

----

26 釋曰空中歸一, 仙曰守中抱一, 儒曰執中一貫. 盖中者一之藏也, 一者中之用也. 此所謂無極而太極也.(『정역』)

27 『도훈』, 88-89쪽.

28 『교전』, 528쪽.

29 그는 그렇게 적연한 태극의 중[무극]에서 양기의 바람이 일어나 만화방창萬化方暢하기에 만물이 다 "낙樂의 본성"이 있다고 말하기도 한다. 그리고 그 '즐거움'을 풍류風流라 한다. 그에게서 무엇이 '있다'는 것은 생기발랄한 즐거움[풍류]의 사건인 셈이다. 『도훈』, 146쪽.

陽氣라."[30]

월곡이 파악하듯 사실 우주의 하나로서 중에 대해 앞에서 제시한 규정들을 고려할 때 중에 해당할 수 있는 기뿐이다. 허령한 기만이 유무 논란에 매이지 않고 천하의 근본이 될 수 있다. 또 자신을 실체적으로 쪼갬이 없이 다수의 개별적인 것들에 하나로 내재할 수 있다. 그럼으로써 기는 하나이면서 모든 것인 중일 수 있다. 『태백일사太白逸史』「소도경전본훈」에서는 이렇게 말한다. "큰 하나[大一; 太一]의 지극함이여 이를 일러 양기陽氣라 한다."[31] 그리고 그와 같이 도체道體가 '무극이태극' 또는 그 유무가 뒤섞인 "양기의 바람"이어서 보아도 보이지 않고 들어도 들리지 않는다. 도심은 은미한 것이다.

한편 월곡은『중용』의 후반부에서 중을 대신하여 주로 '성誠'이 논의되듯[32], 중을 쉼 없는 생의生意를 지닌 성誠으로 파악하기도 한다. 허한 중이 "誠敬"[33]하여 천지 만물이 있다는 것이다. 그에게서 성은 통하지 않음이 없는 것[성자무불통야誠者無不通也]으로서 "곧 천지天地요 천지天地는 곧 성誠"[34]이다. 왜냐하면 천지를 하나로 관통하는 "동하여 불식함[동이불식動而不息]"[35]이 곧 성誠이기 때문이다. 또 중

---

30 『도훈』, 182쪽.

31 大一其極, 是名良氣.

32 구체적으로 형상화할 수 없는 관념인 중은 천도와 인도의 합일 구도로서 심정적心情的 주체인 성誠에서만 파악된다는 점에서 "『중용』이란 책에 中보다는 성誠이라는 말이 더욱 많이 보이는 것은 자연스런 일"이라고 이해하기도 한다. 정우영, 「유가儒家 '중中' 사상의 철학적 고찰考察」, 공주대학교 박사학위논문, 2017, 75쪽 ; 164쪽 참조. 또 『중용』에서 중은 충忠으로부터 터득하고 용은 서恕로부터 전개한 것이기에 중용의 후반부에서는 "충과 동일한 의미의 성誠으로써 천도를 설명하고 있다."라고 이해하기도 한다. 양조한 지음, 황갑연 옮김, 『중용철학』, 서광사, 1999, 74-75쪽.

33 『도훈』, 79쪽.

34 『도훈』, 172-176쪽.

35 『시감』, 110쪽.

은 그렇게 지극한 생의를 품고 있는 허령한 것이란 점에서 마음[천지 마음]으로 표현될 수 있다.

무극(이태극) 혹은 천지 마음의 중은 월곡에서 시-공간에 따라 인예의지仁禮義智로 발현한다. 다시 그것은 인과 의의 둘로 묶여진다. "정중正中의 중中은 본시 허하니 인의仁義가 여기에서 나옴이라."[36]. 따라서 월곡이 인의를 교리敎理로서 내세우 것은 "집중執中함이 즉 오도吾道"며 "여予의 주의主義도 중中이 주장"한다는[37] 그의 근본입장을 다시 확인하는 셈이다. 여기서 인과 의는 각기 봄과 가을의 때에 따른 천지의 정신이며 율법[시명時命]이다. "봄에 나는 것은 仁이요 가을에 거둠은 의義이다"[38] 나누면 인의, 인예의지의 시공간 질서로 드러나지만 그것들을 관통하는 것은 하나, 곧 중이다. 그 한 이치가 모든 것에 묘妙하게 관통하면서 그것들이 조화를 이루며 각각의 마땅함으로 있게 한다[각기득의各得其宜]. 그와 같이 화하는 가운데 모든 것을 본래대로 있도록 살리는 생은 인에 귀속한다. 그럼으로 중은 다시 인인 것이다.[39] "… 중심中心이 인仁이다. 나고나는 것이 인仁으로 생生한다."[40] 물론 이때 중으로서 인은 사단四端에 속하는 인, 의, 예, 지를 포함하는 것이다.

월곡은 이렇듯 인의, 세분하면 인예의지의 사단이란 "실은 천연적

---

36 『시감』, 96쪽.
37 『도훈』, 96쪽.
38 『도훈』, 102쪽. 봄은 인이며 여름은 예며 가을은 "물물이 成實한 자연神의 기운이라 그러므로 봄의 기운은 放이요 夏의 기운은 湯이요 秋,의 기운은 遒라고 할 수 있다." 『도훈』, 180쪽.
39 여기서 중은 다양한 이름들로 불리고 있다. 그 호칭들은 모두 "천하의 대본"을 표현하는 한 서로 다른 것일 수 없다. 윤집궐중의 심법을 전하는 『서경』 서문은 이렇게 말한다. "덕德과 인仁과 경敬과 성誠은, 말이 비록 서로 다를지라도 이치는 하나이니, 이 마음의 묘리를 밝힌 것 아님이 없느니라.(曰德曰仁曰敬曰誠, 言雖殊而理則一, 無非所以明此心之妙也)"
40 『도훈』, 101쪽.

으로 합"[41]한 것이지 맹자가 지은 것이 아니라고 한다. 또한 자신의 가르침은 유가의 교리를 되풀이하거나 신적 계시를 받아 이뤄진 것이 아니라 "천지를 연구하여"[42] 나온 것이라고 하면서 사상의 고유함을 주장한다.[43]

이상으로 월곡의 중 개념을 천도 혹은 도체의 관점에서 살펴보았다. 그에게서 중은 허한, 즉 유무가 뒤섞인 하나의 기로서 모든 것의 시작과 바탕을 이루는 것이었다. 이 중은 무극이태극, 기, 성, 심, 인, 인의 등 다양하게 호명됐다. 월곡에서 이 천도로서 중은 인도, 즉 인간이 마땅히 실현해야 할 인간됨을 이미 구속한다. 무엇보다도 천도와 인도는 두 개의 못이 물밑으로 통해 있듯, 한 동일한 것인 중에 속한다. 이제 월곡에서 인도로서 중은 어떻게 나타나는지 살펴보기로 하자.

천지에서 과일의 씨앗과 같은 인간

앞서 중은 "만물의 원시"라 했다. 따라서 사람도 무극(이태극)의 중 자리에서 생함은 당연하다. 인간의 본성에도 중이 깃들어 있는 것이다. "사람의 본성을 주체主體하는 것이 중이다."[44] 그래서 사람이

----

41 『시감』, 161쪽.
42 『도훈』, 112, 106쪽.
43 월곡은 이밖에도 여러 곳에서 자신의 가르침과 유가의 차이를 밝힌다. ; "今世의 선배는 모두 글을 숭상하니 이 큰 병통이라 어찌 心性義理의 工夫가 되리요."(『도훈』, 114쪽.) ; "世上 사람이 文字를 들어 말하면 나는 말하지 못하지 못할 것이요. 義理로써 물으면 허락하여 문답하지 아니함이 없으리라."(『도훈』, 117쪽.) ; "世上의 學者가 … 그 배울바를 알지 못함은 과연 어떠한 일일까."(『도훈』, 120쪽.) ; "孔孟의 學은 다만 口耳로서 記誦詞章의 배움이니 사람이 어찌 予의 人義道德을 알리요."(『도훈』, 159-160쪽.) 한편 보천교가 성현의 학문을 이어 받는 것과 세상을 건지는 일을 겸했다는 점에서 유교와 다르다고 후손들은 주장하기도 한다. 김재영, 「보천교 천자등극설 연구」, 『한국종교사연구』 제9집, 한국종교사학회, 2001, 112쪽.
44 『교전』, 477쪽.

"본성을 잃지 아니하면 중을 얻음이요 그 본성을 잃으면 중을 잃음이다."[45] 또 중이 천지의 신령한 기라는 관점에서 월곡은 이렇게 말한다. "사람의 영靈은 천지天地의 기운이니 본성은 다 천지天地에서 받은 것이다."[46] 한편 중은 낳고 낳는 생의를 지닌 천지 마음이라는 점에서 보면 인간의 본질로서 중 역시 허령한 마음이라 할 수 있다. "사람의 마음은 본시 허虛하니 중中은 허무虛無한 것이다."[47] 그리고 그와 같이 허령한 기운으로서 만물을 낳는 천지 마음인 중은 생명과 조화의 씨앗인 인仁으로 규정됐다. 이에 따르면 사람의 중 또한 인仁이고 사람의 도는 인도仁道일 수밖에 없다. "사람은 인仁이요 인은 곧 씨앗이요 도道는 인도人道이니 인도는 곧 중이라."[48] 『중용』은 하늘에서 내려 받은 것이 인간의 본성이고 그 본성을 따르는 것이 도道라 밝힌다.[49] 이 경우 월곡에서 사람이 마땅히 행할 도는 인간의 본성인 중 자리를 바르게 지키는 중정지도中正之道 하나뿐이다. 그에게서 "천하의 대본"으로서 중은 인도人道의 존재론적 근거가 되는 셈이다.[50]

월곡은 특별히 인간을 만물 가운데 중의 본성을 온전히 내려 받은, 가장 신령한 존재로 본다. 그는 이기오행二氣五行을 들어 다른 존재자들과 구별되는 인간의 특성을 해명한다. "오행은 각기 리형기理形氣가 있으되 사람은 음양오행의 리형기를 완비한 고로 사람이 만

---

45 『교전』, 477쪽. ; 『도훈』, 92쪽.
46 『도훈』, 98쪽.
47 『도훈』, 79쪽.
48 『도훈』, 182쪽.
49 天命之謂性, 率性之謂道.(『중용』 제1장).
50 예컨대 다음과 같은 인륜적 가르침들의 궁극적 척도는 중이다. "항상 허물을 생각한즉 거두어서 中으로 짐작함이 그 용정[用精]의 도를 앎이라."(『시감』, 151쪽.) ; "나태하지도 말고, 당황하지도 말지라."(『시감』, 12쪽.) ; "희로애락의 그 中절을 얻어 행할지라."(『시감』, 55쪽.)

물지중에 최영함이요 기타 물류物類인 즉 비록 오행의 형形을 얻으나 다못 오행五行의 中에서 하나의 행行의 기운을 얻음이라."[51] 사람은 "무극과 태극, 오행의 이치를 받은" 반면 그 밖의 물류는 "다못 음양이기陰陽二氣로써 교감하여 화생"[52]할 따름이다. 이런 이유로 사람은 "천지일월음양天地日月陰陽의 대표"[53]가 되며, 마치 과일의 씨와 같이 천지 중간에 자리 잡게 된다.

이러한 차이에 인간의 존재론적 우월함이 놓여 있다. 그 탁월함이란 달리 말하면 천지에 대한 역할과 책임을 말한다. 그런데 중이란 온양한 기운으로서 유일하게 변화를 지을 수 있는 것이었다. 그리하여 사람이 품부 받은 본성을 찾아 중을 얻으면, 다시 말해 "자신이 정중正中이면 화기가 자생自生하여 사방四方에 뻗어갈 여유가 있을 것이요 중中이 아니면 화기化氣가 나올 곳이"[54] 없다. "내 몸이 중中이 되고 위 아래로 화化하여 감이 인도人道"[55]다. 따라서 인간의 소임은 분명 인간이 중이 되어, 다시 말해 인도를 온전히 발현하여 천지 변화의 기틀로 우뚝 서는 데 있을 것이다.

월곡의 주어진 설명으로부터 보면 이러한 인도의 성취 혹은 인간이 짊어진 과업의 완수는 천도로부터 요구된다. 월곡은 천지는 무형無形일 때 이미 도가 있었다고 하는 동시에 사람이 나고서는 도가 사람에 있다고 말한다. "천지간天地間에 도道는 비록 영길함이 있으나 사람이 생生한 뒤에 비로소 도道가 있으니…."[56] ; "인생의 전前에는 도道가 천지에 있다가 사람이 있은 뒤에 도가 있으니 사람이 구

----

51 『시감』, 109쪽.
52 『시감』, 88-90쪽.
53 『시감』, 90쪽.
54 『도훈』, 182쪽.
55 『도훈』, 80쪽.
56 『도훈』, 123쪽.

분함으로 도가 되었다."[57] 도는 물론 둘일 수 없다. 월곡의 말대로 인간이 생하기 이전 천지의 도나 인간에 있는 도는 "별개의 도道가 아니다."[58] 다만 전자가 은미한, 은닉돼 있는 것이라면 후자는 인간에 의해 밝게 드러난 것이다. 허령한 무형의 천도는 대개는 자신을 감추고 있다가 인간을 만나 본연의 도로서 현실화된다. 『중용』의 언어로 말하면 "천하의 대본"인 성誠은 성지자誠之者인 인간의 호응 속에 자연과 역사의 현실을 주재하는 섭리로서 발현되는 것이다. 인간은 천도가 참됨으로 들어서는 데, 그가 없으면 그러한 전향이 일어나지 않을 만큼, 결정적으로 참여를 하는 것이다. 그런 의미로 진화의 역사에서 가장 늦게 태어난 인간은 우주의 새로운 기원이다. "人身은 중대함이라. 천지중天地中에 사람이 섰으니 … 중정中正의 그 몸은 원시元始의 땅이 됨이라."[59] 우리가 유일하게 아는 이 세계는 인간과 함께 열린 것이다. "사람이 태어나기 전에는 기氣와 도道만 있었으나 … 사람이 인도人道를 정리正理하여 도덕세상道德世上"[60]이 펼쳐진 것이다.

월곡은 천도에 상응하는 인간의 바른 길로서 정심정기正心精氣를 강조한다. 여기서 정심이란 "천지와 더불어 자리를 바로 잡아 태연히 하나도 움직이지 않는 것"[61]이다. 그리고 정기는 "음양에 순리順理하여 조화[和]하고 거슬리지 않는 것"[62]이다. 이러한 정심정기의 심법은 성경신誠敬信으로써 구체화된다. 말하자면 정심과 정기는 도의 체[도체道體]며 성경신은 도의 작용[도용道用]인 셈이다. 성경신

----

57 『도훈』, 161-162쪽.
58 『도훈』, 123쪽.
59 『도훈』, 158-159쪽.
60 『도훈』, 143-144쪽.
61 『시감』, 12-14쪽.
62 『시감』, 12-14쪽.

을 다해 바른 마음과 기운으로써 끊임없이 자신을 향하고 굳게 지키는 인간의 마음에서 천도는 진실무망眞實無妄한 제 모습, 제 자리를 찾게 되는 것이다. 동시에 인간의 편에서도 그와 같이 지극한 정성으로 중을 향하고[향중向中] 그곳에 머묾[거중居中]으로써, 자기 본질을 얻는다[득중得中]. 인간의 인간됨은 자신에 주어진 중의 본성을 찾아 천도 발현에 참여하는 데 있기 때문이다. 다시 말해 본래적 인간이란 "적자赤子[갓난 아이]의 마음"[63], 희로애락이 미발未發한 순연한 중의 마음을 새롭게 회복하여 "만화정기萬化正機"[64], 만 가지 변화의 바른 기틀로 천지 가운데 자리 잡은 이다. 그런 인간을 일러 성인, 군자라 일컬을 것이다. 그렇지만 대개의 인간은 본성에서 벗어나 있다. 그런 의미로 인심은 위태하다. 공자의 다음과 같은 말도 그 같은 실중失中의 현실을 지적하고 있다. "중용은 덕이며 지극한 것이다. 백성들은 오래 할 수 있는 이가 드무니라."[65]

복을 얻고 환란을 피하는 길

월곡은 인간을 그같은 비본래성에서 끌어내 비로소 제 본연의 노릇을 하도록 하는 일을 이제삼왕二帝三王으로부터 공자, 주자로 이어지는 성인심법聖人心法 혹은 성현군자의 계천입극繼天立極[하늘의 뜻을 이어 중심을 세움]으로 이해한다. 성인의 입극立極은 정正으로써 중의 자리를 얻고 나아가 그 깨달음으로 '위태로운' 사람들을 교화하여 그 하나로 돌아오게 하는 데[동귀일체同歸一體; 귀정歸正]있다는 것이다. 그에게는 그 중정지도가 도성덕립道成德立하는, "동양도덕

---

63 『도훈』, 99쪽.
64 『교전』, 476쪽.
65 中庸之謂德也, 其至矣乎. 民鮮久矣.(『논어』)

東洋道德의 정종되는 원리"[66]며 "인지안택人之安宅[사람의 편안한 거주]"와 "인지정로人之正路[사람의 바른 길]"[67]이다. 그는 또한 그것이 자신이 지향하는 바임을 분명히 한다. "[나의 공부는] 성인군자聖人君子되는 공부"[68]며, "[나는] 세인을 가르쳐서 교화敎化하여 도성덕립道成德立이 됨을"[69] 좋아한다. "우리의 공부는 … 여천무이與天無二[하늘과 둘이 아님]하는 정심공부正心工夫"며 "정심공부正心工夫는 중정지도中正之道니 즉인도卽人道이다."[70] 이런 점에서 월곡은 자신의 가르침이란 "사람이 사람되는"[71] 공부며 "보천교는 사람 만드는 기계"[72]라 자임한다. 그에 따르면 인과 의로써 나타나는 중이 바로 세워짐으로써, 경천敬天, 명덕明德, 애인愛人, 정륜正倫이란 교敎의 사대四大 강령이 원만해질 수 있다. "도덕심道德心으로 세상을 제도濟度하여"[73] 살자고 하는, 교의 주의主義인 상생相生 역시 인의로써 이뤄진다.[74]

나아가 그는 중정지도를 강조하면서, 보천교의 또 다른 기반이자

---

66 『도훈』, 36쪽.
67 『시감』, 188쪽.
68 『도훈』, 153쪽.
69 『도훈』, 163쪽.
70 『교전』, 533-534쪽. 월곡의 이러한 유교적 편중은 돌연한 전향이나 개종改宗같은 것이 아니다. 그는 이미 1920년 "명심할 것은 方士輩의 신통묘술이 아니요 古聖相傳의 心法"(『도훈』, 21쪽.)이라고 밝힌다. 또 1921년 월곡이 반포한 12계명 중 둘째 계명으로 숭도덕崇道德을 제시하며 '숭'을 높이하여 공경하는 의義라 밝힌다.(『도훈』, 25쪽) 이밖에도 월곡은 초기 수련기에 '태을주'나 '시천주주'보다 '『서경』 서문'을 더욱 장려한다(이강오, 「보천교」, 『논문집』 8권, 전북대학교, 1966, 61쪽).
71 『도훈』, 155쪽.
72 『도훈』, 149쪽.
73 『도훈』, 155쪽.
74 "吾敎에 四大綱領이 곧 天地大道요 人道正理거늘 … 四大綱領을 베풀어 행하면 仁義가 자연히 된다. … 仁義는 相生이라. … 相生으로 하자면 仁義밖에 다른 방법이 없다. … 우리 目的은 大同이라 온世界가 同一하게 仁義로 행함을 우리 눈으로 정확하게 보임이 한도이다. … 相克을 化하여 相生을 할 방침은 … 晝夜로 철저한 誠意로 생각하여도 仁義道德이 아니고는 별 도리가 없다." 『도훈』, 152-153쪽.

가파른 교세 신장의 주 요인의 하나로 꼽혔던 신통神通이나 주문 수행을 적극 부정한다. "공부는 신통"이나 "귀신과 사귀어 자기 정신을" 잃는 것이 아니며, 또 "청수를 떠놓고 주송呪誦하는 것이" 아니다[75]; "오교吾教는 심리心理의 근본을 공부함이요 허령과 귀신을 숭상하는 공부가 아니다."[76]; "신통공부神通工夫"[77]는 몸을 망하게 하는 근본이다; "중정도덕中正道德으로 공부한 사람은 본시 예언이 없어 금일 일은 금일에 행하고 명일明日 일은 명일에 행하느니라."[78]

봄날에 풀이 자라서 가을에 결실함이 초목에겐 복이듯, 인간의 복福과 이로움은 중정의 도를 통해 비로소 온전한 인간으로 성숙하는 데 있다. 하늘은 "오직 중심中心이 진실眞實한 자者에게"[79] 복을 준다. 또한 그곳에 환란을 피하는 길이 있고, 조화造化의 술이 있으며, 신의 가호가 있다. "환란을 피하고 살려하면 중정中正의 도를 배워야 옳으니라."[80] "천지일월성신天地日月星辰 음양오행陰陽五行의 성리기性理氣를 통달通達하면 군자이니 도道를 선지先知하면 술術은 자재기중自在其中[자연 그 가운데 있음]이라."[81]; "하나에 자신을 입立하여[세워] 심법心法을 굳게 가지고 천지의 이치를 체험하는 이는 천신天神이 도우리라."[82]

사람이 비로소 사람이 되는 복과 구원에는 이미 천인합일이 전제돼 있다. 천도로서 중이 발현되고 인간이 거기에 참여하여 제 본성을 얻는 일은 곧 하나의 중 안에서 중으로부터 천도와 인간이 하나

---

75 『도훈』, 67쪽.
76 『도훈』, 139쪽.
77 『도훈』, 137쪽.
78 『도훈』, 170쪽. 이밖에 69, 71, 72, 139쪽 등 참조.
79 『교전』, 523쪽.
80 『교훈』, 182쪽.
81 『교전』, 530-531쪽.
82 『도훈』, 178쪽.

로 어울리는 사건인 것이다. 그럼에도 월곡이 이 천인합일의 중을 뚜렷이 주제로 다루는 경우는 거의 찾아볼 수 없다. 그러나 그의 제시된 언설들은 천도와 인도 사이의 그 중을 사유돼야 할 것으로 이미 눈짓하고 있다. 월곡은 천인합일의 중과 더불어 그와 관련된 또 하나의 문제를 남긴다. 다음 절에서는 이에 대해서 살펴보기로 한다.

◈ 하느님[제帝]과 중과 인간

"천도와 인도는 하나이니 그 가운데[중中] 마음에서 혼연일체가 된다.[83] 이상호에 의해 선언된 보천교 종지에 나와 있는 말이다. 여기서 천도와 인도의 '사이'를 가리키는 마음이란 곧 인의로 발현하는 천지마음이면서 동시에 그리로 자신을 바치는 인간의 극진한 마음[천지일심天地一心]일 것이다. 그리고 그 한 마음은 중을 가리킨다. 그렇다면 이 구절은 중 안에서 중으로부터, 천도와 인간이 합일한다는 의미를 지닐 것이다.

보천교 종지에서 시사된 천도와 인간의 합일은 이미 월곡이 밝힌 천도와 인간의 본질로부터 성립한다. 월곡은 천도는 인간 안에서 인간을 통해 비로소 우주의 주재적 섭리로서 발현된다고 하였다. 천지는 무위無爲지만 그 무위의 진리는 결국 유위能爲가 가능한 인간에 의하여 구현되는 것이다. 그렇지 않다면 그것은 언제까지고 허령한 것으로서 자신을 숨기고 있을 뿐이다. 이는 천도가 본래대로 머물기 위해서는 인간을 필요로 한다는 사실을 함의含意한다. 물론 이때의 인간이란 대개 실중의 비본래성에 처한 이러저러한 사람들

---

83 天道與人道一也, 心乃其中, 渾然一體. 이정립, 『증산교사』, 증산교 총본부, 1977, 91쪽.

이 아니다. 끊임없이 마음을 모아 중을 향하고 그것을 지키는 인간, 천지의 중심인 성을 향한 성지자다[84]. 동시에 인간의 편에서도 그와 같이 "정심정기"하여 지극한 정성으로 천도를 맞이할 때 이윽고 제 본질에 이른다. 다시 말해 비로소 자신에 주어진 중의 본성을 찾아 천도 발현에 참여하는 본래적 인간으로서 자리 잡는다.

이렇게 본질상 필요로부터 중은 인간을 향하고, 인간은 본성인 중의 마음을 오직 천도로 모으고 그것을 굳게 지킴으로써, 둘은 하나로 속한다. 하나의 동일한 중으로부터, 그리고 그것을 향해 천도와 인간은 합일되는 것이다. 다시 천도인 중을 성誠으로 밝히는 『중용』의 문맥으로 말하면, 은미한 천도[誠]는 스스로 인간을 향해 자신을 밝히고[자성명自誠明] 인간은 하늘을 본받는[법천法天] 자세로 지성至誠을 다해 천도를 향함으로써[자명성自明誠] 하나의 성誠을 중심으로 함께 속한다.[85] 중정中正, 시중時中의 심법과 행위를 구속할 궁극적 척도도 여기서 구해진다.

천도도 인도도 제 고유한 본질을 얻는 천인합일의 중 자리에서 만물은 하나로 조화롭게 어울리며 각자의 성性을 발현하여 마땅함으로 있게 된다. 중의 철학적 성격을 규정하는 '중中은 제 자리 찾음의 철학이다.'[86]는 언명은 월곡에서도 타당하다. 이 경지가 『중용』에서 말하는 치중화至中和일 것이다. "중화中和에 이르러 천지가 제 자리를 잡고 만물이 제 본질대로 길러진다."[87] 오직 천하天下의 지성至誠, 즉 지극한 하나인 중이라야 "능히 그 성性을 다할 수 있고, 그 성을 다할 수 있으면 사람의 성을 다할 것이요, 사람의 성을 다하면 물

---

84 誠者, 天之道也. 誠之者, 人之道也.(『중용』 제20장)
85 自誠明, 謂之性. 自明誠, 謂之教.(『중용』 제21장)
86 정우영, 「유가儒家 '중中' 사상의 철학적 고찰考察」, 49쪽.
87 至中和, 天地位焉, 萬物育焉.(『중용』 제1장)

物의 성을 다할 수 있을 것이요, 물의 성을 다하면 천지의 화육化育을 도울 수 있을 것이요, 천지의 화육을 돕게 되면 천지의 일에 참여하게 될 것이다."[88] "천하天下로 공체公體로 삼고 상하사방을 균제방정均齊方正하여 동귀同歸 일치"[89]하려는 보천교의 목적인 대동大同 또한 이곳/이때 이뤄질 것이다. 인간의 존재론적 우월함은 이렇게 천도와 짝이 되어 대동의 치중화에 참여한다는 데 있다. 이를 두고 『논어』에서는 "중용은 덕이며 지극한 것"이라고 하며 『주역』에서는 "중의 올바름에 기쁨이 있다[중정유경中正有慶]."라고 말한다.

그런 의미에서 치중화를 이루는 천인합일의 중은 소망스런 선善이다. 여기서 선은 어떤 것을 제 고유함, 마땅함으로 있도록 함이 가장 이롭고 바람직한 것이란 의미로 이해되고 있다. 단순히 이것 혹은 저것이 아니라 모든 것들을 제 모습, 제 자리로 있도록 하는 중은 최고의 선이 될 것이다. 이 조화와 경사慶事의 경지는 천도로서 중의 본질이며 또한 동시에 위태로운 인심 가운데 이제 비로소 새롭게 실현되어야 할 혹은 다시 되돌아가야 할 귀착지다. 인간은 지극하게 마음을 집중하여 천도를 향해 그것을 굳게 지키고 천도는 인간을 맞이하여 밝게 드러나면서 일어나는 중, 그 하나가 없이는 아무 것도 없다. 우리가 택하여 지켜야 할 것은 그 하나다.[90] 월곡은 보천교 교리에 속하는 '팔조문八條文'에서 치중화를 첫 번째 항목인 '종지宗旨'로 삼으며 이렇게 설명한다. "천지만물이 본시는 나와 일체라. … [여기에] 실로 이치가 있으니 온전함이 있고 어긋남이 없으니, 이것이 중中이며 화목이라. 개개의 몸에 이르면 태평太平을 가히

----

88 唯天下之誠, 爲能盡其性. 能盡其性, 則能盡人之性. 能盡人之性, 則能盡物之性. 能盡物之性, 則可以贊天地之化育. 可以贊天地之化育, 則可以與天地參矣.(『중용』 제22장).

89 『시감』, 17쪽.

90 誠之者, 擇善而固執之者也.(『중용』 제22장)

대할지라. 이것을 생각하면 여기에 있으니, 이 마음으로 이것을 가질지라."[91]

월곡의 중 개념이 남긴 혹은 월곡이 더 밀고 들어갔어야 중의 또 다른 사태는 위에서 밝힌 천인합일의 중과 관련돼 있다. 그것은 중과 제帝의 문제다. 이는 두 궁극자 사이의 관계를 존재론적으로 해결해야 한다는 이유에서만 제기되는 것이 아니다. 월곡과 그의 보천교는 증산이 자신의 신원으로 밝힌 상제(옥황상제)를 그들의 신앙대상으로 삼기에 또한 그렇다. 물론 여기에 대해서는 과연 월곡이 그리고 보천교가 일관되게 증산을 그들의 신앙대상으로, 교조로 섬겼는지 의문이 제기되고 있다. 분명 보천교의 드러난 역사는 이 지적을 뒷받침한다. 특히 이른바 '무진설법'(1928)을 계기로 인의仁義를 비롯한 유가적 가치들이 보다 전면에 내세워지고 상제 신앙은 현격히 약화되고 심지어 부인되기도 하는 게 사실이다.

그렇지만 초기 신앙교리를 통해서 보면 보천교는 증산상제를 신앙대상으로 그리고 그의 신도神道적 권화權化에 의한 도통과 천지공사에 따른 후천선경後天仙境을 이룩하는 일에 참여하는 것을 목적으로 하고 있음이 분명하다. 보천교는 1923년에 창간된 기관지『보광普光』의 첫머리에 담긴 '선포문'에서 그들이 '천사天師'로 호칭하는 증산께서 천지공사天地公事로써 후천선경의 무궁한 운을 열었음을 천명한다. 이어 천사의 교의敎義를 좇아 사행의 형제들과 함께 새 세상을 개척하여 무량한 행복을 누리자는 것이 보천교의 목적이며 사명이라고 밝힌다. 또 문답의 형식으로 보천교를 개괄적으로 소개하는 곳에서는 신앙대상을 묻는 물음에 "우리 교도는 순일純一한

91『시감』, 18쪽.

맘[심心] 속에서 증산천사께 절[배拜]하나이다."[92]라고 답하기도 한다.[93] 적어도 보천교는 증산상제에 대한 신앙과 함께 시작된 것이다. 이런 배경에서도 월곡에서 중과 제에 대한 물음은 간과될 수 없다.

중은 허령한 것으로서 모든 것을 자신을 중심으로 불러 모으는 통일성이었다. 중 밖에는 아무 것도 없다. 말하자면 중은 하나로서 그 폭에서 보면 가장 넓은 것이다. 반면 제, 상제는 개념상 더 이상 위가 없는 자리에서 만물을 주재하는 최상의 존재자다. 월곡은 주재신主宰神인 옥황상제가 삼계三界를 주재하며 하늘, 땅 사이 그의 "적자赤子아님이"[94] 없다고 말한다. "상제라 함은 지극히 높아 위가없는 제一位의 위치라 무형계로부터 유형계에 이르기 까지 각각 하나의 태극이치를 갖춘이는 다 아래가 됨이라, …"[95] 월곡 역시 옥황상제를 가장 으뜸의 존재자로 여기는 것이다. 또 『시경詩經』을 인용하여 "상제가 너에게 왕림하였으니 너의 마음을 둘로 하지말지라."라고 했다.[96] 그렇지만 월곡의 언행을 수록한 자료들에서 상제에 대한 언급은 이 구절들을 포함해, 몇 군데 지나지 않는다. 더욱이 상제와 중의 관계에 대한 설명은 찾아 볼 수 없다.

그렇지만 중과 제에 대해 월곡이 이미 밝힌 규정들은 양자가 서로를 포함해야 한다는 점을 가리키고 있다. 하나의 통일성으로서 가장 넓은 것인 중과 "모든 것은 그 아래 있는" 가장 으뜸의 제는 서로

----

92 보천교 중앙본소, 《보광普光》 창간호, 보광사, 1923, 29쪽.

93 또한 월곡이 사망하기 불과 2년 전에 이뤄진 한 일본인 학자와 대담에서 그는 증산이 옥황상제의 자리에 있는 주재자임을 밝힌다. 『교전』, 508쪽. 그리고 월곡 사후 극심한 내부분열 끝에 신파, 구파로 갈라지는데, 구파의 경우 증산상제를 여전히 신앙 대상으로 신봉했다. 이강오, 「보천교」, 54쪽.

94 『시감』, 20-21쪽.

95 『시감』, 26쪽.

96 『시감』, 26쪽.

에게 속한다는 것이다. 무정체無政體한, 아니 무정체해서 어떤 것도 감싸지 않음이 없는 중은 다른 모든 것들과 함께 제를 예외 없이 포괄해야 한다. 그렇지 않다면 중은 "천하의 대본"인 하나가 아닐 것이다. 동시에 중은 제의 주재 아래 놓여야 한다, 즉 지고의 제에 속해야 한다. 마찬가지로 중을 주재 범위 밖에 둔다면 제는 적어도 더 이상 최고의 존재자라고 할 수 없다. 두 궁극자는 함께 속하며, 그런 의미로 동일하다. 둘의 개념에 보다 충실하게 말하면 그 일체성은 다음과 같이 성립될 것이다. 제는 그 역시 중에서 화하지만 동시에 그 있지 않음이 없고 하지 않음이 없는 중을 써서 만유를 주재하는 방식으로 중과 한 몸을 이룬다.

그런데 "천하의 대본"으로 발현되는 중은 이미 성지자인 인간과 합일 속에 있다. 이제 중과 제가 하나임이 밝혀짐으로써 인간의 지극한 마음은 그 두 궁극자가 조화를 이루는 자리로서 드러나게 된다. 천도의 중과 하나 된 인간의 마음에 제가 머무는 것이다. 제 본성을 찾아 천도의 중과 하나로 어울린 참나[진아眞我]는 상제가 임하는 궁궐이며 그릇이 되는 것이다. "상제가 너에게 왕림하였으니 너의 마음을 둘로 하지말지라." 월곡이 더 이상 설명 없이 인용했던 『시경』의 말은 그렇게 이해돼야 한다. 제와 중과 인간은 서로에게 향하고 속하면서 삼위일체의 하나 됨을 이룬다. 이 하나가 사유돼야 할, 중의 본래적 사태다. 그렇지만 그것은 무형의 천도로서의 중과 전혀 다른 것이 아니라 그 시원의 중이 저의 참됨으로 이미 품고 있었던 것이다. 다시 말해 전자는 후자의 현실화다. 그러기에 사유돼야 할 중은 가장 오래된 것이며 새로운 것이다.

이상으로 우리는 월곡의 중 개념이 남기고 있는 두 가지 문제, 즉 천인합일로서 중 그리고 중과 제의 관계에서 사유돼야 할 사태를 제기했다. 그러나 이것들은 앞서 강조한 대로 이미 월곡의 해명이 지시하는 것이기도 하다. 그럼에도 월곡 자신이 이 문제를 사태부합적으로 충분히 드러내지 못한 것은 아마도 그가 받은 유가적 이념의 영향이거나 아니면 그의 경세經世적 야심의 탓일 수 있다. 이 부분에 대한 설명은 이 글의 몫이 아니므로 생략하기로 한다.

《보광普光》 창간호 표지. 책의 첫머리에 담긴 '선포문'에서 증산천사天師의 뜻을 좇아 새 세상을 개척하여 무량한 행복을 누리자는 것이 보천교의 목적이며 사명이라고 밝힌다.

4

채 건립하지 못한 중의 깃대

이제까지 논의에서 우리는 먼저 중의 자형과 어원, 개념사史로부터 중에 대한 예비적 규정을 이끌어냈다. 그리고 이를 단서로 삼아 월곡에서 천도로서의 중과 인도로서의 중을 살펴보았다. 이어서 월곡이 뚜렷이 드러내지는 못했지만 그가 내놓은 설명의 눈짓을 좇아 천인합일의 중에 이르러, 천도와 인도는 각자의 본질상 요구로부터 함께 속한다는 사실을 밝혔다. 천도와 인도의 중은 이 천인합일의 중에 속한다. 나아가 이 중은 제와 하나를 이룬 통일성이었다. 이는 스스로를 밝히는 천도와 하나 된 인간의 마음자리가 제가 머무는 혹을 제를 섬기는 그릇이 되는 방식으로 일어났다. 이 큰 하나[대일大一; 태일太一]가 중이며 극이다. 물론 이것은 중이 본래 지녔던 본성이 이읏고 온전히 발현된 사태라는 점에서 옛것의 새로운 회복이다. 우리가 고집하여 지켜야 할 것은 그 하나다.

이제 증산상제와 월곡의 대화로써 이 글의 시작을 열었듯, 그들 사이 또 다른 대화를 인용하는 것으로써 마무리하고자 한다. 증산상제는 월곡을 처음 만난 그해 11월 망건을 쓰겠다는 월곡의 뜻을 허락한다. 그 전에 이미 월곡에게 “망건을 준비하고 머리를 기르라.”라고 분부한 터였다. 이날 증산께서는 친히 월곡의 상투를 올려주며 망건서網巾序와 시 한 수를 지어준다. 다음은 망건서 가운데 일부다. ‘망건이 있고 없음은 몸에 마음을 드러내는 것과 같다. 없으면 만 명의 황제가 섬기더라도 일극一極이 없고, 있으면 꿈에 한명의 황제가 섬기더라도 반드시 그 일극에 이를 것이다.' 망건은 상투를 틀 때 머리카락이 흘러내려오지 않도록 하기 위해 머리에 두르는 것이다. 그리고 머리털을 끌어올려 정수리에 틀어 감아 맨 상투는 하늘과 내가 하나가 되려는 의지가 담긴 것으로 해석된다. 망건이 있고 없음은 이 천인합일의 마음을 드러내는 것과 같다는 것이다. 증산께서 손수 올려준, 월곡의 상투에는 제와 중과 인간이 하나가 되고 그 가운데 모든 것들이 조화와 통일 속에 제 자리, 제 모습을 찾는 치중화의 세계를 새롭게 열라는 기대가 담겨 있는 것이다.

월곡은 인의로써 교리를 삼아 시종일관 중정지도를 잊지 않았지만, 중의 본질을 채 다 드러내지 못했다. 말하자면 그는 우주와 인간 삶을 향도하는 중의 깃대를 내세웠지만, 끝내 세상 한 마당의 중심에 강고하게 세우는 입극을 완수하지 못했던 것이다. 당시 일제의 억압 속에 절망에 처한 민중들에게 새로운 세상, 새로운 삶에 대한 희망을 지핀 것도 월곡이고 또한 중을 적중的中하게 건립하는 데 실패함으로써 많은 사람들에게 실망을 안긴 것도 월곡이다. 여기에 월곡의 영광과 좌절이 있다. '욕속부달'의 비극이 있다.

참고문헌

* 김성재, 『갑골에 새겨진 신화와 역사』, 동녘, 2000.
* 김재영, 「보천교 천자등극설 연구」, 『한국종교사연구』 제9집, 한국종교사학회, 2001.
* 보천교 중앙본소, 《보광普光》 창간호, 보광사, 1923.
* 서중서 주편主編, 『갑골문자전』, 사천사서출판사, 1998.
* 양조한 지음, 황갑연 옮김, 『중용철학』, 서광사, 1999.
* 이강오, 「보천교」, 『논문집』 8권, 전북대학교, 1966.
* 이정립, 『증산교사甑山教史』, 증산교 총본부, 1977.
* 정우영, 「유가儒家 '중中' 사상의 철학적 고찰」, 공주대학교 박사학위논문, 2017.
* 한동석, 『우주변화의 원리』, 대원출판, 2001.
* 『교전教典』
* 『논어論語』
* 『도훈道訓』
* 『백호통의白虎通義』
* 『서경書經』
* 『시감時鑑』
* 『정역正易』
* 『중용中庸』
* 『중용장구中庸章句』
* 『태백일사太白逸史』

일제강점기 종교정책과 보천교의 항일 민족운동

김철수 (중원대학교 교수)

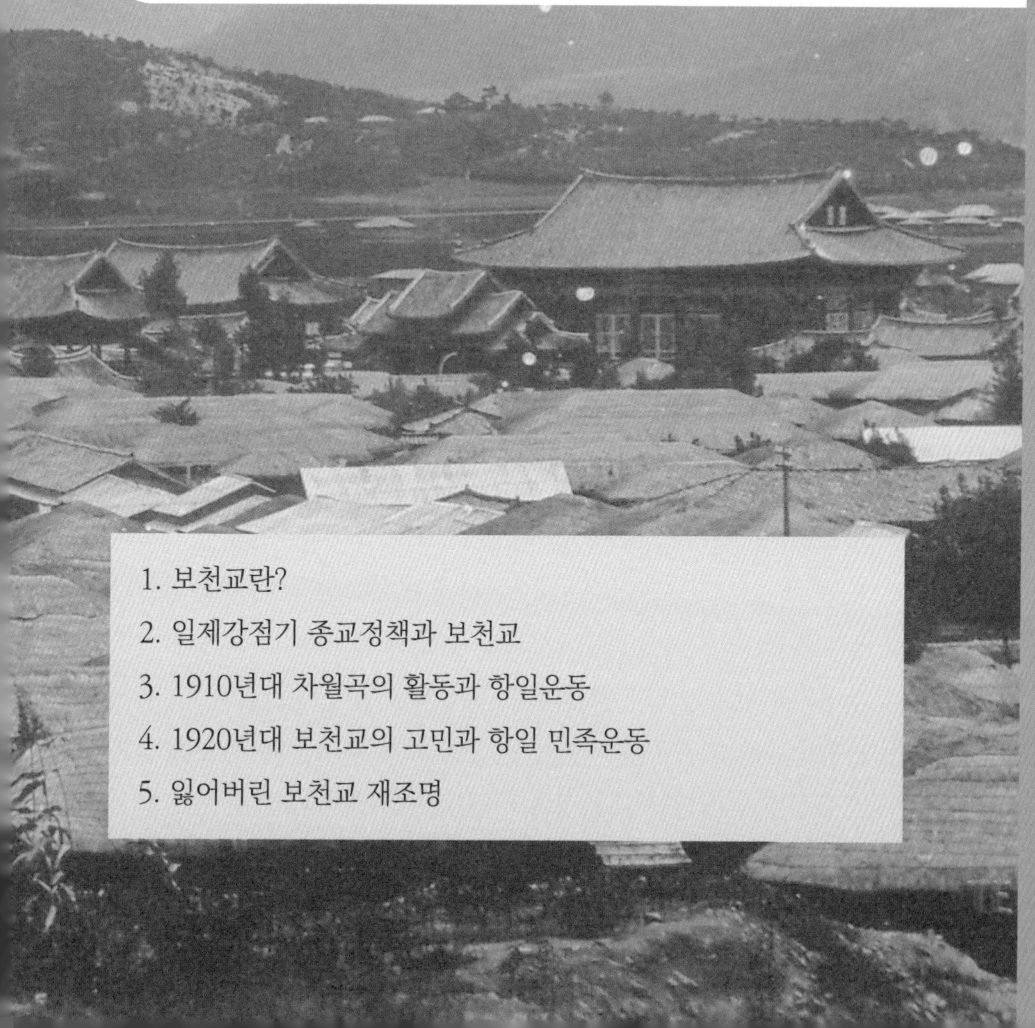

1
보천교란?

보천교는 지금으로부터 100여 년 전, 일제강점기의 절망적 상황에서 우리민족에게 숨 쉴 여력을 제공해주고 민족독립의 희망을 심어줬던 민족종교이다. 주지하다시피 한반도는 19세기 후반부터 호시탐탐 노려왔던 일본 제국주의에 의해 1910년 강점되면서 식민지로 전락하였다. 식민지 상황에서 기독교나 불교처럼 제도화되지 못한, 더욱이 스승(교조)의 빈자리를 메꾸면서 이제 막 교단을 형성해 나가야 했던 제자(교주)의 운명은 험난할 수 밖에 없었다. 명칭도 없었고 조직도 없었고 심지어 함께 하는 사람들도 많지 않았다. 증산을 따랐던 사람들조차 증산이 세상을 떠나자 실망에 가득 차 뿔뿔이 흩어졌거나 냉담해 버린 상태였기 때문이다.

더군다나 일제 식민권력은 강점 목적을 효율적으로 달성하기 위해 종교단체 형성에 촉각을 곤두세우고 있었다. 식민권력이라 하면 식민 종주국의 구성원이 식민지 지배를 원활히 수행하기 위한 동화정책을 추진한 권력으로, 식민 모국의 관련조직 및 식민지 관료조직 등으로 구성된다. 넓게는 총독(통감과 총독들)과 행정관료들, 경찰, 헌병 등 식민관료들 뿐만 아니라 일제에 협력적인 언론 출판인들과 종교인들 및 친일 한국인들까지도 여기에 포함된다. 그들은 식민지 한국사회에 민족종교가 형성되는 것을 달가워하지 않았다. 식민지 상황에서 종교가 갖는 파괴력을 자신들의 역사(특히 메이지 시대) 경험에서 충분히 인지했기 때문이다. 이러한 사면초가의 상황에서 보천교의 씨앗이 뿌려져 활발하게 자라나고 있었다.

강점 직후부터 조선민중의 사상과 행동이 '민족'이나 '독립'과 연결됨을 두려워했던 식민권력은 식민지 한국인의 동향을 일거수일투족 감시하였다. 더욱이 강점과 더불어 각종 사회단체들을 전부 해산시킨 식민권력의 입장에서 종교단체는 눈엣가시 같은 존재였다. 식민권력의 감시와 통제는 주도면밀하게 이루어졌다. 실체를 확인해서 민중과 분리했고 지식인을 동원하여 내분을 일으키고 왜곡시켜 소멸하도록 공작했다. 그런 면에서 결론적으로 본다면 식민권력의 종교통제 정책은 성공했던 것이다. 식민지 상황에서 '자칭·타칭 600만 명'이라는 엄청난 교세를 확보했던 보천교는 1936년 차월곡의 사망과 함께 해체되어 버렸고, 처음에 지적했듯이 해방 이후, 아니 현재 우리들의 기억 속에 거의 남아있지 않기 때문이다. 기억하는 사람들조차 식민권력이 생성해 놓은 부정적 이미지로 남아있을 뿐이다. 친일과 사이비 종교단체의 대명사로 말이다.

이 글은 일제강점기 '월곡 차경석(1880-1936)'과 '보천교'의 민족

대흥리 논밭에 남아있는 보천교 본소의 흔적

운동을 정리해보려는 시도이다. 식민권력이 생성해 놓은 차월곡과 보천교에 드리워진 부정적 이미지의 굴레를 벗기려는 노력의 일환이다.[1] 다만 '보천교'라는 명칭이 1922년 초에 나타난 용어이기 때문에 차월곡에 관한 내용도 넣었으며, 경우에 따라서는 김형렬 등 태을교라는 명칭으로 활동한 내용도 함께 제시하였다.

---

1 이는 보천교를 향한 제국주의적이고 식민주의적인 시선을 바꾸는 일이며, 이에 대해서는 김철수, 『잃어버린 역사 보천교』, 상생출판, 2017 참조.

2

일제강점기 종교정책과 보천교

앞서 언급했듯이, 보천교는 일제강점기의 시작과 함께 생성되었고 차월곡의 사망(1936)과 더불어 거의 소멸되어 버린 민족종교이다. 한국을 강점한 일제는 부령府令으로 3인 이상의 옥외집회를 일체 금지(1910. 8)시키면서 집회 취체령을 공포했고, 치안유지에 관한 경찰 및 군사경찰을 관장했고 전국의 정치·사회단체들을 해산시켰다(9월). 민족의식을 말살하기 위해 한국인이 저술한 각 학교용 교과서를 몰수하는가 하면 학교교과서를 조사하여 식민통치에 방해되는 문구나 학생들에게 구국사상을 고취시킬 수 있는 창가 등도 삭제하였다. 소위 식민지 치안에 방해가 된다고 생각하는 모든 것을 통제, 말살해 나갔다.

강점 직후부터 동화정책을 이루기 위한 사상통제에 주력해 온 총독부는 조선의 종교단체에 관심을 갖기 시작했다.[2] 종교단체에는

---

2 일제강점기의 종교지형religious topography을 살펴보면 기독교와 불교, 일본에서 들어온 각종 종교들, 그리고 민족종교인 천도교와 보천교 등이 활동하였던 시공간이었다. 강점 직후 발간된 『조선총독부 시정연보』(1911)에는 '종교취체'라는 항목이 들어있는데, 여기에는 '내지(일본)인의 종교'(천리교, 일본불교 등), '외국인 경영의 종파'(기독교 등) 그리고 '조선인의 종교'로 나누어 취급되었다. 1912년에는 '조선불교'가 나타난다. "조선인의 (종교)조직에 관련된 것으로서는 천도교, 시천교, 대종교大倧教, 대동교大同教, 태극교大極教, 원종종무원圓宗宗務院, 공자교孔子教, 대종교大宗教, 경천교敬天教, 대성종교大成宗教 등의 제종諸宗이 있어 그 종류가 많고 잡다할 뿐만 아니라 움직임[動]도 정교政教를 혼동하여 순연純然한 종교라 인정하기 곤란한 것들이 있어서 적의適宜취체를 가해야 한다."고 기록하였다. 이러한 '조선인의 종교'는 식민권력의 강점 내내 감시·주목을 받은 소위 민족종교였고, 1915년 포교규칙 공포 이후에는 '유사종교(종교유사단체)'로 분류·명명되었다.

인력人力과 교금敎金이 모인다. 교금은 식민권력이 특히 경계하는 대상이었다. 이는 독립운동 자금과 연계될 수 있는 소지가 충분했기 때문이었다. 식민지에서 정치·사회단체들을 모두 해산시켰으나 종교단체는 다른 방법이 필요했다. 물론 일본에서 들어온 제諸 종교단체들의 경우는 큰 어려움이 없었지만, 서구 선교사들이 활동하는 기독교와 19세기 동학으로부터 비롯된 식민지 조선의 민족종교들은 민족의식과 구국사상 고취라는 점에서 항시 감시의 눈을 뗄 수 없는 단체들이었다. 따라서 서구 세력과 연결된 기독교의 통제는 물론[3] 불교와 유교도 통제 대상이었다. 식민권력은 불교와 유교를 통제하기 위해 '사찰령'(1911. 6. 3)과 '경학원 규정'(1911. 6. 15)을 공포했고, 기독교의 통제를 위해 '사립학교 규칙'(1911. 10. 20)을 공포하였다. 그리고 19세기 후반부터 형성된 새로운 종교단체, 소위 민족종교들에 대한 통제도 조선총독부의 당면 과제가 되었다. 그러나 민족종교 단체로는 천도교만 어느 정도 신자를 확보하고 있었고 아직 그 규모가 미미한 상황이었다.

이러한 상황에서 총독부는 1915년 부령 제83호로 '포교규칙'(전문 19조. 1915. 8. 16)을 공포하였다. 종교자유 보장, 포교행위 공인, 종교에 대한 평등한 대우를 위해서 '포교규칙'을 제정했다고 발표한 것이다.[4] 여기에는 제1조에 "본령에서 종교라 칭함은 신도, 불도 및 기독교를 말함"이라 하여 종교의 범위를 정해 놓았다. 또한 제15

----

3 데라우치 총독은 1910년 10월 5일 각 도 신임장관회의에서 종교단체에 대해 "정치상 필요한 취체를 할 것을 요한다. 종교관계의 학교같이 상당한 감독을 요한다."고 하며 조선의 기독교 선교사 세력을 법 제정을 통해 통제할 필요성을 인식하고 있었다.(朝鮮總督府, 『朝鮮の保護及併合』朝鮮總督府, 1917, 367-369쪽.)

4 일본에서는 1899년 발의된 '종교단체법'이 1939년 통과되었지만, 이 법을 조선에 적용함에 대해 논란이 있었지만 조선에 시행되지 않음으로써, '포교규칙'이 해방 전까지 식민지 한국의 종교통제를 위한 법률의 기능을 했다.

조에 “조선총독은 필요가 있는 경우 종교 유사한 단체라 인정한 것에 본령을 준용함도 가함”이라 하여 ‘종교’를 신도, 불교, 기독교라 정하고 그 외의 종교는 ‘종교유사단체’, 소위 ‘유사종교類似宗教’라 하였다. 이러한 ‘종교’와 ‘유사종교’에 대한 분리는 이후 계속하여 종교정책에 적용되었고 소위 민족종교들은 유사종교로 통제를 받고 있다.

이렇게 분리한 뒤에 소위 종교단체는 ‘포교규칙’이 정하는 바를 적용하여, 종교선포에 종사하는 자는 자격 및 이력서를 첨부하여 조선총독에게 신고하여야 하며(제2조), 포교에 대해서는 총독의 인가를 받아야 하고(제3조), 종교 용도로 쓰기 위한 교회당 설교소 강의소를 설립하거나 변경할 때도 총독의 허가를 받도록 하였으며(제9조), 이를 어길 때는 벌금 또는 과태료를 물리도록 규정(제14조)하고 있다. 그 외의 종교단체, 소위 유사종교도 필요한 경우에는 이 법령을 준용할 수 있다(제15조)고 하여 공인종교에의 길을 열어 두었다. 그러나 이는 통제(규제)의 범위를 확대하여 식민권력에 협조를 유도한 것에 지나지 않았고, ‘종교 유사단체’가 실제로 이 규정을 적용하여 공인종교로 바뀐 적은 한 번도 없었다. 결국 ‘포교규칙’을 공포하여 종교의 포교활동 전반을 통제하면서, 공인종교와 ‘유사종교’의 범주를 제도화하여 민족종교의 통제와 억압의 메카니즘으로 활용하였던 것이다.

식민권력은 ‘포교규칙’ 제정으로 ‘종교’와 ‘유사종교’를 분리함으로써 유사종교에 대한 분리 통제책을 행해 왔다. 감독 혹은 단속 기관도 분리하였다. 공인된 종교인 신도, 불교, 기독교는 학무국學務局 소관으로 두었고,[5] 그 외의 유사종교 단체들은 헌병경찰기관의 소

----

5 그러나 ‘포교규칙 시행에 관한 건’(통첩 제 85호. 1915. 9. 17)은 종교 관련 사항은

관이었다. 1919년의 관제가 개정된 후에는 총독부 경무국 보안과 아래 있었다.

『조선의 유사종교』에 의하면, 일제 강점 당시인 1910년 유사종교의 교단은 동학계인 천도교를 위시하여 증산계(훔치계), 불교계, 숭신계, 유교계 등이 있었고, 식민지 상황 하에서도 유사종교는 계속 증가하여 1919년에는 강점 당시에 비해 1.4배의 증가율을 보여주었다.[6] 그러나 이들은 '포교규칙'에서 공식종교로 인정되지 못함으로써 통감부 시기의 '보안법'(1907)과 '집회취체에 관한 건'(1910)의 적용을 받았고, 경찰의 강력한 단속대상이 되었던 것이다. 이 시기 유사종교 중 일제가 가장 주목한 단체는 천도교와 대종교[7]였다. 천도교는 강점 후 국권회복을 위한 직접적인 항일운동보다는 장기적인 민족교육과 실력양성을 통하여 국권을 회복하겠다는 방침을 채택하여 1910년 12월 보성전문학교를 인수하는 등 전국에 강습소를 설치하여 일반을 교육에 주력하였다. 대종교는 만주지역으로 교세를 확장시켜 나갔기 때문에 조선총독부는 이들 종교에 대한 감시와 탄압을 강화하고 있었다. 이에 비해 차월곡 교단은 강점 초기에는 시작 단계에 머물러 있었다.

식민권력이 종교정책을 전개하면서 가장 고심한 것 중의 하나가 민족문제였다. 그런데 유사종교단체들은 추종자 대부분이 과거 지배층으로부터 소외되고 억압받던 사람들로 구성되어 있었고, 그 교

경찰기관과 항상 협조할 것을 정하여 '포교규칙' 집행과정에 경찰력 개입을 지시하였다. 포교자 선출과 관련하여 경무기관과 협의토록 하고, '포교규칙' 시행 상 예규가 될 만한 것 혹은 필요한 사항이 있으면 경무부장에게 통지할 것을 정하여 규칙집행에 경찰력의 간섭, 지원을 받도록 하였다.

6 村山智順, 『朝鮮の類似宗教』, 朝鮮總督府, 1935, 524-550쪽.

7 천도교는 1910년 신자 수 100만 명에 이르는 대종단으로 교세가 막강하였다.(독립운동사편찬위원회, 『독립운동사-문화투쟁사-』 8, 1976, 648쪽.) 나철은 1909년 단군교를 선포하여 활동하다가 1910년 8월 대종교大倧教로 교명을 바꿨다.

의도 후천개벽의 새로운 시대가 열리고 그 때에는 억압받는 한민족이 세계의 중심민족이 된다는 등 한민족의 자존감과 자주의식을 고취하면서 민족문제와 연결되기 쉬운 단체들이었다. 무라야마 지쥰村山智順은 유사종교의 '사상적인 영향'을 다루면서 '혁명사상을 고취하고 민족의식을 농후하게 하였다'는 교단을 88개 교단 중 51개 교단을 헤아린다고 지적하였다.[8] 이에 비해 식민권력에 협조적인 유사종교 교단[9]은 총수의 5%에도 미치지 못하는 극히 적은 수였다. 곧 유사종교는 혁명의식과 민족의식을 고취시킬 가능성이 농후하여 19세기 말의 동학혁명, 그리고 일제강점기 발생했던 3·1운동과 같은 반일운동으로 확산되기 쉬운 비종교적인 단체로 보고 있는 것이다.

뿐만 아니라 이러한 "조선의 신흥 유사종교는 항상 사회운동의 주체가 되어서 근세 이후의 조선 사회운동에 대단히 큰 역할을 수행해 왔다. … 그 운동이 조선사회의 진동進動에 크게 기여했다는 점에서 결코 경시해서는 안 될 것이다. … 조선 유사종교단체의 대부분이 이름을 종교라고 빌린 정치운동 단체라는 세평은 종래 자주 들은 바이지만 … 민족의식을 환기시키고 선동함으로써 한편으로는 민중의 환심을 삼과 동시에 다른 한편으로는 민중의 편으로 활약하는 듯이 위장하여, 다투어 이 민족의식을 자극하고 교도의 획득에 노력하며, 그렇게 함으로써 교세의 확립에 매진한 것이었다"고 하였다.[10] 『조선의 유사종교』에 기록된 일제 식민권력의 유사종교를 보는 시선이었다.

----

8 村山智順, 『朝鮮の類似宗教』, 853쪽.
9 '온후, 도덕관념이 풍부하고 사람의 도를 중시하게 되었다'와 '근로정신을 양성하고 실천에 의해 일반에게 모범을 보인다'는 각각 3개, 1개 교단이었다.
10 村山智順, 『朝鮮の類似宗教』, 2, 845, 857-858쪽.

1921년 요시가와 분타로吉川文太郎도 종교유사단체는 "종교라기보다는 오히려 어떤 동일한 주의主義를 표방하는 무리들이 모여서 하나의 단체를 조직한 것"[11]이라 할 정도였다. 앞의 무라야마 지쥰은 '중요한 종교유사단체는 천도교, 시천교 및 보천교'[12] 라 하면서 "유사종교단체가 성격상 대부분 비밀결사적"[13]이라 하였고, 난잔타로南山太郎도 직접적으로 "조선 내의 비밀결사란 바로 종교 유사단체를 일컫는다."[14]고 하며 비밀결사를 소유한 종교유사단체들 중 하나로 보천교를 지적하였다. 이렇게 본다면 당시 사람들 사이에는 유사종교 교단을 곧 비밀결사로 보는 인식이 자리 잡고 있었음을 짐작할 수 있다. 그리고 그 중심에 보천교가 자리했던 것이다.

또한 식민권력은 유사종교가 교의 속에 민족사상 뿐만 아니라 대개 후천개벽이라는 혁명사상의 교의까지 가지고 있어 항시 경계할 수밖에 없었다. 강점 직후부터 체제안정과 동화정책을 추진했던 식민권력으로서는 매우 위험한 단체였던 것이다. 더욱이 유사종교는 시대적 전환기에 민족애를 호소하면서 도래할 앞 세상에서는 조선 민족이 세계의 중심이 되기 때문에 외압에 대항하여 전통을 지켜나갈 것을 주장하였다.[15] 이러한 교의는 민중들의 마음을 붙잡고 절망하던 사람들의 마음에 침투하여 희망을 주기에 충분했고, 따라서 다수의 유사종교들은 보국안민輔國安民을 주장하며 민족운동과 연

----

11 吉川文太郎, 『朝鮮の宗教』, 朝鮮印刷, 1921, 305쪽.
12 京城地方法院検事局高等警察課, 『大正十三年管内狀況』, 국사편찬위원회. 1909년 중광된 대종교는 1910년대에 만주로 근거지를 옮겨 버렸다.
13 村山智順, 『朝鮮の類似宗教』, 1쪽.
14 南山太郎, 「祕密結社の解剖(一)」, 『朝鮮公論』 112号, 1922. 일본에서는 오오모토교大本教가 여기에 속하는 것으로 보고 있었다.
15 유사종교가 내세운 전통에 대한 보존이 민중의 정신적 근거를 확보할 수 있는 능력은 충분했다. 보천교는 전통에 대한 보존, 대종교는 한민족 상고역사의 회복, 천도교는 동학사상에 나타난 일본에 대한 적개심을 교의 내용에 포함하고 있었다.

관될 수 있는 여지가 많아졌던 것이다. 더욱이 차월곡 교단은 1894년 동학혁명의 세력들과도 연관되어 있었다. 차월곡도 부친 차치구(1851-1894)가 동학혁명 당시 동학의 접주로 처형당했고, 차월곡의 추종자들도 과거 동학혁명과 연관되어 있는 자들이 많았다. 이러한 요소들은 차월곡 교단이 충분히 민족운동과 연결될 수 있는 실마리를 보유한 것으로 보였기 때문에 동학혁명 당시 동학군과 치열한 전투를 벌였던 식민권력으로서는 긴장하지 않을 수 없는 요소였던 것이다.

그러던 중 1919년에 발발한 3·1운동은 식민권력으로 하여금 1910년대 시행해온 유사종교에 대한 종교정책을 재검토할 수밖에 없는 상황을 만들었다. 3·1운동 주도세력이 종교단체와 긴밀하게 연결되어 있었고 유사종교의 대표격인 천도교가 주도적인 역할을 담당했다고 판단했기 때문이었다. 강점 이후 종교정책이 성공치 못했음을 인지한 식민권력은 유사종교의 실태를 파악하기 시작했다. 민족운동에 참가한 민중의 정신세계를 조사하고 지배정책에 반영하려 하였다. 경찰권력에 의한 강력한 유사종교 단속에도 불구하고 유사종교는 근절되지 않고 지하에 잠복해서 계속 존속하였고 식민지 조선의 민중들 다수는 여전히 유사종교에 친밀감을 보이고 있어, 식민권력의 지배의 장기화를 위해서는 민중의 정신세계에 대한 조사가 필요하다고 인식했다.[16]

이와 동시에 총독부는 '포교규칙'의 적용기준을 완화하는 유화책

---

16 총독부는 소위 풍속조사의 결과를 유사종교에 대한 억압책 강화에 이용하였다. 민간신앙과 유사종교 단체에 관한 조사는 3·1운동을 배경으로 구관·제도조사에서 풍속조사가 독립한 시점에서 본격화되었다. 식민지 지배에서 민중의 내면과 정신세계는 지배가 장기화되면서 그 파악의 필요성이 높아졌기 때문이다. 1920년대 이러한 조사사업의 중심적 역할을 담당했던 사람이 무라야마 지쥰이다.

을 내세우면서,[17] 그동안 비밀리에 활동하는 등 실체 파악이 어려웠던 유사종교단체로 하여금 스스로 단체를 공개하도록 정책방향을 수정하였다. '유사종교'에서 '종교'로 전환된 종교단체에 대해서만 인정하고 보호해주겠다는 이른바 '어용' 종교단체 만들기 정책이었다.[18] 유사종교 정책으로 강압적 통제와 회유적 방법을 동시에 구사했던 것이다.[19] 보천교는 식민권력의 이러한 유사종교정책의 주요한 대상이 되었다.

그러나 식민권력의 주도면밀한 감시와 분열책에도 불구하고, 1920년대에 들어서면서 보천교는 교의教義와 내부조직 등을 정비하고 '포교에 노력한 결과 일시 교도 600만이라 호언할 정도의 세력勢力'을 지닌 교단으로 성장하였다. 총독부는 이 점을 심각하게 주시하였다. 때문에 '실로 후회하는 점이 있어 이를 여하히 단속할까 하는 것은 조선의 치안유지 상에도 중대한 관계가 있어 정세를 신중히 분석하고 있으며 경찰관의 고민이 적지 않았다.' 따라서 '보천교의 입교수단으로 이용하는 구실'들을 중심으로 식민권력의 단속이 배가되어 엄밀 엄중한 통제가 이루어졌으며, 또 '일반인의 자각과 지식을 향상시켜' 사람들로 하여금 보천교에 대한 의문과 불신

----

17 1920년 4월에는 '포교규칙'을 개정하여(총독부령 제59호) 교회의 설립을 허가제에서 신고제로 바꾸고, 제반 복잡한 수속을 생략하거나 삭제하고 벌금제도를 폐지했으며, 총독부 학무국 내에 '종교과'를 신설하여 종교문제를 전담하게 하고 선교사와의 연락을 맡게 했다. 그리고 외국인이 소유한 부동산일지라도 종교단체의 재산은 내국법인으로 허가해 줌으로써 재산관리상의 편의를 제공하였다. 이러한 조치들은 외국인 선교사에 대한 회유, 기독교에 대한 회유의 성격을 띠는 것들이었다.

18 총독부는 유사종교를 공개토록 한다는 조치를 무격巫覡에도 적용했다. 1920년 5월, 일본인 小峰源作=김재현金在賢이 경무국으로부터 '숭신인조합崇神人組合'이라는 조직을 허가 받았다. 이 조합의 결성으로 조합원은 '명령지휘에 복종'하지 않으면 활동하지 못하게 되었으며, '불령선인不逞鮮人의 밀정에 이용'하기 위한 목적도 지니게 되었다.

19 메이지 시대 종교정책 및 1920년대 이루어진 식민권력의 유사종교에 대한 분리통제정책에 대해서는 김철수(2015) 참조.

등을 야기시켜 교세를 약화시키려 노력하였다.

그럼에도 불구하고 차월곡과 보천교는 민족독립운동과 끊임없이 관련을 맺고 있었다. 이와 관련된 사건들을 1910년대와 1920년대로 나누어 정리하여 보면 다음과 같다.

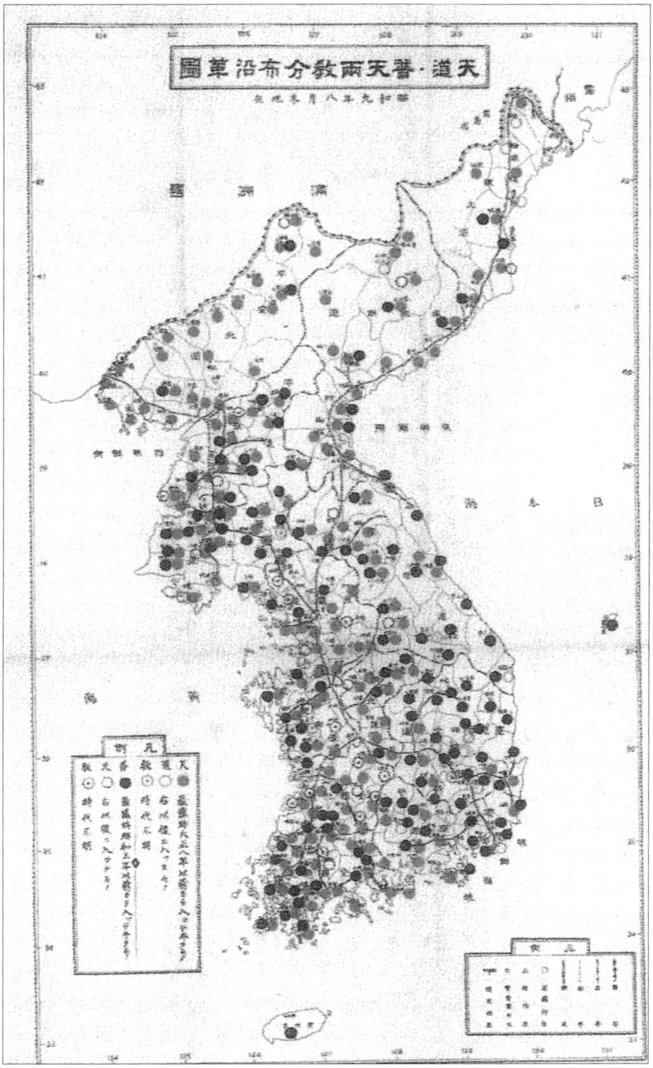

천도교와 보천교 분포도

3

1910년대 차월곡의 활동과 항일운동

1) 차월곡의 '갑종 요시찰인' 편입

식민권력은 1910년대 차월곡을 '갑종 요시찰인甲種要視察人으로 편입編入'하여 감시하였다. 그 사유는 이렇다. "교주 차월곡은 교조 강증산의 뒤를 이어 교주가 되어 교도의 신망信望을 얻으면서 신인神人으로 숭배되었고, 은밀히 교세확장의 수단으로 국권회복을 표방하기에 이르러 1917년 4월 24일 갑종 요시찰인으로 편입되었다."[20]

요시찰인은 어떠한 사람들인가? '요시찰'은 특정 인물이나 단체를 대상으로 일정기간 동안 주기적으로 감시하는 제도였다. 요시찰인 조사를 담당한 기관은 조선총독부였다. 요시찰인의 시찰은 담당순사가 했고 필요에 따라서는 형사刑事순사가 맡을 수 있었다. 요시찰인의 시찰은 매월 적어도 갑호甲號는 3회, 을乙과 병호丙號는 2회, 정호丁號는 1회 이상 행하고 시찰의 형식은 범죄행위의 유무나 각종 가정, 직업, 평판, 교제인물, 출입자, 여행지와 목적, 통신의 유무 등 상황을 면밀히 조사하였다. 그러나 소재불명으로 3년이 경과하거나 개전의 정이 현저하여 범죄 우려가 없거나 노쇠 등으로 신체에 중대한 장애가 있을 경우에 한하여 명부에서 삭제할 수 있도록 하였다.

그렇다면 요시찰인의 내용은 무엇이고 그 분류는 어떻게 하였을까. 당시의 ≪조선사상통신朝鮮思想通信≫(1928. 7. 28)에 나타난 기록

---

20 全羅北道,『普天教一般』, 全羅北道, 1926.

을 살펴보자.

> "경무국의 눈으로 보면 사상 불온하던가 또는 총독정치에 불찬성不贊成의 의사를 가지던가 또는 그러한 행동을 취하는 인물은 종래 요시찰인이라 불리웠고 갑, 을의 두 종류로 하여 항상 그 행동을 감시하여 왔으며, 금번에 갑을의 종류를 폐지하여 전부 요시찰인으로 개정하여 전선적全鮮的 명부를 작성중이라 한다. 현재 당국의 요시찰인으로 확인되는 인물은 전 조선에 전부 3천여 명에 달하며 만세소요 당시(1919년)는 약 1천 명 내외에 지나지 않았으나 그 후 점차 증가하였다."

위의 자료는 1919년 3·1운동 이후 요시찰인의 수가 2천 명 정도 증가되었고 이에 대해 전 조선을 포함하는 명부의 필요성이 있어 사진까지 첨부하여 만들어 각 도에 배부하였음을 알려준다.[21] 또 총독부의 요시찰인으로 확인되는 인물들은 '사상 불온자'와 '총독정치에 불만자'들로 정치, 사상, 민족운동의 구분이 쉽지 않아 이를 모두 통합하여 명부를 만들었다고 하였다.[22] 그리고 그들 대부분은 조선을 지배하는 식민권력, 곧 조선총독부의 식민통치의 안정화와 영

---

21 조선공산당 책임비서였던 김철수金綴洙의 회고를 보면, "1929년 말경에 내지에 잠입해서 청진, 함흥, 원산을 거쳐서 서울서 동지들과 회합을 갖고 전북과 부산으로 제주까지 갔다가 다시 나와서 양산의 병중에 있는 이홍규李圭洪 우友를 차젔다가 … 피체被逮되었다. … 일인日人 경부警部가 두꺼운 명부책을 가지고 나를 끄러내서 … "전북 부안 사는 김철수지요? 우리는 취조할 권한도 없고 전북에로 가게 됩니다" 하면서 요시찰명부를 보여주었다(「김철수 친필유고」)고 한다.

22 곧 요시찰명부의 작성은 1919년 3·1운동을 계기로 민족해방에 대한 열망이 급격히 고조되면서 치열하게 전개된 민족해방운동의 양상과 밀접한 관련이 있음을 알 수 있다. 또 3·1운동 시에 약 1천 명의 요시찰인이 있었다는 내용으로 미루어, 1910년대에도 요시찰인의 존재를 추정하기에는 어렵지 않다.

속화에 대해 심각한 위협이 있다고 판단될 경우 치안대책의 일환으로 시찰대상이 되고 있었다.

요시찰인 선정은 경찰의 일이었다. 앞으로 위법행위, 곧 일제의 조선지배에 저항하거나 불평불만을 토로할 가능성만 보이면 대상이 될 수 있었다. 일제가 보기에 방법과 정도의 차이가 있을 뿐, 모두 '불령선인' 곧 불온하고 불량한 조선사람, 일제가 자기네 말을 따르지 않는 조선인이었다. 강점 초기부터 총독부의 조선지배의 실상은 감시와 처벌의 연속이었던 것이다. 요시찰인은 그 중요도에 따

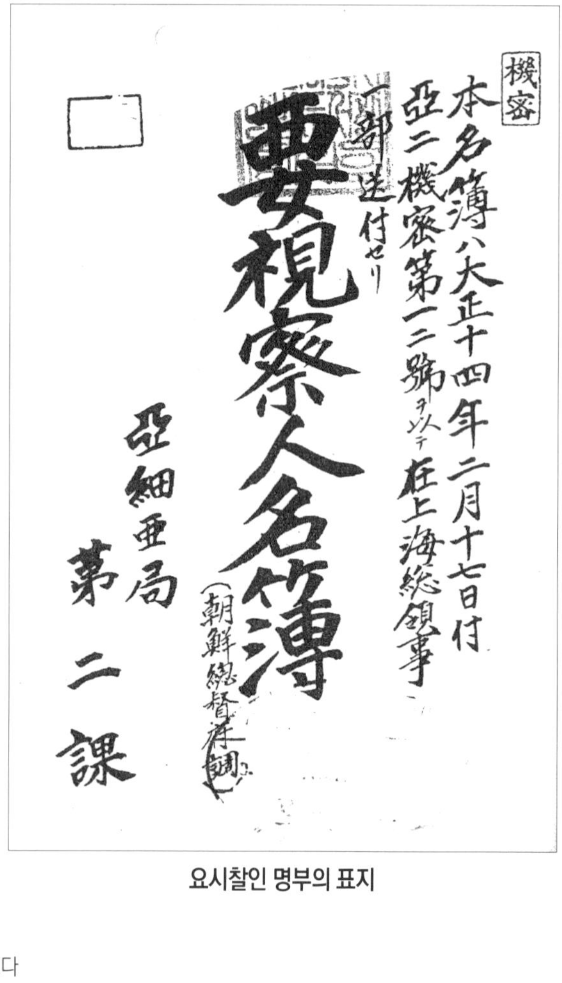
機密
本名簿ハ大正十四年二月十七日付
亞二機密第一三號ヲ以テ在上海總領事ヘ
一部送付セリ
要視察人名簿
(朝鮮總督府調)
亞細亞局
第二課

요시찰인 명부의 표지

라 갑·을·병·정호로 구분하여 취급하도록 하였고, 주지하다시피 이러한 종별 분류는 요시찰인의 특성과 온건·과격의 정도에 따라 세분된 것이다. 그 세밀한 분류기준은 현재로서는 알 수 없지만, 어떤 경우이든 차월곡이 받았던 갑종 요시찰인은 시찰의 정도가 강한 측면에 속하고 정치와 관련되어 그 위험도나 비중 면에서 위법행위를 했거나 할 가능성이 농후하여 시찰 대상이 된 자들이다.[23]

그러면 1910년대, 정확히 말하면 1917년 차월곡은 어떤 행동을 하였기에 갑종 요시찰인이 되었을까? 1910년대 차월곡에 대한 자료도 거의 찾아보기 힘든 상황에서, 더욱이 그 사유를 밝혀주는 직접적인 자료를 찾기는 매우 어렵다. 다만 여러 자료를 종합하여 추정해 보는 것은 어느 정도 가능할 것이다. 다만 서두에 언급했듯이 차월곡이 '교주가 되어서 교도들로부터 신인神人으로서 숭배되어 은밀히 교세확장의 수단으로 국권회복을 표방'했기 때문에 갑종 요시찰인으로 편입되었다.

당시 차월곡과 박공우, 신경수 등이 동학교도들이었다. 동학과 동학혁명은 증산사상의 형성 그리고 차월곡의 보천교 성립의 필요조건인 셈이었고, 이런 점에서 일제 식민권력이 차월곡과 보천교를 좌시할 수 없게 만든 이유 중 하나였다. 더욱이 일본 식민권력은 종

----

23 참고로 차월곡 이외에도 갑종 요시찰인에 속했던 인물들이 있다. 예를 들어 일제강점기의 언론인·사학자였던 문일평文一平(1888-1936)은 '1914년 귀국한 선생은 고향에서 생활을 하였는데, 선생의 경력으로 말미암아 1917년 1월부터 경찰의 갑종 요시찰인물로 감시를 받았다. 1919년 3·1운동이 일어나자 선생은 적극적으로 참여하였다.' 또 조선어학회 중진으로 항일투사이자 평북 영변의 3·1운동을 주도하고 목숨 걸고 민족 얼을 사수한 이윤재李允宰(1888-1943)도 1925년 독립운동을 도왔다는 이유로 경찰은 '갑종 요시찰인'으로 규정하고 주목하였다. 그리고 광주·전남 근현대사 및 한국기독교사에서 자주 거론되는 인물인 최흥종崔興琮(1880-1966) 목사는 1919년 서울에서의 3·1운동에 참여했다가 1년간 옥고를 치렀으며, 그는1920년 8월 창립된 조선노동공제회 광주지회장으로서 9월에 열린 전국회의에 참석하면서 노동운동을 시작했다. 그 때문인지 그는 1921년 1월 당국으로부터 '갑종 요시찰인'으로 지목되었다.

교를 방치할 수 없었다. 식민권력은 어렵게 획득한 식민지의 안정을 유지하기 위해 끝없이 노력하지 않을 수 없으며 종교단체는 그 균형을 깰 수 있는 가능성을 지녔다고 보았기 때문이다. 보천교 교주 차월곡은 이미 1914년과 1915년에도 '조선독립, 황제등극' 등의 명목으로 고발되어 구금된 적이 있었다.[24] 1917년 '국권회복 표방'으로 '갑종 요시찰인'이 된 그 해에, 그는 은피隱避의 길을 택해 비밀포교에 나서면서 몇 해 지나지 않아 수만 명의 교도를 획득하는 실적을 올렸던 것이다. 이 때부터 '조선독립' 또는 '정전법井田法을 두어 평등하게 토지를 분배할 것'이라는 소문이 나돌게 되었다. 차월곡이 집을 나간 후, 식민권력은 대흥리 차월곡의 교단을 밤낮을 가리지 않고 감시하고 지속적으로 탄압하였다. 1919년 3·1운동이 발발하기 직전에도 보천교는 식민권력의 신경을 곤두서게 하고

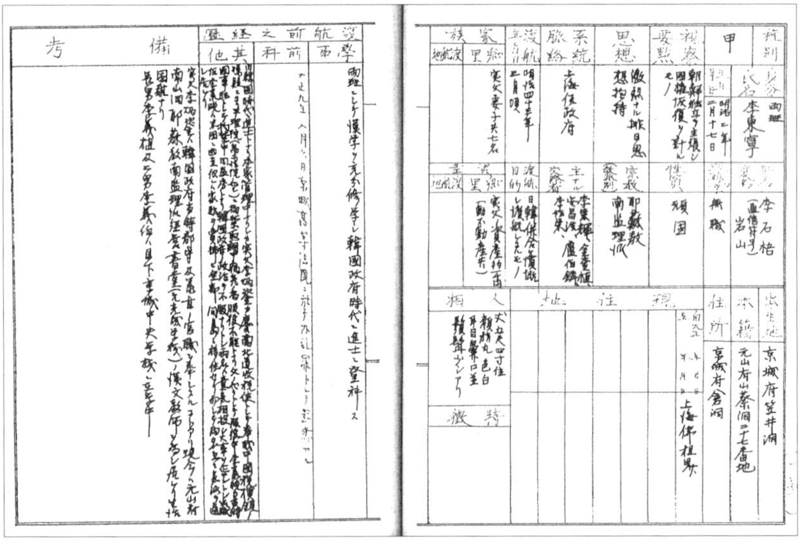

갑종요시찰인의 사례

----

24 김철수, 「1910-1925년 식민권력의 형성과 민족종교의 성쇠-『보천교일반』(1926)을 중심으로-」, 『종교연구』 74-2, 2014 여름, 50쪽.

있었던 것이다.

2) 김형렬과 태을교의 항일운동

3·1운동 직전인 1918년 8월, 식민권력은 '태을교 교주 김형렬(1862-1932)이 전라북도 전주군 위봉사에서 주지 곽법경과 더불어 장래에 동교同教의 단체적 세력을 이용하여 불온한 계획을 꾸미려고 하는 사실을 탐지하고' 검거에 착수했다.[25)]

김형렬은 1918년 8월 16일, 곽법경을 임시 거처인 경성부 황금정黃金町 4정목四丁目으로 방문해, 태을교는 미신교로서 관헌의 단속이 엄중하여 공공연하게 포교하는 일이 가능하지 못하나, '곽법경은 다행히 현재 절 신도의 권유에 힘쓰고 있기 때문에 우리 교도를 표면적으로 절의 신도로 취급을 받도록 한다면, 위봉사의 경비는 물론 승려의 수당 등도 부담을 할 것'이라고 부탁하였다. 이에 곽법경이 승낙하였다. 이로써 태을교도는 표면적으로 위봉사의 신도가 되어 공공연하게 위봉사와 그 말사末寺인 금산사 그리고 위봉사 전주포교당에서 회합하여 태을교 포교를 하기에 이르렀다.

김형렬은 위봉사 전주포교당에서 스스로 절의 신도 총 대표가 되어 경기, 충청남북, 전라남북, 경상남북, 황해, 평북 및 강원도 각 도에 절의 신도 총대總代 백 명을 두고 관헌의 시선을 피해 '불온언동'을 하였다. 그는 태을교의 입교를 권유하면서 3·1운동 전후의 민심을 이용하여 조선의 독립을 언급하고, 또 단체의 세력 양성이 필요하다고 역설하였다. 그리고 다수의 교도로부터 기부금 명의로 적지

----

25 密受 第102號 其 661, 高警 第36610號(1919. 12. 26), 〈太乙教徒検擧に關する件〉.

않은 금액을 거두어 모으기도 했다. 당시 위봉사에 비치된 태을교에 속한 절의 신도 명부에 의하면 약 4천 5백 명이 등재되어 있고, 미등재된 사람도 적지 않았다.

식민권력이 조사한 태을교의 주요 관련활동 내용을 요약하면 다음과 같다. 1918년 음력 9월 19일, 전라북도 금산사(위봉사 말사)에서 제1회 태을교도의 회합을 개최하였다. 그 후 김형렬은 곽법경과 함께 각 방면에 걸쳐서 포교 또는 입교를 권유하면서, 모든 원하는 것이 성취된다(조선 독립의 성공을 의미한다)고 설說하였다. 곽법경은 금산사 승려 김익현金益鉉에게 '태을교도로서 불교에 귀의한 자 현재 7천여 명에 달하고 이후 더욱 증가할 경향이 있다. 자신은 김형렬과

금산사 경내에 있는 애국지사 김형렬 선생과 88인 추모비

모의하여 이러한 의미에서 태을교도를 위봉사 절의 신도로 만들고, 암암리에 단체의 세력을 키운다면 장래 조선이 독립될 것'이라고 자신의 계획을 말하였다. 1919년 11월 6일(음력 9월 14일), 전주포교당에서 김형렬은 30여 명의 신도들을 대상으로 증산상제가 재생하여 동양의 맹주가 된다면 조선은 독립하고 자신은 재상에 이를 것이라고 하였다.

따라서 전라북도 경찰부는 태을교도의 검거에 착수해 취조한 결과, '장래의 조선에 대한 것을 논하고 또한 이를 단행하려면 무슨 일이든 단체의 노력이 아니면 그 목적을 달성할 수가 없다. 암암리에 단체의 세력을 믿고 장래에 있어서의 조선의 독립계획을 풍자하고 불온한 언동을 농弄한 것이다. 또 1919년 11월에도 전주포교당에서 결국 조선은 독립될 것'이라 한 점을 들어, 보안법 위반으로 신병身柄과 동시에 사건을 해당 검사국에 송치하였다.

3) 제주도 법정사의 항일운동

다음은 소위 '제주도 사건'이다.[26] 차월곡은 신도모집을 위해 각지를 전전하다가 1918년 국권회복國權恢復의 미명하에 경상북도 영일군 출신 김연일金蓮日 등과 서로 모의하여, 같은 해 9월 19일 우란분회盂蘭盆會의 때에 제주도 법정사法井寺에 교도 약 30명을 소집하였다. 여기서 왜노倭奴는 우리 조선을 병합하고 병합 후는 관리는 물론 상민商民에 이르기까지 우리 동포를 학대하고 가혹하게 다루어, 실로 왜노는 우리 조선민족의 구적仇敵에 가깝다. 이제 불무황제佛務皇帝 출현하여 국권을 회복함으로써 교도는 우선 제일 먼저 도내 거

---

26 平安南道, 『洋村及外人事情一覽』, 平安南道, 1924.

주의 일본인 관리를 살륙한 연후 상민商民을 구축驅逐하여야 한다고 설說하였다.

그리고 10월 4일 밤부터 다음 5일에 김연일은 그 수하를 도내 각지에 보내 다시 신도 33명을 소집하여 스스로 불무황제라고 칭하고 이를 선언하여 목적을 결행하려고 발언하여 그 방법을 의논하였다. 그런 후 대오를 정리한 후 부근 각 면·이장面里長에게 '일본관리를 소벌掃伐하여 국권을 회복함으로써 직접 장정을 거느려 참가하고 만일 따르지 않으면 군율에 비추어 엄벌에 처한다' 라는 의미의 격문을 배포하고 6일 밤부터 제주성내를 향해서 행동을 개시했다. 가는 도중에 전선을 절단하고 또 일본인 의사 외 조선인 2명을 부상시키고 다음 7일 아침 중문리에 도착하여 그곳 경찰관 주재소를 습격하여 방화 전소全燒시킨 사실이 있었다. 그 때 폭도 38명은 검거했지만 차월곡, 김연일 등의 간부는 신도로부터 모금한 수 만 엔을 갖고 소재를 감추어 지금 행방이 불명하다.[27)]

이러한 1918년 보천교도들을 중심으로 한 법정사의 집단 항일운동은 국권상실 이후 제주도에서 일어난 최초이자 가장 규모가 큰

----

27 제주도에 보천교 신도들이 다수였던 이유에 대해 생각해 볼 점이 있다. 이는 우선 조선의 민중들이 내·외의 우환에서 생긴 비참한 삶의 질곡상태로부터 구원해줄 진인眞人을 대망待望하여 왔는데, 이에 대해 '진인해도출眞人海島出' '남해출봉지설南海出逢之說'(『일성록』 고종 8년 1월 6일) 등 참언으로 진인이 남쪽 섬에서 올 것이라는 믿음을 갖고 있었다는 점을 들 수 있다. 따라서 신유사옥 때도 '해중도海中島'와 '대박大船' 그리고 그와 함께 오는 진인의 상징이 결부되어 있었고, 당시 문초를 당했던 김이백金履白도 '해중도海中島에 유진인有眞人'(李能和, 『朝鮮基督教及外交史』, 學文閣, 1968, 144쪽.)이라는 믿음을 갖고 있었던 것이다. 이는 당시 민중들 사이에 퍼져있던 『정감록』 등이 영향을 주었다고 볼 수 있지만, 그 구체적 연원을 확인하기는 불가능하다. 다만 오래 전부터 민중들 사이에 전설로, 소망으로 혹은 도참으로 퍼져있었던 민중사상의 핵심이었음은 분명하다. 한 예로 연담 김운규에서 시작되어 김치인(호 광화光華)의 오방불교로 전개된 남학당南學黨이 전라도를 거쳐 제주도로 집단 이주하여 활동한 일도 이와 어느 정도 관련이 있다고 보인다. 이러한 상황들이 제주지역에서 보천교 성장에 도움을 준 요인들로 보아도 무리가 없을 것이다.

항일운동이었다. 이 운동에 참가하여 반외세의 기치를 들고 저항했던 보천교도들은 항일동지들이 체포되자 다수가 전북 정읍의 보천교 본부로 이주하였다. 1916년 신도가 되어 이 운동에 참가했다가 이후 서당을 열어 계몽운동에 힘썼던 강상백姜祥伯(1898-1941), 봉개리 출신으로 1917년 보천교에 입교하여 활동하다가 체포되어 옥고를 치룬 강석구姜錫龜(1882-1968) 등이 대표적 인물이다. 또 이후에도 신도 김경식金景軾(화북)은 구속되었다가 심한 고문으로 1940년 8월 18일에 옥사했고, 나머지 신도들에게도 불경죄, 육·해군 형법, 보안법, 범인 은닉, 수렵 규칙 위반, 총포 화약 취체법 위반 등 온갖 범죄로 옭아매어 판결을 선고했다.

또 1918년 11월 12일에는 제주도 이찬경李燦京이 기선汽船으로 실면實綿과 조면繰綿 19포대를 목포로 옮기면서 그 배안에 비밀스럽게 많은 돈을 은닉하여 들여왔다가 목포경찰서에 단속되는 사건이 발생하였다. 수사내용은 선도교 간부 박종하가 제주도 거주 교도로부터 돈을 모아 현금 1만 2천 5백 원을 11월 30일 목포발 열차로 정읍(본소 재무계)에 보내려 했고, 같은 해 음력 3월 경에는 오백 원, 음력 9월에 2천원, 계 2천 5백 원을 제주도 신도로부터 모금하여 본소 채규일에 교부하려는 사실이 발각된 것이다. 교금은 식민권력이 특히 경계하는 대상이었다. 이는 독립운동 자금과 연계될 수 있는 소지가 충분했기 때문이었다. 이에 대해 보안법 위반 및 사기취재죄詐欺取財罪로 검거하였고, 연루자連累者인 교주 차월곡은 소재불명으로 기소중지처분을 받았다.[28]

---

28 신도의 이름(이찬경, 강대거, 문인택 등)과 현금 액수(7만 원, 10만 원 등)는 자료에 따라 상이하다. 그러나 내용은 대동소이하다. 이 때 24방주 조직이 노출되었고 교인 19명 체포되었다. 고판례도 목포검사국에 체포 구금되었다.

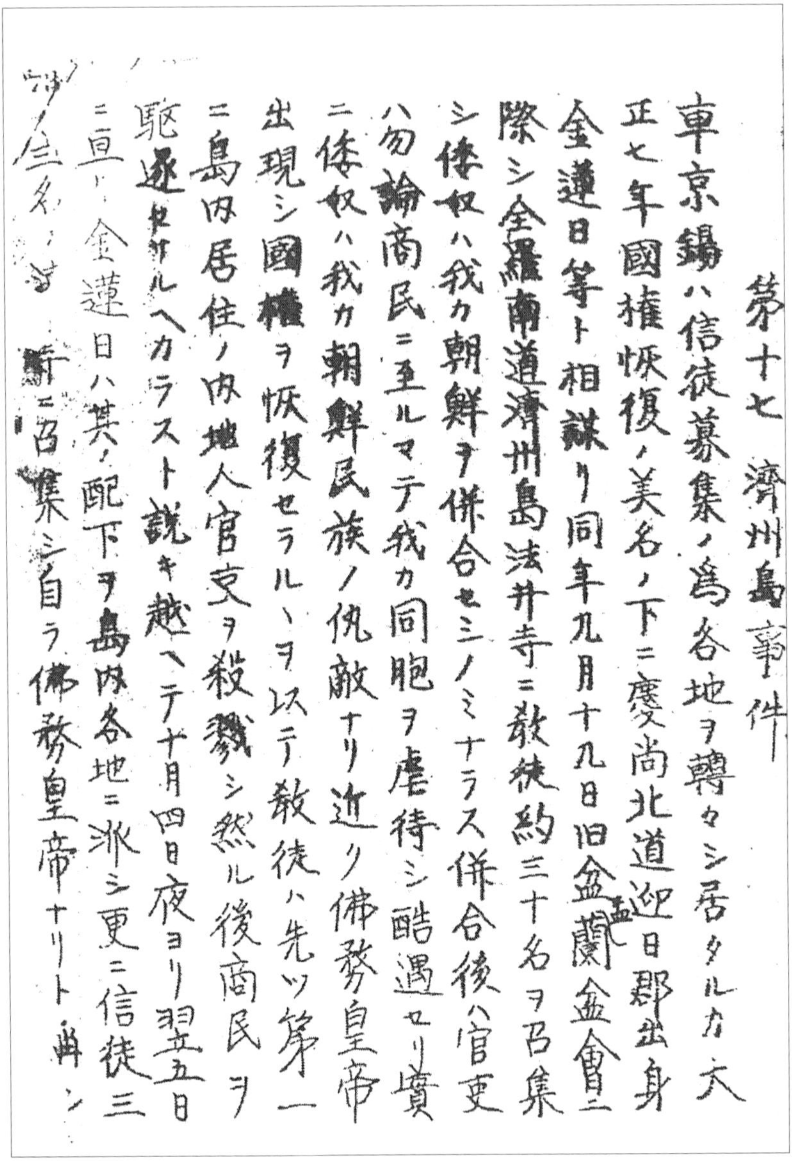

第十七 濟州島事件

車京錫ハ信徒募集ノ爲各地ヲ轉々シ居タルカ大正七年國權恢復ノ美名ノ下ニ慶尚北道迎日郡出身金蓮日等ト相謀リ同年九月十九日旧盂蘭盆會ニ際シ全羅南道濟州島法井寺ニ教徒約三十名ヲ召集シ倭奴ハ我カ朝鮮ヲ併合セシノミナラス併合後ハ官吏ハ勿論商民ニ至ルマテ我カ同胞ヲ虐待シ酷遇セリ實ニ倭奴ハ我カ朝鮮民族ノ仇敵ナリ近ク佛務皇帝出現シ國權ヲ恢復セラルヽヲ以テ教徒ハ先ツ第一ニ島内居住ノ内地人官吏ヲ殺戮シ然ル後商民ヲ驅逐セサルヘカラスト說キ越ヘテ十月四日夜ヨリ翌五日ニ亘リ金蓮日ハ其ノ配下ヲ島内各地ニ派シ更ニ信徒三[illegible]名ヲ[illegible]所ニ召集シ自ラ佛務皇帝ナリト稱シ

제주도 사건에 대한 기록

4

1920년대 보천교의 고민과 항일 민족운동

1) 국내 항일운동의 전개와 고민

(1) 태을교도의 군자금 모집 활동

1919년 3·1민족독립운동이 일어났다.[29] 3·1운동을 겪으면서 식민당국이 보천교에서 가장 주목한 것은 '보천교 간부와 재외 불령단과의 관계' 때문임은 의심할 나위 없다. 보천교 교단은 직접적으로 국권회복 활동에 참여했다기 보다는 자금지원 등 간접적인 방법에 의한 활동이 대부분을 차지했다.

1921년 음력 3월 경에 방주方主 김영두는 교도로부터 군자금을 모집하여 20만원을 사취 도주詐取逃走한 사건이 발생하였다. 이에 차월곡은 김영두를 사형에 처하도록 명하고 그 소재를 파악 중이었다. 관할 정읍경찰서에서 이를 탐지 수사한 바, 차월곡은 "1918년 국권회복의 미명美名을 표방하고 신도의 마음을 수람收攬하면서

----

29 차월곡은 이 해 1월에 금강산에서 경성으로 돌아와 고종 황제의 국장國葬을 보고 경북 봉화 등지에 갔다. 4월에 교도들에게 널리 알리는 다음과 같은 글을 내려준다. '무릇 천지의 대운[夫天地之大運]은 그 사람이 아니면 명하지 않고[非其人不命] 인간의 대업[人間之大業]은 그 명이 아니면 이룰 수 없으니[非其命不成] 사람은 그 사람이 있고[人有其人] 운도 그 운이 있으며[運有其運] 그의 행하는 바[其之所謂] 또한 그 때가 있으니[亦有其時] 이 같은 대창大創을 어찌 쉽게 말할 수 있겠는가. 바야흐로 시세를 보건대 정자靜者는 누구이고 동자動者는 누구인가. 일에는 선후가 있고 각기 그때가 있으며 때가 시동함에 시운이 아님이 없음을 어찌 감히 부정하리오. 따라서 제군들에게 경고하노니 조금도 망동치 말라.'(『보천교연혁사』)는 내용이었다.

국권회복 후에는 스스로 왕위에 올라 왕도王都를 정읍에 두고 각 교도는 계급에 따라 상응하는 관위를 주고, 또 보천교를 신앙하는 자는 만사 뜻한 바와 같이 이루어진다는 감언으로 입교를 권유"하였다.[30]

이리하여 성금誠金으로 많은 액수를 받아 이를 교도 김공칠에 명해 김제군 만경면 대동리에 매장, 보관했는데 방주 김영두 등이 김민두와 공모하여 보관중인 현금 10만 3천 7백 원을 편취했고 6만 4백여 원은 김영두가 갖고 경성 방면으로 도주하여 간 곳을 알 수 없었다. 김민두는 부친과 함께 나머지를 갖고 정읍군 내장면 신월리의 자택에 매장 은닉했으나 관할 정읍경찰서에서 발견 4만 3천 71원 정도는 압수했다. 당시 차월곡은 소재불명으로, 본건은 1919년 제령 제7호[31] 위반 및 사기취재죄가 적용되었고, 1921년 10월 23일 광주지방법원 정읍지청에서 기소중지처분을 받았다.

또 1921년에는 태을교도로서 국권 회복을 목적으로 하는 불령선인이 강원도 경찰부에 2건 검거되었다.[32] 강원도 금화군의 태을교도 조준호趙俊浩 등이 1920년 음력 4월에 '태을교의 목적은 국권 회복에 있는 까닭에 신도 권유는 비밀로 해야만 한다'는 뜻을 듣고 여러 명을 입교시켰다. 그리고 입교자들에게 '조선은 조선인의 독립만세에 의지해 독립해야만 하는 까닭에, 우리 교도는 태을교에 의지해 독립을 계획해야만 하고, 그 목적을 달성하기 위해 일치단결

----

30 全羅北道, 『普天教一般』, 43-44쪽.

31 1925년 치안유지법이 제정, 시행되기 이전, 식민지 한국인들의 사상통제와 행동탄압에 적용되었던 대표적인 법규가 '보안법'과 '제령 제7호'였다. 특히 제령 제7호는 '정치범죄 처벌의 건'으로 3·1운동 직후 만들어져 독립운동의 탄압에 주로 적용되고 있었다.(김철수, 1995.)

32 高警 第9437號(1921. 3. 31), 〈國權灰復ヲ目的トスル團員ノ檢擧〉; 高警 第13765號(1921. 5. 10), 〈國權灰復ヲ目的トスル太乙教徒ノ檢擧〉.

해야 한다. 8명을 1조로 하여 동맹 의형제를 조직해 국권 회복을 계획함에 있다'고 주장하였다가 검거되었다.

그리고 강원도 이천伊川의 김문하金文河는 시천교侍天教 신자로서 일찍이 배일排日 사상을 가져 오로지 동지의 규합에 노력하면서 기회가 오기를 기다리던 중, 태을교의 숨은 목적은 국권 회복에 있다는 말을 듣게 되었다. 여러 사람들과 함께 입교하여 국권 회복의 운동자금을 모집하는 등의 활동을 하다가 강원도 이천경찰서에 검거되었다.

이 외에 보천교도들이 머리에 썼던 조선식 갓[附絲笠]도 주목의 대상이었다. 교주 차월곡이 나타난 뒤, 교조(증산) 치성제 때에는 일반 교도들도 교주와 동일한 갓[입笠]을 쓰도록 하였다. 조선총독부는 이러한 행위를 전통문화 지킴이를 통한 민족의식 확보수단으로 보아 긴장하여 식민권력의 주의를 주목시키고 있었던 것이다. 더욱이 보천교에 중국인이 입교入教하고, 또 일본 종교계와 관련을 맺게 되자 식민권력은 더욱 더 신경쓰지 않으면 안되었다. 경성부 황금정黃金町에 사는 중국인 담연곤潭延琨은 1925년 5월 5일 본소에서 임경호의 통역으로 교주와 면담한 뒤, 동양인이 '상생'하는 일의一義에 찬동하여 입교하였다. 중국인이 정식으로 입교한 것은 이것이 효시가 되었다. 식민권력은 이에 대해 '그(담연곤)는 수백만 원을 소유한 자산가인 관계로 보천교는 이를 이용하였고 또 담연곤도 보천교의 모든 용품을 조달함을 허락받는 것으로, 표면적으로 교리를 운운하여도 요要는 물질적으로 상호 이해타산이 맞아 입교'했던 것이라 평가절하했다.[33]

조선총독부 재판소 대구지검 김천지청에서는 1921년 5월 14일,

---

33 全羅北道, 『普天教一般』, 169쪽.

검사사무취급으로 '훔치교 사건 취급에 관한 건'을 내보내 훔치교 사건 수리 및 심문, 구류에 대해 안동지청 검사로 이송할 것을 기록했고,[34] 대구지법 안동지청에서도 1919. 3 ~ 1910. 2 및 1921. 3 ~ 1922. 2의 울진지청의 '태을교도에 관한 범죄표'가 별도로 조사, 보고되면서 범죄 종류를 갑, 을로 분류하여 표기하고 있었다.[35] 더욱이 1921년에는 보천교인이 많이 거주하던 안동에서는 안동재판소가 '방주는 징역 6년, 육임은 징역 4년, 12임은 징역 2년, 8임은 징역 1년, 15임은 구류 벌금'이라는 보천교도에 대한 특별법을 만들어 탄압한 사건도 발생했다.

(2) 보천교 진정원의 불온문서 배포 미수 사건

1923년 9월 1일, 일본에서 관동대지진이 발생했다. 일본 도쿄 남쪽에 위치한 가나가와현神奈川県을 진앙지로 발생한 지진은 수많은 인명과 재산 피해를 발생시켰고 민심을 흉흉케 하였다. 문제는 이런 자연재해를 정략적으로 이용하려는 일본 제국주의 권력이었다. 당시 일본내에서는 일본공산당이 설립되면서 계급투쟁이 격화되었고, 식민지로 강점된 한국과 중국에서는 민족해방운동이 활발히 전개되고 있었다.

일본은 이러한 대내외적 위기상황에 직면하여 한국인과 사회주의자를 탄압할 기회를 엿보던 중이었다. 대지진은 좋은 기회를 제공하였다. 내무성은 각 경찰서에 '조선인들이 방화와 폭탄에 의한 테러, 강도 등을 획책하고 있으니 주의하라'는 내용을 하달했고, 이에 '조선인들이 폭도로 돌변해 우물에 독을 풀고 방화약탈을 하며 일

----

34 朝鮮總督府裁判所 大邱地檢金泉支廳, 『例規ニ關スル記錄(1920-1923年)』, 1923.
35 朝鮮總督府 大邱地法安東支廳, 『統計ニ關スル記錄(大邱地方法院蔚珍支廳)(1921-1922年)』, 1921.

본인들을 습격하고 있다' 라는 소문이 나돌기 시작했다. 수도 도쿄東京과 가나가와현, 사이타마현埼玉県, 지바현千葉県에 계엄령이 선포됐다. 계엄령 아래에서 군대·경찰이 조직적으로 움직였고 각지에서 자경단이 조직되었다. 그리고 그들에 의해 한국인과 사회주의자가 수없이 피살되었는데, 약 6,000명 가량의 한국인이 학살당했다.

이러한 관동대지진의 소식은 식민지 조선에도 금방 전해졌다. 민심이 동요되었고 사회가 불안하였다. 그런데 보천교 진정원에서 이 기회를 이용하여 소위 '불온문서'를 만들어 배포하려던 사건이 발생했다.[36] 소위 '불온문서'인 선전문宣傳文은 '순리循理의 천도天道는 악자惡者를 증憎하며 폭자暴者를 감戡한다. 전 달에 도이왜적島夷倭敵의 제도帝都인 동경東京에서 일어난 진재震災' 운운하면서 시작된다. 종

1923년 9월 1일, 일본관동지방에서 7.9급의 강렬한 지진이 발생했다.(『昭和史』 Vol.4)

----

36 京東警高祕 第3545號(1923. 10. 2), 〈普天教眞正院不穩文書事件ニ關スル件〉. 식민권력은 본 사건을 조사한 결과, 정보제공자가 보천교에 대한 불만으로 사건을 조작했다고 보고 정보제공자를 구속하면서 사건을 축소·종결지었다. 그러나 이 시기를 전후한 식민권력의 관련 공문서 및 보천교의 상황 등 여러 정황을 볼 때 한 두 명이 조작하였다고 보기에는 의심의 여지가 많다.

교단체답게 불온문서는 '하늘의 순환이치'에서 시작하여 악한 자와 난폭한 자는 결코 하늘에서 용서치 않음을 서두에 내세웠던 것이다.

그리고 관동대지진은 '섬나라 오랑캐 왜적[도이왜적島夷倭敵]'의 수도인 도쿄에서 발생했으며, '역사적 광채가 빛나는 한민족이 금일 망국에 이르렀으나' 다시 한번 기회를 맞아 일어설 것을 촉구하는 내용으로 이루어졌다. 1919년 3·1민족독립운동도 고종이 독살되었다는 소문이 계기가 되었고, 고종의 인산일인 1919년 3월 1일에 맞추어 봉기한 독립운동임은 주지의 사실이다. 다시 제국주의의 도시[제도帝都]에서 발생한 대지진을 기회로 한민족이 분연히 일어설 것을 촉구했다. 강점 치하에서 일본을 '섬나라 오랑캐 왜적'으로 표현하였다는 사실만으로도 민족 독립운동에서 보천교의 위상에 대한 새로운 평가가 가능하다. 비록 성공하지 못하고 체포되었지만 보천교를 재평가할 수 있는 하나의 자료로 보아도 무리가 없을 것이다.

2) 국외 항일 독립운동단체와의 연계 활동

(1) 보천교도의 의열단 가입 및 활동

의열단義烈團은 1919년 만주의 길림성에서 조직된 비밀 항일독립운동단체였다. 김원봉이 단장을 맡고 신흥무관학교 출신들이 중심이 되어 결성된 급진주의 단체이다. 중국 본토와 만주지역에 활동하던 다수의 독립운동 단체가 온건한 독립운동을 전개하고 있는데 대한 반발로 급진적이고 과격한 폭력투쟁을 목적으로 설립된 단체였다. 보천교는 이러한 의열단과도 관련을 맺고 있었다.

강일姜逸과 배치문裵致文이 그 주인공들이다. 강일은 본명이 강홍렬姜弘烈(1895-1958)이고 호는 학암鶴巖이다. 3·1운동 때 영남지역 학생대표로 독립선언문을 비밀리에 합천지역에 배포했고 합천시장에서 독립만세 시위를 벌였다. 1923년 초에 상해에서 개최된 한민족 국민대표회의에 보천교 청년회 대표자격으로 참가했다. 이 국민대표회의에는 120 여명 정도가 참석하였는데 그 중에 보천교 대표가 공식적으로 참석하고 있었던 것이다. 바로 보천교 진정원의 배홍길裵洪吉과 김종철金鍾喆, 보천교 청년단 강일이었다. 다른 종교계에서는 천도교측 대표가 동일하게 3명 정도 보인다. 이런 대회에 보천교 직위를 걸고 타 종교와 동일하게 3명이 참가하였다는 사실은 당시 보천교의 위상을 실감하는데 도움을 준다.

당시 상해 임시정부는 많은 내부적인 문제를 해결하기 위해 조직개편이 필요했다. 그래서 1921년 2월에 박은식朴殷植·김창숙金昌淑 등이 국민대표회의 소집을 주장하는 촉진선언문을 상해에서 발표했다. 이에 각지의 동포들이 호응하면서 활발한 준비 작업이 이루어졌다. 그리고 회의가 몇 차례 연기를 거듭한 끝에 1923년 1월 3일에 개막되어 국내·상해·만주일대·북경·간도일대·노령·미주 등 독립운동의 터전인 각지에서 100여 개의 단체의 대표들이 모여들었다. 안창호安昌浩를 임시의장으로 한 예비 회의에서 본회의에 상정할 안건이 심의되고, 1월 31일부터 김동삼金東三을 의장으로 본회의가 시작되었다. 1923년 2월 21일, 민족 대표들은 선서문과 선언문을 발표했다. 대동일치와 희생정신으로 공결公決에 절대 복종할 것을 서약하고, 국민의 완전한 통일을 견고히 하자고 선서하였다. 철저한 독립정신의 결정체로 범 민족운동을 위한 한민족 최대의 조직적 회의였다.

국민대표회의가 끝나자, 강일은 경남기성회慶南期成會 대표로 참석했던 문시환文時煥(1897-1973) 등과 함께 의열단에 입단하게 된다. 같은 해 6월 말, 의열단 총회에서는 군자금을 모집하여 일제의 중요기관 폭파 및 요인 암살 등을 실행할 것을 결의하였다. 이에 따라 그는 문시환, 구여순具汝淳, 김정현金禎顯, 오세덕吳世悳, 배치문裵致文과 함께 군자금 모집요원으로 국내에 밀파되었다.

식민권력도 이 무렵부터 의열단원에 대한 정보보고와 검거를 강화해 나갔다.[37] 보천교 청년회 대표로 참석했던 강일은 만주지역 의열단에 가입하여 활동했다. 당시 의열단의 단장은 김원봉이었다. 보천교 청년단의 강일은 바로 그 김원봉으로부터 직접 단원과 군자금 모집의 밀명을 받았던 것이다. 그것도 의열단의 보통 단원이 아닌 간부였다. 국내로 들어올 때는 김원봉의 신임장과 더불어 권총

배치문 의사 묘지

----

37 京鍾警高祕 第16789號(1924. 1. 7), 〈義烈團員檢擧ノ件〉.

과 선전문 등을 지참했다. 앞서 말했듯이 의열단은 비폭력투쟁인 3·1운동이 일본의 폭력으로 실패한 것을 보았으므로 광복을 위해 폭력만을 수단으로, 암살만을 정의로 삼았다. 5개소의 적 기관 파괴와 7개 악惡의 제거를 위해 파괴활동을 벌였다. 5개소의 적 기관은 조선총독부·동양척식주식회사·매일신보사·경찰서·기타 중요 기관이며, 7개 악은 총독 및 총독부 고문·군 수뇌·타이완 총독·친일파 거물·밀정·반민족적 토호·열신劣紳. 행실이 못된 악덕 인사)이었다.[38] 이를 상해 임시정부에서 발간한 독립신문에서는 '칠가살七可殺'이라 하였다.

1924년 한성은행 폭파 미수사건이 발생했다. 의열단원들이 독립운동의 군자금 조달을 목적으로 은행을 폭파하려다 미수로 끝난 사건이다. 이 때 의열단원 6명이 검거되었는데 여기에 배치문이 포함되어 있었다. 배치문(1890-1942)은 바로 상해 국민대표회의에 보천교 대표로 참석했던 배홍길이다. 그는 1919년 3·1운동이 일어나자 목포에서 독립만세운동을 주도했고, 1923년 국민대표회의에 보천교 대표로 참석했다. 그리고 국내에서의 조직적인 독립투쟁이 시급하다는 사실을 깨달은 그는 의열단에 입단하게 된다. 한성은행 폭파 미수사건 이후, 배치문은 본격적인 사회주의 성격을 띤 노동운동에도 참여하였다. 1924년 사회주의자들의 조직체인 무산無産청년회에 참여해 주도적으로 활동하기 시작했다. 1930년에는 민족지인 호남평론의 기자로 활동하면서 언론을 통한 항일투쟁도 계속하였다.

그런데 한번 생각해 보자.

먼저 상해 국민대표회의에 보천교 대표 지위를 갖고 세 명이 참

---

38 임종국, 『실록 친일파』, 돌베개, 1991.

석했다는 사실이다. 그런 일이 차월곡의 승인 없이 가능한 일이었을까? 자신들의 신분과 지위를 밝히는 일은, 만약 잘못되면 보천교에 닥칠 위험이 모두 고려될 수밖에 없는 상황일 것이다. 역으로 오히려 적극적으로 참석자들의 요청에 응해, 차월곡이 적극 상해회의 참석을 지원한 것이라고 보는 것이 정황상 타당하다.

더욱이 이렇게 상해에 참석했던 보천교 대표자 3인 중 2인이 의열단에 가입해 독립투쟁을 전개해 나갔다는 사실도 주목할 필요가 있다.[39] 보천교와 독립운동의 관련을 부정적으로 본다면, 이것도 우연이라 볼 수 있겠지만 앞서 보았듯이 보천교진정원의 소위 '불온문서' 계획(비록 실패했고 식민권력은 조작된 것이라 결론짓고 있지만)과 당시 보천교의 고민의 흔적들을 고려한다면, 이는 처음부터 차월곡의 입장에서 계획적으로 이루어졌다고 보아도 큰 무리가 없을 것이다. 이 뿐만이 아니다. 1923년 조선물산장려회의 이사 30명 중 임경호林敬鎬, 주익朱翼 등 4인이 보천교 간부였고,[40] 그리고 주익은 3·1운동과 상해 임시정부에도 참여하고 있었다.[41]

마지막으로 의열단의 투쟁 방향을 고려할 때, 만약 소문대로 차월곡이 친일적이고 반민족적인 종교가였다면 상해회의에 보천교 대표가 참석하고, 그들이 의열단에 가입·활동할 수 있었을까 하는 의구심이다. 왜냐하면 자신들의 교주인 차월곡 자신이 의열단의 암살대상인 '칠가살七可殺' 중 하나, 즉 '반민족적 토호'에 해당되었을 것이기 때문이다. 그런데 식민권력의 시선을 벗어나 보면, 이러한 의구심은 간결하게 해결된다. 강일 곧 강홍렬과 배치문 곧 배홍길은

----

39 나머지 1명 김종철도 어쩌면 이름을 바꿔 참석했을 가능성이 있지만, 현재로서는 추적이 어렵다.
40 안후상, 1998.
41 方基中, 1996.

의열단과 보천교를 연결하는 중요한 고리였던 것이다.

(2) 보천교의 국외 연결망 발각 사건

1923년 7월, 경성부京城府에 살았던 부여扶餘 사람 김목현金穆鉉의 활동으로 발각된 사건이 있었다. 만주 독립군단 총사령관 김좌진 밀사 참모인 유정근兪政根이 검거된 것이다. 유정근은 천안 출신으로 본명이 유민식兪民植(1888-1969)이며 김좌진 장군과 함께 청산리 전투를 승리로 이끈 주역 중 한 명이다. 그는 일제에 강점 당하던 해에 만주 망명길에 올라 국권회복운동과 상해 임시정부 수립에도 참여하는 등 민족운동에 활발히 참여하였다. 대종교 활동도 했으며, 아호를 후단後檀 곧 '단군의 후예'로 할 만큼 항일의식이 투철한 투사였다.

유정근은 일찍부터 조선독립을 희망하면서 만주에서 대한독립군 총사령관 김좌진 및 신현대 등과 함께 조선독립 준비에 진력해왔다. 1923년 2월 경, 김좌진이 '후일 조선에 들어가 조선독립에 착수할 경우에 대비하여 병력을 충실히 하려고 함에 백러시아군[백로군白露軍]으로부터 무기를 공급받을 것을 꾀하려고 하나 자금이 부족하다'는 말을 듣고,[42] 유정근은 무기 구입 자금을 조선 내 유력자로부터 모집하고 독립군 병력을 충실하게 하기 위하여 약 300만 명

----

42 김좌진 장군이 청산리 전투(1920. 10)에서 승리한 원인 중 하나에는 체코여단으로부터 구입한 다량의 신식 무기 확보도 들어있다. 체코여단은 제1차 세계대전 때 오스트리아의 일원으로 출전했다가 러시아군에 자발적으로 투항한 사람들로 구성된 백러시아 소속 부대의 하나였다. 1917년 공산 혁명이 일어나고 유럽 전선을 통해 조국으로 돌아갈 수 없게 되자, 이들은 시베리아를 도보 횡단하여 1920년 블라디보스토크에 도착하게 된다. 그리고 1920년 8월 블라디보스토크 교외에서 한국군 북로군정서 재무부장 조성환과 체코여단 가이다르 사령관 사이에 무기 거래가 이루어졌다. 구체적인 숫자는 알려져 있지 않으나 대포·중기관총·소총·수류탄·실탄 80만 발이 포함돼 있었다.

의 신도를 갖고 있는 보천교 교주 차경석을 북만주에 초치招致하고 조선독립운동에 가입하게 할 목적을 띠고 조선으로 들어왔다. 차경석을 만주로 초치하려는 목적은 두 가지였다. 하나는 김좌진이 보위단을 조직하는데 필요한 무기 구입 자금을 위해 자금이 풍부한 보천교의 협조를 얻으려는 것이었고, 또 하나는 보천교의 많은 신도 중 이주한 자를 군적에 넣을 수 있다는 계획이었던 것이다.[43]

그리고 이 때 김좌진으로부터 박영효, 한규설, 차경석 등에게 모두 '우리들은 서로 연락과 원조를 게을리해서는 안된다. 조선독립이라는 대사에 전심으로 2천만의 대동원으로 한꺼번에 일본을 축파蹴破하고 조국을 부흥시켜야 하니 이의 완성에 진력하기를 바란다.'는 서장書狀을 받아 왔다. 그리고 보천교도인 신찬우申贊雨[44] 앞으로 '최근 일본과 중국의 관계가 원활치 못할 뿐만 아니라 러시아, 중국의 풍운도 역시 급해짐에 따라 진실로 천재일우의 호기로써 이미 중국 당국으로부터 양해를 받아 수만의 병력을 훈련시켜 남하시킬 기회를 기다리고 있으나 군수軍需가 여의치 않기 때문에 참모 유정근을 파견하니 극력 원조해 주길 바란다.'는 사신私信의 서장을 휴대하고 경성에 도착하였다. 7월 상순 경에 경성부에서 신찬우 등을 만나 조선에 들어온 목적과 서장을 교부하고 활동하였다.

그러나 당시 조선에서 교세가 대단했던 보천교 교주 차월곡을 만주로 데려가 독립운동을 함께 하려 했던 계획은 유정근이 체포되면서 실패로 끝났다. 하지만 이 때 모금된 군자금은 만주 독립군에게

----

43 刑公 第521號(1923), 〈大正8年制令第7號違反被告事件判決〉.
44 1919년 3·1운동 이후 경기도 부군도府郡島 진위군(현재 평택시)에 1921년 진위청년회를 조직하여 소비절약과 토산품장려를 실행하는 한편 민립대학 설립 후원과 문맹퇴치 등 청년운동과 문화운동을 주도해 나갔으며, 1926년부터 30년까지 청북면장靑北面長을 하였다.

전달되었다. 그리고 유정근의 검거로 김좌진과 보천교 간부의 긴밀한 연락망도 적발되었던 것이다. 이 사실 역시 국내의 어려운 상황에서 보천교가 이면에서 끊임없이 민족독립 활동과 연결되어 있었음을 보여주는 명백한 증거이다. 이후 유정근은 다시 만주로 건너가 1925년 3월 10일 영고탑에서 결성된 신민부에서 경리부 위원장 및 각 군사위원장 등을 역임하면서 군사령관 김좌진과 활동을 계속해 나갔다.

(3) 김좌진 장군의 항일 활동과 보천교의 군자금 지원

김좌진 장군은 북로군정서 총사령관으로서 독립군 편성에 주력하였다. 그는 1920년 2월에 길림성 왕청현 십리평十里坪에 사관양성소士官鍊成所를 설치하여 독립군 지휘 간부들을 길러내었다. 이 해 9월에는 처음으로 사관연성소 졸업생 298명을 배출했다. 명실공히 만주지역에서 가장 강력한 무장독립운동단체를 양성하기 시작했던 것이다. 그리고 무장투쟁을 성공적으로 이끌어내기 위해, 그는 군자금 모집과 무기 구입 등도 적극적으로 추진하였다. 주지하다시피 이러한 노력을 바탕으로, 김좌진 장군은 1920년 10월 21일부터 26일까지 6일간 청산리 일대에서 벌어진 전투(홍범도, 이범석과 함께)에서 큰 승리를 거뒀다.

일제 강점기 민족적 쾌거였고 독립전투의 금자탑이었다. 단비를 기대했던 조선민중으로서는 큰 선물을 받았고 독립에 대한 확신과 심기일전하는 계기를 만들어 주었다. 그러나 전투의 승리 이후 만주의 상황은 악화되었다. 일본군은 패전을 설욕하기 위해 계속 증파되었다. 그들의 만행도 가일층 심해졌다. 일본군은 여기저기서 아무 죄도 없는 재만 한인들에게 패전의 분풀이를 하기 시작했다.

한인부락을 초토화하는 작전도 전개되었다.

김좌진 부대는 후일을 기약하면서 전략상 소련과 만주 국경지대인 밀산密山으로 향했다. 무기와 식량의 보급, 앞으로의 행보 등이 큰 문제였다. 독립군이 점점 흩어지기 시작했다. 김좌진 부대는 다시 북만주 지역으로 이동한다. 1922년 김좌진은 수분하綏芬河(흑룡강성 목단강에 시市 지역)와 북만주 일대에서 대한독립군단을 재조직하여 총사령관으로 활동하였다. 본부는 중·소 국경지대인 동녕현東寧縣에 두었다. 여기서도 김좌진은 당시 총사령관으로서 군자금 모집과 독립군 징모 등에 상당히 고심하였다.[45]

3·1운동 직후에는 대중적인 지지 속에서 군자금을 모집할 수 있었다. 하지만 1920년 일본군의 만주출병 이후부터는 상황이 크게 변했다. 일본군의 횡포에 대한 두려움으로 재만在滿 한인사회가 크게 위축되었기 때문이다. 김좌진은 군자금을 모으기 위해 많은 노력을 기울였다. 그러나 설상가상으로 이러한 군자금 모금활동은 주민들로부터 원성을 사게 된다. 당시 주민들은 일본군들로부터는 생명의 위협을 받았고, 경제적인 면에서도 생활이 궁핍한 상태였다. 때문에 그들은 독립군의 군자금 모금에도 마음과는 달리 큰 부담을 느꼈던 것이다.

김좌진 장군

따라서 만주지역의 독립활동을 위한 군자금 모집활동이 국내로까지 확대되었다. 이때에도 김좌진 장군은 보천교와 연결되었다. 앞에서 보았지만, 이미 김좌진 장군은 1923년 초에 유정근을 밀사로 특파하여 보천교의 차월곡에게 협력을 청하는 서장書狀

45 박환, 『김좌진 평전』, 선인, 2010.

을 보낸 상황이었다. 그리고 가능하면 자신이 소속했던 대종교처럼, 차월곡의 보천교도 북만주로 옮겨 함께 독립운동에 진력할 것을 요청했었다. 그러나 유정근이 체포되면서 뜻을 이루지 못했고 군자금만 모집해 만주로 보낸 상태였다. 이후에도 필요한 군자금 모집은 계속되었고, 김좌진 장군과 보천교의 접촉도 계속 진행되고 있었다.

1924년 11월, 일본 관동청 경무국의 보고 내용을 보자.[46)]

> "근년 김좌진은 자금 부족 때문에 부하를 해산하여 전혀 활동 불능 상태가 되었다. 이번 봄 조선 내 보천교 교주 차경석車景錫과 연락하여 만주 별동대로서 행동하게 되었다. 지난 10월 초순 교주 대표 모某가 영고탑寧古塔에 와서 2 만여 엔의 군자금을 주었다. 이로써 김좌진은 이 돈으로 옛 부하를 소집해 삼차구三岔口에 근거를 두고 포교와 무장대의 편성을 계획해 동지를 인솔해 동녕현東寧縣에 들어가려 했다."

'김좌진, 군자금을 확보하다'라는 문건이다. "근년 김좌진은 자금이 부족하여 부하를 해산하고 활동불능 상태가 되어"라 하였다. '근년'은 당연히 1923-24년을 말한다. 북만주 지역 단체들은 1925년 3월 10일 영안현寧安縣 영안성寧安城에서 신민부를 조직하였다. 이때 김좌진은 대한독립군단의 대표로 참석하였다. 신민부에서도 김좌진은 우선 대한독립군단에서와 마찬가지로 군자금을 모금하는 데 큰 노력을 기울였다. 군자금은 무장투쟁을 하는 데 있어 필수적인 요건이기 때문이다. 군자금이 없으면 무기를 구입할 수 없고 무

---

46 關機高授 第32743號(1924. 11. 26), 〈金佐鎭 軍資金ヲ得〉.

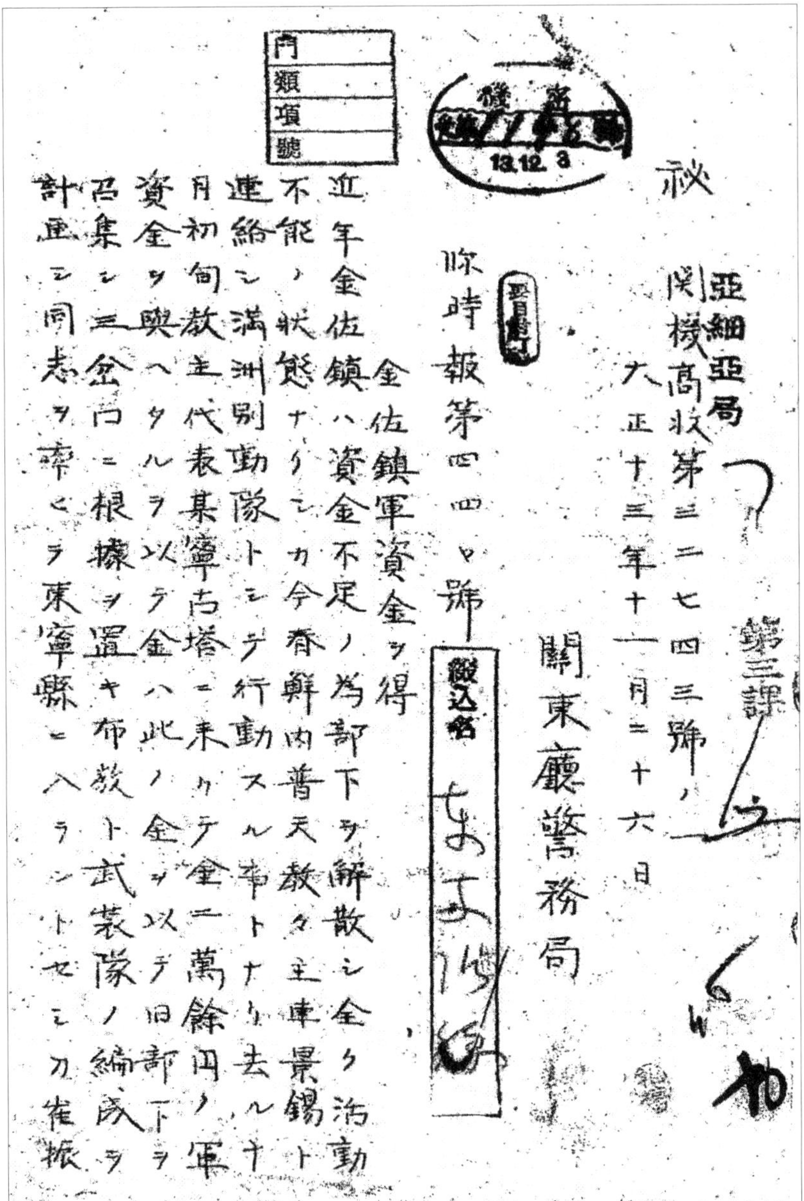

秘

門
類
項
號

機密 13.12.3

亞細亞局
関機高收第三二七四三號ノ
大正十三年十一月二十六日
關東廳警務局

除時報第四四〇號

綴込名

金佐鎭軍資金ヲ得

近年金佐鎭ハ資金不足ノ為部下ヲ解散シ全ク活動不能ノ状態ナリシカ今春鮮內普天教々主車景錫ト連絡シ滿洲別動隊トシテ行動スル事トナリ去ル十月初旬教主代表某寧古塔ニ來リテ金二萬餘円ノ軍資金ヲ與ヘタルヲ以テ金ハ此ノ金ヲ以テ旧部下ヲ召集シ三岔口ニ根據ヲ置キ布教ト武裝隊ノ編成ヲ計画シ同志ヲ率ヒテ東寧縣ニ入ラントセシカ雀振

김좌진 군자금 관련 건

기를 구입하지 못하면 당연히 군사작전도 할 수 없다.

상황이 이렇게 되자, 김좌진은 국내에서 군자금을 모금코자 모연대募捐隊를 조직하여 국내로 파견하였다. 그러나 이 또한 일제의 감시로 순탄하게 이루어지지 못했다. 1920년대 이러한 김좌진 장군의 상황을 고려하면 앞의 기록 내용은 매우 일치하는 점이 많아 보인다. 이미 유정근을 통해 일찍부터 접촉했었던 상황에서, 보천교의 차월곡에게 만주 별동대 자금을 제공받은 일은 큰 무리가 없다. 그리고 이 자금으로 무장대와 포교를 계획하였다. 김좌진 장군의 정치지향의 키워드는 대종교였기 때문이다. 그는 대종교에 바탕을 두고 독립운동을 전개했던 것이다.

그러나 김좌진은 동녕현으로 들어가지 못하고 영고탑으로 되돌아왔다. 왜냐하면 이 때 최진동崔振東이 동녕현에서 체포되었기 때문이다. 주지하다시피 최진동은 1919년 3·1독립운동이 일어나자 만주에서 그를 포함한 한 3형제가 무장독립군을 훈련시켰고, 이후 봉오동과 청산리 전투에도 함께 참여하여 전쟁을 승리로 이끄는데 기여한 독립운동가이다. 1924년 1월, 길림성장吉林省長이 동녕현지사東寧縣知事에게 "그(최진동)를 단장으로 하는 대한도독부의 독립군의 수가 4,119명, 장총 4,059정, 기관총 27정, 대포가 4문 등이다."[47] 라고 보고하여 규모가 컸으나, 1924년 9월에 동녕東寧 경찰서에 체포되었다.

이 때 김좌진 장군이 보천교로부터 받은 금액이 2만여 원이라 했다. 그런데 다른 자료도 있다. 거기에는 "동녕부에 근거를 둔 김좌진은 9월 상순 태을교 본부(보천교) 교주 차경석으로부터 5만 엔을 받아 동녕부에서 옛 부하를 소집하여 무력행동에 나섰다."고 기록

----

47 《동아일보》, 1924. 1.

하였다.[48] 같은 시기의 기록인 걸로 보면 동일사건이기는 한데, 액수가 차이가 있다. 2만원이라 하여도 작지 않은 돈이지만, 5만원이라면 지금 시세로 본다면 20억 정도로 추정 가능하다. 일제시대 1원이 순금 두 푼(750㎎), 1925년 급여 40원이 쌀 2가마에 해당하였다는 사실 등을 고려한다면 당시 1원은 현재 약 4만 원 정도로 볼 수 있기 때문이다. 이 액수라면 부하들을 재소집하여 무장대를 편성할 수 있는 충분한 금액이다. 보천교에 대한 시선을 바꿀 수 있는 이야기이다.

(4) 보천교도의 만주 이주 계획

1923년, 김좌진 장군이 보낸 밀사 유정근이 체포되면서 김좌진과 차월곡의 관계가 발각되었고, 보천교를 만주로 불러들여 같이 활동하려던 계획이 무산되었다는 사실을 살펴보았다. 일제강점기 만주는 조국을 떠나 뜻을 품은 민중들의 삶의 터전이었고 독립운동의 전초기지였다.

1920년대 보천교의 만주이주 계획에 관해서는 또 다른 이야기도 있다. 총독부가 만주이주를 강요했다는 설과 이상호가 주장했다는 설이 그것이다. 전자는 '1925년 음력 4월에 조선총독부 경무국장 시모오카 쥬지下岡忠治가 차월곡을 찾아왔다. 그는 시국대동단의 확장이라는 명목으로 보천교인의 만주이주를 요구하였다. 그러나 차월곡은 응하지 않았다. 시모오카 국장은 문정삼에게 권총을 주어 자신의 요구에 불응한 차월곡을 살해하도록 지시하였다'는 내용이다.[49] 조선총독부의 권력자가 차월곡을 만나 보천교의 만주이주를

----

48 關機高授 第30344號(1924. 11. 10), 〈金佐鎮一派ノ行動〉.
49 이강오, 「보천교: 한국 신흥종교 자료편 제1부 증산교계 각론에서」, 1966.

요구한 구체적 이유가 궁금하다. 시국대동단의 활동 확대와 관련되었다고는 하지만, 명확한 답은 아닌 것 같다. 차월곡은 논란이 된 시국대동단을 해체시켜 버렸다. 문제가 해결된 것 같지만, 소위 괘씸죄에 걸려 차월곡의 살해 시도까지 있었다 한다. 이 역시 구체적인 자료가 없어 확인할 수는 없는 실정이다.

그리고 같은 해, 보천교 내에서 또 다시 만주 이주 및 만주개척 문제가 불거졌다. 시기가 비슷한 점으로 보아 전자의 같은 사안인 듯 싶다. 그러나 이때는 이상호에 의해서였다. 그는 보천교 혁신운동을 주도하다가 만주로 도주한 보천교 간부였다. 그가 교주 차월곡에게 보천교인의 만주이주를 요구한 내용을 『보천교연혁사』는 이렇게 정리하고 있다.

1925년 3월 말경, 이상호가 차월곡을 찾아왔다. 그는 교주를 만난 자리에서 3가지 제안을 했다. 그 중 두 번째가 만주 이주에 관한 제안이었다. 곧 '만주개척을 위해 보천교도 50호를 이민시키면 외무성에서 만몽滿蒙 개척비로 10만원을 주겠다 하니 교도를 이주시키고, 보조금 10만원 중에서 일부를 당국자에게 사례하고 나머지는 보천교에서 사용함이 좋겠다'는 내용이었다. 그러나 이에 대해 차월곡은 단호하게 '만주 이민은 불가하다'고 답한다. 그 이유가 이렇다. '외무성 보조금을 끌어 쓸 수 있을지라도 후일에 그 보답이 지극히 어려우므로 그 말을 듣고 좇을 수 없다.'

물론 위의 두 이야기의 진위는 불분명하다. 전자는 식민권력자가 시국대동단을 빌미로, 후자는 보천교 간부가 지원금을 빌미로 만주이주를 요청한 것으로 되어 있다. 그러나 어찌되었건 차월곡은 이런 요구들에 단호한 의지로 거절하였다는 것만은 분명하다. 그렇다고 차월곡이 원천적으로 만주이주를 거부한 것으로 보기는 어렵다. 다만 식민권력의 제안과 일본 외무성의 도움을 싫어한 것이다. 말 그대로 차월곡은 만주이주는 생각한 바이지만, 시기도 고려해야 하고 또 식민권력의 도움을 받는 만주이주는 절대로 허락할 수 없었다.

주지하다시피 당시 만주지역은 살길을 찾아 이역만리까지 이주한 동포들의 삶의 터전이었고, 특히 군중지반과 민족운동의 역량이 강하여 독립운동을 전개하기에 유리한 지역이었다. 곧 국내에 비해 독립군들이 보다 자유롭게 활동할 수 있는 지역으로 독립자금을 전달하기에도 용이했던 것이다. 여기에 종교집단들도 예외는 아니었다. 대종교가 1910년에 만주지역으로 근거지를 옮겨 독립운동의 거점을 확보하였고, 당시 천도교 연합회도 만주의 고려혁명당 조직에 참여하여 독립운동에 가세하고 있었다. 전북·익산 등지에 거주하던 오지영 등의 천도교인들이 1926년 3월 전북과 충남지역에 거주하는 교인 222명을 이끌고 길림성 화전현樺甸縣 화수림자樺樹林子에 집단 이주했다. 그리고 1919년 3·1 민족독립운동의 민족대표 33인으로 참여했던 승려 백용성白龍城(1864-1940)도 간도의 용정에 대각교당의 토지를 마련하여 불교 홍포와 독립자금 지원 등에 참여했다. 또 서간도의 핵심 독립운동조직인 서로군정서도 1921년 5월에는 본부를 길림성 액목현으로 이동하여 독립운동의 전략적 기지로 삼는 등 만주지역은 독립운동의 터전이었다.

차월곡도 보천교의 만주이주를 끊임없이 고민했다. 이미 대종교를 바탕으로 독립투쟁을 전개하던 김좌진 장군이 만주이주와 항일독립운동의 협력제의를 해왔던 터였다. 이상호도 1924년 8월에 보천교 혁신운동으로 배신한 간부였지만 중국으로 도주한 뒤 만주에서 보천교인의 만주이주를 계획하고 있었다. 교주를 다시 만나 용서를 구하는 이상호도 이런 이야기를 하지 않을리 없었을 것이다.

그의 제안은 생각해 볼 여지가 있었다. 이 무렵 보천교 간부들은 위기에 처한 보천교의 활성화를 위해 대안을 마련코자 회의를 거듭하여 왔다. 그러한 대안 가운데 하나가 포교의 확대와 활동무대의 확장을 위해 마치 대종교처럼 만주로 나갈 생각이었다. 그러나 자금이 문제였다.

식민권력이 생성한 자료 중에는 1924년 말에 '보천교 혁신회 간부의 교도 이민정책'에 관한 관동청 경무국의 비밀 보고서가 보인다.[50] 보고서에 의하면, 보천교 혁신회가 길림성 액목현 지역(현재의 길림성 교하현 일대)을 영구 안주의 땅으로 만들어 이주하려는 계획을 실행하기 위해 자금을 확보하여 봉천지역 실업가의 협조를 얻었다는 사실이다. 우선 1차로 1925년 음력 정월에 교도 300호 내지 500호의 교도들을 이주시켜 농경지 개척을 계획하였다. 그런데 그 규모가 너무 엄청나다.

모든 자본금은 보천교 혁신회로부터 나왔다고 했다. 합변계약을 한 70만 원이라면 현재 시세로 280억 정도로 추정가능하다. 그리고 보천교는 이 자금으로 농업 특히 수전水田사업을 계획했고, 면적 약 10만 향지晌地를 계약 체결하였다. 향晌은 한 나절이므로 '한 나절 갈이 토지'로 추정 가능하다. 그런데 '하루갈이 토지'는 보통 경耕이라 하고 약 1,500평 정도로 본다. 이를 따른다면 향은 경의 4분의 1, 곧 375평 정도쯤 될 것이다.

그러나 다른 시각도 있다. 곧 1향은 소 한 마리가 하루에 경작할 수 있는 면적으로 약 6묘畝 정도로 보는 입장이다. 일제강점기에는 산지의 면적 단위에서 묘가 사용되었는데 이는 30평坪(99.174㎡)을 나타낸 것이다. 여기서 1향은 180평 정도가 된다. 이처럼 아

---

50 關機高授 第3145號(1925. 2. 5), 〈普天教革新會幹部ノ動靜ト教徒移民政策〉.

직까지 향에 대한 정확한 면적은 밝히지 못하고 있긴 하지만 1향은 180~375평 내에 있을 것으로 추정된다. 그렇다면 10만 향지는 1,800만 평-3,750만 평의 범위에 있음을 알게 된다. 현재 행정도시인 세종시 면적이 2,200만평이다. 1향을 평균하여 약 270평 정도로 보면 계약 면적이 약 2,700만 평에 이르기 때문에, 그 규모가 어느 정도였는지 가히 짐작할 만하다.[51)]

마지막으로 또 한 가지 덧붙일 내용이 있다. 만주사변 직후인 1931년(혹은 1932년)에 증산을 신앙하는 종교집단 100여 호가 요령성 강평현康平縣 요양와보로 집단적으로 이주한 사실이 있다. 그들은 1939년에 다시 길림성 유하현柳河縣 대전자촌大甸子村으로 옮겨갔고 여기서 조선으로부터 다시 40여 호가 와서 130여 호에 달했다. 그러나 1920년대에 이미 보천교는 정의부와 관련을 맺고 김좌진 장군에게 자금을 지원하는 등 만주지역에서 활동하였다는 사실을 염두에 두어야 한다. 때문에 유하현에 들어온 집단이 이러한 보천교와 어떻게든 계보적 연관성이 있을 것으로 추정된다. 이들은 일본어를 쓰지 못하게 했고 중앙 치성장소에 태극기를 그려 놓았다. 그 후 일제는 대전자촌에 밀탐密探을 잠입시켜 내막을 파악하면서 감시하다가, 1942년에는 '태극기를 그리고 일본을 반대한다'는 죄명으로 28명의 교도들을 체포하였다. 광복 후에 교도들이 석방되었지만, 이들 역시 1945년 이후 중국 사회주의 정부의 탄압으로 모두 사라져 버렸다.[52)]

----

51 위의 승려 백용성이 용정에 마련한 대각교당의 자리가 70여 향이라고 하는데, 이에 대해 불교계에서는 1향을 400평으로 계산하여 28,000평 정도로 추정하고 있다(정광호, 「백용성 스님의 선농불교에 대한 논평」, 『대각사상』 2, 대각사상연구원, 1999. 참고할 만한 자료이다.

52 보천교의 만주이주는 결국 이루어지지 못했다. 차월곡은 어떤 생각을 했을까? 그의 의중은 정확히 파악되지 않는다. 물론 『보천교연혁사』를 보면 이상호의 의중은 드

(5) 정의부正義府 및 보천교의 군자금 모집 활동

3·1독립운동을 겪으면서 식민당국이 가장 주목한 것은 '보천교 간부와 재외 불령단과의 관계' 때문임은 의심할 나위 없다. 보천교 교도들이 직접적으로 국권회복 활동에 참여한 경우도 있었지만, 보천교 교단이 자금지원 등 간접적인 방법에 의한 활동이 대부분을 차지하였다.

한가지 사례로, 제령 제7호 및 출판법 위반으로 징역 3년형을 받은 평안남도 평양부 상수리上需里 조만식趙晩植[53]의 활동이었다. 경기도 경찰부의 도경부보[河崎武千代]가 경기도 경찰부장에게 보낸 '수사보고서'(1925년 11월 16일자)에는 '1925년 11월 13일 권총을 휴대한 불령선인 일단一團이 보천교 간부와 제휴하고 조선독립군자금을 모집 중인 용의자 수사의 명령을 받아 남선南鮮 방면에 출장 중, 전라북도 정읍군 입암면 대흥리 173번지의 보천교 북방 방주 한규숙 집에 전기前記 용의자 일단이 숨어있음을 탐지'했음을 보고하였다.[54] 여기서 불령선인은 정의부 요원들이었다.

러났다. '만주개척을 빙자하여 보천교의 돈을 뜯어낼[欺瞞] 목적을 가졌다가 이루어지지 못하자 보천교를 탈퇴하였다. 이후 김형렬 교단 등을 전전하다 동화교東華教를 조직하여 교주라 칭하기까지 했다' 한다. 기록자의 시선까지 더해진 평가로 보인다. 어찌되었든 간에 차월곡은 끊임없이 만주에 대한 관심을 지녔다는 것만큼은 사실로 보인다. 다만 식민권력의 도움으로 이루어지는 것을 경계했던 것이다. 따라서 그것이 알려진 대로 식민권력의 만주이주 권유 혹은 강요에 의한 것이라는 내용은 신중한 재고를 요한다.

53 '조만식 사건' 혹은 '권총단 사건'에 대한 증언, 신문자료 등 자료는 안후상(1998, 369-372쪽.)이 정리했고, 김철수(2016)는 식민권력이 생성한 공문서와 보고서를 중심으로 분석 정리하였다. 여기 조만식과 고당 조만식曺晩植(1883-1950)은 별개의 인물이다.

54 이를 보여주는 내용이 『洋村及外人事情一覽』에 있는 「보천교도의 시국표방 강도」와 『普天教一般』에 들어있는 「보천교 간부와 재외 불령단의 관계」이다. 공문서로 본다면, '대정 8년 제령 제7호 위반 강도죄 사건'으로 알려진 祕 關機高授 第32743號, 〈正義府及普天教の軍資金募集計劃に関する件〉이란 보고서이다.

이 사건의 경위를 살펴보면 다음과 같다. 당시 보천교는 시국대동단時局大同團의 설치로 심각한 민심의 이반을 경험하고 있었다. 차월곡은 '시국대동단을 조직하고 각종 단체를 망라할 예정이었으나 결과는 세상의 비난을 받았다'고(조만식 신문조서) 토로하고, 또 '지금 각 사회에서 보천교를 공격하고 있으나 보천교의 진의를 모르고 성토하고 있다'(김정호 신문조서) 거나 '동교(보천교)는 수백만 원의 현금을 가지면서 재외 독립단으로부터 친일파라는 오해를 받고 있어 사정상 곤란한 처지'(정찬규 신문조서)임을 술회하였다. 그리고 이러한 상황은 보천교로 하여금 독립운동 단체와의 연결, 지원을 서두르게 하고 있음을 알 수 있다. 이는 조만식이 한규숙과 함께 차월곡을 만났을 때, 당시 대화에서 보천교의 입장이 여실히 드러났다.

"차경석은 만주 및 국내의 상황을 듣고 시국대동단을 조직하여 실패한 것을 말하였다. 그리고 시국에 대하여 어떤 단체를 조직하는 것이 옳은 것이냐고 의견을 묻기에, 조만식은 지금 유산·무산의 두 계급이 서로 원만한 교제를 한다는 것은 지극히 어렵게 되었고, 유력자와 무력자가 서로 원만한 교제를 할 수 없는 현 상황에서 국내의 유지를 모아 단체를 조직하더라도 돈이 있을 동안은 복종하지만 돈이 없어지면 이탈하게 되므로 국내에서 사업을 해도 될 수 없고, 보천교에서 만주에 생산기관을 조직하여 교도들을 이주시켜 민족사업을 영위하는 것이 좋다고 대답하였다. 이에 차경석은 재산가로 하여금 마음에 우러나서 기꺼이 돈을 제공토록 하여 이것을 자금으로 하는 편이 마땅하며 강제적으로 모금하는 것은 생각해 볼 필요가 있다고 말했다. 다시 조만식은 지금의 시국은 강제적으로 돈을 모집해도 이것을 이치에 따라 사용한다면 무방할 것이라고 했고, 차경석은 그것도 그렇지만 이와 같은 말은 여기에서 하면 문밖에 순사가 있으니 만사는 한규숙과 상의하라고 말하였다."(정찬규 신문조서)

결국 이후에 한규숙韓圭淑, 김정호金正昊, 조만식趙晩埴, 이춘배가 제휴방법에 대해 상의하였다. 협의 결과, '보천교는 재외 독립단으로부터 친일파라는 비난을 받으므로 곤란하고 의사소통을 통하여 독립단에 원조를 하고 싶으며 원조방법으로서 개척사업을 영위하여 그 이익금을 독립단에 제공할 것과 개척사업 자금으로 약 30만 원 정도를 내려고 하는데 연락할 단체가 없어서 곧바로 신용하고 낼 수 없기 때문에, 독립단이 틀림없다면 자금을 제공하는 것으로 하였다.'

그래서 조만식은 1925년 4월, 보천교 여女교도로 선포사이면서 단재 신채호申采浩의 부인이었던 박자혜朴慈惠와 경성에서 접근하여 보천교 본소의 북北방주 한규숙韓圭淑을 방문하여 장래 보천교의 발전은 해외에 있는 불령단과 연결하는 데 있다고 사람들을 설득하였다. 그 이후 다시 부하 이춘배李春培와 함께, 같은 해 5월 하순에 재차 본소의 한규숙을 방문하여 아래의 항에 대해 협정했다.

①보천교는 재외독립단 사업의 원조를 위해 만주개척 사업비 30만원을 제공하여 사업을 경영하고 이로부터 생긴 이익금은 독립운동자금으로 충당한다.

②조만식 이춘배는 재외독립단과 연락 책임을 맡으며, 보천교 측은 두 사람이 유력한 독립단과 연락하여 확증을 얻으면 전항의 금액을 제공한다.

③전항 확증의 방법은 유력한 독립단에서 무장군인 수 명을 조선

내에 특파하는 방법을 강구하여 사기 독립단이 아님을 입증한다.

④독립단 측에 무장군인을 특파함과 함께 조선 내에서 군자금 모집에 종사하고, 보천교 측은 이에 필요한 여비旅費와 기타의 경비를 부담하고 자산가의 조사와 안내 및 모집에 조력한다.

⑤모집하여 얻은 군자금은 독립단과 보천교가 절반으로 한다.

협정을 이룬 뒤에, 본소에서 여비 300원을 조달 교부받아, 6월 경에 이춘배는 봉천奉天에 파견되었다. "봉천으로 가서 정찬규鄭燦奎와 만나 앞에서 말한 것을 이야기한 바, 그는 정의부正義府 참의 김정관金正觀과 상의한 결과 정의부 군인 6명을 파견하기로 내정하였고 특파원 사령장과 군자금 모집 영수증 등을 작성하여 준비가 되면 조만식에게 여비를 보내도록 통신하였"(이춘배 '自首調書')다.

그리고 이춘배는 조만식과 가까운 동지 정찬규鄭贊奎와 봉천에서 회합하여 사정을 설명하고, 그로부터 권총 2정, 실탄 47발을 받아 9월 6일 안동安東으로 와서 압록강을 도보로 건넜다. 신의주에서 조만식과 합류하여, 9월 20일 경남 진주로 가 한규숙 등과 만나 군자금을 모집하러 다녔다. 정찬규는 '정의부 제4중대 임시특파원'이라는 견서肩書를 받고 국내로 들어왔다. 부근의 자산가를 물색하면서 자금을 '강탈하기' 위해 회중전등 2개, 학생복 2벌, 각반과 운동화 등을 구입하여 준비하였다. 이들은 목적을 달성한 뒤에 11월 7일에 보천교 본소에 도착하여 교주로부터 특파원 여비를 얻게 된다. 이를 경기도 경찰부원과 관할 정읍서井邑署의 단속에 걸려 일당이 체포되었다. 식민권력으로서는 3·1운동 이후 해외 독립운동단체로 연결되는 군자금은 매우 예민한 문제였고, 때문에 보천교의 자금에 대해서도 주의를 기울이지 않을 수 없는 상황이었다.[55]

----

55 機密 第161號(1925. 3. 13), 〈正義府支部長會議□□□□に關する件〉에서도 길림에

5

잃어버린 보천교 재조명

지금까지 1910년대와 20년대의 차월곡 혹은 보천교와 관련된 민족운동들을 9개의 항목으로 나누어 정리해 보았다.

식민권력이 생성한 자료들(『보천교일반』『양촌 및 외인사정 일람』 및 각종 공문서들)을 살펴보면, 차경석은 1910년대에 이미 '국권회복 표방' 혐의로 '갑종 요시찰인'으로 편입되었고 3·1운동 전후로 국권회복운동과 군자금 모집 활동에 적극 참여·활동하고 있었다. 1920년대에는 상해 임시정부와 의열단 투쟁, 그리고 만주의 정의부 활동 및 김좌진 장군의 독립군단과도 연결되어 항일 독립운동에 참여했던 것이다. 주지하다시피 김좌진 장군은 북로군정서와 대한독립군단의 총사령관으로서, 그리고 북만주 지역 신민부의 조직에도 참여·활동하는 등 만주지역 항일 독립운동의 주도격 인물이었다.

일제는 한국을 강점한 후 동화를 식민정책의 주요한 슬로건으로 내세웠다. 이에 따라 한국인들의 민족의식을 약화시키고 일본민족에 동화시키려는 노력을 꾸준히 전개하였다. 여기에 중요한 것이 교육(특히 역사교육)과 종교였다. 일제는 강점 내내 이러한 노력을 중단한 적이 없었다. 아직 채 교단도 안정화되지 않은 형성기의 종교, 특히 소위 유사종교들이 식민권력의 이러한 정책에 저항하기는 쉽지 않았다. 더구나 자신들이 강점한 다른 민족들에게 조차 단순한 복종 이상의 것을 요구하는 일본 제국주의의 신권적 천황제를 정신

서 온 보천교 간부 1인이 당시 정의부의 활동소식을 알려주고 있는 기록이 보인다.

적으로 승인하고 천황을 현인신現人神으로 경배하라는 강요는 민족 종교에는 당혹스러운 일이었다.

1920년대 보천교는 그러한 소위 유사종교의 대표격 종교단체였다. 식민권력으로서는 타 종교에 비해 새로운 국가 건설을 기도하며 다수의 신도를 확보하고 군자금을 지원하는 등 새로운 세력을 형성하던 보천교는 초기에 박멸하거나 어용화시켜야 할 대상이었다. 외형적으로는 유화정책을 사용하면서 분열과 그 조직의 약체화를 꾀했다. 종교통제 기구도 이원화시켰다. 소위 종교단체는 학무국 종교과에서 담당했지만 유사종교로 분류된 보천교는 총독부 경무국에서 감독토록 하여 강력한 폭력성과 억압성을 띤 통제를 가하였다.

이런 점에서 보천교는 식민지 종교통제정책의 '하나의 본보기'라기 보다는 '주요 대상'이었던 것이다. 식민지 상황에서 엄청난 교세를 확보했던 보천교는 1936년 차경석의 사망과 함께 해체되어 버렸고, 처음에 지적했듯이 해방 이후, 아니 현재 우리들의 기억 속에 거의 남아있지 않기 때문이다. 기억하는 사람들조차 식민권력이 생성해 놓은 부정적 이미지로 남아있을 뿐이다. 친일과 사이비 종교단체의 대명사로 말이다.

기존 이미지는 조선총독부를 중심으로 한 식민권력 카르텔의 시선이다. 조선총독부가 이 땅에서 사라진지는 오래 되었지만, 그 총독부가 만들어놓은 시선이 무너지지 않기를 바라는 식민권력 카르텔의 메카시즘적 광풍이 21세기 백주 대낮에도 존재하고 있는 것이다. 버젓이 식민권력이 생성한 다수의 보고서 및 공문서까지 있는데도 이를 부인하려 한다면 그건 도가 너무 지나친 처사이다. 굳이 조선총독부의 시선을 수호하려는 신념으로, 침묵하고 동조할 필요가 있을까?

당시 보천교가 잘못한 죄라고는 일제강점기에 교단을 형성한 죄, 자칭·타칭 600만이라는 수많은 조선민중과 함께 했던 죄, 그런 만큼 자금이 많았던 죄, 그리고 식민지라는 어려운 상황에서 국외로 나가지 않고 국내에서 살아남기 위해 발버둥 친 죄 밖에는 없는데도 말이다. 물론 이런 죄 아닌 죄는 당시 식민권력에게는 심각한 위협을 가했던 요소들이었음은 사실일 것이다.

보천교가 이 세상에 이름을 알린지 어언 100여년에 접어들었다. 이제 이러한 죄 아닌 죄를 끌러주고 보천교에 씌워진 왜곡된 이미지를 풀어주어야 할 때다. 그건 곧 보천교를 향한 식민주의적이고 제국주의적인 시선을 걷어내는 일이다. '잃어버린 보천교 재조명'이 이루어진다면 그건 아마 '잃어버린 역사의 대개벽(the great opening) 상황'일 것이다. 그런 만큼 우리에게 보천교는 잃어버린 역사이고 꼭 회복해야 할 역사이다.

참고문헌

* 김재영, 「동학 이후 증산계열의 민족운동」, 『동학농민혁명 이후 근대 민족운동-일제강점기 보천교의 민족운동-』, 정읍역사문화연구소, 2016.
* 김재영, 「보천교 본소 건축물의 훼철과 이축」, 『신종교 연구』 5, 2001.
* 김재영, 「보천교 천자등극설 연구」, 『한국종교사연구』 9, 2000.
* 김재영, 「형평사와 보천교」, 『신종교연구』 21, 2009.
* 김재영, 『보천교와 한국의 신종교』, 신아, 2010.
* 김정인, 「1920년대 전반기 보천교의 부침과 민족운동」, 『한국민족운동사연구』 29, 2001.
* 김철수, 「1910-1925년 식민권력의 형성과 민족종교의 성쇠-『보천교일반』(1926)을 중심으로-」, 『종교연구』 74-2, 2014 여름.
* 김철수, 「일제 식민권력의 기록으로 본 보천교의 민족주의적 성격」, 『동학농민혁명 이후 근대 민족운동-일제강점기 보천교의 민족운동-』, 정읍역사문화연구소, 2016.
* 김철수, 「일제하 식민권력의 종교정책과 보천교의 운명」, 『선도문화』 20, 2016.
* 김철수, 『잃어버린 역사 보천교』, 상생출판, 2017.
* 독립운동사편찬위원회, 『독립운동사-문화투쟁사-』 8, 1976. 《동아일보》, 1924. 1.
* 朴明益, 「柳河朝鮮族甑山教」, 『吉林朝鮮族』, 延边人民出版社, 1994.
* 박 환, 『김좌진 평전』, 선인, 2010.
* 보천교, 『보천교연혁사』 상·하, 보천교 중앙총정원, 1948.
* 안후상, 「보천교와 물산장려운동」, 『한국민족운동사연구』 19, 1998.
* 안후상, 「보천교운동 연구」, 성균관대학교 교육대학원, 1993.
* 안후상, 「식민지시기 보천교의 '공개'와 공개 배경」, 『신종교연구』 26,

2012.
* 안후상, 「일제강점기 보천교 권총단사건 연구」, 정읍역사문화연구소 학술대회, 2017.
* 안후상, 「일제강점기 보천교의 독립운동-온라인 국가기록원의 '독립운동 관련 판결문'을 중심으로-」, 『동학농민혁명 이후 근대 민족운동-일제강점기 보천교의 민족운동-』, 정읍역사문화연구소, 2016.
* 안후상, 「차월곡 출생에 관한 소고」, 『신종교연구』 2, 2000.
* 윤선자, 『한국근대사와 종교』, 국학자료원, 2002.
* 이강오, 「보천교: 한국 신흥종교 자료편 제1부 증산교계 각론에서」, 『전북대 논문집』 7-8, 1966.
* 임종국, 『실록 친일파』, 돌베개, 1991.
* 정광호, 「백용성 스님의 선농불교에 대한 논평」, 『대각사상』 2, 대각사상연구원, 1999.
* 홍범초, 「보천교 초기교단의 포교에 관한 연구」, 『한국종교』 10, 1985.
* 황선명, 「잃어버린 코뮨: 보천교 성립의 역사적 성격」, 『신종교연구』 2, 2000.
* 高警 第9437號(1921. 3. 31), 〈國權灰復ヲ目的トスル團員ノ檢擧〉.
* 高警 第13765號(1921. 5. 10), 〈國權灰復ヲ目的トスル太乙教徒ノ檢擧〉.
* 關機高授 第32743號(1924. 11. 26), 〈金佐鎭軍資金ヲ得〉.
* 關機高授 第30344號(1924. 11. 10), 〈金佐鎭一派ノ行動〉.
* 刑公 第521號(1923), 〈大正8年制令第7號違反被告事件判決〉.
* 京鍾警高祕 第1760號(1924. 2. 20), 〈普天教徒ノ行動ニ關スル件〉.
* 京東警高祕 第3545號(1923. 10. 2), 〈普天教眞正院不穩文書事件ニ關スル件〉.
* 關機高授 第3145號(1925. 2. 5), 〈普天教革新會幹部ノ動靜ト教徒移民政策〉.
* 京鍾警高祕 第16789號(1924. 1. 7), 〈義烈團員檢擧ノ件〉.

* 祕 關機高授 第32743號, 〈正義府及普天教の軍資金募集計劃に関する件〉.
* 機密 第161號(1925. 3. 13), 〈正義府支部長會議0000に關する件〉.
* 密受 第102號 其 661, 高警 第36610號(1919. 12. 26), 〈太乙教徒檢擧に關する件〉.
* 京城地方法院檢事局高等警察課, 『大正十三年管內狀況』, 1924.
* 吉川文太郎, 『朝鮮の宗教』, 朝鮮印刷, 1921.
* 南山太郎, 「祕密結社の解剖(一)」, 『朝鮮公論』 112号, 1922.
* 李能和, 『朝鮮基督教及外交史』, 學文閣, 1968.
* 全羅北道, 『普天教一般』, 全羅北道, 1926.
* 趙景達, 「植民地朝鮮における新興宗教の展開と民衆(上·下) -普天教の抗日と親日」, 『思想』 921-922, 2001.
* 朝鮮總督府, 『朝鮮の統治と基督教』 , 朝鮮總督府, 1933.
* 朝鮮總督府 大邱地法安東支廳, 『統計ニ關スル記錄(大邱地方法院蔚珍支廳)(1921-1922年)』, 1921.
* 朝鮮總督府, 『朝鮮の保護及併合』, 朝鮮總督府, 1917.
* 朝鮮總督府, 『朝鮮總督府施政年報』, 1911.
* 朝鮮總督府裁判所 大邱地檢金泉支廳, 『例規ニ關スル記錄(1920-1923年)』, 1923.
* 村山智順, 『朝鮮の類似宗教』, 朝鮮總督府, 1935.
* 平安南道, 『洋村及外人事情一覽』, 平安南道, 1924.

일제의 보천교 탄압과 해체

강영한(상생문화연구소 연구위원)

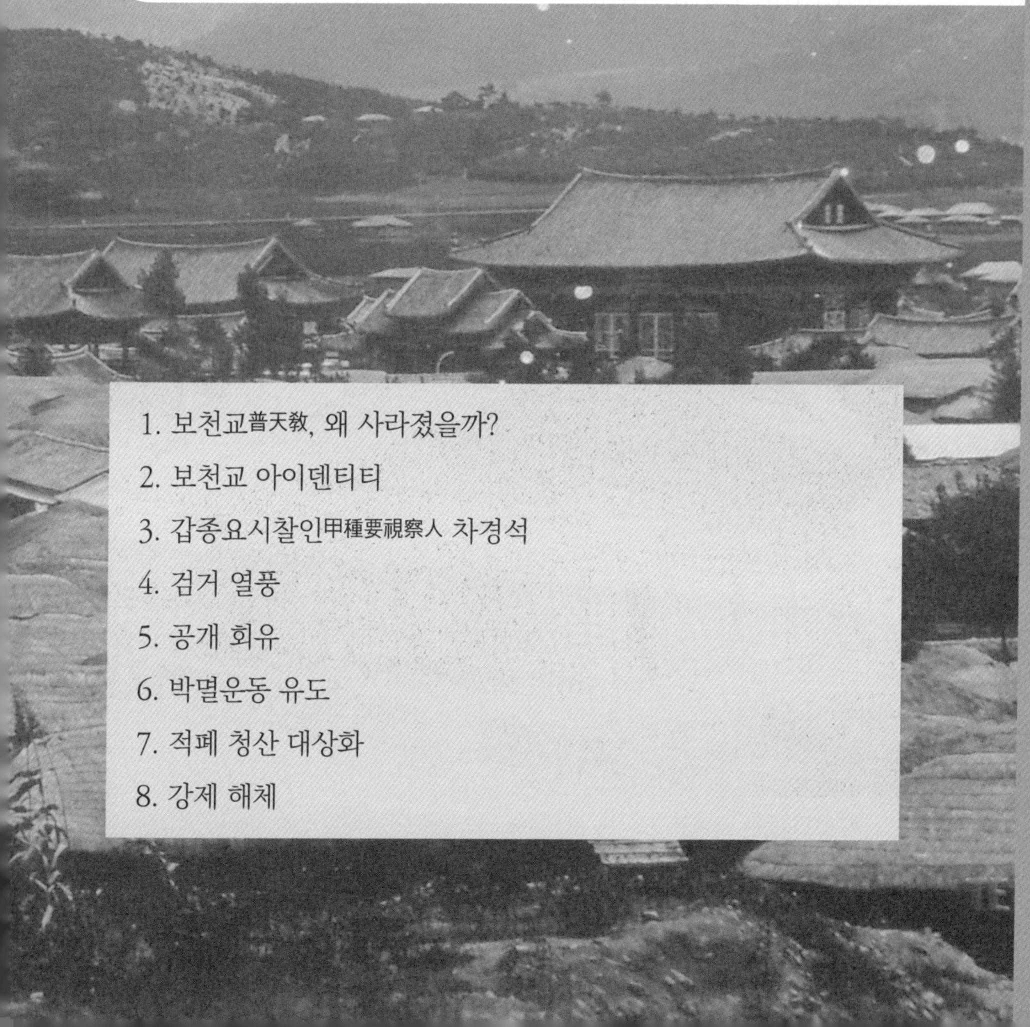

1

보천교普天教, 왜 사라졌을까?

남겨진 흔적

19세기 말 조선사회에는 유교, 불교는 물론 서구의 종교 기독교 등이 공존하였다. 그러나 말이 종교였지 유교나 불교는 종교적 기능을 하지 못한지 오래되었다. 오히려 막 전해진 천주교와 가톨릭이 새로운 종교로 사람들에게 다가가고 있었다. 일제 강점기 때는 이들 외에 조선에서 자생한 신종교들도 많았다. 천도교, 시천교, 보천교, 대종교 등은 그 대표적인 민족종교이다.

그런데 우리나라 조계종 총본산인 조계사에 가보면 누구나 놀라

조계사 대웅전. 조계사 대웅전은 보천교普天教 십일전十一殿을 해체·개축한 것이다.

운 사실을 알게 된다. 그것은 사찰의 아름다움이나 산사의 고즈넉함과 관련된 것이 아니다. 사찰의 긴 역사성에 대한 것은 더욱 아니다. 조계사의 웅장한 대웅전이 만들어진 숨겨진 역사적 사연이다.

일제 강점기, 정읍에는 차경석車京錫(1880-1936)이 만든 보천교[1]라는 신종교가 있었다. 보천교는 그 본소本所를 대흥리 2만여 평 부지에 십일전十一殿을 비롯한 45채 건물과 10채의 부속 건물을 세울 정도로 교세가 하늘을 찔렀다.[2]

그런데 1936년에 차경석이 사망하자 일제는 눈엣가시였던 보천교를 강제로 해산시키고 그 건물들을 경매 및 철거하였다. 지금의 조계사 대웅전은 바로 이때 경매로 일본 사람에게 넘어간 십일전을 불교계에서 사들여 1938년에 이축移築 복원한 것이다.

----

1 보천교라는 교명은 1922년 2월에 교단이 공개되면서 세상에 처음으로 알려졌다. 그 이전까지 세속에서는 차경석이 이끄는 교단을 태을교니 훔치교니 선도교니 하였지만 그가 공식적으로 밝힌 교단 이름이 1922년 이전에는 없었다. 이 글에서 보천교란 그것이 공개되기 이전에 차경석이 이끌었던 교단도 포함하는 개념으로 사용한다.

2 보천교 본소에 대한 당시 이런 기록이 있다. "소위 대궐 정문은 보화문普化門이라고 쓰고 서울 광화문을 본떠서 층루層樓로 되어 있다. 그 안을 들어가면 바른손 편으로 총의원總宜院이라는 것이 있으니 그것은 여자교인들이 사무 볼 곳이고 왼손 편으로 총정원總正院이라는 것이 있으니 남자교인들이 사무 볼 곳이라는 것이다. 규모를 크게 하여 수백 간씩 되고 공부할 곳과 회의실 같은 것이 설비되어 있다. 중앙으로는 경복궁의 근정전을 모방하여 십일전十一殿이라는 것이 있으니 이 십일전은 토土자를 의미한 것이다. 그들의 이른바 후천괘後天卦가 지천태괘地天泰卦이니 후천에는 흙이 왕성하리라 하여 토자로 대궐을 지은 것이라 한다. 이 토전土殿은 이 집 중에도 제일 힘들인 곳이니 아름드리 원주圓柱가 수십장數十丈이나 올라가고 그 위로 오색단청의 장식을 하여 놓아 가위可謂 궁사극치窮奢極侈한 것이요. 중앙에는 황금용상黃金龍床이 있으니 이것이 차경석이 갑자년등극甲子年登極을 하느니 기사년등극己巳年登極를 하느니 하든 곳이다. 금상金床 뒤에는 산천과 일월성신을 그린 그림 일폭을 붙이고 흰 휘장으로 가리었다. 이 집을 들어 갈 때부터 나오기까지 1시간 이상이 걸리니 그 큰 것을 알 수 있고 공비개산工費槪産 1,500,000원이라 한다."(류광렬, 〈사멸 중中의 보천교〉, 《개벽》 신간 제1호, 개벽사, 1934. 11, 65쪽.) 본소를 둘러보는데 1시간 이상이 걸린다고 하니 그 규모를 짐작할만하다. 당시 보천교 본소의 규모에 대한 자세한 내용은 홍범초, 『범증산교사』, 범증산교 연구원, 1988, 121-123쪽. ; 개편 정읍시사발간추진위원회, 『개편 정읍시사』 중中, 2010, 527쪽에 실린 당시의 『정읍군지井邑郡志』(장봉선 편, 1937) 기록, 김재영, 『보천교와 한국의 신종교』, 신아출판사, 2010, 163-175쪽을 참조하라.

보천교의 자취는 다른 곳에서도 엿볼 수 있었다. 바로 가을이면 단풍으로 뒤덮이는 정읍 내장산에 있는 내장사 대웅전에서였다. 그것은 보천교 본소의 정문이었던 보화문普化門을 해체하여 재건축한 것이었다.

비록 지금의 대웅전은 2012년에 화재로 몽땅 불타버려 새롭게 지은 것이지만, 그 이전의 대웅전 기둥은 아래층이 석주石柱로 된 2층 문루門樓였던 보천교 보화문의 아래층 기둥을 옮겨 세운 것이었다.

보천교 교세는 당시 교도 수를 통해서도 짐작할 수 있는데, 많게는 600만,[3] 그리고 300만, 수백만, 100만이라는 다양한 보고가 있을 정도였다. 600만 명이라는 숫자가 과장되었을지라도 1920년대에

1930년대 초 정읍 보천교 성전 전경

----

3 보천교 중앙총정원·협정원, 『보천교연혁사』 상, 1948, 81쪽, 88쪽. ; 보천교, 『도훈』, 1986, 9쪽. ;《개벽》 신간 제1호, 개벽사, 1934. 11, 65쪽. ; 전라북도, 『보천교일반』, 1926, 55쪽; Ransford S. Miller, "Political and Social Condition and Organization In Chosen. - The Public Safety Act", 1925. 5. 25(미국 문서박물관 소장, 독립기념관 보유) 등에는 600만에 대한 언급이 있다.

보천교 십일전

보천교 보화문普化門. 보천교 정문으로 광화문을 따라 2층 누각으로 건축되었다.

2012년 화재 전과 지금의 내장사 대웅전 모습. 화재 이전 대웅전은 특이하게도 나무가 아니라 돌기둥이었다. 보화문 1층의 기둥이 바로 그것이다.

보천교도가 상대적으로 많았고 꾸준히 증가하였던 것은 사실이다.[4]

국권회복운동

한편 일제하에서 보천교는 국권 회복과 민족 독립을 위한 단체와 연계되었고 그들에게 자금을 지원하기도 했다. 이를테면 독립운동사상 최대의 집회로 평가할 수 있는 국민대표회의가 독립운동 단체

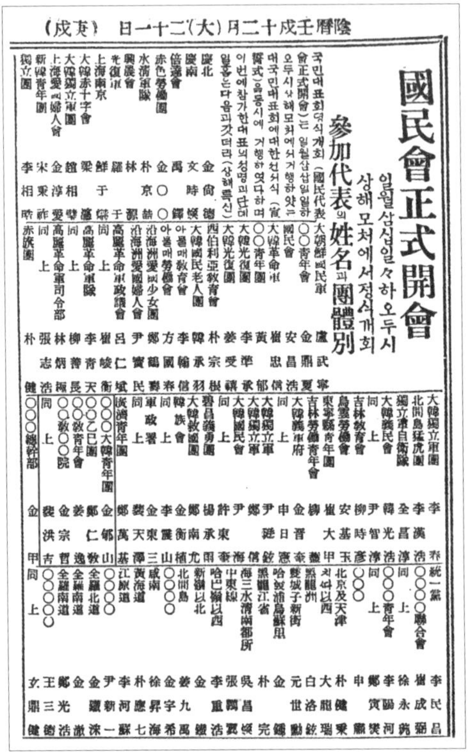

陰曆壬戌十二月(大)二十一日(庚戌)

國民會正式開會

일월삼십일々하오두시 상해모처에서정식개회

參加代表의姓名과團體別

국민대표회뎡식개회(國民代表會正式開會)는 일월삼십일일하오두시상해모처에서거행하얏는대국민대표회에대한선서식(宣誓式)을동시에거행하엿다하며이번에참가한대표의성명과단톄는다음과갓더라(상해특신)

보천교 대표 상해 국민대표회 참석 보도. 당시 〈동아일보〉 (1923. 2. 6)는 국민대표회에 참가한 이들의 성명과 단체를 ○○교 청년회 강일姜逸, ○○교 ○○원 김종철金宗哲, 동상同上 배홍길裵洪吉로 보도하였다. 그러나 일제 자료에는 보천교 청년회 강일, 보천교 진정원 김종철, 동상同上 배홍길로 기록되어 있다.

---

4 보천교도는 꾸준히 증가하여 1925년에 35,106명, 1928년에 35,895명이었다. 그리고 해체 2년 전인 1934년에 이르러서는 감소하여 16,474명이었다.(村山智順 저, 최길성 외 역, 『조선의 유사종교』, 계명대학교 출판부, 1991, 443-451쪽.) 『조선의 유사종교』는 일제의 식민지 통치 자료(조선총독부 조사자료 제42집, 1935)로, 조선총독부 학무국 촉탁이었던 무라야마 지준村山智順이 전국 경찰의 협조를 받아 조사한 일제강점기 한국의 신종교 현황 자료이다. 한국 신종교를 유사종교로 낙인찍은 이 자료에는 당시 활동하던 67개 신종교 소개는 물론, 그 분포, 교세, 신앙의식, 영향 및 교적敎跡이 담겨 있다.

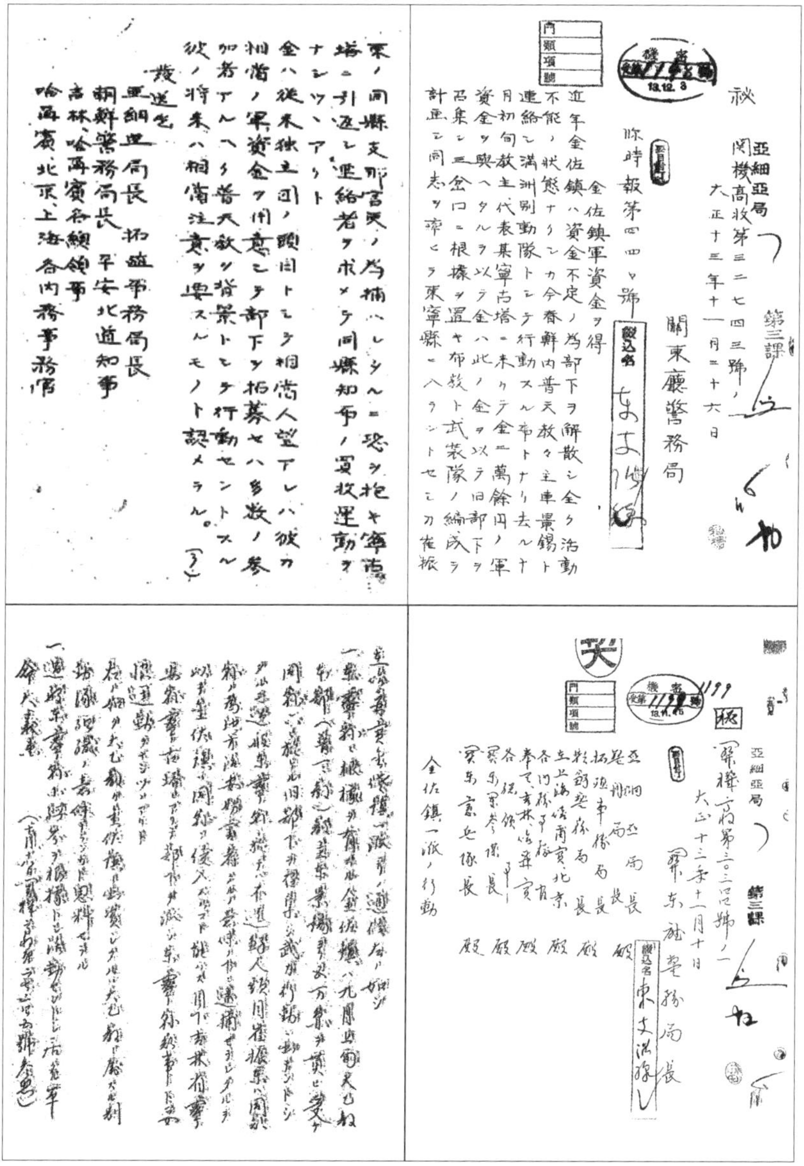
秘
亜細亜局
関機高收第三二七四三號ノ
大正十三年十一月二十六日
関東庁警務局
第三課
臨時報第四四號
金佐鎮軍資金ヲ得
近年金佐鎮ハ資金不足ノ為部下ヲ解散シ全ク活動不能ノ状態ナリシカ今春鮮内普天教々主車景錫ト連絡シ満洲別動隊トシテ行動スル事トナリ去ル十一月初旬教主代表某寧古塔ニ来リテ金一萬餘円ノ軍資金ヲ與ヘタルヲ以テ金ハ此ノ金ヲ以テ旧部下ヲ召集シ三岔口ニ根據ヲ置キ布教ト武装隊ノ編成ヲ計画シ同志ヲ率ヒテ東寧縣ニ入ラントセシカ在[illegible]東ノ同縣支那官憲ノ為捕ハレタルニ恐ヲ抱キ寧古塔ニ引返シ連絡者ヲ放メテ同縣知事ノ買收運動ヲナシツヽアリト
金ハ従来独立団ノ頭目トシテ相當人望アレハ彼カ相當ノ軍資金ヲ用意シテ部下ヲ招募セハ多数ノ参加者アルヘク普天教ヲ背景トシテ行動セントスルハ彼ノ将来ハ相當注意ヲ要スルモノト認メラル。(了)
發送先
亜細亜局長 拓殖事務局長
朝鮮警務局長 平安北道知事
吉林、哈爾賓各總領事
哈爾賓、北京、上海各内務事務所

秘
亜細亜局
関機高收第三〇三四四號ノ一
大正十三年十一月十日
関東庁警務局長
第三課
亜細亜局長 殿
拓殖事務局長 殿
朝鮮警務局長 殿
上海、北京、奉天、吉林、哈爾賓各総領事 殿
各派遣員 殿
関東軍参謀長 殿
関東憲兵隊長 殿
金佐鎮一派ノ行動

김좌진 장군이 보천교에서 군자금을 받았음을 보여주는 일제 자료 관기고수關機高授 제30344호(기밀機密 제1199호)(1924. 11. 10), 〈김좌진 일파의 행동〉. ; 관기고수關機高授 제32743호(기밀機密 제1148호)(1924. 11. 26), 〈김좌진 군자금을 얻다〉. 이 두 자료를 종합하면 김좌진 장군이 자금 부족으로 활동이 어려운 상황에 처했을 때 보천교주 차경석이 영고탑에서 수만 엔의 군자금을 지원함으로써 무장 활동을 재개할 수 있었다.

의 정비와 통합을 위해 상해에서 1923년 1월부터 6월까지 70여 국내외 지역과 단체 대표 125명이 참여한 가운데 열렸는데, 일제의 자료에 의하면 여기에 보천교 대표도 참여하였다.[5] 보천교 청년회 대표 강일姜逸(강홍열姜弘烈)과 보천교 진정원 대표 배치문裵致文(배홍길裵洪吉)과 김종철金種喆이 바로 그들이다.[6] 이후 그들은 의열단에 가입하고 군자금 모금을 위해 국내에 들어와 활동하기도 했다.[7]

보천교는 무장을 통한 독립운동을 펼치지는 않았지만 그에 필요한 자금을 모으거나 후원하였음은 당시 신문 기사로도 알 수 있다.[8] 김좌진 장군에게 군자금 지원하였다거나 상해 임정에서 군자금 모으기 위해 보천교를 찾아왔다가 잡혔다는 내용은 보천교가 독립운동에 필요한 물질적 지원을 하였음을 뒷받침한다. 보천교가 독립운

----

5 고경高警 제599호(1923. 2. 21), 〈상해 정보 건〉. ; 공신公信 제158호(1923. 2. 14), 〈불령선인 국민대표회의의 근황에 관한 건〉. ; 경종경고비京鍾警高祕 제11684호-4(1923. 10. 2), 〈의열단원의 행동에 관한 건〉. ; 경종경고비京鍾警高祕 제16789호-3(1923. 12. 26), 〈의열단원 검거의 건 속보〉. ; 경종경고비京鍾警高祕 제16789호-4(1924. 1. 7), 〈의열단원 검거의 건〉.

6 이들이 어떻게 해서 보천교 대표성을 가지고 국민대표회에 참여하였으며, 그들이 보천교에서 어떤 위치에 있었는지는 알 수 없다.

7 배치문과 강일은 의열단에 가입하여 1924년 1월을 기해 도쿄에 결사적인 투사를 파견하여 일제대관을 암살하고 중요 건물을 폭파할 목적으로 그 계획에 착수하였다. 의열단의 제3차 폭동계획으로 불리는 이 계획은 결국 사전에 발각되어 실패로 끝났는데, 배치문은 무죄, 강일은 징역 2년을 언도를 받았다.(《동아일보》, 1924. 2. 24). 공신公信 제158호(1923. 2. 14), 〈불령선인 국민대표회의의 근황에 관한 건〉에 보천교 진정원 소속 김종철이라는 이름은 나와 있으나 그에 대한 더 구체적인 기록은 찾지 못했다.

8 1920년대 초 신문에는 이를 짐작할 수 있는 기사가 많다. 〈선도를 표방하고 국권회복을 도모하던 비밀단체 대 검거〉(《동아일보》, 1921. 4. 26). 〈국권 회복을 목적으로 하는 태을교도 대 검거〉(《동아일보》, 1921. 5. 13). 〈십만 원의 독립자금, 태을교 간부의 비밀회의 발각, 간부 최국홍 등 5명 체포 후 계속 검거 중〉(《동아일보》, 1921. 10. 29). 〈보천교에 군자 모집하러 왔다는 이유로 정읍경찰에 잡히었다〉(《동아일보》, 1924. 4. 1). 〈국권 회복을 요망하는 태을교도의 검거〉(《조선일보》, 1921. 5. 13). 〈조선 국권 회복 단원 우 체포朝鮮國權恢復團員又逮捕. 종로서의 태을교도 검거〉(《동아일보》, 1921. 5. 24). 〈민족운동 자금으로 삼십만 원 변출 계획三十萬圓辨出計劃, 보천교 이용 사건 작일 공판昨日公判〉(《동아일보》, 1926. 11. 14).

동에 군자금을 지원한 점은 일제의 자료로도 뒷받침된다.[9] 더욱이 김좌진은 보천교 교주 차경석을 북만주로 이주시켜 보천교의 자금력뿐만 아니라 만주로 이주하는 보천교도들을 독립군으로 양성할 계획이었다. 비록 차경석을 만주로 이주시키지는 못했으나 김좌진은 1924년 봄 보천교로부터 자금을 지원받을 수 있었다.[10] 이로 보면 보천교가 당시에 국권회복운동, 독립운동에 어떻게든 관여하였음이 분명하다.

이쯤 되면 보천교가 일제 강점기에 교세나 사회적 영향력이 얼마나 컸는지를 추측할 수 있다. 그런데 왜였을까, 보천교가 급격하게 쇠퇴한 것은? 그 많던 보천교도들이 갑자기 사라진 것은 왜였을까? 그리고 현대를 살아가는 우리들에게 보천교가 낯선 것은 왜일까? 보천교가 잘못된 교의나 사상으로 민중을 교화하였기 때문에 해체되었을까? 그들이 반사회적이고 일탈적인 행위를 일삼았기 때문이었을까? 아니다. 그야말로 보천교를 비롯한 조선의 근대 신종교는 어수선한 세상에서 살아간 민중의 생활 요구에 의해 발생하였으며, 민중의 종교의식에 의해 성장하고 민중의 생활사상에 이끌려 활동하였다. 민중을 희롱한 것이 아니라 오히려 민중의 현실적 생활의식을 반영하여 활동하였다. 그리고 그 교의와 종지도 바로 민중의 전통적 신앙의식의 표현이었을 뿐이다.[11] 이른바 이들 신종교가 본질적으로 사이비 종교였기 때문에 사라진 것은 아니었다.

보천교는 그 내부 분열로 인해 해체된 것도 아니다. 물론 차경석

----

9 관기고수關機高授 제30344호(기밀機密 제1199호)(1924. 11. 10), 〈김좌진 일파의 행동〉. ; 관기고수關機高授 제32743호(기밀機密 제1148호)(1924. 11. 26), 〈김좌진 군자금을 얻다〉.

10 이성우, 『민주 항일무장투쟁의 신화 김좌진』, 역사공간, 2011, 135쪽.

11 村山智順 저, 최길성 외 역, 『조선의 유사종교』, 1991, 879-881쪽.

의 비행을 고발하는 행위, 반민족적 정치운동을 하는 보천교를 개혁하려는 운동, 이른바 보천교 혁신운동도 여러 차례 시도되었다. 보천교 내부 고위 간부가 이탈하고 배교하는 사건도 많았다. 그렇지만 이로 인해 차경석의 카리스마가 완전히 무너지거나 보천교가 와해의 길로 들어서지는 않았다. 보천교 해체 이면에는 조선을 강점한 일제의 정치적 손길, 식민정책이 있었다. 그것은 조선총독부의 폭압적 종교정책의 결과이다.

2

보천교 아이덴티티

종교적 인연

보천교를 만든 것은 월곡 차경석이다. 그는 20대 초반에 일진회에 가입하여 전라도 순회관巡廻官을 지내기도 했다. 그러나 일진회가 동학교도 이용구와 송병준 등이 주동이 되어 친일적 정치활동을 하자 일진회에서 마음을 돌렸다. 그리고는 정치와 종교를 분리한다는 명목으로 이용구 등 일진회 간부 60여 명을 축출하고 동학을 천도교로 개칭한 손병희를 따랐다.

그러나 손병희에 대해서도 불만이 없는 것은 아니었다. 다시 길을 바꾸려던 참에 차경석은 증산상제와 인연을 맺었다. 때는 그의 나이 28살이었던 1907년 5월이었다. 차경석은 재산 문제로 송사하러 정읍에서 전주로 가는 길에 용암리龍岩里 주막에서 증산상제(증산 강일순, 1871-1909)를 처음 만났다. 그는 증산상제의 모든 거동이 범속과 다름을 알고 제자가 되기를 수일 동안 청한 끝에 마침내 받아들여졌다.[12] 이로부터 차경석은 증산상제를 모시며 많은 천지공사에도 참여하였다. 한마디로 최측근 중의 하나가 되었다.

증산상제는 약 2년 동안 차경석을 여러 차례 공사에 참여시켰다. 그런데 누구도 예상치 못한 일이 일어났다. 1909년 음력 6월 24일(양력 8월 9일), 증산상제가 구릿골 김형렬의 사랑방에서 어천한 것이

----

12 그 구체적인 내용은 증산도 도전편찬위원회, 『도전』, 대원출판사, 2003, 3편 180-182장을 참조하라.

다. 갑작스러운 죽음이었기에 그를 따르던 사람들은 모두 허망하고 비통할 뿐이었다.

증산상제의 어천 약 두 해 뒤인 1911년 9월 19일, 그의 도道를 이은 고수부高首婦(고판례, 1880-1935)가 차경석에게 증산상제 성탄 치성을 올리라고 한 명에 따라 대흥리에서 치성이 시작되었다. 그런데 다음날 아침, 고수부가 마당을 거닐다가 갑자기 혼절하였다. 몇 시간 만에 깨어난 고수부는 증산상제 음성으로 차경석에게 장차의 도

◇新聞紙上에나타난最初의車京石面影

「天子劍」을筆頭로 玉璽等證品發見

車京石第三次取調

觀衆殺到로 檢事局大混雜

◇警官도出動嚴戒

農家二百八十萬戶 人口千五百餘萬

小作農은四萬戶激增

◇地主와自作農減少◇

昨曉昌信洞에强盜 現金强奪後潛跡

七月廿日現在 水稻移秧狀況

石甲童에게 懲役半年求刑

金武烈上告公判

百萬蒼生安堵地

乞人은敎徒의前身

차경석 모습. 1929년 여름에 차경석이 경찰에 소환되어 옥새玉璽, 곤룡포袞龍袍, 면류관冕旒冠, 용상龍床 등 황실에서 쓰는 물건을 만들어 매일 아침에 조견례朝見禮를 받는지 조사받았는데, 이 사진은 이 때 동아일보 기자가 경찰서에 출두한 차경석을 모르게 찍어[도촬盜撮] 신문에 게재(《동아일보》, 1929. 7. 24)한 것이다. 이로써 차경석의 모습이 세간에 처음으로 알려졌다.

통맥에 대하여 낙종, 이종, 추수의 이치로 말하였다.[13] 이날 고수부는 강증산 상제의 성령으로 수부의 신권과 도권을 내려 받았다. 이로부터 고수부는 대권능을 자유자재로 쓰고 신이한 기적을 행할 수 있었다. 대도통을 이룬 것이다. 고수부의 기행이적이 알려지자 증산상제 사후 일시나마 아노미 상태에 빠졌던 신도들은 이제 고수부에게 모여들기 시작하였다.

이에 1911년 10월, 고수부는 대흥리 차경석의 집을 본소本所로 정하고 포정소布政所 문을 열어 도장 개창을 선언하였다. 말하자면 새로운 종교집단을 만든 것이다. 그것이 선도仙道이다.[14] 그리고 신도들로 하여금 각기 사방으로 돌아다니며 포교에 힘쓰게 하였다. 그러자 강증산 상제 어천 이후 떠났던 많은 사람들이 고수부를 중심으로 다시 모였다. 당시 포교 때는 태을주太乙呪를 중심으로 하였는데, 포교 3년 만인 1914년 무렵에 전라남·북도, 충청남도, 경상남도, 그리고 서남해의 모든 섬에서는 태을주 소리가 끊이지 않고 울려 퍼졌다.

이때까지만 해도 선도의 중심은 고수부였다. 차경석은 비록 대흥리 자기 집 본소를 찾아오는 사람들을 맞이하고 교단 일을 총괄하는 등 힘 있는 위치에 있었지만, 어디까지나 고수부를 돕는 역할을 하였을 뿐이다. 그러나 선도가 개창되고 수년이 지나면서 교세가 확장되자 차경석은 딴 마음이 생겼다. 그리고 마침내 자신의 야망을 행동으로 옮겼다. 그 일환의 하나로 차경석은 고수부가 거처하

----

13 "나는 낙종落種 물을 맡으리니 그대는 이종移種 물을 맡으라. 추수秋收할 사람은 다시 있느니라."(『도전』 11:19)

14 고수부가 명명한 새 교의 이름은 선도이다. 그런데 세상 사람들은 당시 선도에서 태을주를 읽고 포교하자 이를 '태을교'라고 하기도 했다. 또 태을주의 내용인 훔치를 따서 '훔치교'라기도 했다.

는 방을 '예문禮門'이라 부르고, 여기에 발[주렴珠簾]을 걸어 놓고 누구를 막론하고 자신의 허락과 안내 없이는 예문을 출입하지 못하게 하였다. 차경석이 교권敎權을 완전 장악한 것이다.

1916년 11월 28일 동지에 차경석은 조직 정비를 단행했다. 차경석은 24방위[15]에 따라 문정삼 등 24인을 선발하여 천지에 이름을 고해 서약[告名誓約]하고 24방명方名으로 된 인장을 주며 교무를 나누어 맡게 하였다. 이 조직이 바로 24방주方主 조직이다. 차경석의 이런 조직화 독점은 고수부를 무력하게 하는 제도적 장치나 다름없었다.

그러나 모든 일에는 명암이 있는 법이다. 차경석이 한편으로는 교권을 잡을 수 있었지만 다른 한편으로는 그로 인해 후한이 뒤따랐다. 차경석의 24방주제는 분명 포교와 교무를 위한 종교 조직이었지만 교세가 확장되자 이에 의심을 품는 사람들도 생겼다. 그리하여 세간에서는 치경석이 정치적 비밀조직을 이끈다고 보기도 했다. 강점기에 그럴 정도였다면 보천교는 이제 일제의 관심을 끌기에도 충분하였다. 그러자 차경석은 1917년 10월에 일제의 감시를 피해 길을 떠났다.

한편 차경석의 교권 장악으로 뒤로 밀려나 신도들을 만나지 못하고 답답한 심정으로 세월을 보내던 고수부는 1918년 가을에 대흥리를 떠났다. 이에 고수부나 차경석에 불만을 가졌던 사람들은 자신이 증산상제로부터 도통을 받았다거나 비판하며 도문道門을 떠나 따로 교단을 세우기도 했다. 이는 결국 증산상제을 따르던 사람들이 그의 사후 독립하여 새로운 교단을 세우거나 차경석이 권력을

----

15 24방위는 천간 갑甲, 을乙, 병丙, 정丁, 무戊, 기己, 경庚, 신申, 임壬, 계癸 중 무, 기를 제외한 8자, 지지 자子, 축丑, 인寅, 묘卯, 진辰, 사巳, 오午, 미未, 신辛, 유酉, 술戌, 해亥 12자, 그리고 8괘 건乾, 간艮, 손巽, 곤坤 4자를 합한 방위를 말한다.

독점함에 따라 의견을 달리한 사람들이 새로운 교단을 만들었음을 말한다. 즉 강증산 상제를 따르던 사람들이 분열하였다.

이로 보면 차경석은 종교지도자이다. 보천교는 강증산 상제에 뿌리를 두고 새로이 연 신종교이다. 그러므로 차경석의 보천교는 종교운동을 본질로 한다. 보천교가 벌인 민족운동이나 민중운동이라는 소프트웨어는 보천교라는 종교단체, 즉 하드웨어가 펼친 종교운동의 한 부분이다.

유사종교단체

일제강점기에 조선에는 천도교를 비롯하여 대종교, 보천교 등 많은 신종교들이 있었다. 이들에 대한 일제의 기본 시각은 이들이 순수한 종교가 아니라 정치와 관련되어 있다는 것이었다. 즉 일제는 이들을 종교단체로 보지 않았다. 종교를 가장하여 정치운동을 하는 단체로 보았다.

일제는 1915년 8월에 공포한 '포교규칙布教規則(조선총독부령 제83호)'[16]을 통해 종교와 유사종교단체를 구분하였다. 그리하여 등록을 하고 허가를 받은 종교단체를 종교로 인정하고 그렇지 않은 종교단체를 유사종교단체로 규정하였다. 이에 따라 당시 신도, 불교, 기독교는 종교로 인정되었지만, 천도교와 같은 동학 계열, 보천교와 같은 증산 계열, 대종교 계열의 민족종교와 같은 당시의 모든 신종교는 유사종교라는 특별한 개념으로 범주화되었다.

문제는 이것이 단순한 범주 구분으로 끝나지 않았다는 점이다. 일제는 신종교들이 종교라는 이름을 앞세우고 비밀스럽게 정치활동

---

16 그 내용 일부를 보자. 제1조. 본령에 의하여 종교라고 하는 것은 신도, 불교 및 기독교를 일컫는다. 제15조. 조선총독은 필요한 경우에 유사종교단체라고 인정되는 것에 본령을 준용할 수 있다.

을 하는 단체, 사회운동을 목적으로 하는 단체로 낙인찍었다. 일제는 조선의 신종교가 겉으로 보기에 종교 같지만 종교가 아닌 종교, 종교를 빙자한 또는 종교를 가장한 종교라며 유사類似종교, 사이비 종교, 사교邪教라는 정치적 낙인을 찍은 것이다.

일제가 이들을 유사종교로 규정한 다른 한 가지 근거는 그들의 반사회성, 미신성이다. 요시카와 분타로吉川文太郎는 일찍이 조선의 신종교를 이렇게 폄하하였다. "신앙의 기초가 빈약하고 진정 경건한 신념에 의한 운동이 아니다. … 아직 종교라기보다는 오히려 어떤 동일한 주의를 표방하는 무리들이 모여서 하나의 단체를 조직한 것이다. … 특히 천도교 등을 제외한 다른 단체들의 대부분은 진정한 종교적 가치를 가지고 있는 것이 거의 없는데, 온전히 미신으로 이루어진 것 혹은 유지자의 모임에 얼마간의 미신적 신념이 가미되었음에 지나지 않는 것의 두 종류가 있다."[17] 이는 결국 조선 신종교가 건전하지 못한 반사회적 집단, 진정한 종교적 가치가 없는 미신 집단, 그러므로 결국은 사교邪教 집단이라는 것이다. 여기에는 일제가 신종교를 합법적으로 단속하고 통제할 수 있는 당연 논리가 함축되어 있다.

무라야마 지준은 조선의 유사종교가 동학에서 비롯하였다며 민족종교를 역시 유사종교단체로 규정하고, 여기에 참여하는 사람들에 대해 이렇게 말한다. '유사종교 단체에 입교한 사람들은 거의 대부분 권유에 따라 수동적으로 입교하였으며, 그 중 특히 포교자의 감언이설 또는 미신적 언사 내지 무계한 낭설에 현혹된 자들이 많다.' '그 목적은 대부분이 현실적 이익을 목적으로 하는데, 특징적인 것은 다른 종교에서와 같이 병과 재난을 면하고 행복을 구하여 생활

---

17 吉川文太郎, 『朝鮮の 宗教』, 朝鮮印刷株式會社, 大正10년(1921), 305-306쪽.

안정을 구하려는 개인적인 바램도 많지만, 여기에 참여함으로써 정치적 권력, 사회적 세력을 구하고 고위고관이 되어 사회의 특권계급에 오르고 싶다는 권세획득이라는 목적은 조선의 신종교에서만 나타나는, 즉 다른 종교에서는 그다지 보이지 않는 점이다.'[18] 이른바 유사종교는 종교를 자칭하며 종교적 교의와 규칙을 가지고 있으나, 감언이설, 황당무계한 언사와 미신적 권유를 일삼고 투기심을 자극하며 종교의 이름을 더럽히는 전근대적 단체이며, 특권계급이 되려는 정치적 사회적 이해를 목적으로 삼는 단체로서 3·1운동 같은 반일운동으로 변질되기 쉬운 비종교적 단체라는 것이다.[19]

일제는 독립운동이나 민족운동과 같은 정치적 변혁을 지향한다고 판단한 민족종교, 혁명사상의 고취나 민족의식의 선동을 포교 수단으로 한다고 본 신종교를 민중과 격리시키고 민중들로부터 통제의 정당성을 확보하기 위해 이들에게 사이비종교단체라는 올가미를 씌웠다. 또한 일제는 민족종교가 사회질서를 어지럽히고 치안을 방해하고, 나아가 저급한 사상으로 대중들을 유혹하는 비밀스러운 사회단체로 규정하였다. 결국 유사종교는 그 조직이나 규모가 불분명하지만 많은 인적 자원을 확보하여 장차 사회운동이나 민족운동을 펼칠 여지가 있는 큰 사회단체로 부각될 수 있는 새로운 종교, 자신들의 식민지 통치에 저해 요소가 될 수 있다고 판단한 민족종교에 대한 낙인이었다. 일제가 경계, 감시, 탄압, 나아가 제거 대상으로 삼은 것은 바로 이들이었다.

그러나 신종교도 본질적으로 종교이다. 이를 부정하고 유사종교

----

18 村山智順 저, 최길성 외 역, 『조선의 유사종교』, 계명대학교 출판부, 1991, 695-708쪽.

19 윤해동·이소마에 준이치 엮음, 『종교와 식민지 근대』, 책과 함께, 2013, 163-164쪽.

로 낙인찍은 것은 일제의 의도된 식민지 통치 전략이다. 조선총독부는 포교규칙을 통해 신종교, 유사종교에 대해 통제할 수 있는 법적 근거를 마련하였을 뿐만 아니라, 이들을 담당하는 부서 자체도 달리했다. 총독부는 학무국에 종교과를 신설하여 공인 종교단체를 관리하게 하였으나, 유사종교단체는 경무국에서 담당하게 했다. 이는 일제가 이들 단체를 순수한 종교단체가 아니라 사회질서를 어지럽히는 세력집단, 민족운동·정치운동·사회운동을 하는 일종의 비밀결사체로 보았음을 뒷받침한다. 그리하여 유사종교로 규정된 신종교 단체는 종교가 아닌 일반 결사단체로 취급되어 종교법인 포교규칙이 아니라 사회법인 보안법, 집회취체에 관한 건의 적용을 받아 단속되었다.

3

갑종요시찰인甲種要視察人 차경석

일제의 종교정책

일제는 한국 강점 후 식민화에 대한 반발과 소요를 막고 식민통치 체제를 강화하기 위해 1910년 9월부터 전제적 군국통치체제인 무단통치, 헌병경찰통치를 실시하였다. 이는 일제가 물리적인 통제를 앞세워 한국인을 철저히 감시하고 통제하기 위한 폭력적 시스템을 마련하였음을 말한다.

무단정치는 종교정책에도 그대로 반영되었다. 1910년 8월 29일, 일제가 한국을 강제 병합하면서 데라우치 마사타케寺內正毅 통감이 발표한 〈유고諭告〉에는 앞으로 일제가 종교를 어떻게 할지 그 방향에 대한 단서가 들어있다. "각자가 그 숭배하는 교지敎旨에 의지하여 몸과 마음을 쉴 곳을 구함은 당연한 것이나, 종파의 다르고 같음으로써 어지럽게 분쟁을 도모하며 또 종교를 빙자하여 정치를 논하거나 다른 것을 도모함은 곧 풍속을 해치고 안녕을 방해할 것이므로 당연히 법으로 처단하지 않을 수 없다."[20]

이러한 정책 지향은 자연히 반일적 또는 민족주의적 의식과 행태를 조장할 여지가 있는 종교에 대해서는 감시·통제를 넘어 적극적 단속으로 이어졌다. 그 바탕이 종교를 통제하기 위한 법규 마련이었다. 일본의 강압으로 대한제국의 통치권이 일제로 넘어가기 전까지 조선에는 일제가 종교를 규제하기 위해 만든 종교 관련 법규가

---

20 《조선총독부 관보》, 1910. 8. 29, 〈유고諭告〉.

있었다. ‘종교의 선포에 관한 규칙’(1906)이 바로 그것이다. 그러나 여기에는 신종교와 관련한 내용이 없다. 이는 곧 당시 신종교는 이 법규의 적용을 받지 않았음을 말하고, 실제로 그랬다. 왜냐하면 당시 신종교는 종교단체가 아닌 일반 결사체로 분류되었기 때문이다. 그리하여 신종교는 종교법이 아닌, ‘보안법’(1907), ‘집회취체에 관한 건’(1910)의 적용을 받았다.

일제는 합병 후 종교를 통제하기 위해 여러 법규를 선포하였다. 무단통치 초기인 1911년에 일제는 불교와 유교 및 기독교를 총독관할 하에 두어 총독이 이들을 직접 통제할 수 있는 법적 행정적 시스템을 마련하였다. 불교 통제를 위한 ‘사찰령’과 ‘사찰령 시행 규칙’, 유교를 통제하기 위한 ‘경학원 규정’, 간접적이나마 기독교를 통제하기 위한 ‘사립학교 규칙’ 등이 바로 그것이다. 일제는 이들에게 재정적 지원이나 회유와 같은 정책을 통해 그들의 종교활동 통제를 제도화하고, 나아가 이들로 하여금 동화를 위한 교화, 식민 이데올로기를 내면화시키는데 앞장서게 했다. 이른바 당근과 채찍을 통해 조선의 종교들을 친일화해 나갔다.

일제의 이런 정책은 1911년 시정보고서에 잘 나타난다. “종교 취체에 관해서는 명치 39년 ‘통감부령’ 제45호로 내지인의 종교 선포 수속 절차를 밝힌 바 있다. 하지만 조선인 및 외국인의 종교에 관한 것은 하등의 법규도 없어서 그로 인해 포교소가 함부로 설치되고 있어 그 폐해가 크다. 특히 조선인의 조직과 관계되는 것으로는 천도교, 시천교, 대종교, 대동교, 태극교, 원종종무원, 공자교 등의 여러 종宗이 있는데, 그 종류가 너무 많고 잡다할 뿐만 아니라 그 움직임도 정치와 종교를 서로 혼동하여 순연히 종교라 인정하기 어려운 것이 많아 그 취체가 불가피하다."[21] 일제는 1911년부터 신종교의 활동을 종교가 아닌 정치적 활동, 치안 관련 문제로 보고 단속이 불가피하다고 여겨 종교 단속 항을 설정하여 종교 단체의 활동을 법률적으로 통제·간섭하였다.

일제가 이런 의지를 반영하여 신종교에 대한 대응을 분명하게 드러낸 법규는 1915년 8월에 공포한 '포교규칙'이다. 이는 '종교의 선포에 관한 규칙'을 대체한 것으로, 종교정책이 크게 강화된 것이다. 앞에서 언급하였듯이 이 '포교규칙'에 의해 신도와 불교, 기독교는 공인종교가 되었고, 기타 종교는 비공인단체가 되고 나아가 유사종교 단체로 규정되었다. 따라서 보천교를 비롯한 신종교는 '유사종교'로 낙인찍혔다. 그리하여 차경석과 보천교는 점점 일제의 감시 대상이 되어갔다.

갑종요시찰인

일제가 차경석과 보천교에 관심을 갖기 시작한 것은 1914년부터라고 할 수 있다. 증산상제의 뒤를 이어받은 고수부가 차경석에 의해 교권을 잃고 갇혀 지내다시피하는 가운데, 차경석의 행태에 비판적이고 그의 야심을 간파한 사람들은 차경석에게 악한 감정을 품기도 했다. 이런 차경석·보천교를 예의주시하던 다른 부류의 사람들도 있었는데, 바로 일제였다. 일제는 정체가 불문명한 이 비밀단체를 늘 감시하였고, 여러 번 조사[22]하기도 했다.

그 첫 조사는 1914년 5월 초에 대흥리에 거주하는 헌병 보조원 신성학申成學과 단곡리 장성원張成元이라는 두 사람의 고발에 따라

----

21 조선총독부, 『조선총독부시정연보』, 명치 44년(1911), 77쪽. 국학자료원, 1983.
22 『보천교연혁사』 상, 1948, 2쪽, 3-6쪽, 8-9쪽.

이루어졌다. 그들은 대흥리 차모가 신도묘술神道妙術이 있어 공중을 향하여 금전을 부르면 청구하는 대로 떨어져 내리고, 대사상大思想이 있어 매월 삭망마다 음식을 풍성히 준비하고 부자를 회집會集하니 매월 14일과 그믐날 밤에 그 집에 가보면 실증이 있을 것이라 하였다. 헌병들이 출동하여 동정을 살펴보았으나, 마침 그날은 치성제를 거행하지 않았다. 그러자 가족 전부와 일하는 역정役丁까지 끌고 나가 때리며 심문하거나 구금하였다.

1915년 을묘년 가을에는 김송환이 차경석을 고발하였다. 이유인즉 차경석이 불원간 조선을 독립하여 황제가 된다는 말로 농촌의 어리석은 농민들을 꾀여서 금전을 편취하고 정치적 음모를 획책한다는 것이었다. 이에 헌병들이 본소를 수색하고 차경석을 심문하였다. 그러나 확실한 증거를 얻지 못하여 사건은 종결되었다.

다음해인 1916년 11월 28일 동지에 차경석은 교체敎體 조직화를 위해 24방주제를 실시하였다. 24방위에 따라 24명의 인물을 선정하여 천지에 이름을 고해 서약하고 24방주의 이름으로 인장을 주어 교무를 분장하게 하였다. 24방주제는 분명 포교와 교무를 위한 종교 조직이었지만 교세가 확장되자 이에 의심을 품는 사람들이 많았다. 더욱이 갈수록 많은 사람들이 그의 주변에 모이니 그냥 보고 넘어갈 문제가 아니었다. 이를 두고 세간에서는 차경석이 정치적 비밀조직을 이끈다고 보기도 했다. 이는 곧 차경석, 보천교가 일제의 감시 사정권 안에 들게 되었음을 말한다.

그런 중 1917년 6월에도 고소 사건이 있었다. 무안 사람 김경범의 아들이 자신의 아버지가 차경석으로부터 금전과 물품을 사기 당했다며 고발한 것이다. 이에 차경석이 체포되어 열흘 동안 조사하였으나 확실한 증거가 없자 석방되었다.

이런 가운데 차경석의 주변에는 차경석을 받들고 보천교의 국권 회복 지향에 매력을 느낀 많은 사람들이 모여들었다. 그것은 곧 비밀스러운 단체의 교세가 급속도로 확장되었음을 말한다. 그리하여 차경석은 밤낮을 가리지 않고 감시를 당하였다. 그리고 1917년 4월 24일에 차경석은 마침내 '불령선인'의 지도자급으로 통하는 '갑종 요시찰인甲種要視察人'[23]으로 편입되었다. 그 이유는 차경석이 교

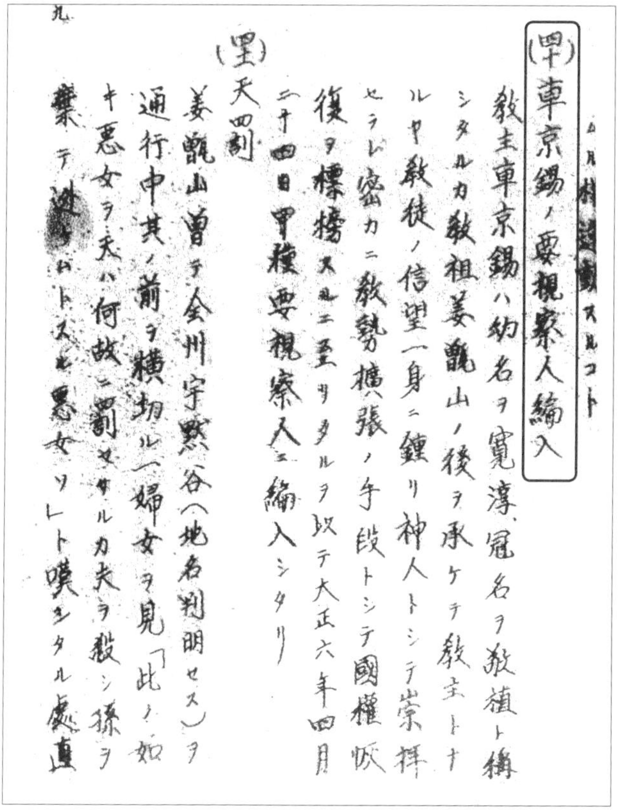
ムル[illegible]スルコト
(甲)車京錫ノ要視察人編入
教主車京錫ハ幼名ヲ寛濬、冠名ヲ敬植ト稱
シタルカ教祖姜甑山ノ後ヲ承ケテ教主トナ
ルヤ教徒ノ信望一身ニ鍾リ神人トシテ崇拜
セラレ密カニ教勢擴張ノ手段トシテ國權恢
復ヲ標榜スルニ至リタルヲ以テ大正六年四月
二十四日甲種要視察人ニ編入シタリ
(里)天罰
姜甑山曾テ全州宇默谷(地名判明セス)ヲ
通行中其ノ前ヲ横切ル一婦女ヲ見「此ノ如
キ悪女ヲ天ハ何故ニ罰セサルカ夫ヲ殺シ孫ヲ
棄テ逃[illegible]トスル悪女ソレト嘆シタル處直
九

차경석의 갑종요시찰인甲種要視察人 편입. 전라북도, 『보천교일반』, 1926, 189쪽.

----

23 전라북도, 『보천교일반』, 1926, 189쪽. 요시찰은 특정 인물이나 단체를 대상으로 일정기간 동안 주기적으로 감시하는 제도이다. 그 대상은 사상 불온자나 총독 정치에 불만을 가진 자이다. 요시찰인은 갑호甲號와 을호乙號 등으로 분류되는데, 갑호는 배일사상과 그 언행이 과격한 사람으로, 매월 적어도 3회 그 동향을 감시하거나 미행尾行한다.

조 강증산의 뒤를 이어 교주가 되어 교도의 신망을 얻으면서 신인神人으로 숭배되었고, 은밀히 교세확장의 수단으로 국권회복을 표방하였기 때문이다. 이른바 배일사상을 가진 위험한 인물로 간주되고 체포 대상이 된 것이다.

그러자 차경석은 집에 있는 것이 이롭지 못하다고 생각하여 집을 떠나기로 마음먹었다. 그리하여 그해 10월, 차경석은 방주들에게 연원체제를 조직할 것과 예문 문후 찾아오는 사람을 모두 거절할 것을 말한 후 일본 경찰의 주목을 피하기 위해 집을 떠났다. 도피생활로 들어갔다.

그런데 1918년 무오년 9월, 교단에 수난을 가져오는 사건이 제주도에서 발생했다. 당시 이 사건에 대한 일제의 기록을 보자.

> "차경석은 김형렬에 대항하여 선도교仙道教라는 한 파를 창설하고 각지에 돌아다니며 신도를 모집하였다. 대정 7년(1918)에 국권회복의 미명하에 차경석 및 경북 영일군 출신 김연일金延一 등이 서로 모의하여 동년 9월 19일 구舊 맹란분회孟蘭分會 때 제주도 법정사法井寺에 교도 30명을 소집하여, '왜노倭奴는 우리 조선을 병합했을 뿐 아니라 그 뒤에는 관리는 물론 상민에 이르기까지 우리 동포를 학대하고 가혹하게 대우하였다. 실로 왜노는 우리 조선 민족의 원수이다. 조만간 불무황제佛務皇帝가 출현하여 국권을 회복할 것이니 교도는 우선 첫 번째로 도내에 거주하는 내지인 관리를 살육하고 그 후에 상민商民을 섬 밖으로 구축하지 않으면 안된다'고 설파하였다.
>
> 그 후 10월 4일 밤부터 다음날 5일에 걸쳐 김연일은 그 수하를 도내島內 각지에 파견하였고 더욱 신도 33명을 법정사에 소집하

여 스스로 불무황제佛務皇帝라고 칭하고 일찍이 선언한 목적을 결행할 것을 말하였다. 그 방법을 협의하여 대오를 정비한 후에 부근 각 면·리장에게 "일본 관리를 소벌掃伐하고 국권을 회복할 것이므로 즉시 장정을 이끌고 참가할 것. 만약 따르지 않으면 군율에 비추어 엄벌에 처할 것임"이란 의미의 격문을 배포하였다. 6일 밤부터 제주성 안으로 향하여 행동을 개시하고 도중 전선을 절단하고 또 일본인 의사 2명에게 부상을 입혔다. 다음날 7일 아침 중문리에 도착하여 동지 경찰관 주재소를 습격하고 방화·전소시킨 사실이 있다. 그리하여 그 때 폭도 38명은 검거하였지만 차경석과 김연일 등 간부는 신도에게 거둔 수 만원을 갖고 소재를 감추어 지금 역시 행방불명이다. 이상."[24]

보천교도들이 제주도민 수백 명과 함께 일본 경찰을 습격하는 사건이 일어난 것이다. 일본 경찰은 이 사건이 보천교도의 소위所爲라고 협의하여 엄밀하게 조사하였다.[25]

또한 1918년 동짓달에는 제주 신도 문인택文仁宅이 성금 10만여 원을 면화 포대 속에 감추어 가지고 나오다가 목포항에서 발각되는 일이 벌어졌다. 이 일로 인해 고수부 역시 방주 18명과 더불어 목포경찰서에 구속되었다. 제주도 사건에 이어 이런 일이 또 벌어지자

---

24 고경高警 제36610호(1919. 12. 26), 〈태을교도 검거에 관한 건〉(전라북도지사 보고 요지).

25 법정사 항일운동의 주체를 두고 의견이 분분하다. 지금까지 불교 주도설이 강세였으나 최근에는 이를 반박하며 선도교, 태을교, 보천교 주도설이 제기되었다. 윤소영은 새로운 자료를 통해 김연일을 승려가 아니라 승려 외피를 두른 태을교 간부급 신자였으며, 또 당시 태을교는 집회결사의 자유가 없어서 불교를 포교의 근거지 및 외피로 이용하였다고 보아, 법정사 항일운동의 주도 세력을 태을교·보천교라고 주장하였다. 윤소영, 「법정사 항일운동 주동세력의 성격에 대한 재검토」, 『한국독립운동사 연구』 Vol.51, 2015 참조.

보천교와 관련을 의심한 경찰은 검거자들을 혹독하게 고문하였으며, 고수부도 구속 38일 후에야 석방되었다.[26)]

이러한 일련의 사건들로 인해 일제의 보천교에 대한 감시는 그치지 않았고, 보천교도 검거는 전국적으로 확대되었다.

---

26 『도전』 11:49.

4

검거 열풍

요시찰 단체

1919년 3월 1일. 식민 지배를 거부하며 독립을 향한 한민족 대물결이 방방곡곡을 휩쓸었다. 그러나 독립은 실패로 끝나고 그 희망은 가슴에 묻어두어야만 했다. 일제가 보기에 문제는 일제가 종교를 감시하고 통제하였음에도 불구하고 신종교를 포함한 조선의 종교가 3·1운동을 분출시키는데 결정적 역할을 하였다는 점이다.

이에 총독부는 1919년 4월15일에 '정치에 관한 범죄처벌의 건'을 제정하여 민족운동, 독립운동을 하는 단체를 탄압하기 시작했다. 이는 원래 정치의 변혁을 목적으로 다수 공동으로 안녕질서를 해치거나 방해하려는 것을 처벌하기위한 것이었지만, 민족종교 단체가 독립, 국권회복, 반일 활동을 할 경우도 당연히 적용되었다. 그러므로 '정치에 관한 범죄처벌의 건'은 3·1운동 이후 민족주의적 색채를 뚜렷하게 가진 민족종교도 합법적으로 탄압할 수 있는 제도적 장치였다.

한편 독립운동이라는 거족적 저항운동을 맞이했던 일제는 이후 우리민족이 하는 모든 집합행위에 대해서 적극 개입하였다. 그리하여 때로는 막고 때로는 검거하고 때로는 회유하며 이전보다 더 적극적인 반독립정책을 폈다. 그리하여 독립운동을 한다거나 거기에 필요한 자금을 마련한다거나 그런 목적으로 모인 집회에 대해서는 알레르기 반응을 보일 정도로 민감하게 반응하였다. 3·1 독립운동이 천도교, 기독교, 불교 지도자들이 연합하여 주도했으므로 종교단체에 대한 감시가 큰 것은 당연하였다. 보천교를 비롯한 소위 유사종교단체도 예외가 아니었다.

3·1운동 이전에 보천교는 일제의 요시찰 단체가 되었다. 그러나 보천교에 대해 밝혀진 것은 거의 없었다. 그 실체가 밝혀지지 않았기 때문에 보천교는 비밀단체로 간주되기 십상이었다. 그런데 1919년 3·1운동 이후 차경석과 교단을 둘러싸고 많은 일이 있었다.

기미년 가을의 일이다. 이성영이 안동을 중심으로 포교운동을 하였다. 그 결과 1920년에 이르러 안동을 비롯한 경상북도 북부지역에서는 신도 수가 십여 만 명에 달했다. 그런데 1920년 겨울에 청송군 일본경찰서에서 '정치에 관한 범죄처벌의 건' 위반 혐의로 교도 3천여 명을 체포하였다. 그 중 고문치사한 자가 수십 명에 이르렀고, 기소된 자가 700여 명, 고등법원까지 가서 최저 9개월 최고 2년 6개월 징역을 받은 사람이 129명에 이르렀다.

한편 차경석은 1920년대부터 교단 일을 효율적으로 수행하기 위해 교무 조직을 정비하였다. 교도 수가 수백만에 달했으나 기관이 미비하다며, 1921년 정월에 전국 각처에 기관을 설립코자 하였다. 그 일환으로 각 도에 정리正理 1인과 부정리 1인, 각 군에는 포장包長 및 부포장을 각 한 명씩 두기로 하고 먼저 11명을 택하여 임시 정리를 임명하였다. 그런데 이해 정월 그믐 경부터 조선 내 각 지방 관청에서 보천교도 검거 선풍이 일어났다.

검거선풍

경남 합천에서는 이영조李英兆가 잡혀 8개월 구형되었으나 4개월로 감형되었다. 청송군에서는 고문으로 인하여 교도 여러 명이 사망까지 하였다. 보천교인이 많았던 경북 안동 재판소에서는 보천교도에 대한 특별한 처벌 규정까지 만들었다. 그 내용은 체포되면 방주는 6년 징역, 6임은 4년, 12임은 2년, 8임은 1년 징역이며, 15임은 구류·벌금·방면함을 정도에 따라 하기로 하였다. 이 법률은 경남·북에 동일하게 적용하였다.

당시 신문 보도에 의하면, 안동군 지방에서 공안을 방해한다는 이유로 태을교(훔치교)도 300명 이상이 검거되었다.[27] 또한 강원도 교인 700여명이 잡히기도 했다. 그 중 김홍식金鴻植은 6개월 복역하였다. 그러자 차경석에 대한 각 지방 관청에서의 체포와 수색 시도는 더해졌다.

한편 동년 2월 10일에 각각 황해도 및 평안남·북도 임시정리로 임명된 김홍규金洪圭와 채선묵蔡善默은 평양으로 갔다가 일본 탐정에게 발각되어 평양 경찰에 체포되었다. 수상한 자금과 관련이 있다는 명목에서였다. 충청남도 임시정리였던 이상호도 1921년 8월에 체포되어 경기도 일본 경찰부로 이송되었다. 이 와중에 1921년 4월에는 북방주 김영두가 이탈하여 서울에서 태을교라는 간판을 내걸고 차경석과 60방주가 독립운동을 음모한다고 고발하였다.[28]

청송사건에 이어 김영두의 고발이 있었고 또 황석산 대천제와 관련하여 떠도는 말이 사방에 유포되어 일본경찰의 신경을 자극하게 됨에 따라 검거 선풍이 전국을 휩쓸어 각지에서 검거된 신도가 삼만여 명에 달했다. 실로 1920년 겨울부터 1922년 봄까지는 보천교의 대수난기였다.[29]

일제의 보천교 교도 검거와 탄압 실상은 당시 신문 기사로도 알

---

27 《동아일보》, 1921. 4. 7.
28 이정립, 『증산교사』, 증산교본부, 1977, 81쪽.
29 이정립, 『증산교사』, 증산교본부, 1977, 89쪽.

수 있다.

〈선도를 표방하는 비밀단체 대검거〉(〈동아일보〉, 1921. 4. 26)

〈선도교도 대검거. 경상남북도 중심으로 한 비밀 결사, 닥치는 대로 체포〉(《조선일보》, 1921. 4. 21)

〈훔치교의 일부인 허무맹랑한 선도교, 훔치교에서 분리한 선도교, 대정 13년(1924) 3월 5일에는 교주가 왕이 된다고 유혹. 교도 100여 명을 일망타진〉(《조선일보》, 1921. 4. 26)

〈국권회복을 요망하는 태을교도의 검거〉(《조선일보》, 1921. 5. 13)

〈국권회복을 목적으로 하는 태을교도 대검거〉(《동아일보》, 1921. 5. 13)

〈태을교도 공안방해로 대검거, 안동에서 삼백 명 이상을〉(《동아일보》, 1921. 4. 7)

〈선도를 표방하고 국권회복을 도모하던 비밀단체 대검거, 선도교도 백여 명 원산서에 검거되어 방금 취조하는 중〉(《동아일보》, 1921. 4. 26)

〈태을교 두목 채선묵 및 평남정리장平南正理長 김규당金奎堂 두 명 검거〉(《동아일보》, 1921. 4. 30)

〈체포된 태을교인, 이미 세 명을 검거, 계속하야 검거 중〉(《동아일보》, 1921. 5. 12)

〈국권회부을 목적하는 태을교도 대검거, 강원도 이천에서 김문하 외 14명〉(《동아일보》, 1921. 5. 13)

〈조선국권회부단원又逮捕, 종로서의 태을교도 검거〉(《동아일보》, 1921. 5. 24)

〈십만원의 독립자금, 태을교 간부의 비밀회의 발각, 간부 최국

홍 등 5명 체포 후 계속 검거 중〉(《동아일보》, 1921. 10. 29)

〈불온한 사상을 선전하여 인심을 미혹케 한 혐의로 검거된 태을 교인〉(《동아일보》, 1922. 2. 11)

仙道를標榜하는 秘密團體大檢擧
선도교도박여명원산서에 검거되야방금취됴하는중

排日派의 內地侵入說
초천리등이 방금계획중

太乙教徒大檢擧
안동에서삼백명이상을

國權恢復을目的하는 太乙教徒大檢擧
강원도이천에서십사명검거

十萬圓의獨立資金
태을교간부의비밀회의발각
간부오명체포후계속검거중

兄弟共謀하고 軍資募集
칠년징역을

당시 보천교도 검거 소식을 전하던 신문 기사들

당시 보천교도가 많을 수 있었던 배경은 무엇일까? 물론 참여자들 개인적 배경이나 당시의 사회적 환경, 보천교의 사회 활동이나 사상 등도 크게 작용할 수 있었지만 필자가 가장 주목하는 것은 보천교의 조직이다. 보천교 간부 조직은 60방주를 중심으로 하는 비밀스러운 거대한 피라미드 조직이다. 이것이 수백만이라는 교도를 확보할 수 있는 결정적 요인이었다.

일제의 보천교 탄압과 감시가 이어지는 가운데, 차경석은 1919년 10월에 경남 함양군 대황산에서 60방주 선정 고천제를 행했다. 덕암리 뒤 대황산 기슭에 단소壇所도 정하고, 단소 축단 공사 때는 깨끗한 흙으로 3층을 매축埋築하였다. 그리고 제수祭需를 정결히 하고 폐백을 풍성하게 준비하게 하였다. 그리하여 60명의 방주 간부를 3차에 나누어 고명告命하였다. 그 첫 고명은 10월 5일에 있었는데, 60명 중 수화목금 교정敎正 4인과 동서남북 및 춘하추동 각 교령敎領 8인, 총 12명의 방주에 대한 고명이 그것이다. 2차 고명은 이틀 후인 10월 7일에 있었는데, 이때는 24방위에 응하여 24명의 포주胞主가 고명되었다. 그리고 또 다시 이틀 후, 10월 9일에 24절후에 응하여 24인의 운주運主가 3차로 고명되었다.[30)]

이전의 24방주제를 확대 개편한 60방주제는 60방주를 중심으로 그 아래에 매방每方이 각각 6임을 두는 조직 구조이다. 당시 60방주들은 치성 후 6임을 정하기 위해 덕암을 떠났다. 그런데 교도의 수가 늘어나자 다음해인 1920년 4월에 조직이 더욱 확대되었다. 각 방의 6임 아래에 12임을 다시 만들었고, 12임 아래에는 또 8임을, 8임 아래에는 다시 15임을 둔 것이다. 이 조직을 완성하는데 3년이 걸렸는데, 60방주 하부를 구성하는 인적 자원은 방주 60명, 6임

---

30 『보천교연혁사』 상, 1948, 17-20쪽; 보천교, 『도훈』, 1986, 13쪽.

360명, 12임 4,320명, 8임 34,560명, 15임 518,400명이므로, 총 557,700명에 이른다.[31] 60방주제는 24방주제를 확대 개편한 것이지만, 일제는 이런 조직을 가진 보천교를 비밀결사체로 보았을 뿐만 아니라, 특히 3·1운동과 같은 독립운동을 다시 일으킬 여지가 있다고 간주하여 늘 감시하였다.

---

31 보천교도가 600만에 이르렀다는 주장의 근거도 여기서 찾을 수 있다. 한명의 간부가 10명씩만 포교해도 그에 육박한다.

5

공개 회유

공작정치

거족적 독립운동을 계기로 일제는 식민정책을 소위 문화통치로 바꾸었다. 그러면서 일제는 사회 여러 분야에서 강압적 제도를 바꾸며 반발을 막기 위한 여러 유화적 조치를 취했다. 그 일환으로 헌병경찰제를 폐지하고 관리나 교원들의 제복 입기나 대검 착용의 폐지와 같은 조치를 취하여 공포 분위기를 바꾸고자 하였다. 그러면서 1920년대부터는 이른바 문화정치를 폈다.

그러나 문화정치란 것이 무엇인가? 그것은 말이 문화정치였지 한국인을 회유하고 분열시키려는 것이고 궁극적으로는 일제의 식민지배를 정당화하고 공고화하려는 술책에 지나지 않는다. 이는 결국 일본의 식민정책이 무단정치에서 문화정치로 그 외양이 바뀌었지만, 궁극의 목적은 결코 변화하지 않았음을 말한다. 그것은 단지 겉으로 일제가 한국을 어루만지고 보듬으며 달래어 회유시키려는 것에 지나지 않았다. 이 과정에서 일제가 흔히 한 행위가 친일파 양성이다. 그리하여 일제는 이 시기 민족운동이나 종교운동 단체에 친일적 인사를 침투시키거나 친일단체를 결성하게 하거나 그들을 회유하기도 하고, 한국인을 매수·이용하여 어용단체를 조직하여 민족내부 갈등 및 이간·분열을 유도하기도 했다. 그러므로 문화정치는 무단정치보다 더 교묘한 식민정책이었다. 공작정치였다.

일제는 1920년대에 보천교에 대해서도 회유를 시도하였다. 일제의 이런 회유 모습은 보천교를 공개시키는 과정에서 잘 드러난다. 3·1운동 이후 보천교가 독립자금을 모으고 독립운동을 지원하는 등 반일운동을 벌이자 일제는 보천교를 더 이상 물리적 힘만으로는 통제하기 어렵다고 판단하였다. 이에 일제는 보천교가 더 이상 비밀단체로 활동할 것이 아니라 조직을 세상에 공개하도록 회유 공작을 폈다. 일본 경찰은 비밀리에 활동하고 있는 차경석과 그를 따르는 교도들을 회유하여 자신들의 관리 및 통제 하에 둠으로써 비밀단체에 대한 통제는 물론 그들의 인적 물적 자원을 이용할 수 있다고 판단한 것이다.

보천교를 잘 달래어 지금까지와 같은 일종의 비밀단체로 활동할 것이 아니라 교단을 공개시키면 지원을 해주고 자유로운 단체 활동을 보장하겠다는 회유는 1921년 음력 9월 24일, 함양에 있는 황석산黃石山에서 고천제를 올릴 무렵 시도되었다. 당시 일제는 차경석이 숨어있는 곳과 2차 고천제를 준비하고 있다는 정보를 입수하였다. 이전 같으면 그들을 바로 체포하려고 시도하였겠지만 경찰은 그러지 않았다. 그들은 오히려 고천제 이전에 사람을 보내 차경석을 만나 회유를 시도하였다.

그 첫 시도가 조선인으로 경시警視가 된 김태식金泰湜의 회유이다. 경기도 경찰부 형사과장인 김태식은 당시 총독부 경찰국 앞잡이가 되어 민족운동에 대한 밀정 사명을 띠고 활동하고 있는 동광회東光會라는 친일파 단체를 이끌고 있었다. 그는 차경석을 체포하기는 불가능할 것이므로, 보천교를 자신의 동광회에 부속附屬시키는 것이 유리하다고 생각하였다. 그리하여 차경석과 그 단체를 세상에 노출시키고 그를 이용하고자 계획하였다. 이에 김태식은 고천제 약 두 달 전인 1921년 7월 에 동광회 간부 김교훈과 노병희를 밀사로 함양에 보내 차경석을 면회하여 동광회와 손잡기를 권유하였다. 그리고 비밀 포교는 관헌의 오해를 사게 되어 박해를 받기 쉬우니 교의와 포교 방법을 공개하고 서울에 본부의 간판을 걸어 교단을 공개하여야 관헌의 박해도 없고 교세가 크게 늘어날 수 있다며 교단 공개를 회유하였다. 이에 차경석은 권고에 동의하면서도 뒷날 방주회의에서 결정하겠다고 하였다.

한편 천제 전날에는 경기도 경찰부 후지모토藤本 고등과장이 박경환朴敬煥과 장기홍鄭基洪을 차경석에게 밀사로 보냈다. 김태식 역시 김교훈과 노병희, 그리고 이기만을 파견하였다. 박경환과 김교훈은 각기 차경석을 면회하고 양해諒解하라는, 즉 차경석이 총독부에 정체를 공개하고 단체를 세상에 공개하라는 권고를 하였다. 비밀단체의 활동을 양성화하여 인가를 받고 자유롭게 활동하라는 것이었다. 이에 차경석은 역시 대제大祭를 마친 뒤 협의하겠다고 했다.

교단 간부였던 이상호 역시 일제로부터 보천교 공개 회유를 받았다. 그는 신유년 1921년 8월에 종로경찰서에 구속되었다가 경기도 경찰부로 이송되었다. 거기서 이상호는 40여 일 동안 구속 취조를 받았다. 이 때 고등과 주임 전변호田邊鎬가 고등과장 후지모토藤本와 협의하여 간부였던 이상호에게 교단의 공개를 권고한 것이다.[32] 곧 교단을 공식 등록하면 자유롭게 종교 활동을 할 수 있도록 보장하겠다는 것이다. 그들의 대화 내용[33]을 보자.

> 후지모토 : 선생(이상호)의 말을 들은 즉, 종교를 선포하는 사람인대 어찌하여 음지에 숨어[陰隱] 포교하는가?

----

32 이정립, 『증산교사』, 증산교본부, 1977, 89쪽.
33 『보천교연혁사』 상, 1948, 32쪽.

이상호 : 관청에서 우리 교教의 사정을 알지 못하고 도처에 만나는 것이 단속이고 주야 수색이 이어져 압박이 심하므로 부득이 몸을 숨겨 도피하며 포교한다.

후지모토 : 종교는 동서를 물론하고 누가 감히 사랑하지 않겠는가. 그러나 선생의 행동은 음지에 숨어 암중 행하니 관청에서도 여하한 사정이 있는지 알지 못하여 혐의를 받았으나 지금으로부터 선생이 공명정대한 행동을 한 번 거행하여 관청의 양해를 얻어 공개적으로 포교하면 관청에서도 또한 후원할 터이니 의향이 어떠한가?

이상호 : 나는 60방주 중 한 사람이라 단독으로 처리하는 권한이 없고 의사가 있어도 불가능하다. 더구나 도주道主가 먼 지방에 있어 회담의 기회가 없으니 어찌하면 좋겠는가?

후지모토 : 만약 선생을 석방하면 가능한 길이 있겠는가?

이상호 : 도주道主는 쉽게 면회를 할 수 없으나 60방주와는 협의할 수 있다. 그러나 60방주는 활을 겁내는 새와 같으니 내가 돌아가는 길에 미행을 붙이지 말라.

일제는 보천교를 합법화하여 체제 안으로 포섭하면서 감시하려고 공개하라고 회유한 것이다.

이에 10월에 이상호는 석방되자마자 차경석을 찾아갔다. 그리고 자신의 체포 사실과 구금 중의 상황을 보고했다. 그러자 차경석은 방주 수십 명과 교단 공개 문제를 토론하게 하였다. 사흘 동안 논의하였지만 결론을 내지 못하였다. 그러자 차경석은 몽사夢事가 길하다며 교단 공개를 결정하였다. 그리고 공개와 관련한 전권을 이상호에게 위임하였다.

그렇다면 차경석은 왜 보천교를 공개하기로 하였을까? 그것은 3·1운동 이후 보천교가 행한 독립 관련 활동, 차경석의 황제 즉위 소문과 같은 것 때문에 보천교가 일제의 대대적인 탄압과 감시를 받을 것이 뻔하므로 이를 피하려는 의도도 있었기 때문일 것이다. 그러나 이것이 주된 이유인 것은 아니다. 보천교가 공개를 할 수밖에 없었던 것은 일제의 회유 전략 때문이다.

황석산 고천제告天祭

고천제는 24일에 계획대로 이루어졌다. 당시 현장에는 방주·대리·육임 등 480명과 정리장·포장 372명, 그리고 그 지방 신도까지 합하여 1천여 명이 모였다. 그리고 부근 일대에는 김영두의 고발에 따라 경기도 경찰부는 물론 함양군 형사대와 밀정들이 삼엄하게 경

自稱大時國皇帝
태을교주차경석이국호와
관제를발표하얏다는풍설

젼라북도정읍군(全北井邑郡)에 근거를둔 태을교의교주 차경석(車京錫)은 이번에새로운 국호(國號)와 관제(官制)등을 발표하얏다는대 국호는 대시국(大時國)이라하고 자긔가 친히황뎨가되고관제는한국시대의대신제도(大臣制度)에 의하야 륙임(六任)이하에 이십팔임(二十八任) 륙판서(六判書)등을 두고 십삼도에는 도지사(道知事) 대신에 도정리(道正理)를두고 군수(郡守) 대신에 삼백륙십의포댱(包長)을두고 그다음 이천오백아십삼면댱(面長)을 둔다하얏스며 국새(國璽)는 대시국황뎨지새(大時國皇帝之璽)라하얏다더라

황석산 고천제 보도. 《동아일보》, 1921. 9. 24, 〈자칭대시국황제自稱大時國皇帝. 태을교주 차경석이 국호와 관제를 발표하였다는 풍설〉.

계하고 있었다.

신유년, 1921년 가을인 9월 24일 경신시庚申時, 차경석이 대규모의 제단 3층 단상에 올랐다. 차경석은 초헌初獻 후 축문을 읽었는데[讀祝] 하늘에 교명敎名을 보화普化라 고하였다[告天]. 그런데 특징적인 것은 이정립과 이강오에 의하면 축문에 국호 '시時'를 고하였다는 점이다.[34] 『보천교 일반』에도 '대시국大時國' 언급이 있다.[35]

제祭를 마친 후 차경석은 감시를 따돌리고 밤 늦게 처소로 돌아왔다. 24일은 경찰에게 허위로 흘린 천제 날짜, 즉 25일을 하루 앞서는 것이었다. 25일에 행해질 것으로 알고 고천제 결과를 기다리던 경찰은 뒤통수를 맞았다. 그리하여 차경석은 고천제 후 경찰의 포위망을 뚫고 당월리當月里로 몸을 피할 수 있었다.

황석산 고천제는 교무 조직을 알리는 것이기도 하였지만, 그 본질은 차경석이 교단의 이름을 하늘에 고하고, 교주의 자리에 오름을 알리는 성격의 의례였다. 이 고천제를 통해 차경석은 보화교의 공식 교주가 되었다. 이전까지 교단 이름이 없었으나 고천제를 통해 비로소 차경석은 교명을 공식화하고 교주로서의 자신의 아이덴티티를 만방에 고한 것이다.

그런데 차경석은 여기에서 그치지 않았다. 앞에서 언급하였듯이, 그는 축문을 통해 나라 이름을 '시時'라고 하여 새로운 나라 이름까지 선포하였다. 이로 보면 고천제는 단순한 종교의례가 아니었다. 종교적 제례였지만 보통 사람들이 보기에 그것은 천자등극식으로 인식되었다.

여기에 또 한 가지 주목할 만한 것이 있다. 바로 교명敎名이다. 차

----

34 이정립, 『증산교사』, 증산교본부, 1977, 84쪽; 이강오, 「보천교」, 『전북대 논문집』 Vol.8, 1966, 19쪽.

35 전라북도, 『보천교일반』, 1926, 11쪽.

경석은 고천제를 통해 교명을 '보화교普化教'라고 선언하였다. 그런데 차경석이 고천한 보화라는 교명은 일본의 인가를 받는 과정에서 차경석으로부터 공개와 관련하여 전권을 위임받은 이상호에 의해 '보천교普天教'라는 이름으로 바뀌었다.

이상호는 1922년 임술년에 경성 동대문 밖 창신동에 사무소로 쓸 수십 간 집을 공금으로 샀다. 그리고 2월 1일, '보천교 진정원眞正院'이라는 간판을 내걸었다. 이른바 교단 이름을 보천교, 그 사무소를 진정원이라 이름하였다. 이상호는 관의 의심을 받을까 두려워서 고천제에 이름한 보화의 '보普'와 당시 공인된 종교로서의 천주교, 천도교의 머리 글자 '천天'자를 취하여 '보천교'라 했다고 한다.[36] 이로써 보천교라는 이름이 세상에 처음 나왔고 보천교는 공개운동으로 전환되었다.

차경석의 황석산 고천제는 형식상 종교적 의례였다. 그러나 국호를 선포한 점이나 당시 널리 퍼졌던 차천자 등극설을 고려하여 확대해석하면, 고천제는 지난날 중국의 황제들이 천산에 올라, 또는 대한제국의 고종이 원구단에서 자신의 황제 등극을 상제에게 고했듯이, 차경석 역시 '시'라는 새로운 나라를 세우고 자신이 황제의 지위에 등극하였음을 고한 역사적 사건으로 볼 수 있다. 이런 맥락에서 보면 보천교는 반일의 색채가 분명하게 드러난다. 그리고 일본이 무너지고 새로운 왕조가 출현할 것이라는 기대감과 루머는 당시 사람들을 보천교로 끌어들이고 보천교가 급성장 할 수 있는 중요한 요인이었다. 이는 곧 차경석의 고천제가 동학혁명이나 3·1운동 이후 좌절하고 실의에 빠진 우리 민족에게 민족의식을 일깨우고 나아가 일제로부터 독립한 새로운 국가의 필요성을 일깨우는 계기가 되

----

36 홍범초, 『범증산교사』, 한누리, 1988.

기에 충분하였음을 말한다.[37] 차경석과 보천교는 이런 상황에서 국권회복, 독립, 신정부, 새로운 나라와 같은 미래지향의 희망 아이콘으로 인식되었다.

---

37 노길명, 「초기 증산종단의 민족의식과 민족운동」, 증산종단연합회 편저, 『일제하 증산교단의 민족운동』, 1997, 63쪽.

6

박멸운동 유도

시국대동단時局大同團

일제는 보천교가 혹시나 할지도 모르는 민족운동을 사전에 막고 궁극적으로는 위험시되는 이 비밀단체를 해체시키기 위한 전략도 펼쳤다. 그것은 매우 치밀하여 보천교를 공개시킨 이후 이 단체를 이용하여 우리 민족 내부에서 보천교에 대한 반감, 즉 보천교에 대한 반민족주의적 행태를 노출시켜 민족 내부의 여론을 분열시키고, 궁극적으로 민족 스스로가 보천교를 비판·반대, 나아가 박멸하자는 여론을 조성하는 것이었다. 일제가 이런 전략에 교묘하게 이용한 것이 조선총독부 정무총감 시모오카 주지下岡忠治의 시국광구단時局匡救團 설립 제안이다.

1921년 9월 가을, 차경석은 일제의 권유에 따라 그동안 비밀리에 유지해 오던 교단을 공개하고 그 공식 이름을 보천교라 하였다. 그러나 교단 공개가 곧 차경석에 대한 감시와 보천교에 대한 탄압의 끝인 것은 아니었다. 관청의 양해를 받고 공개적으로 포교하면 후원할 수 있다는 것은 말 뿐이었다. 차경석을 체포하기 위한 경찰의 시도는 계속되었다.

차경석은 경찰의 단속을 피하며 1922년 정월에는 임실군 고덕리高德里에서 12계명을 반포하였다.[38] 나아가 성전 건축을 시작하여

---

38 12계명은 존상제尊上帝, 숭도덕崇道德, 친목동인親睦同人, 망란음양罔亂陰陽, 이재공정理財公正, 절용후생節用厚生, 불유탄망不有誕妄, 무위자존無爲自尊, 막회탐욕莫懷貪慾, 신물시투愼勿猜妬, 정직불아正直不阿, 물훼타인勿毁他人이다. 이 계명을 범하는

준공하기도 하고, 중요 도시에 진정원을 설치하고, 선화사宣化師와 같은 조직을 정비하였다. ≪보광≫ 잡지도 발간하고, 1924년에는 시대일보 인수 시도까지 하였다. 한마디로 보천교는 그 인적 물적 자원의 외연을 확대해 나갔다.

그러나 이 과정에서 보천교가 얻은 것은 득보다 실이 많았다. 특히 1924년 6월의 시대일보 인수 시도가 세상에 알려지자 민족종교 시장의 경쟁자였던 천도교를 비롯하여 언론 및 각계 지도자들이 일제히 보천교를 성토하고 비난하는 분위기가 고조되었다. 결국 시대일보 인수는 물 건너갔지만, 그 결과 보천교 내부에서도 내부의 분열이라는 뼈아픈 상처를 남겼다. 보천교 혁신운동이 일어나고, 출교와 파면이 이루어지고, 많은 사람들은 스스로 교단을 떠나버렸다.

1924년 봄까지 차경석에 대한 체포령 해제는 고사하고 보천교 공개 이후 일제의 보천교에 대한 편의 제공은 없었다. 돌아오는 것이라곤 보천교에 대한 여전한 사회적 비판과 일제의 지속적 감시뿐이었다. 여기에 보천교 내 혁신파의 갈등에서 불거져 나온 차경석에 대한 성토와 비위非違가 더해져 그야말로 차경석과 보천교는 만인의 타도 대상이 되었다. 이에 차경석도 더 이상 참을 수 없었다. 도피하여 다니는 것도 한계에 이르렀다. 더 이상 보천교가 유지될 수 없는 위기 상황에 직면한 차경석에게 분명 돌파구가 필요한 시점이었다. 보천교를 떳떳하게 세상에 드러내고 싶었다. 이에 차경석이 선택한 것이 보천교, 보천교의 취지를 세상에, 특히 일제에 바로 알리는 것이었다. 보천교가 일제에 말려들어 이용당하고, 시국대동단을 만들어 일제의 정책에 동조하고, 그로 인해 친일단체라고 낙인찍힌 것은 이로부터 시작되었다.

사람은 출교된다.

1924년 9월, 차경석은 문정삼文正三과 임경호林敬鎬를 일본에 보내 일제의 보천교 이해를 얻고자 하였다. 1924년 10월 17일에 조선을 출발한 두 사람은 친일 제 단체를 규합해 만든 각파유지연맹의 간부 채기두蔡基斗의 중개로 도쿄로 출장 중이던 총독부 정무총감 시모오카 쥬지下岡忠治를 만났다. 또 시모오카 총감의 소개로 그들은 당시 내각총리대신이었던 가토 다카아키加藤高明도 면회했다. 당시 보천교의 취지와 주의主義를 말하자 가토는 조선과 일본의 사이에 대해大海가 사이를 떼어 옛날 선박으로는 교통이 편리하지 못한 고로 제반 문화 교육상 부동不同의 유감이 많으니 만일 금일과 같은 기선이 상고上古부터 있었으면 조선과 일본은 고래부터 단합 융화하였을 것이라며, 보천교가 민족 융합에 진력해야 함을 시사하였다. 이어 두 사람에게 10월 31일 천황탄생일 식전 참가를 권유하였다.

두 사람은 경성에 도착하여 본소로 찾아가 차경석에게 시모오카 총감의 말을 전했다. 그 내용은 '내가 보천교를 원조코자 하지만 기원紀元이 천근淺近하고 아직 확실한 종교가 되지 못한 이상 특별한 원조를 할 수 없으니, 귀교貴教 내에서 별도의 기관을 설립하면 극력으로 원조하겠고, 따라서 보천교가 세계적 종교도 될 수 있으니 시국광구단時局匡救團을 설립 조직하라'[39]는 것이었다. 한마디로 시국광구단을 만들면 지원해주겠다는 것이었다.

이에 차경석은 1924년에 '대동大同'을 목적으로 하는 '시국대동단'을 조직하였다. 그 취지와 조직 명에 대하여 차경석은 이렇게 말하였다. "광구단匡救團이라 자칭함은 우리 동양 도덕상으로 보면 너무 무례하지 아니한가. 현금 대세가 대동大同이 아니면 평화할 수 없고 더구나 서양의 세력이 점차 동양을 침노하니 이때를 당하야 동

----

39 보천교 중앙총정원·협정원, 『보천교연혁사』 상, 1948, 79-83쪽.

양 황인종은 상호간 대동단결로서 세력을 공고하지 아니하면 백인종의 화를 면키 어렵다. 나는 이전부터 이와 같은 대세를 추측한 고로 1922년 정월도正月度에 12계명을 교시教示하는 중에 친목동인親睦同人 한 구句가 즉 이 뜻이오. 동인同人은 즉 대동양동민족大東洋同民族을 지칭함이니 그러면 시국대동단時局大同團이라 칭하라."[40] 한마디로 서양이 동양을 침입하는 상황에서 동양 사람들이 한 가족으로 대동단결하여 이를 막아 평화의 시대를 열어야 하며, 이를 위한 조직의 이름을 시국대동단이라 하였다. 차경석은 일제의 요구에 따라 시국대동단을 만든 것이다.

친일 낙인

차경석은 대동단 조직의 책임을 문정삼과 임경호에게 위탁하며 교시教示를 내렸다. 그 내용에 의하면 조선 13도에서 매 도 3인씩 합 39인을 강연사로 뽑는다. 3인중에 1인은 보천교 방주方主로 하였다. 나머지 2인은 교외인教外人으로 품행이 방정하고 신구 지식이 여유가 있고 언어에 익숙한 사람을 선정하여 경성 가회동 진정원에서 입교식을 거행하고 신도가 된 후에 대동단의 주의主義와 보천교의 진리를 학습하였다가 강연할 시는 교인 중 강사가 연단에 먼저 올라 교리를 설명한 후에 외인강사가 대동단의 취지를 설명하게 하였다.

뿐만이 아니었다. 차경석은 발회식發會式 거행일을 미리 본소에 보고하고, 대동단 취지서를 자신이 직접 검열한 후에 인쇄할 것이니 원고를 작성하거든 곧 본소에 보내라고 명하였다. 그러면서 발회식 준비비, 취지서 인쇄비, 신문기자 및 관리 초대비, 연회비演會費, 강연 여비 등으로 지출할 돈 3만원을 주었다.

---

40 『보천교연혁사』 상, 1948, 83-84쪽.

시국대동단 지방순회강연 현황

일시	강연 지역	연사
1925. 1. 10	김천	고희준, 김상찬
	광주	채기두
	거창	이창환, 이동혁
	영일(포항)	오태환 외 1인
	서산	
1925. 1. 11	김포	
	대구	임경호, 고희준, 채기두, 오태환
	강화	이풍재
	군산	박병철, 지동섭
1925. 1. 12	상주	이동혁, 이창환
	예산	이계호, 나홍석
	전주	임경호, 채기두
	영광	
	창녕	고희준
1925. 1. 14	함평	
	김천	
	공주	채기두
	김제	나홍석, 이계호
	밀양	오태환, 고희준
1925. 1. 16	안동	이동혁, 이창환
	논산	이계호, 나홍석
	김해	오태환
	서흥	이풍재
	??	지동섭
	나주	박병철
1925. 1. 18	경주	이창환, 이동혁
	통영	오태환
	신천	채병현
	고창	지동섭, 김낙권
	평양	채기두, 임경호, 이풍재
	청주	나홍석, 이계호

출처 : 《매일신보》, 1925. 1. 12, 3면. ; 1. 14, 2면. ; 1. 15, 2면. ; 1. 16, 2면. ; 1. 23, 3면. 《동아일보》, 1925. 1. 14, 1면. ; 1. 15, 2면. ; 1. 17, 2면. ; 1. 18, 2면. 《시대일보》, 1925. 1. 23, 1면. ; 1. 27, 1면. 친일반민족행위진상규명 위원회, 『친일반민족행위진상규명 보고서 Ⅲ-3』, 현대문화사, 2009, 645-646쪽 재인용.

그러나 이 모두가 차경석의 뜻대로 되지는 않았다. 차경석이 내린 교시대로 일이 진행되지 못했다. 발회식 일시를 보고하지 않았던 것은 물론, 취지서 검열도 받지 않았고, 교의 간부를 선정하라는 말도 듣지 않고 모든 강사를 자의적으로 뽑아버렸다.

더욱 문제가 된 것은 강연자가 보천교, 시국대동단의 본래 취지를 알릴만한 사람이 적었다는 점이다. 강연자는 십일단체十一團體연맹의 사람들이 주를 이루었다. 또 일제가 추천한 인물일 수도 있었다. 그들은 보천교 홍보보다는 일제의 편을 들며 친일사상을 고무하는 강연에 열중하였다. 보천교측의 취지는 거의 안중에 없었다. 그야말로 보천교는 명의를 도용당한 것일 정도였다. 그러나 대중들은 이를 알아차리지 못했다. 강연은 결국 시국대동단, 보천교를 친일단체로 낙인찍기에 안성맞춤이었다.

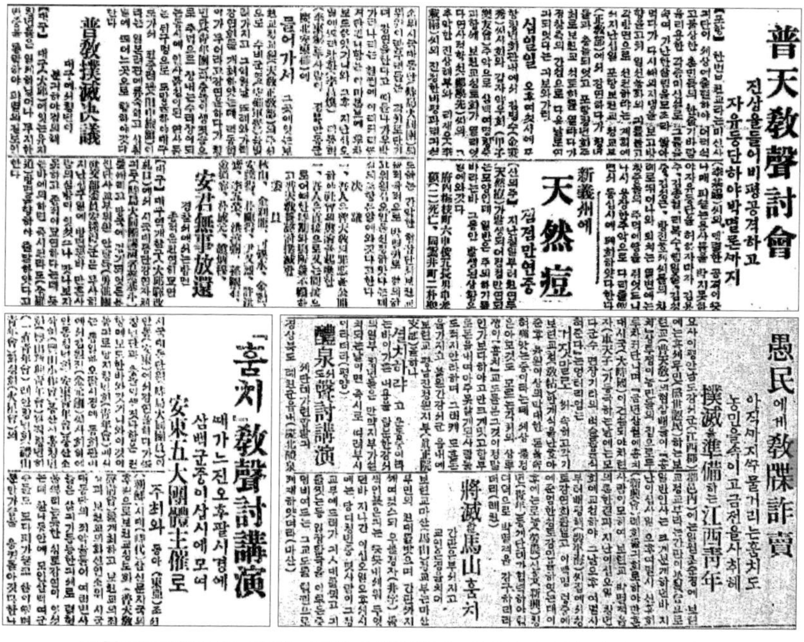
普天教聲討會
진상을들어비평공격하고 자유롱단하야박멸론까지
普教撲滅決議
新義州에 天然痘
安君無事放還
愚民에게教牒詐賣
「훔치」教聲討講演
醴泉에도聲討講演

보천교 박멸운동을 전하는 기사. 《시대일보》, 1925. 1. 15 ; 1. 21 ; 1. 21.

이런 시국대동단의 강연회는 1925년 1월 10일 광주로부터 시작되었다. 그리고 대구, 부산, 군산, 포항, 김천, 금릉, 밀양, 안동, 김제, 김해, 영산, 평양, 통영, 신천, 순천 등으로 이어지고, 1월 27일 정읍을 마지막으로 끝났다.

강연회 참가자 가운데 다수는 보천교 관계자로, 보천교도는 주변의 군에서도 동원되었다. 문제는 시국대동단의 강연회가 대중들의 환영을 받지 못했다는 것이다. 이를테면 안으로는 보천교를 홍보하지 않는다고 하여 교도들의 반발을 샀다. 대구에서는 강연 내용이 '십일단체연맹의 강연'에 지나지 않는다고 하여 강사들이 먼 지방에서 찾아온 신도들에게 구타를 당했다. 금릉에서는 가르침과 아무런 관계도 없는 이야기를 듣기 위해 수백 리나 되는 길을 찾아 온 것이 아니라며 신도들이 분개했다. 또 신천에서는 '일선융화'를 설파하는 강사에게 신도들이 심하게 분개해, 10분 정도 만에 강연이 중단되고 강사는 바로 그곳을 떠나는 일도 있었다.[41]

강연회는 일반 대중들의 비난도 받았다. 강연회는 보천교의 주의를 알리는 것이 아니었고, 비보천교도였던 십일단체연맹의 사람들이 중심이 되어 그들의 주장과 말잔치로 끝나기 일쑤였다. 그러므로 강연회는 구조적으로 친일적 강연 일색으로 인해 대중들의 반발을 불러일으킬 수밖에 없었다. 그리하여 어떤 이는 연단으로 뛰어올라 연사를 구타하였고, 어떤 사람들은 교도들을 폭행하기도 했다. 김해에서는 유혈소동이 일어났고, 군산에서는 아수라장이 되었다. 통영에서는 겨우 5분 만에 강연이 중지되었다. 한편 장소를 제공한 사람에게도 책임을 물었는데, 안동에서는 관련 당사자인 학교 당국자만이 아니라 군수에게도 책임을 물어 군수가 사죄를 했다.

----

41 조경달 저, 허영란 역, 『민중과 유토피아』, 역사비평사, 2009, 349쪽.

회관을 제공해 시국대동단을 환영한 김천금릉 청년회와 악대를 보내 환영한 예천 청년회 등은, 대구 청년회로부터 문책을 당했다.

급기야 대중들은 보천교를 친일파라 지명하여 각지 강연장에서는 비상非常한 모욕도 하고, 보천교 간판을 파기破棄하기도 하고, 혹은 교도를 무례하게 구타하기도 했다. 보천교 박멸을 위한 폭력 행위가 난무하였다.

그러나 경찰은 소극적이었다. 당시 경찰은 상황을 지켜보기만 했다. 방관자였다. 상황에 개입할 의지가 전혀 없었다. 경찰은 말리지 않고 오히려 교사敎唆도 하며 혹은 청년들이 교도와 충돌해도 개입할 때는 교도만 억제하고 암암리 청년들을 원조하여 교도들이 구타당하게 하였다.

그것은 일제의 전략이었다. 일제는 이 상황을 민족 내부의 갈등으로 몰고자 했다. 일제가 바라는 것은 이를 통해 궁극적으로는 민족분열을 획책하고, 마침내는 손에 피를 묻히지 않고 보천교를 민족 스스로가 파멸시키기를 유도하였다. 그렇게까지 못할지라도 일제는 폭력으로 보천교를 탄압해도 대중들로부터 그 정당성을 확보하기가 쉬웠다. 그것은 궁극적으로 일제가 독립을 지향하고 민족주의를 강화 및 확대재생산할 수 있는 보천교 제거의 손쉬운 방법이었다.

보천교와 시국대동단에 대한 사회적 비판이 거세지고 경찰의 단속이 더욱 강화되자 차경석은 무슨 조치가 필요하다고 보았다. 이에 차경석은 일찍이 1925년 1월 14일 일본 정계의 이해와 지원을 받기 위해 임경호, 김홍규, 이달호 등 보천교 간부 세 사람과 채기두, 고희준, 김창환, 오태환 등 시국대동단 사람 아홉 명을 일본으로 보냈다.

그들은 일본에 머물며 전 조선총독부 경무국장 마루야마 쓰루키치丸山鶴吉와 같은 저명인사와 언론인들을 초대하여 로비 활동을 하였다. 대의사代議士(일본 중의원衆議院) 의원 수백 명을 두 차례 초대하여 보천교 취지와 대동단 주의를 강연하였다. 곧 보천교를 홍보하고 시국대동단의 공적을 알렸다.

그러나 보천교에 대한 비판은 그치지 않았다. 각지에서의 소동은 마침내 성토회 개최를 중심으로 보천교 박멸운동으로 발전되어 갔다. 그리하여 강연회가 개최된 곳에서는 강연회 뒤에 성토회가 열렸다. 심지어 강연회가 이루어지지 않았던 도시에서도 성토회는 4월까지 열리기도 하였다. 그 전형적 사건이 부산과 제주에서 일어난 사건이다.[42] 여기서 주목할 만한 것은 경찰의 태도이다. 늘 그랬듯, 이번에도 현장에 있는 경찰조차 나서지 않았다. 방관적 행동뿐이었다. 사태가 폭력으로 이어지는 것은 당연했다.

보천교 박멸운동으로 보천교가 더욱 위기에 처했음에도 불구하고 차경석은 시국대동단의 활동을 멈추지 않았다. 오히려 단원을 각지 경찰서장과 군수에게 보내 협력을 요청하였고, 나아가 보천교 중앙본소 총령원 안에 시국대동단 간판을 걸고 강연 활동의 재정비를 도모했다.[43] 이때가 4월 중순이었다.

한편 총독부에서도 시국대동단이 강연 활동을 계속하도록 종용했다. 시모오카 정무총감의 면회 요구로 차경석은 5월경에 총독부를 방문했다. 그때까지 차경석 체포령이 정식으로 해제되지는 않았지만 양자의 면회는 실질적으로 차경석 체포령이 무효화되었다는 것을 보여준다. 시모오카와의 면회는 형식적인 것에 머물렀지만, 경무국장 미츠야 미야마츠三矢宮松와는 구체적인 내용을 회담했다.[44]

----

42 '부산 정교부 사변기事變記', '제주도 성토 전말기顚末記'에 대해서는 『보천교연혁사』 상, 95쪽-101쪽. ; 『도훈』 271쪽-275쪽을 참조하라.
43 전라북도, 『보천교일반』, 1926, 89-90쪽.
44 조경달 저, 허영란 역, 『민중과 유토피아』, 역사비평사, 2009, 347-348쪽.

미쓰야 국장은 먼저 각지 보천교도의 불온선전과 유언비어가 많아 황실에 저촉되는 말과 행동이 있을 시는 단연코 용서하지 않을 터라며, 앞으로 특별 주의하여 그런 언동이 없도록 교도에게 명령하라는 엄중한 경고적인 말을 하였다. 이에 차경석은 한 마디의 답변이 없이 태연히 청취할 뿐이었다.

이어 국장은 시국대동단에 대하여 한 번은 실패에 돌아갔으나 그것을 폐지하기는 어렵고 계속하여 조직하지 않을 수 없으며, 그러자면 자금이 필요한데 차교주가 자금을 얼마나 제공하겠는지 물었다. 그런 압박에 차경석은 지금 보천교에서는 교회당 건축공사를 진행 중이므로 금전의 여유가 없다 하였다. 그러자 국장은 금전이 없다 함은 빈 말이고 보천교에서 대금적립이 있음을 내가 아는데, 어느 선까지 제공하겠느냐고 추궁하듯이 물었다. 이에 차경석은 금전만 있으면 대동단은 성립이 되겠느냐고 반문하였다. 그러자 국장은 금전만 있으면 대동단 뿐 아니라 무슨 일이든지 할 수 있다 하였다. 차경석은 나는 어느 일을 물론하고 사람이 있어야 성공할 수 있지, 사람이 없으면 금전만으로는 도저히 불가능하다고 생각한다고 하였다. 이에 국장은 다시 지금 세계는 황금만능 시대이니 대동단 조직 비용을 제공하라 하였다.

그러자 다시 차경석은 대동단은 나의 대동단이요, 정부에서 창립한 대동단이 아닌즉, 나에 관한 사업을 계속하든지 중지하든지 권한이 나에게 있거늘 국장이 여하한 의사로 이와 같이 무례하게 권유하는가라고 하였다. 국장은 체면불구하고 금전제공만 협박하며, 교중教中에 거액 소유를 아는데, 금전이 없다함은 빈말이라 하였다. 이에 차경석은 군자는 사람을 대하여 빈말을 하지 않는다 하였다.

수 시간 이야기 하였지만 국장은 자기 뜻을 이루지 못했다. 그러나 분명한 것은 일제는 차경석에게 시국대동단의 활동을 계속하고 그 경비를 차경석에게 요구하였다는 점이다. 이는 곧 시국대동단, 보천교를 더 친일적 모습으로 드러내려는 의도였다. 그러나 차경석도 만만치 않았다. 국장의 뜻을 고분고분 수용하기만 하지 않았다. 면회를 마칠 때 총감이 무슨 일이든지 청구할 일이 있거든 사양치 말고 청구하여도 차경석은 일호一毫도 청구할 일이 없다 하였다.

이후에도 보천교 박멸운동이 그치지 않고 시국대동단에 대한 비판이 거세지자 차경석은 결단을 내렸다. 1925년 6월 30일, 시국대동단 해산을 결정하였다. 그렇다고 보천교 박멸운동이 멈춘 것은 아니었다.

이런 가운데 1925년에 이르러 보천교 내부에서도 균열의 조짐이 발생했다. 그 중심에 선 인물이 보천교를 탈퇴하였다가 다시 들어온 이상호이다. 보천교 간부인 이상호는 시국대동단 위원인 채기두 등이 매국노로 이름 높은 송병준의 예전 부하들이라고 비난하는 한편, 시국대동단의 취지를 바꾸어야 한다고 주장했다. 그는 자신의 주장이 받아들여지지 않자 1925년 말에 보천교를 떠났다. 그리고 김형렬의 미륵불교에 들어갔다가 다시 나와 동화교를 만들었다.

고위 간부 중 배교자도 발생했다. 그해 7월에 간부였던 임경호가 배교하여 나갔다. 9월에는 이달호가 혁신란을 일으켰다. 방주들의 배교가 일어나자 차경석은 1926년 정월에 교령敎令으로 60방주제를 혁파하고 남·북선 사무소를 두었다. 한편 1926년 10월에 이르러서는 임경호, 임치삼, 문정삼, 채규일 등이 경성 진정원을 점거하여 증산교 간판을 내걸고 산업주식회사를 설립하고, 보천교 개혁운동, 보천교 박멸운동을 준비하였다.

7

적폐 청산 대상화

혹세무민惑世誣民

사실 많은 사람들은 신종교라면 일단 사이비 종교로 의심하거나 색안경을 끼고 보는 경향이 있다. 그러나 모든 신종교가 그렇다거나 반사회적인 것은 아니다. 보천교 역시 그렇다. 일제 강점기에 보천교는 분명 친일적이고 반사회적 행태를 보인 면이 있다. 그러나 보천교의 사교邪敎나 미신적 이미지는 많은 부분이 당시 조선총독부의 통제 손아귀를 벗어나지 못하고 일제의 입장을 대변할 수밖에 없었던 친일 언론, 그리고 소위 민족을 앞세우며 민중 계몽, 민중 교화를 자처하던 언론에 의해 고착화된 면이 있다.

당시 한국 언론이 이렇게 일제와 같은 태도를 취함으로써 일제는 한국 신종교를 유사종교나 사교와 같은 개념으로 낙인찍고, 이들의 반사회성, 반윤리성을 부각하여 공공연하게 제재를 가하고 탄압할 수 있는 사회적 동의를 확보할 수 있었다. 이는 곧 일제가 마음만 먹으면 어떤 신종교이든 자신들의 식민정책에 방해가 될 수 있는 신종교는 대중매체를 이용하여 그들의 반사회성을 보도하여 청산해야할 대상으로 부각시켰음을 말한다.

당시 《동아일보》나 《조선일보》에는 보천교를 긍정적으로 보도하는 기사가 거의 없었다. 기사 내용은 대부분 보천교도의 반사회성, 그들의 일탈과 사회문제와 관련한 것이었다. 철저하게 사교성을 부각시킨 것이다. 물론 기사 내용이 사실적일 수는 있겠지만 언론의 이런 보도는 보천교에 대한 부정적 이미지를 강화하기에 충분하였다. 바로 그런 면에서 당시 언론은 자발적으로였건 통제에 의해서였건 일제를 돕는 결과를 가져왔다.

당시 언론이 일제로 하여금 보천교를 공공연하게 탄압하고 통제할 수 있는 명분의 전형적 이유는 보천교가 혹세무민惑世誣民, 즉 세상을 어지럽히고 백성을 미혹하게 하여 속인다는 것이다. 언론의 이러한 보도 태도는 일제가 보천교를 비롯한 신종교를 유사종교나 사교로 규정한 시각을 그대로 반영한 것이다. 총독부의 한국 신종교 말살정책에 착색한 계몽주의적 위장에 언론이 동조해버린 것이다. 언론이 민중의 미몽을 일깨우는 계몽주의의 논리로 민족종교를 비판하고 혹세무민한다고 판단한 것이다. 그리하여 당시 언론은 민족종교를 유사종교 및 사교와 같은 사회악의 존재로 취급하였다. 한국 언론은 일본 총독의 명령이 만든 경기규칙을 관중에게 선전하는 도구였다.[45)]

당시 신문에는 보천교를 비윤리적 반사회적 사상과 가르침을 펴는 미신, 사교임을 보도하는 내용도 많다. 그 흔적을 우리는 당시 신문 기사로도 알 수 있다.

〈상제 명령이라고 무고살인한 자. 미신에 취한 어리석은 보천교도 범인 네 명 전부 체포〉(《동아일보》, 1924. 2. 19)
〈보천교 혁신회. 신구양파로 분分한 내홍, 계급 타파와 미신 배척 문제로 혁신의 봉화를 들게 된 보천교〉(《동아일보》, 1924. 9. 17)
〈병 치료한다고 곤봉으로 타살 정신병 고친다고 때려 죽여. 보천교도의 미신〉(《동아일보》, 1928. 8. 30)

----

45 윤이흠, 『일제의 한국 민족종교 말살책』, 도서출판 모시는사람들, 2007, 70-72쪽.

〈보천교 미신 소치로 4교도 산중 동사. 병을 고치려다가 이런 참변, 20일 만에 시체 발견〉(《동아일보》, 1931. 1. 31)
〈사교 보천교 부녀자 유혹〉(《중앙일보》, 1932. 3. 1)
〈조선의 사교 보천교. 불경혐의 경계 중, 天子라 자칭하고 혹세무민하여 전북 경찰 조사 착수〉(《조선중앙일보》, 1935. 12. 19)
〈사교 박멸(사설)〉(《조선중앙일보》, 1936. 6. 11)
〈경관 40여명 출동. 보천교 본부를 습격. 10일 효두曉頭에 전북 경찰부에서. 사교 취체의 대철퇴〉(《조선중앙일보》, 1936. 6. 11)

미신 단체

일제는 이미 민족종교를 유사종교·미신으로 규정한 바 있다. "조선 재래의 유사종교로써는 법령에서 아직 종교로 인정하지 않는 것은 천도교, 시천교를 위시하여 … 근래 새로이 종파를 칭하는 수많은 교단이 있으나 그 말하는바 대부분은 미신으로 아직 하나라도 종교의 영역에 이른 것은 없고 심지어 당사자 중에 상투적으로 황당무계한 설을 유포하여 우민愚民을 광혹해서 사복私腹을 채우고자 하는 협잡의 무리가 적지 않으므로 엄중한 취체를 요한다."[46] 민족종교가 종교로 인정되지 않고, 미신이라고 낙인찍히기까지 하였다. 일제의 매도에 당시 언론들도 동조하여 보천교를 미신이나 사교로 규정한 것이다.

보천교에 대한 극단적인 부정적 이미지화는 《조선사상통신》에도 잘 나타나 있다. 여기에 〈복마전을 찾아서-보천교의 정체-〉라는 제목의 최용환 글이 8회에 걸쳐 게재되었는데, 그 대부분이 보천교를

---

46 조선총독부, 『조선총독부시정연보』, 대정 10년(1921), 172쪽. 국학자료원, 1983 참조.

上帝命令이라고 無故殺人한者

미신에취한 어리석은보텬교도 범인네명검거

伏魔殿을차저서 (二)

普天敎正體

呪文은吽哆吽哆 怪常한各種機關

巨鍾家具도差押

井邑에서 崔容煥

伏魔殿을차저서 (一)

井邑에서 崔容煥

鄭鑑錄의王國雞龍山

內憂外患의普天敎正體

東京石걸어 內亂罪告發

井邑檢事局召喚取調

高敞에서도

보천교를 반사회적 집단, 미신 집단처럼 보도한 기사. 《동아일보》, 1924. 2. 19. ; 1928. 8. 30. ; 1929. 7. 12. ; 1929. 7. 13. ; 1931. 1. 31.

普天敎迷信所致로

四敎徒山中凍死

◇병을 곳치려다가 이런 참변

二十日만에 屍體發見

窮民救濟

堤防의

病治療한다고

棍棒으로 打殺

정신병고친다고 따려죽여

◇普天敎徒의 迷信

屍體解剖

가경할범죄

폄하하는 내용이다. 여기에 실린 소제목 〈백귀가 난무하는 별천지의 미신 소굴〉, 〈어리석은 민중의 고름으로 이룬 차천자의 요마전〉, 〈정읍의 걸인집단은 대시국 충신〉, 〈기괴한 각종의 견서肩書[필자: 직함職啣], 준동하는 장발의 무리들〉, 〈의식마저 애매한 보천교도의 생활〉, 〈미신 직계 상속자 60방주 마술사〉, 〈서로 속고 속이는 차천자 밑의 직원들〉, 〈개안開眼은 미신 조건 거병去病은 제2 신조〉, 〈전라도의 걸인은 보천교도의 전신〉, 〈차경석의 부하는 직업적 주구배走狗輩〉 등이 이를 뒷받침한다.[47]

이런 경향은 종교운동에서 경쟁적 관계에 있던 천도교의 인식에서도 나타났다. "우리 조선사회에 보천교와 如한 미신의 요괴가 출생케 됨은 … 무지가 무지를 생하고 무지가 무지를 생한 것이 보천교이다. … 미신에는 원래 두 가지 종류가 있나니 … 시절時節의 미신은 시대 과도기에서 일시적 인심의 공황상태로부터 나오는 미신이니 보천교의 정치적 미신이 곳 그것이다. … 차경석은 … 자칭 기

---

47 《조선사상통신》, 조선사상통신사, 소화4년(1929). 8. 6-8. 14. 《조선사상통신》은 1926년에 이토 간토가 창간하였는데, 우리말로 발행되는 신문, 잡지, 저술 등의 중요한 부분을 일본어로 번역하여 자료로 제공하였다. 《조선사상통신》 1929년 8월 6일부터 14일까지 8회에 걸쳐 실렸던 최용환의 〈복마전을 찾아서-보천교의 정체-〉는 《동아일보》 1929년 7월 12일부터 26일까지 실렸던 것을 일본어로 번역한 것이다.

백만이라 하는 미신단체를 형성하여 놓았다."[48]

그러나 보천교는 비결祕訣을 믿는 모양이니 하면서 보천교를 미신으로 매도하는 주장에 대해 적극적으로 반박하였다. 보천교의 기관지 《보광普光》 창간호(1923. 10.)에는 그 내용이 실려 있다.[49] "그것이야(필자: 비결을 믿는 것을 말함) 어디 보천교 특유의 것인가요? 어디 보천교의 창조한 것인가요? 오백 유생도 그 신념이 있고 동학북학도 떠들던 소리요. 30세 이상 된 남자의 태반은 그것에 미혹된가 합니다. 우리 교인도 그 민족의 분자인 이상에 아주 그 신념이 없다고 하겠습니까마는 그것은 민족적으로 있는 것이지 교리는 아닙니다. 이 미신이 조선인의 보편적 고유설임을 알면서도 세간에서는 그것을 우리의 교에 전가시키려함은 억하심정인지 아마 고의적 곡해인가 보인다." 《보광》은 사람들이 보천교를 미신으로 보는데 대해 경계하며 이를 반박하고 있다.

뿐만이 아니다. 죽은 사람을 살려내고 주문과 개안開眼으로 병을 치료하는 것은 미신이 아니냐는 의혹에 대해 기독교나 불교와 같은 다른 종교에도 그런 내용이 있는데 그렇다면 그것은 미신이 아니냐며 보천교만 미신이라고 하는 것에 대해 반박하였다. 또 성전에 칠성탑을 봉안하고 있는 점, 녹표祿票를 문 위에 붙이면 사귀邪鬼가 침범하지 못하고 질병과 삼재팔난三災八難이 소멸한다고 한 점, 수많은 천지신명과 귀신설을 말하고 있는 점 등으로 보아 보천교가 다른 종교에 비해 미신 투성이라는 것에 대해서도, 그것은 다른 종교

----

48 저암猪巖, 〈암영暗影 중에 묻혀 있는 보천교의 진상〉, 《개벽》 제38호, 개벽사, 1923. 8, 29-31쪽. 저암은 이돈화가 쓴 여섯 가지 필명(긍암亘菴·야뢰夜雷·백두산인白頭山人·창해거사滄海居士·저암猪巖·이돈화李敦化)의 하나이다. 이돈화는 《개벽》을 창간하여 주간으로 있으면서 1926년 폐간될 때까지 거의 매회 여기에서 천도교 교리를 소개하였다.

49 일교인一敎人, 〈답객난答客難〉, 《보광》 창간호, 보광사, 대정12년, 40-44쪽 참조.

도 마찬가지인데 보천교만 유독 미신적인 것으로 낙인찍는 것은 편악偏惡일 뿐이라고 반박하였다.

보천교가 친일단체라거나 반사회적 집단이라는 낙인은 흔히 시국대동단을 통한 강연을 통해 일본을 이롭게 하였다거나 그들이 혹세무민하며 반사회적 일탈행위를 자행했기 때문으로 여겨진다. 그러나 그것이 본질적으로 사실일까? 아니면 언론이나 일제에 의한 낙인의 결과일까?

흔히 시국대동단이 활동한 1924-5년 이후 보천교운동은 친일로 돌아간 것으로 보기 쉽다. 그러나 일제의 간교한 수단을 피할 수 없었던 시국대동단 활동을 제외하면 보천교의 대일민족적 성격이 바뀐 것은 아니다. 보천교를 독립운동단체로 단속하고 있는 사례가 그 단적인 예이다.

《동아일보》나 《조선일보》의 보도를 근거로 보천교를 부정적으로 낙인찍는 것 역시 다시 검토할 필요가 있다. 당시 언론 보도 내용은 사실을 있는 그대로 보도한 것일까? 아니면 일제의 언론 통제로 인해 매체들이 일본의 정책을 반영하여 보도한 것일까? 당시 언론 매체의 보도 태도 역시 일제의 종교정책을 반영하는 차원, 즉 신종교, 보천교를 매도하는 시각을 벗어나지 못했다. 이는 물론 당국의 검열, 통치를 전제로 하는 사회적 관심, 그리고 교단 체제를 정비하지 못한 신종교에 대한 이해 부족 등 여러 가지 사항이 복합적으로 작용한 것으로 보인다. 조선총독부의 통치는 민족정기를 말살하는데 기조를 두고 있으므로 독립운동과 관련된 이들 종교활동은 이른바 박멸의 대상일 수밖에 없었고, 그러한 사회적 분위기에서 언론통제도 이루어질 수밖에 없었다.[50)]

----

50 양은용, 「일제의 종교정책에서 본 증산교」, 증산종단연합회, 『일제하 증산교단의

8

강제 해체

민족말살통치

일제는 1931년 다시 대륙을 침략하는 사건[만주사변]을 계기로 식민통치정책도 문화통치에서 민족말살통치로 바꾸었다. 곧 일제의 전시 동원체제를 공고하게 구축하기 위한 통치로 전환하였다. 그것은 민족문화를 말살하여 한국을 대륙 침략 전쟁을 뒷받침해줄 수 있는 확실한 기지, 대륙침략이라는 대전쟁을 총체적으로 지원할 수 있는 군수기지로 만들기 위한 통치 정책이었다. 내선일체, 완전한 동화라야 전쟁을 효율적으로 치를 수 있고, 마침내 대륙정복이 보다 가능해지기 때문이었다. 그 극단적 양상이 1936년 8월에 미나미 지로南次郎 총독이 오면서 시작된 황민화운동이다. 이를 위해서는 다방면의 제도적 조치가 필요한데, 일제는 그 일환으로 내선일체, 일선동조론, 황국신민 서사 암송, 궁성요배, 신사참배, 창씨개명을 시도하며 한국의 황민화를 추진하였다. 한국인의 일본인화를 위한 정신개조 작업을 펼친 것이다.

이로 인해 한국, 한국인의 정체성은 모두 사라져야했고, 그 일환으로 한국의 민족성, 독립 등을 풍기는 모든 단체는 철저하게 해체시켜야만 했다. 그리하여 침략전쟁기에 일제의 종교정책은 이전보다 더 폭압적이었다. 종교는 동화를 위한 교화에 앞장서도록 강요받았다. 이런 과정에서 일제는 종교에 대해 극단적인 탄압도 서슴지 않

민족운동』, 1997, 129쪽.

았다. 그 정점은 1936년에 내린 '유사종교 해산령'이다. 이로 인해 두 사람 이상의 집회가 금지되고, 일원 이상의 금전 수합 역시 금지되었다. 그리고 유사종교 단체로 분류된 신종교단체는 해산령에 따라 각도 경찰국의 지휘 아래 시설물을 폐쇄당하고 그 종교지도자들은 검거되는 등 대대적으로 탄압받았다. 이로써 일부 종교단체는 만주 등지로 이주하였지만, 대부분의 신종교는 일제가 패망할 때까지 폐쇄당하였다.[51] 그리고 해산된 교단 재산은 공매 처분되었다.

보천교도 예외가 아니었다. 일제는 차경석에 대한 꾸준한 감시와 체포령, 보천교도들에 대한 검거, 보천교 공개 회유, 보천교의 친일성 부각을 통한 민족 내부의 분열, 그리고 언론을 통한 보천교의 반사회성을 각인시키며 보천교와 차경석을 탄압 및 감시하였다. 그럼에도 불구하고 보천교나 차경석은 그 위세를 강화하고 민중을 단결시키며 독립에 대한 의지마저 보이며 급성장하였다. 그러나 차경석의 사망은 보천교에 결정적 위기를 가져왔다. 왜냐하면 그동안 대중들로부터 한편으로는 친일단체로 낙인찍혀 박멸운동까지 당해야 했던 보천교가 일제에 의해 강제적으로 해체를 당해야하는 상황에 처했기 때문이다.

해체 수순

차경석의 사망은 보천교 해체를 가속화시킬 수 있었다. 그러나 그것이 보천교 해체의 결정적 요인은 아니었다. 이는 곧 차경석이 사망하지 않았을지라도 보천교는 해체될 수밖에 없었음을 말한다. 왜냐하면 보천교 해체는 일제의 민족말살이라는 폭압적 식민지 정책에 따라 그럴 수밖에 없었기 때문이다. 신종교 보천교의 해체는 보

---

51 윤선자, 『한국근대사와 종교』, 국학자료원, 2002, 70쪽.

천교가 갖는 사상적 문제, 다른 종교와의 갈등, 보천교 내부의 갈등도 무시할 수 없지만, 해체를 가져온 가장 결정적 요인은 일제가 보천교에 취한 일련의 폭력적 해체정책이었다.[52)]

1929년, 수년에 걸친 성전 신축공사가 끝나, 3월 15일에 신앙대상인 삼광영三光影을 신축 성전에 봉안한다는 소식이 전국 교도들에게 전달되었다. 그러나 행사 며칠 전에 정읍경찰서는 이를 허락하지 않았다. 그 이유는 이 기회를 틈타 보천교 탈퇴자가 난입함으로써 큰 싸움이 일어날 수 있고, 또 보천교 교주가 등극 즉위식을 거행한다는 말이 널리 퍼져 민심이 동요할 우려가 있다는 명목이었다. 이에 보천교 측은 즉위식 운운은 풍설일 뿐이고 현장에 임석臨席하여 보면 알 것이라며 행사 강행 의지를 피력하였다. 그러나 이는 받아들여지지 않았고 일정을 바꾸어 하겠다는 뜻도 거부되었다. 결국 봉안식은 이루어지지 못했다.

경찰의 보천교에 대한 탄압이 보천교 본소 수색, 보천교도 구인 고문 등으로 이어지는 가운데, 여름에는 차경석이 경찰에 소환되어 옥새玉璽, 곤룡포袞龍袍, 면류관冕旒冠, 용상龍床 등 황실에서 쓰는 물건을 만들어 매일 아침에 조견례朝見禮를 받는지 조사받았고, 고등법원까지 나서서 보천교 간부들을 소환하여 조사하게 하였으나 증거불충분으로 불기소처분 되었다.

일제는 신축 건물 사용 금지는 물론, 단발까지 강요하였다. 비록 19세기 후반에 단발령이 내려졌지만, 당시 조선 사람들이 전통적으로 그렇듯이, 보천교도들 역시 머리를 길러 상투를 틀었다. 보천교도들은 보발아관청의保髮峨冠靑衣[53)]의 교약규정敎約規定을 중시하였

----

52 이하 십일전 해체 과정은 보천교 중앙 총정원·협정원, 『보천교연혁사』 하, 6쪽 이하를 참조하여 정리하였다.

53 차경석은 1930년 정월에 교인들에게 대관大冠[아관峨冠]을 쓸 것을 명하였다. 『보

다. 그런데 이 무렵 일제는 조선에서 단발을 추진하였다. 일제는 보천교도들의 두발을 농촌진흥운동의 맥락에서 강제로 단발시키겠다는 것이었다. 그런데 실제 그런 일이 벌어졌다. 전국에서 농촌진흥회가 대발하여 그 회규會規에 따라 사람들을 강제적으로 삭발시키거나 군수나 경관의 입회하에 삭발을 하기도 하였다. 이런 보고가 접수되자 보천교인의사普天教仁義士 총무소는 1932년 12월 30일 전국 신도들에게 행동지침을 내렸다. 그 내용은 한마디로 말해 삭발을 거부하라는 것이다. 즉 농촌진흥회는 그 목적이 피폐한 농촌의 부활이고, 총독부의 방침은 근검려행勤儉勵行과 실업청년의 귀농일 뿐이며, 거기에 보천교도 삭발 조목은 없으므로 교도들은 보천교의 생활정신이자 신앙 표준인 청의보발靑衣保髮을 지키라는 것이다.[54]

그러자 1933년 윤5월 12일에 정읍경찰서 고등계 주임과 형사가 본소를 찾아와 차경석에게 유고문을 주며 이를 교도들에게 발송하게 하였다. 그 내용은 교약규정서에 있는 '보발' 두 자를 삭제하고 단발 보발을 교도의 자유에 맡긴다는 것이었다. 차경석은 이 문제는 자신이 단독으로 어떻게 할 수 없으니 간부들에게 타협하라 하였다. 공문 발송을 미루자 경관이 3일간 머무르며 한편으로는 권고하고 다른 한편으로는 위협도 하였다. 그것은 곧 차경석은 물론 간부들에게 단발을 수용하라는 것이었다. 더 이상 저항하지 못한 차경석은 조선총독부 시정방침 상 농촌진흥회의 단발장려에 배치되므로 보발과 단발을 교도의 자유의사에 맡기며 본소는 간섭하지 않겠다는 글을 교도들에게 발송하였다.[55]

1930년대 들어 정읍경찰서의 수많은 호출에 출두하고, 본소까지

천교연혁사』 하, 24쪽.

54 『보천교연혁사』 하, 69-71쪽.

55 『보천교연혁사』 하, 81-82쪽.

찾아와 협박하는 경찰에 순응하는 차경석으로 보아, 그와 보천교의 위상은 이제 말이 아니었다. 그러나 총독부의 보천교에 대한 경계는 그치지 않았다. 총독부는 오히려 보천교를 이참에 해산시키려고 하였다. 시국대동단 활동에 대해 보인 대중들의 보천교 박멸운동, 보천교 간부들의 탈퇴와 혁신운동, 나아가 보천교 내부에서 금전 등을 둘러싸고 일어난 일탈적 사회문제 등으로 보천교의 위상이 크게 쇠퇴하자, 일제를 득의양양하여 보천교의 집회까지 금지하더니, 1935년 말에 이르러 마침내 보천교를 해산시키기 위한 수순으로 들어갔다. 이는 일제가 몇 달 전인 1935년 6월에 '유사종교단체 엄중 취체 방침' 입안의 연장선상에서 이루어졌다.[56)]

그렇다면 일제는 보천교를 어떻게 해산시키려고 하였을까? 일제는 당시 일본에서 오모토교大本教 해산을 모델로 삼은 듯하다. 1898년 창교된 대본교는 만민평등과 세계평화를 내세운 신도계의 신흥교단이었다. 일제는 일본에서 대본교를 혁명사상을 가진 소위 유사종교 단체로 간주하였다. 교세를 크게 늘려가던 1921년, 당국이 대본교의 데구찌 오니사부로우出口王仁三郞를 불경죄와 신문법을 위반했다는 죄목으로 체포하는 사건이 일어났다. 그리고 1935년에 정부로부터 국체 변혁을 도모한다고 낙인찍혀 다시 정치권력의 탄압을 받았다. 이 일로 간부와 신도들이 치안유지법과 황실불경죄로 체포되었을 뿐만 아니라 교단의 건물이 폭파되기도 하였다. 대본교가 박멸·해산된 것이다.[57)]

보천교는 이런 일본 대본교와 1924년부터 1926년까지 간부를 서로 보내는 등 제휴하였다.[58)]

----

56 《동아일보》, 1935. 6. 7, 〈종교유사단체를 엄중 취체 할 방침〉
57 《동아일보》, 1935. 12. 9. ; 12. 10. ; 12. 25. ; 1936. 3. 7. ; 3. 12; 3. 14 참조.
58 《동아일보》, 1926. 7. 24; 전라북도, 『보천교일반』, 1926, 199쪽.

파괴된 대본교 본부. 1935년 2차 탄압 때 본부 시설의 대부분이 다이너마이트로 파괴되었다.

大本教宣傳員
普天教를訪問

·대본교선뎐원이입경하야
보텬교를방문하고밀의해

대본교선뎐원[illegible](大本教宣傳員吉原亨)([illegible])은 지난이십일에경성에들어오는즉시로시내가회동(嘉會洞)백칠십번디에잇는보텬교진졍원(普天教眞正院)을방문하고 비밀리에 협의를하엿는데 그것은량교회합[illegible](兩敎合同計劃)인듯하다고한다 본교는 보텬교의세력을 리용하여서조선에대본교를포교하자는것오로 [illegible]원은 보텬교에대하야사진기타여러가지를요구하엿스나거졀을당햇다는말이잇더라

오모토교와 보천교의 교류를 보도한 기사. 《동아일보》, 1926. 7. 24, 〈대본교 선전원 보천교를 방문〉.

《동아일보》는 당시 총독부 경찰국이 보천교를 대본교와 매우 유사한 불경한 교단으로 보고, 차경석을 대본교의 실질적 교주인 데구치 오니사부로에 견주면서, 대본교에 철퇴를 내린 것과 같은 방법으로 조만간 보천교를 해산시킬 것을 결의했다고 보도하였다.[59] 그것은 곧 보천교를 흔적도 없이 해체시키겠다는 것이었다.

그런데 생각지도 못하였는데 그 실마리가 마련되었다. 1936년 윤 3월 10일, 차경석이 하세下世한 것이다. 그것은 곧 보천교의 위기 상황이나 다름 아니었다. 그렇지 않아도 일제에게 눈엣가시였던 보천교의 앞날이 풍전등화와 같게 되었다. 그러나 누군가에게 위기가 다른 누군가에게는 기회이기도 하다. 조선총독부에게 이는 보천교를 해체시킬 수 있는 절호의 기회였다. 그리하여 총독부는 차경석의 장례를 계기로 보천교 해체 작업에 들어갔다.

차경석이 사망하자 일제가 먼저 한 것은 그날부터 경찰 4명을 보내 수호사修好司에 머물게 한 것이다. 그리고 18일의 발인 때는 총독부 경무국 보안과 경관 50여명이 출동하였다. 19일에는 보천교 간부들이 회의를 열어 교무사항을 협의하려했으나 회의도 못하게 하여 무산되었다. 4월 16일, 일제는 보천교 교무집행 일체를 금지하고 정리소와 교약소 간판을 철거하며 성금을 거두는 사람은 처벌한다는 명령을 내렸다.

닷새 뒤인 21일 이른 아침, 전주경찰부 경관 약간 명과 정읍경찰서 소속 경관 70여 명이 보천교 본소에 갑자기 들이닥쳤다. 그들은 간부들을 한 곳에 모아 지키며 본소 건물을 수색하였을 뿐만 아니라 오래된 경리장부와 도장 및 문서를 압수하였다. 그 다음날에도 경찰은 본소를 수색하였는데, 빈소와 사당과 교주의 며느리 방까지

---

59 《동아일보》, 1935. 12. 19, 〈종교유사단체에 철퇴. 필두는 보천교 소탕〉.

들어가 벽과 천장 및 장판을 뜯으며 수색하였으나 소득이 없었다. 이날 오후에 일제는 총독부의 방침이라고 하면서 보천교의 포교, 집회, 성금 모으기 등 세 가지를 금지하는 지시를 내렸다.

5월 20일에 이르러 일제는 보천교가 앞으로 새로 지은 거대한 건물을 보호 관리할 능력이 없을 것이므로 당국에 위임할 것을 강요하였다. 나아가 그 지역인 대흥리에 살고 있는 교인들도 생활 대책이 없으므로 각기 고향으로 돌려보내라고 종용하였다. 사흘 후에도 정읍서장이 새 건물을 당국에 제공하라고 위협했다.

1936년 6월 6일, 경찰이 보천교 간부 24명을 연행해 보천교 해산, 신건축 포기, 삭발 세 가지를 요구하며, 따르지 않는 자는 엄중 처벌하겠다며 위협했다. 이틀 후에는 경찰서에서 수십 명이 본소에 밀어닥쳐 구 성전 안에 있던 제기, 정문 위에 금은으로 된 일월상, 삼광영 화본畵本 족자, 도금한 제단까지 전부 뜯어갔다.

그리고 6월 15일에 정읍서에서 보천교 건축물 경매를 했다. 경매에 앞서 지방 유지들이 자신들이 사는 지역에 거대한 건물이 있음은 역사상 일대생광一大生光이라 여겨 같이 사서 병원이나 학교를 세우자며 당국과 교섭하였다. 그러나 일제의 의지는 단호하였다. 정부에서 보천교의 새 건물을 경매에 붙이려는 것은 보천교인의 심리를 근본적으로 박멸할 방침이므로 철거하지 않으면 백만 원을 입찰하여도 줄 수 없고 단돈 만 원이라도 철거할 사람에게 낙찰하겠다고 하였다. 결국 유지들은 단념하였고, 새 건물은 강제 경매되어 철거되었다.[60]

---

60 일제는 경매에 들어가기 전에 일부 교인들로 구성된 '보천교재산처리위원회'라는 유령단체를 만들어 이들로 하여금 재산 포기 각서를 쓰게 하였다. 수십만 원을 들여 지은 십일전은 경매를 통해 유령 일본인에게 500원에 넘어갔다. 당시 쌀 한가마니가 5원 30전 정도였는데, 십일전이 500원에 팔렸다는 것은 정상적인 경매가 아니었음을 말

해체되는 보천교 십일전

폐허로 남은 보천교 십일전 터

민족정신을 통합하여 일제에 저항하며 독립운동을 지향한다고 낙인찍혀 보천교와 그 본소는 비록 해체되었지만, 그 흔적은 아직도 정읍에 폐허로나마 생생하게 남아 있다.

보천교는 그 종교사상이 미신적이라거나 본질적으로 사교邪敎 때문에 해산된 것이 아니다. 종교적 이유 때문에 해체된 것이 아니라는 것이다. 그것은 일제가 제국주의의 야욕을 채우기 위한 방편으로 조선에서 취한 신종교에 대한 집요한 탄압과 분열 정책 때문이다. 그 실천적 행위가 차경석에 대한 요시찰인 편입, 교도의 대거 검거, 회유, 박멸 유도, 적폐청산 대상화를 통한 폭력적 통제였다. 차경석의 사망은 보천교 해산을 앞당기는 실마리였고, 이에 따라 보천교 십일전도 해체되는 운명을 맞이할 수밖에 없었다.

그렇다고 보천교의 생명이 완전히 끊어진 것은 아니다. 왜냐하면 이후에도 이를 재건하려는 교도들의 움직임은 이어졌기 때문이다. 일제의 신종교에 대한 교단 해체와 포교 금지가 강화되자 보천교도들은 공개 활동을 할 수 없었다. 이에 흩어진 교도들은 비밀결사체를 조직하여 지하화하였다. 그러다가 체포되면 처벌받는 악순환이 해방 때까지 되풀이되었다. 그리고 해방과 더불어 보천교는 재정비의 길로 나아갔다.

한다. 낙찰자인 에도 쵸오지로오江戶長次郞은 경찰의 하수인이었으며, 낙찰 대금도 경찰 측으로 넘어갔다는 전신傳信이 있어, 경매가 아닌 압수였음을 알 수 있다. 불교계가 1937년 3월에 이 십일전을 12,000원에 다시 사들여 철거를 시작하여 다음해 10월에 이축 완공한 것이 지금의 조계사 대웅전이다. 개편 정읍시사발간추진위원회, 『정읍시사』 중中, 2010; 안후상, 「보천교 십일전과 조계사 대웅전」, 『신종교연구』 4, 2001 참조.

참고문헌

* 《개벽》 신간 제1호, 개벽사, 1934. 11.
* 《개벽》 제38호, 개벽사, 1923. 8.
* 《동아일보》
* 《보광》 창간호, 보광사, 대정12년.
* 《조선사상통신》, 조선사상통신사, 소화4년(1929), 8. 6-8. 14.
* 《조선일보》
* 《조선중앙일보》
* 《조선총독부 관보》, 1910. 8. 29.
* 개편 정읍시사발간추진위원회, 『개편 정읍시사』 상·중·하, 2010.
* 김재영, 『보천교와 한국의 신종교』, 신아출판사, 2010.
* 김정인, 「1920년대 전반기 보천교의 부심과 민족운동」, 『한국민족운동사 연구』 Vol.29, 2001.
* 김철수, 「일제하 식민권력의 종교정책과 보천교의 운명」, 『선도문화』 Vol. 20, 2016.
* 김철수, 『잃어버린 역사 보천교』, 상생출판, 2017.
* 김홍철, 「일제하 증산교단의 수난과 그 대응」, 『일제하 증산종단의 민족운동』, 증산종단협의회, 1997.
* 노길명, 「초기 증산종단의 민족의식과 민족운동」, 증산종단연합회 편저, 『일제하 증산교단의 민족운동』, 1997.
* 문지현, 「전시체제기 조선총독부의 신종교에 대한 정책과 신종교단체」, 『한국 근현대사 연구』 Vol. 67, 2013.
* 박승길, 「일제 무단 통치 시대의 종교 정책과 그 영향」, 『사회와 역사』 35, 1992.
* 보천교 중앙총정원·협정원, 『보천교연혁사』 상·하, 1948.

* 보천교 중앙총정원·협정원·총령원, 『교전』, 문화사, 1982.
* 보천교, 『도훈』, 1986.
* 성주현, 「1920년대 초 태을교인의 민족운동」, 한국민족운동사학회, 『일제강점기의 민족운동과 종교』, 국학자료원, 2002.
* 성주현, 「일제강점기 민족종교의 비밀결사와 독립운동자금 모금운동」, 『한국민족운동사연구』 Vol. 56, 2008.
* 안후상, 「보천교 십일전과 조계사 대웅전」, 『신종교연구』 4, 2001.
* 안후상, 「식민지시기 보천교의 '공개'와 공개 배경」, 『신종교연구』 26, 2012.
* 양은용, 「일제의 종교정책에서 본 증산교」, 증산종단연합회, 『일제하 증산교단의 민족운 동』, 1997.
* 윤선자, 「일제의 종교정책과 신종교」, 『한국근현대사 연구』 13, 2000.
* 윤선자, 『한국근대사와 종교』, 국학자료원, 2002.
* 윤소영, 「법정사 항일운동 주동세력의 성격에 대한 재검토」, 『한국독립운동사연구』 Vol. 51, 2015.
* 윤이흠, 『일제의 한국 민족종교 말살책』, 도서출판 모시는 사람들, 2007.
* 윤해동·이소마에 준이치 엮음, 『종교와 식민지 근대』, 책과 함께, 2013.
* 이강오, 「보천교」, 『전북대 논문집』 Vol. 8, 1966.
* 이성우, 『민주 항일무장투쟁의 신화 김좌진』, 역사공간, 2011.
* 이정립, 『증산교사』, 증산교본부, 1977.
* 장원아, 「1920년대 보천교의 활동과 조선사회의 대응」, 『한국사론』 Vol. 59, 2013.
* 전라북도, 『보천교일반』, 1926.
* 조경달 저, 허영란 역, 『민중과 유토피아』, 역사비평사, 2009.
* 조선총독부, 『조선총독부시정연보』, 명치 44년(1911) ; 대정 10년(1921), 국학자료원, 1983.

* 증산도 도전편찬위원회, 『도전』, 대원출판사, 2003.
* 村山智順 저, 최길성 외 역, 『조선의 유사종교』, 계명대학교 출판부, 1991.
* 친일반민족행위진상규명 위원회, 『친일반민족행위진상규명 보고서 Ⅲ-3』, 현대문화사, 2009.
* 한국민족운동사학회, 『일제강점기의 민족운동과 종교』, 국학자료원, 2002.
* 홍범초, 『범증산교사』, 범증산교 연구원, 1988.
* 국사편찬위원회, 한국사 데이터 베이스, http://db.history.go.kr/
* Ransford S. Miller, "Political and Social Condition and Organization In Chosen. - The Public Safety Act", 1925. 5. 25.
* 京鍾警高祕 제11684호-4(1923. 10. 2), 〈의열단원의 행동에 관한 건〉.
* 京鍾警高祕 제16789호-3(1923. 12. 26), 〈의열단원 검거의 건 속보〉.
* 京鍾警高祕 제16789호-4(1924. 1. 7), 〈의열단원 검거의 건〉.
* 高警 제36610호(1919. 12. 26), 〈태을교도 검거에 관한 건〉(전라북도지사 보고 요지).
* 高警 제599호(1923. 2. 21), 〈상해 정보〉.
* 公信 제158호(1923. 2. 14), 〈불령선인 국민대표회의의 근황에 관한 건〉.
* 關機高授 제30344호(機密 제1199호)(1924. 11. 10), 〈김좌진 일파의 행동〉.
* 關機高授 제32743호(機密 제1148호)(1924. 11. 26), 〈김좌진 군자금을 얻다〉.
* 吉川文太郎, 『朝鮮の 宗教』, 朝鮮印刷株式會社, 大正10년(1921).

한미동맹의 민중적 기원, 보천교의 항일 전략과 비전

남창희(인하대학교 교수)

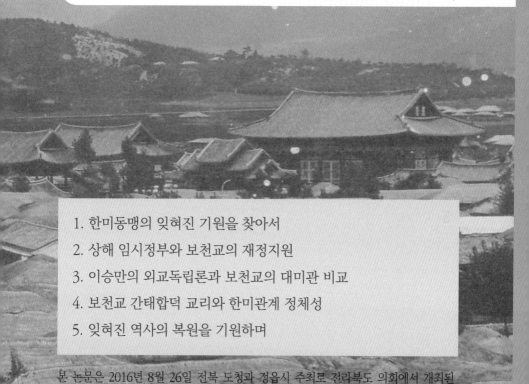

1. 한미동맹의 잊혀진 기원을 찾아서
2. 상해 임시정부와 보천교의 재정지원
3. 이승만의 외교독립론과 보천교의 대미관 비교
4. 보천교 간태합덕 교리와 한미관계 정체성
5. 잊혀진 역사의 복원을 기원하며

본 논문은 2016년 8월 26일 전북 도청과 정읍시 주최로 전라북도 의회에서 개최된 세미나 발표 후 김재영 외,『일제강점기 보천교의 민족운동』, 기역출판사, 2017의 한 chapter로 출판된 것을 2017년 국회 보천교 학술회의 발표문으로 확대·보완한 것이다.

1

한미동맹의 잊혀진 기원을 찾아서

구미에서 말하는 근대적 의미의 주권국가는 신성로마제국 체제가 유럽 30년 전쟁으로 붕괴되면서 개념적 맹아가 싹튼 베스트팔렌체제에서부터 그 기원을 찾는다. 이후 주권국가는 모두 평등하며 내정에 있어 불가침의 주권을 행사한다는 기본 원칙에 의거, 근대적 만국공법 즉 국제법이 발전되었다. 19세기 유럽 제국주의 열강의 서세동점西勢東漸으로 1840년 아편전쟁 이후 동양의 천조체제는 붕괴되기 시작하였다.[1)] 1392년부터 명의 제후국을 자처한 조선 왕조가 수립되면서 중화체제(sino-centric East Asian world order)는 이후 근 500년간 한국의 대외관을 규정하였다. 그러나 1894년 창의문 등 보국안민의 국가목표를 제시한 전봉준 장군과 동학군의 세계관에서 돌연 중국에 대한 조공국 의식은 사라진다.[2)] 동학 접주 차치구의 장남 차경석이 중심이 된 대일항쟁기 보천교의 대외관에도 중국에 대한 사대주의는커녕 조선을 중국이나 일본보다 우월한 천자국天子國으로 보는 전혀 이질적인 세계관이 민중을 파고들었다. 구한말 조정과 유가 지식인들의 사대 의식과 전혀 다른 민중들의 자긍심 넘치는 자주적 대외관은 갑자기 어디서 생겨나서 어디로 계승되었는

---

1 Key-Hiuk Kim, *The Last Phase of the East Asian World Order,* The University of California Press, 1980.

2 동학농민운동과 민족주의에 대한 대표적 연구는 신복룡, 『동학사상과 한국민족주의』, 평민사, 1983. ; 한흥수, 『근대 한국 민족주의연구』, 연세대 출판부, 1977을 참고할 것.

지 궁금하지 않을 수 없다. 동학을 계승한 보천교는 신도수가 최소 55만에서 최대 600만 명으로 추정되는 최대 민족종교 조직으로서 식민지 민중의 의식세계에 상당한 영향을 미쳤을 것이다. 그럼에도 불구하고 해방 전후 우리 국민의 국가정체성 형성에 민족종교가 미친 영향에 대한 연구는 미흡하다. 나아가 다수 민중들의 신념구조에 착근했던 보천교의 천자국 의식과 한미동맹 번영론이 독립운동과 해방 후 대한민국의 외교 정체성[3] 형성에 미친 연구는 전무하다고 해도 과언이 아니다.

필자는 상기 물음에 답하기 위해 보천교의 세계관과 교세를 검토하고 상해 임시정부를 비롯한 해외 독립운동에 대한 재정적 지원을 고찰해 보면서 한국 근현대사 서술에서 실종된 보천교의 역사적 위상과 그 공헌을 고찰하고자 한다. 특히 대한민국 독립의 국제적 근거가 된 카이로선언과 대한민국 정부 수립에까지 이르는 이승만의 대미 독립외교론 발상과 한미동맹 형성 추진에 보천교의 대미관이 미친 영향을 중심으로 추론해 보고자 한다. 그리하여 이승만이라는 정치지도자를 매개로 범凡 보천교 세력의 교리와 대한민국 국가정체성의 주요 요소인 한미동맹과의 상호관계에 대한 새로운 가설을 도출하기로 한다.

조사의 방법으로는 보천교의 교리를 추출할 수 있는 종교적 출판물, 범보천교 교파 참여자들 후손의 증언과 기존 보천교 연구 자료를 활용하여 국제관계 정체성 요소에 연결되는 개념과 교리를 추출

---

3 국제관계에서 힘의 분포나 이익구조보다 인식, 관념, 신념과 정체성 요소를 주목한 구성주의 패러다임의 대표적인 초기 관점은 Alexander Wendt, "Anarchy is What States Make of It: The Social Construction of Power Politics," *International Organization,* Vol. 46, 1992. ; Alexander Wendt, "Collective Identity Formation and the International State," *The American Political Science Review,* Vol. 88, No. 2, 1994를 참고할 것.

한다. 그리고 이러한 보천교의 관념적 요소들이 독립운동과 해방 후 대한민국 대외 정체성의 형성에 미친 영향을 논리적으로 추론해 본다. 종교적 신념, 인식, 희망과 정체성 등은 개인이나 조직에 처음 소개되면 조직이나 공동체 내의 공감, 교육, 재생산 및 기억의 형태로 전승되면서 성공적으로 그 조직이 확대되는 경우 사회적 정체성으로 착근·확산된다. 구성주의자들이 말하듯이 공동체 내에서 간주간적 (inter-subjectively)으로 형성된 정체성이 확산되면 정책결정자의 현실 행동에도 영향을 주어 제도와 구조의 형태로 현실 정치과정에 반영된다. 배리 부잔이 말한 것처럼 국가의 요소에는 국민, 영토, 주권뿐 아니라 공통의 이념과 역사정체성도 포함된다. 독립국가의 회복과 주권국가의 형성 그리고 대내외적 정통성 위기의 극복에 정신적 요소인 국가정체성과 대외관은 빼 놓을 수 없는 요소이다. 따라서 일제 하 전북지역을 중심으로 한 보천교의 천자국 의식과 문화, 일제패망론, 간태합덕 한미동맹론 등의 개념과 정체성은 독립운동과 해방 후 대한민국 정부 형성과정에 일정한 역할을 했을 가능성이 있다. 특히 본 연구에서 채용한 연구방법은 범보천교의 국가관, 세계관의 정체성 요소(A)와 대한민국 정부 수립에 중심적 역할을 한 이승만 대통령의 개인적 대미관(B)을 엿볼 수 있는 이승만 일기와 저작물의 인식, 신념, 정체성과의 맥락적 동조성(A와 B의 관련성, contextual isomorphism) — 혹은 막스 베버Max Weber의 표현을 빌자면 — 선택적 친연성(elective affinities)를 비교·추적하는 것이다.

그리하여 보천교의 정체성 요소가 해방 후 한미동맹 체결로 이어지는 우호적인 한미관계 정체성 형성에 미친 영향을 가늠하는 새로운 가설군을 시론적試論的으로 제시해 보고자 한다. 그러한 검토 과정은 기존 연구의 한계를 성찰함으로써 한국 근현대사의 서술 과정에서 공정하게 주목받지 못한 일제 하 보천교 운동 세력의 역사적 위상에 대한 새로운 평가의 기초 자료로서도 활용될 수 있을 것이다.

2

상해 임시정부와 보천교의 재정지원

1) 보천교 항일성의 근원

1922년 조선총독부에 등록하기 전 보천교普天教의 원 이름은 조화를 널리 세상에 편다는 의미의 보화교普化教였다. 보천교의 상징적 건축물인 십일전十一殿에도 태극수 1과 무극수 10을 합한 십일의 조화로서 세상을 구원한다는 조화사상이 들어있다. "시천주조화정" 주문에서 말하는 하느님을 모시고 조화를 받아 내린다는 교리는 보천교의 수행론의 핵심이었다. 이 조화사상은 보천교의 뿌리가 최제우의 동학과 깊은 관련이 있음을 잘 보여준다. 보천교의 교주 차경석의 부친은 전봉준 장군과 동학혁명을 주도한 동학 접주 차치구였다. 부친 차치구를 따라 차경석도 15세의 나이로 동학혁명에 종군하였고 천도교의 전남북 순회관을 지낸 것에서 알 수 있듯이 보천

동학을 창도한 수운 최제우(좌), **전봉준의 동학농민혁명**(우)

교와 동학 및 천도교와의 밀접한 관련성을 엿볼 수 있다.

하지만 차경석의 의식세계에 근본적 변화를 준 것은 호를 증산甑山으로 쓴 보천교 도조道祖와의 만남이었다. 1907년부터 1909년까지 2년간 차경석은 구릿골 핵심 제자의 한사람으로 참여하면서 완전히 새로운 세계관을 갖게 되었다.[4] 총독부 촉탁 무라야마 지준과의 인터뷰에서 차경석은 자신의 스승이 강세한 하느님이라는 충격적인 증언을 하였다. 차경석은 무라야마가 옥황상제玉皇上帝와 자신의 스승의 관계가 무엇이냐는 질문에 스승이 바로 옥황상제라고 답하였던 것이다.[5] 보천교 교주의 의식 속에 시천주의 대상인 천주님[하느님]이 바로 자신이 2년간 모시고 다녔던 스승이었다면 보천교의 도맥은 최제우보다는 구릿골 스승이라고 보는 것이 사실에 부합된다.[6] 차경석이 보기에 최제우와 동학운동은 옥황상제가 강림하기를 예고하고 준비하는 역할을 맡는데 불과했다는 것이다. 훗날 차경석은 옥황상제 천주를 모신 자신을 천자라고 주장함으로써 일본천황의 위격을 넘어선 자의식을 공공연하게 전파하였다. 나아가 차경석이 천자로 등극하여 건립할 독립국가 시국時國은 일본, 중국을 앞선 세계 일등의 이상국가가 된다고 당시 신도들은 믿었다.[7] 따라

---

4 보천교의 우주론 및 세계관과 총독부와의 관계에 대한 연구는 Chang-hee Nam, "Political Economy of the Penetration, Resistance, and the Popular Beliefs: A Case of Hopeful Farmers in North Jeolla Province under Japan's Occupation," *Korean Political Science Review,* Vol. 48, No. 3, 2014, 73-90쪽.

5 박종렬, 『차천자의 꿈』, 장문사, 2001, 240쪽. 인간으로 강세한 미륵불이자 하느님으로 확신했던 구릿골 문도들과 차경석이 눈 앞에서 직접 목격한 수많은 충격적인 권능에 대해서는 보천교에 비판적인 일부 연구자들도 그 사실성을 인정하는 점이 주목된다.

6 박종렬의 견해를 종합하면 차경석의 일부 간부들이 일제의 탄압으로 교세가 위축되자 20년대 후반부터 총독부에 타협적인 면도 보이며 유교적 색채를 가미하고 교리의 변질을 시도하였다는 관점도 있다. 박종렬, 『차천자의 꿈』, 204-272쪽.

7 『普天教一般』이라고 명명된 1926년의 조선총독부의 저자 불명의 조사 보고서. 필자가 2016년 일본 학습원 대학 우방문고에서 발견하고 복사하였는데 정무총감이 주재

서 조선총독부 입장에서 차경석은 혹세무민하는 황당한 교리의 주창자로 치부되어야 하거나 아니면 정치적으로 제거되어야만 하는 매우 위험한 인물이었던 것이다.

한편, 차경석의 구릿골 도우이자 수석 문도로 인정받았다는 김형렬이 개창한 미륵불교에서는 그들의 도조를 인간으로 화생한 미륵불彌勒佛이라고 보았다. 구릿골 교단의 파생종파인 안내성 교단, 박공우 교단, 문공신 교단 역시 일관되게 자신들의 도조는 신라 진표율사가 고대했던 인간으로 강세하는 미륵불이라고 믿었다. 그렇다면 혹자는 보천교의 사상적 기원은 구한말이나 1901-9년의 구릿골 도판이 아니라 석가모니의 미륵불 사상이 아니냐고 반문할 수 있다. 하지만 보천교 도세 성장 이후 출판된 다양한 문건에서 심지어 그들의 도조는 예수, 석가, 공자, 노자를 세상에 내려 보낸 우주의

전북 모악산 금산사

하는 주 2회 조선총독부 정례 국장회의 자료로 보고되었고 전북지역 농업 상황을 관장하는 와타나베 농림국장(32-35년 근무)이 이임 시 개인적으로 소장하다 학습원대학에 기증하였다고 한다.

주재자 옥황상제라는 인식이 있었다. 그렇다면 보천교 신도들의 인식 구조 속에 그들의 도조는 인류 혹은 우주 역사의 출발과 함께 존재했던 옥황상제가 강세한 인격신이었다는 논리까지 도출된다. 특정 국가나 인종만의 신이 아니라 동서고금 온 우주를 주재하는 옥황상제가 한국에 강세하였다는 보천교도들의 인식은 바로 보천교의 세계관 그리고 그들의 국가관의 핵심 요소였다.

일본 국가 종교 신도에서 말하는 아마테라스 오오카미天照大神의 위격을 능가하는 보천교의 신관과 나아가 차경석이 하늘의 정통성을 받은 유일한 천자라는 교리는 조선총독부가 용인할 수 있는 범위를 벗어나도 한참 벗어났던 것이다. 보천교가 조선총독부와 양립할 수 없었던 근원적 이유는 결국 그들의 상제관, 민족관, 천자국 개념에 있었다. 실제로 보천교의 역사를 기술한 『보천교연혁사』를 보면 정읍경찰서 등 총독부의 엄중한 감시로 인한 활동의 제약이 반복적으로 상술되어 있다.[8] 보천교 일부 간부가 시국대동단이나 동경사절단 활동 등에서 일시적으로 친일적 표피를 보인 적은 있다. 하지만 국소적 현상이 본질을 결국 가릴 수 없듯이 보천교의 항일적 성격은 무자비한 해체 명령 등 조선총독부가 그들에게 보인 적대적 태도가 모든 것을 입증한다.[9] 일본이 보천교를 그토록 불편하

----

8 보천교 중앙협정원, 『보천교연혁사』 하, 보천교 중앙협정원, 1961.

9 조선총독부와 친일 인사간의 정서적 일체감이 동반된 지속적인 상하간 특혜교환(mutual favor exchange)은 정치인류학의 후견-피후견 관계로 설명되는데 총독부와 보천교와의 관계는 상하관계가 아니었고 정서적으로 대립되었으며 상호 교환하는 특혜는 표피적이고 표리부동의 전술적이었으며 반대로 차별(감시, 체포 등 탄압, 유사종교령, 해체령)이 압도적이었던 점에서 피후견성보다는 보천교는 일본 제국의 후견-피후견 네트워크에서 배제되었을 뿐 아니라 일왕(천황)을 정점으로 한 인적 네트워크를 초월하는 항일성이 두드러진다. 후견-피후견 정치인류학 이론은 Carl Lande, *Leaders, Factions, and Parties: the Structure of Philippine Politics,* Yale University Southeast Asia Studies, 1965. ; Carl Lande, "Networks and Groups in Southeast Asia: Some Observations on the Group Theory of Politics," *American Political Science Review,* Vol. 67, No. 1, 1973 March. ; Chang-

게 여긴 이유는 후술할 독립운동 자금 융통과 미국에 의한 해방론 교리 뿐 아니라 그들 교리의 상제관과 차경석의 천자 개념에서부터 찾는 것이 올바른 접근이 될 것이다.[10]

2) 보천교 교세의 부침

보천교의 사회 활동이 해방 후 대한민국의 수립에 미친 영향을 논하는 데 있어 그 교세에 대한 객관적 평가는 중요한 요소이다. 예를 들어 당시 인구 2천만 중 10만 명의 신도가 신앙했다는 것과 한때 500만 이상의 세력이었다는 것은 그 사회적 영향력 평가에서 비교

일제에 의하여 파괴된 대흥리 보천교 본소 건물 잔해

---

hee Nam, "Industrial Clientage in Democratic Reform: A New Model for State-Big Business Relations in South Kora," *Pacific Focus,* Vol. 9, No. 1, 1994 Spring, 153-170쪽.

10 보천교의 항일성에 대한 연구사적 검토는 안후상, 「'보천교의 반일성反日性 연구'를 위한 연구사적 검토」, 『한국종교』 제39집, 2016, 27-55쪽을 참조할 것. ; 환경 보호를 어젠다로 하는 탈脫물질주의 녹색당이 이분법적인 산업시대의 좌우익 진영논리로는 잘 포착되지 않는 것처럼 보천교와 총독부 관계는 친일과 반일이라는 흑백논리를 초월한 천지공사의 개념을 이해해야 한다.

할 수 없을 정도로 큰 차이이다. 보통 인구센서스를 조사할 때도 신도의 기준이 무엇인가에 따라 교세의 평가는 달라진다. 태을주太乙呪를 읽어 본 사람을 보천교도로 계산할 것인지 종교적 입도 절차를 정식으로 거친 사람을 기준으로 할지, 아니면 입도 후 체계적인 교육을 이수하며 종교행사에 정기적으로 참여하는 사람으로 할지 그 기준은 애매하다. 그리고 보천교는 초기의 급성장과 달리 30년대에는 현저히 그 세력이 줄어들고 1936년 유사종교 해체령에 의한 탄압 이후에는 사실상 와해되었다. 이처럼 보천교 교세에 대해 경험적인 자료에 의한 평가는 어려움이 있지만 본 연구에서는 다음과 같이 최성기 교인의 숫자를 가늠해 보고자 한다.

1930년대 총독부 경무국이나 헌병대의 자료에는 보천교가 천도교보다도 적은 10만 이하에 불과한 사회적으로 고립된 토착종교 세력으로 묘사되고 있다. 하지만 1925년 서울 주재 미국 총영사 밀러의 워싱턴 국무성 보고서에는 "그 수가 600만 명이라고 한다"는 내용이 있어 양자 간에 현격한 차이가 있다.[11] 1930년대에 보천교가 쇠퇴기에 접어들었고 보천교 측에서 비밀 신도수의 보고를 회피하였거나 총독부가 애써 그 세력을 과소평가하려는 의도가 있다고 해도 두 수치의 차이는 너무 큰 것이 사실이다.

우선 보천교 내부와 총독부 자료에도 공통으로 나오는 간부 55만 명이라는 숫자에 주목할 필요가 있다. 명시적으로 간부만 55만이라고 하면 신도가 한 때 최소한 55만이었다고 보아도 무방할 것이다. 한명의 간부가 몇 명의 일반 신도를 두었는가에 따라 달라지지만 서

----

11 미 국무부 소장 한국 관계 문서로서 독립기념관 홈페이지에서 열람할 수 있는 이 보고서는 미국 총영사 Ransford S. Miller가 1925년 5월 25일 작성한 것인데, 제목은 《Political and social conditions and organizations in Chosen- The Public Safty Act》로 되어 있다.

울대 윤이흠 교수는 10명을 포교해야 간부가 될 수 있었다는 계산에 근거하여 신도수를 600만으로 추산한 바 있다.[12] 이화여대 박준식 교수는 계산의 근거를 명시하지는 않고 300만에서 600만을 최소와 최대치로 추정하였다.[13] 반면 고려대에서 보천교 연구로 박사학위를 받은 가천의대 박종렬 교수는 최소 백만 최대 6백만으로 편차가 큰 추산을 제시하였다.[14] 20년대 일본 총독부의 비밀자료에는 "보천교가 한때 신도수 600만 명을 주장한다."고 하였다.[15] 반면 1935년의 무라야마 지준의 연구에서는 1920년대 한때 간부만 55만으로 총 신도수가 수백만에 달했다고[16] 하면서도 같은 자료 통계분석에서 1934년에는 1만 6천여 명으로 급감한 것으로 보고하여 교세 판단을 어렵게 하였다. 한편, 3·1만세운동을 통해 식민통치의 위기를 겪은 총독부는 일본인 감리교 목사를 초빙하여 조선의 기독교 내부를 조사하는 과정에서 심상치 않은 보천교 교세를 감지하게 되었다. 당시 부산 인구 4만 중 2만 명이 태을주太乙呪를 외우고 전국적으로 교세가 퍼지고 있다는 감리교 목사의 보고를 통하여 볼 때 1920년 전후에는 1930년대와 달리 수백만에 달하는 보천교 열풍이 불었음을 짐작할 수 있다.[17] 당시 유력지 ≪시대일보≫를 인수하려 하고 잡지 ≪보광≫을 발행할 정도의 문화역량이 있었고 전북 정읍 대흥리에 거대한 십일전과 같은 본부를 건축하고 관리하기 위해서는 55만의 신

----

12 윤이흠, 『일제의 한국 민족종교 말살책: 그 정책의 실상과 자료』, 모시는 사람들, 2007, 241쪽.

13 박준식, 「정읍과 한국의 신종교 운동」, 『전북의 역사문물전 VI 정읍, 논고』, 통천문화사, 2006, 248쪽.

14 박종렬, 『차천자의 꿈』, 110쪽, 133쪽, 140쪽.

15 조선총독부(비밀 보고서로 저자 불명, 경무국이나 헌병대로 추정), 『보천교일반』, 1926. 보천교의 내부조직을 설명하면서 한 때 600만 명을 주장했다고 기술하였다.

16 村山智順, 『朝鮮の類似宗教』, 朝鮮總督府, 1935, 312쪽.

17 吉川文太郎, 『朝鮮の宗教』, 朝鮮印刷株式會社, 1921, 358-360쪽.

도로는 어렵고 수백만의 신도가 있었다고 해도 무리는 아니다. 특히 공공연히 천자를 표방하며 천제를 지내려 하는 차경석을 쉽게 체포하지 못했다면 조선을 흔들 정도의 보천교 조직역량을 총독부가 두려워했기 때문이라는 추정도 가능하다.[18] 또한 태을주太乙呪를 호기심에라도 읽어보거나 보천교 모임에 한번이라도 참여한 사람들을 24방주 혹은 개편된 60방주 휘하의 55만 간부들이 일시적이라도 관리했다면 최대 6백만의 참여도 한때는 가능했다고 보아야 한다.

비록 수년간의 짧은 최성기라 하다라도 최소 55만 최대 600만의 신도수라면 최소치만 잡아도 일제시기 당시 기독교를 능가하는 유력 종교단체라고 볼 수 있다. 총독부 통계로 1920년대 기독교 신도수가 대략 30만이었다고 한다. 불교는 신도의 기준이 천차만별인 점을 볼 때 보천교의 교세는 비록 부침이 컸지만 한 때는 한반도에서 중심적 종교사회 세력이었다고 볼 수 있다. 더욱이 전라북도를 중심으로 한 남한만 놓고 본다면 일제 때 한반도 남부에서 보천교

1937년 보천교 십일전을 해체하여 개축한 서울 조계사 대웅전

----

18 김재영, 『보천교와 한국의 신종교』, 신아출판사, 2010, 163쪽.

의 사회적 영향력은 타종교 세력을 압도했다고 평가하는 것이 공정할 것이다.

3) 보천교의 독립운동 재정지원과 상해 임시정부

일설에 의하면 김구는 1945년 11월 3일 당시 여의도 공항에 착륙하자마자 측근들에게“우리가 정읍에 빚을 많이 졌다.”는 발언을 했다고 한다.[19] 여기서 말하는 빚은 정읍 대흥리에 본소를 둔 보천교로부터 재정지원을 받은 것이라는 주장이 있다. 보천교의 재정간부 김홍규는 10여만 원의 거금을 일경에게 발각되어 고문을 받은 바 있고 이 활동을 독립운동으로 인정받아 독립유공자로 서훈되고 국립현충원에 안장되었다. 당시 10여만 원은 상당한 거액이었는데 임시정부 간부 라용균 제헌의원이 보천교 간부 임규로부터 5만원의 자금을 받아 상해 임정에 전달하였다는 구술 증언도 있다.[20] 비밀리에 전달되는 독립자금의 특성상 보천교가 실제 얼마만큼의 재정지원을 임정에 했는가는 전술한 그 교세의 평가처럼 확증하기 어렵다. 하지만 일본 검경 문서나 재판기록에 만주독립군 요원이 국내에 침투하여 보천교로부터 재정지원을 받으려다 체포된 많은 사

---

19 안후상은 탄허스님의 증언을 언급하며 김부곤의 사위 곽규를 고택에서 인터뷰한 결과 김구가 태인 김부곤 집에 머무를 때 정읍에 빚을 많이 졌다고 발언한 적이 있다고 한다. 김재영 외,『일제강점기 보천교의 민족운동』, 기역, 2017, 394-399쪽.

20 보천교 전문연구자 안후상의 증언, 대전 중리동 상생방송국(2015년 6월 7일)인데 이와 다른 주장도 있다. 전 주영대사 라종일 교수도 대만 쌍십절 행사에서의 인터뷰와 2015년 12월 대한민국역사박물관에서 개최된 국제정치학회 특별학술회의 인터뷰에서 “만경평야의 지주였던 백부님(라홍균)이 상해임시정부에 독립자금을 제공하고 배달사고가 종종 있어 차용증과 유사한 근거 문서를 언급하신 적이 있다”고 증언하였다. 라홍균 고택은 문화재로 지정되어 있으며 전북 영원의 고택에는 일제 탄압과정에서 해체된 보천교 본소의 황와(황제만 쓰는 기와)를 담벼락에 놓은 것으로 볼 때 보천교와 협력하여 상해 임정에 독립자금을 제공했을 가능성이 높다.

례를 보면 보천교가 해외 독립운동에 재정후원을 한 정황은 많다.[21] 아래 〈표 1〉에서처럼 보천교 관련 공식 자료와 연구문헌의 인물들과 상해 임정 요인들 간의 네트워크 분석을 해 본 결과 상당히 밀도가 높은 관계망이 있었음을 확인할 수 있다. 또한 행정자치부 국가기록원 독립운동 관련 판결문 데이터베이스에는 1923년 충청도의 보천교 교도 박운업이 보천교는 입교금을 전달하는 등 상해임정을 "있는 힘을 다하여 지원하고 있다."는 내용이 나온다.[22]

보천교의 중심 지역이었던 전북은 만경평야 등 한반도에서 가장 비옥한 평야지대로서 물산이 풍부하고 부유한 한국인 지주도 많은 지역이었다.[23] 또한 전국의 신도로부터 많은 성금을 거두었고 앞서 언급한 시대일보 인수 시도나 십일전 건축의 자금 조달능력을 볼 때 보천교의 재정이 상당한 규모였다는 점은 확실하다. 행정자치부 국가기록원의 항일독립운동 재판기록을 검색하면 보천교의 관련 기록이 압도적으로 많이 나온다. 보천교의 재정이 풍부했다는 사실과 보천교는 항일 운동을 많이 했다는 두 사실을 결합하면 보천교가 해외 독립운동을 후원했다는 것은 논리적으로 무리가 아니다. 독립운동 재정 지원의 비밀스러운 특성상 그 액수를 확증할 수

---

21 박종렬, 『차천자의 꿈』, 143쪽.

22 행정자치부 국가기록원 데이터베이스 독립운동 관련 판결문, http://theme.archives.go.kr/next/indy/viewIndyDetail.do?archiveId=0001352050&evntId=0034971204&evntdowngbn=Y&indpnId=0000003630&actionType=det&flag=1&search_region(검색일: 2017/05/16).

23 총독부와의 특수한 관계 하 한국인 지주의 자본축적을 통한 자본주의 발전의 배태지로서 전북지역에 대한 연구는 Carter Eckert, *Offspring of Empire: the Koch'ang Kims and the Colonial Origins of Korean Capitalism, 1876-1945,* University of Washington Press, 1991. ; 한국인 대지주와 총독부와의 특수관계에 관련된 연구는 Bruce Cumings, *The Origins of the Korean War,* Princeton University Press, 1981. ; 전북지역을 포함한 피후견적 친일 지주와 총독부간의 관계망의 만주로의 팽창과정에 대한 정치인류학적 연구는 Chang-hee Nam, "Clientelistic Expansion of Japan in Korea: the Political Economy of the Greater East Asian Co-prosperity Sphere," Ph.D Dissertation, the University of Kansas, 1992.

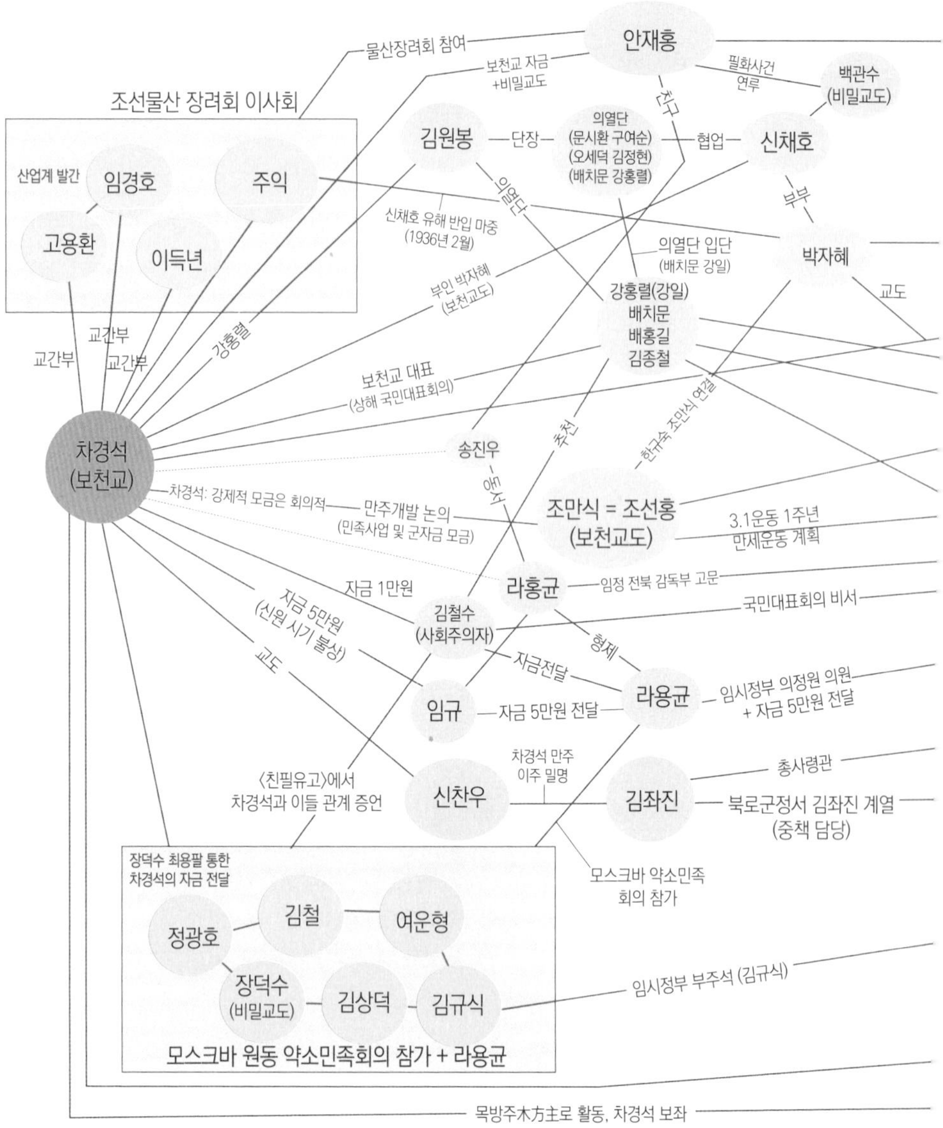

는 없지만 김구의 귀국 후 여러 발언에서 정읍에 진 빚이 운운되었다는 것은 임정이 보천교로부터 상당한 지원을 받았음을 시사한다.

〈표 1〉 차경석의 보천교와 이승만 상해 임시정부와의 관계망[24)]

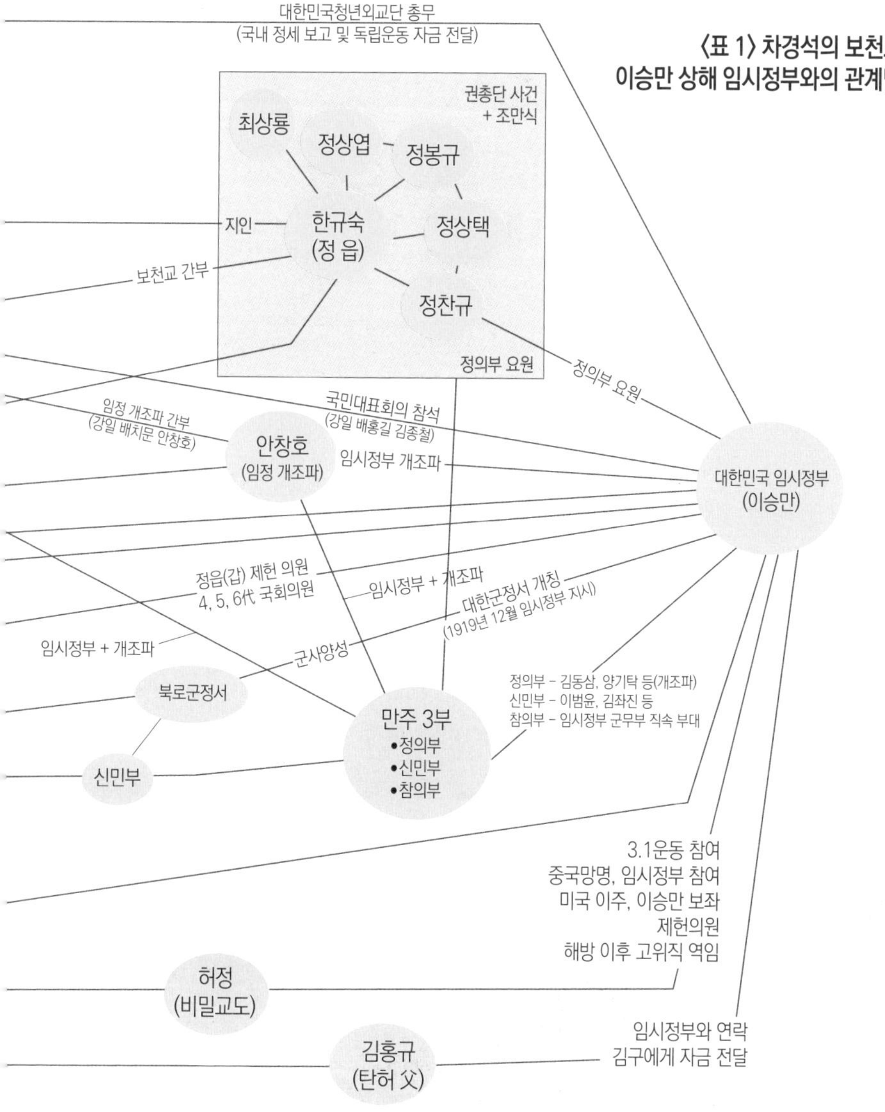

24 〈표 1〉은 김재영 외, 『일제강점기 보천교의 민족운동』의 기존 필자의 chapter에 없던 부분을 정읍시 현지 조사과정과 광범한 문헌 조사를 통하여 추가된 것이다. 서울대 윤이흠, 가천대 박종렬 교수 등 연구 자료와 정읍시사市史 등 문헌에서 추출한 인물들 간의 교유관계, 업무연락, 접촉, 인척관계 등을 필자가 정치인류학 네트워크 분석 기법 설명과 함께 제시한 틀에 기초하여 인하대 김동주 연구보조원이 작업하여 작성하였다. 보천교에 가담한 지식인들은 종종 익명을 요구한 적이 많아 박종렬 등 연구자의 주장은 추가 정밀 검증을 필요로 한다.

3

이승만의 외교독립론과 보천교의 대미관 비교

1) 이승만의 대미관 형성

대한민국의 독립은 3·1 만세운동, 만주의 무장독립 투쟁과 임시정부의 축적된 활동의 결과물이지만 구체적인 국제역학적 계기는 카이로선언이었다. 아시아에 수많은 피식민국들이 있었지만 유독 한국을 특정하여 독립시켜야 한다고 명기한 것이다. 카이로에서 처칠, 장개석과 회동한 루즈벨트 대통령은 초안을 작성한 특별보좌관 해리 홉킨스Harry Hopkins와 함께 한국 조항을 고집함으로써 일본의 한반도 불포기론과 장개석의 한반도 종주권 주장에 쐐기를 박았

이승만이 국제정치학 박사학위를 받은 프린스턴대(건물 지하에 이승만 기념홀 설치)

다. 일설에는 이승만 대통령이 같은 감리교 신자였던 홉킨스에 접근하였다거나 루즈벨트에게 보낸 서신이 영향을 미쳤다는 주장도 있다.[25] 하지만 그 인과관계는 아직 충분히 실증되지 않았다. 대신 이승만 대통령이 1941년 6월 출간한 저서 *Japan Inside Out*은 진주만 기습을 6개월 전에 예언함으로써 당시 워싱턴 조야에서 화제의 대상이 된 것은 분명한 사실이다.[26] 또한 일본의 조선 병탄 과정에서 그 부당성과 조미수호통상조약의 중재 의무를 저버린 미국의 국제법적 배신에 대하여 적시한 것[27]에 워싱턴 식자들이 영향을 받았을 개연성이 높다. 명치유신 개혁기 윌리암 클라크 박사가 홋카이도 농대를 설립해 주고 "Boys, be ambitious"라는 애정어린 고별사를 남길 정도로 미국은 일본의 근대화를 후원하였다. 그런 은혜를 저버리고 미국의 등에 비수를 꽂은 일본의 배신에 격분한 미국 정치인들은 이승만의 저서를 탐독하였을 것이다. 이승만이 상해를 떠나 하와이에서 독립운동을 시작한 뒤 일관되게 몰입한 대미독립외교가 빛을 발하는 순간이기도 했다. 여기에서는 이승만이 가까운 중국이 아니라 미국을 독립운동의 파트너로 선택한 이유에 대해 보천교 교리와 연관된 하나의 가설을 제시해 보고자 한다.

이승만이 미국에 가졌던 국제관계 정체성의 기원부터 살펴보자면 1895년 배재학당에서 영어, 기독교와 정치적 자유주의, 서양의 만국공법체제에 대한 학습에 있다. 1875년생인 이승만은 조선의 생존 위기 속 대한제국의 선포(1897)라는 환경 속에서 청년기 배재학당 스승 서재필의 영향을 받는다. 고종폐위 음모 사건에 연루되어 5년여 간의 투옥 생활 중 주한미국 공사 알렌의 구명운동을 받으면

----

25 유영익, 『건국 대통령 이승만』, 일조각, 2013.
26 Syngman Rhee, *Japan inside out; the challenge of today,* Fleming H. Revell, 1941.
27 Syngman Rhee, *Japan inside out; the challenge of today*, 24-25쪽.

서 그의 친미 정체성은 증폭되었을 것이다. 특별사면 후 민영환과 한규설의 지시로 대미 외교의 역할을 맡아 도미하여 죠지 워싱턴대학 학사부터 하바드대 석사, 프린스턴대 박사를 받으며 국제관계 전문가로 성장하게 된다.

또한 이승만의 대미외교 행보의 기원을 보자면 고종의 밀사로서 1905년 시어도어 루즈벨트와의 대면에서 시작된다. 주지하다시피 시어도어 루즈벨트는 카츠라 태프트 밀약으로 국제정치의 냉정함을 이승만의 머릿속 깊이 심어준 인물이다. 훗날 이승만은 해방 정국에서 취약한 국내 정치 기반을 보충하고 공산주의 침투를 차단하기 위해 심지어 악명 높은 친일파도 가리지 않고 활용하는 마키아벨리적인 얼굴도 보여주었다. 1905년의 만남은 이승만이 강대국 간 외교로 약소국의 운명이 결정된다는 일종의 구조적 현실주의[28]를 눈앞에서 체험한 계기가 되었다. 한국의 독립은 약소국 한국만의 힘으로는 어렵고 강대국 간의 각축 과정에서 외교를 통해 승전국에게 호소하는 것이 가장 현실적이라는 인식을 하였을 수 있다. 실제로 이승만은 1944년 9월 1일 미 국무성의 그루대사를 만났을 때 카이로선언의 한국의 독립 조항에 "적절한 과정"이라는 조건을 단 것에 집요하게 문제제기를 하였다. 카츠라 태프트 밀약의 예를 들면서 한국민의 의사에 반해 강대국 간 세력분할의 희생양이 될 것을 우려했던 것이다.

이승만은 미국을 포함한 국제사회를 냉정한 힘의 정치세계로 인식하면서도 미국은 상대적으로 한반도에 대한 영토욕이 없는 강대국이라고 인식하였다.[29] 하바드대의 월트Walt가 말하는 바와 같이

---

28 Kenneth Waltz, *Theory of International Politics,* Addison-Wesley, 1979. ; Glenn Snyder and Paul Diesing, *Conflict among Nations,* Princeton University Press, 1977.

29 Syngman Rhee, *Japan inside out; the challenge of today*, 191쪽. ; 김명섭, "The Geo-

모든 강대국이 약소국에게 위협이 되는 것은 아니고 이승만이 보기에 구한말 조선에게 당시 영토적 야욕이 있는 위협적 세력은 일본과 러시아였다.[30] 해방을 위해 미국의 개입을 적극 유도하고 한국전쟁 때도 미국의 참전을 요청한 이승만의 전략에는 영토적 야심이 없는 우호세력으로서 대미관이 일관되게 작용하였던 것이다.

2) 이승만과 상해 임시정부에서의 기억

이승만은 상해 임시정부 대통령 직위에서 탄핵된 유쾌하지 않은 기억을 갖고 있다. 하지만 그는 1919년 9월 6일 상해 임시정부 의정원으로부터 임시 대통령으로 추대되었고 1920년 12월부터 이듬해 5월까지 상해에서 약 6개월간 중요한 임정 설립 초기 대통령직을 수행하였다. 이듬 해 1921년 미국 워싱턴에서 개최된 군축회의에서 한국 독립을 선전하기 위해 도미한 이승만은 이후 상해로 귀임하지 않고 하와이로 돌아갔다. 이승만의 국제연맹 위임통치안에 반발한 임시정부 의정원에 의해 결국 1925년 3월 대통령직에서 탄핵되었다. 이승만은 왜 상해로 돌아가지 않았을까? 혹자는 그의 독선적인 태도로 인한 임시정부 요인들과의 마찰을 지적하지만 그보다는 미국을 통한 독립이 가장 현실적이라는 판단이 그의 행보에 영향을 미쳤을 것이다.

----

politics of Syngman Rhee and the ROK-US Alliance". 한국국제정치학회 특별학술회의 발표자료, 대한민국 역사박물관, 2015년 12월 10일; 김명섭·김석원, 「독립의 지정학: 대한제국(1897-1910) 시기 이승만의 지정학적 인식과 개신교」, 『한국정치학회보』 42집 4호, 2008, 76-81쪽.

30 Stephen Walt, *The Origins of the Alliance,* Cornell University Press, 1987. ; 남창희·판보싱, 「월트의 균형동맹 다수론은 동북아 외교사에도 타당한가-백제와 신라의 동맹정책 비교연구」, 『국제문제연구』, 2011 겨울호.

그런데 이승만이 상해에 6개월간 봉직하면서 그의 기존의 대미외교론 구상이 더욱 고취되는 계기가 있었을 가능성은 기존에 연구된 바 없다. 이승만은 짧지 않은 6개월 동안 상해에 체류하면서 독립운동의 전략을 숙의했을 것이고 당연히 국내외 독립 역량을 평가하는 회의와 정보 수집을 하였을 것이다. 당시 조선 내에서 가장 큰 세력을 형성하고 있던 보천교의 동향과 그 교리의 특성이 임정 간부들과 이승만에게 보고되었을 개연성이 높다. 보천교는 임정 간부들이 신뢰할 수 있는 조만식, 변영로, 송진우, 허정, 안재홍 등 다수의 민족지도자들이 비밀리에 관여하고 있었기 때문이다.[31]

1919년 3·1 만세운동은 천도교와 기독교 민족지도자들이 주도하였으나 그 동시다발적인 연락망에는 1920년대 물산장려운동의 배후였고[32] 1914년부터 급성장한 전국적 비밀 결사조직이었던 보천교 신도 네트워크가 활용되었을 수 있다. 당시 보천교 교주 차경석은 신도들에게 아직 독립의 시운이 오지 않았으므로 보천교도의 참여를 금지하였다고 하지만 개인적으로 참여하는 만세 시위 참여는

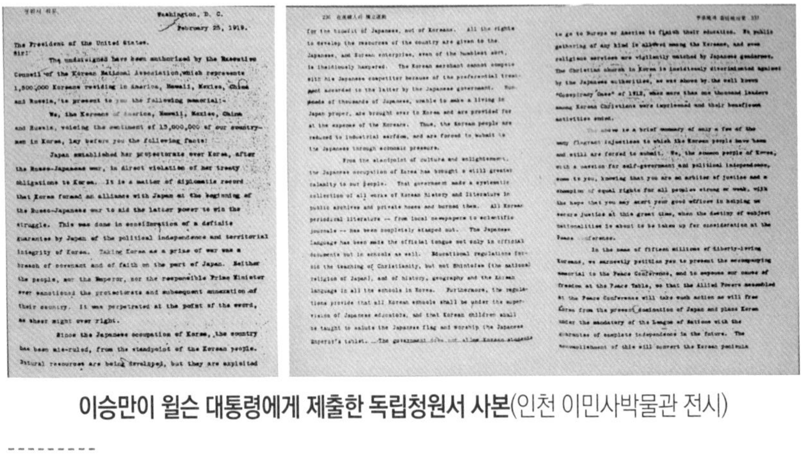

Washington, D. C.
February 25, 1919.

The President of the United States.
Sir:

The undersigned have been authorized by the Executive Council of the Korean National Association, which represents 1,500,000 Koreans residing in America, Hawaii, Mexico, China and Russia, to present to you the following memorial:-

We, the Koreans of America, Hawaii, Mexico, China and Russia, voicing the sentiment of 15,000,000 of our countrymen in Korea, lay before you the following facts:

Japan established her protectorate over Korea, after the Russo-Japanese war, in direct violation of her treaty obligations to Korea. It is a matter of diplomatic record that Korea formed an alliance with Japan at the beginning of the Russo-Japanese war to aid the latter power to win the struggle. This was done in consideration of a definite guarantee by Japan of the political independence and territorial integrity of Korea. Taking Korea as a prize of war was a breach of covenant and of faith on the part of Japan. Neither the people, nor the Emperor, nor the responsible Prime Minister ever sanctioned the protectorate and subsequent annexation of their country. It was perpetrated at the point of the sword, as sheer might over right.

Since the Japanese occupation of Korea, the country has been mis-ruled, from the standpoint of the Korean people. Natural resources are being developed, but they are exploited

for the benefit of Japanese, not of Koreans. All the rights to develop the resources of the country are given to the Japanese, and Korean enterprise, even of the humblest sort, is insidiously hampered. The Korean merchant cannot compete with his Japanese competitor because of the preferential treatment accorded to the latter by the Japanese government. Hundreds of thousands of Japanese, unable to make a living in Japan proper, are brought over to Korea and are provided for at the expense of the Koreans. Thus, the Korean people are reduced to industrial serfdom, and are forced to submit to the Japanese through economic pressure.

From the standpoint of culture and enlightenment, the Japanese occupation of Korea has brought a still greater calamity to our people. That government made a systematic collection of all works of Korean history and literature in public archives and private homes and burned them. All Korean periodical literature -- from local newspapers to scientific journals -- has been completely stamped out. The Japanese language has been made the official tongue not only in official documents but in schools as well. Educational regulations forbid the teaching of Christianity, but not Shintoism (the national religion of Japan), and of history, geography and the Korean language in all the schools in Korea. Furthermore, the regulations provide that all Korean schools shall be under the supervision of Japanese educators, and that Korean children shall be taught to salute the Japanese flag and worship the Japanese Emperor's tablet. The government does not allow Korean students

to go to Europe or America to finish their education. No public gathering of any kind is allowed among the Koreans, and even religious services are vigilantly watched by Japanese gendarmes. The Christian church in Korea is insidiously discriminated against by the Japanese authorities, as was shown by the well known "Conspiracy Case" of 1912, when more than one thousand leaders among Korean Christians were imprisoned and their beneficent activities ended.

The above is a brief summary of only a few of the many flagrant injustices to which the Korean people have been and still are forced to submit. We, the common people of Korea, with a passion for self-government and political independence, come to you, knowing that you are an arbiter of justice and a champion of equal rights for all peoples strong or weak, with the hope that you may exert your good offices in helping us secure justice at this great time, when the destiny of subject nationalities is about to be taken up for consideration at the Peace Conference.

In the name of fifteen millions of liberty-loving Koreans, we earnestly petition you to present the accompanying memorial to the Peace Conference, and to espouse our cause of freedom at the Peace Table, so that the Allied Powers assembled at the Peace Conference will take such action as will free Korea from the present domination of Japan and place Korea under the mandatory of the League of Nations with the guarantee of complete independence in the future. The accomplishment of this will convert the Korean peninsula

이승만이 윌슨 대통령에게 제출한 독립청원서 사본(인천 이민사박물관 전시)

----

31 박종렬,『차천자의 꿈』, 142-144쪽.
32 박종렬,『차천자의 꿈』, 143-144쪽.

비폭력운동을 조건으로 묵인하였을 것이다. 따라서 상해 임정 수뇌부에서 1919년 만세운동의 역량과 성과를 평가하는 과정에서 비밀결사 보천교의 교리와 성향에 대한 분석을 하지는 않았을까? 보천교의 항일성과 미국의 전쟁 참여로 인한 일제의 패망이라는 보천교의 교리는 상해 임시정부 요인들의 호기심을 자극하기에 충분하였을 것이다. 보천교의 핵심 교리는 초기에는 노출되지 않았으나 1935년 보천교에서 파생된 선도교에 대한 일본 검찰의 조서에는 "본교의 목적은 머지않아 미일전쟁이 일어나는데 미국이 승리했을 때 일본과 절연하고 본래 조선국이 된다."는 내용이 발견된 바 있다.[33] 보천교는 1920년대 상해 임정을 포함한 해외 독립운동 재정지원의 중심 세력이었으므로 미일전쟁 예언은 상해 임정 간부들에게 뚜렷이 각인되었을 것이다. 한국 내의 사정과 보천교의 성격에 대한 정보를 전달했을 가능성이 있는 인물로는 보천교도인 임규로부터 자금을 받아 임시정부로 전달한 정읍 출신 라용균 제헌의원의 예를 들 수 있다. 라용균 의원의 형인 장남 라홍균은 일제의 감시로 상해에 갈 수는 없었지만 임시정부의 국내 연락조직인 연통부 간부였다. 라홍균이 상해 임정 내부의 밀정의 존재와 갈등을 소상히 파악할 수 있었던 점은 우애가 두터웠던 현지 라용균과의 긴밀한 통신을 시사한다.[34] 동시에 이 사실은 이승만이 상해에 머물렀던 시기 계속 같이 있었던 라용균 의원이 보천교의 조직과 교리에 대해 소상하게 설명했을 가능성이 있다는 점을 암시한다. 이밖에도 허정, 안재홍, 김규식 등 보천교 교리와 독립운동 방향에 대한 정보가 이

----

33 윤이흠, 『일제의 한국 민족종교 말살책: 그 정책의 실상과 자료』, 328쪽.

34 라종일 전 주영대사(2017년 11월 현재 가천대 석좌교수)의 소개로 만난 라홍균 선생의 아들 라종명씨와 2017년 10월 21일-22일 정읍 시내 비원과 정읍역사 카페에서의 심층 인터뷰에 근거.

승만의 귀에 들어가는 경로는 앞의 〈표 1〉처럼 여러 루트가 있었다.

흥미로운 것은 이승만의 대미외교독립론과 미국의 참전으로 해방된다는 보천교의 독립의 운수에 대한 교리는 내용적으로 유사하다는 점이다. 이승만의 일기에는 매우 주목할 만한 대목이 있다. 1944년 9월 1일자 일기 후반부의 기록이다. 이승만은 카이로선언[35]에 대해 미 국무성의 그루대사에게 왜 한국에 대해서만 즉각적인 독립을 약속하지 않고 "적절한 과정을 거쳐"라는 차별적인 조건을 달았는지 따졌다. 이승만의 일기에는 그가 그루대사에게 "우리는 미리 미국과 일본이 충돌할 것을 알고 있었으며 인내심 있게 기다려 왔다"고 말했다는 대목이 있다.[36] "knew"라는 표현은 과거시제이고 인내심 있게 기다렸다면 1945년 이전 1930년대 혹은 1920년대부터 일본의 패배를 예측했다는 말이다. 이승만의 저서 *Japan Inside Out*의 1954년도 한국어판 서문에도 "동양 사람들은 거반 다 일본이 미국과 전쟁을 획책하고 있다는 것을 알고 있었던 것인데"라는 문장이 있다.[37] 이승만은 청년기에 자신의 저서에서 일본인들이 미국과 전쟁을 준비한다는 책들을 읽은 적이 있다고 하였다.[38] 정보가 제한된 시대에 한국의 대중들이 이승만처럼 책을 보고 1920-30년대 이미 훗날 미일전쟁을 예측하였을 리 없다. 한국인 대중의 반

---

35 카이로선언은 연합국의 승전이 가시권에 들어온 1943년 12월 1일 공식 발표된 대일전 전후 처리에 대한 기본 원칙이었다. 이 선언은 1945년 종전 직전 포츠담 선언에서 재확인되어 한반도로부터 일제의 축출을 통한 한국의 독립에 대한 국제적 보장으로 작동하였다. 앞서 지적한대로 카이로선언에는 다른 일본 점령국과 달리 조선에 대해서만 "한국민의 노예 상태에 유의하여 적절한 절차에 독립시킨다."는 조항이 들어 있다.

36 "We knew the clash between the U.S. and Japan was coming and patiently waited that time," 대한민국역사박물관·이승만 연구원, *The Diary of Syngman Rhee*, 이승만 영문 일기 영인본 1904-34 & 1944, 대한민국 역사박물관, 2015, 364쪽.

37 이승만 저, 류광현 역, 『일본의 가면을 벗긴다』, 비봉출판사, 2015, 18쪽.

38 Syngman Rhee, *Japan inside out; the challenge of today*, 25쪽.

이 그처럼 세밀하게 국제관계 미래를 예측하였다면 그 정보의 루트는 일본의 패망을 희구하던 대중적인 종교결사를 통한 것이 아니었을까? 사실 미국이 대일전쟁에 참전하게 된다는 예언은 보천교에서는 1920년대부터 널리 유포되었다.

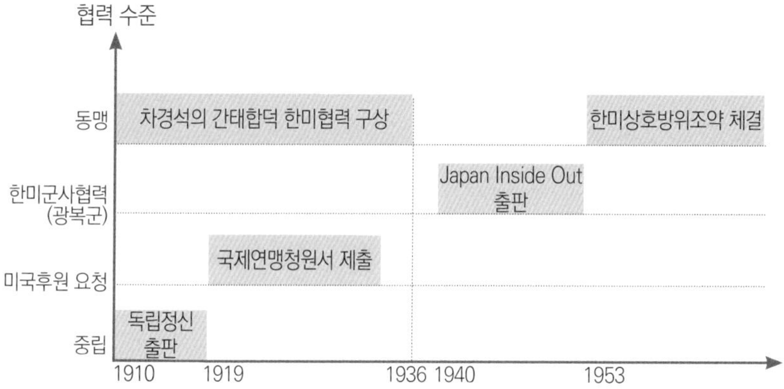

〈표 2〉 차경석과 이승만 대미동맹 전략의 수렴 과정에 대한 가설적 모형

1922년 1월 26일 주일 미국 대사관의 무관부에서 작성한 것으로 추정되는 한국 (조선) 내 정치군사상황 보고서에는 매우 흥미로운 내용이 들어 있다. 향후 전망을 기술하면서 이 작성자 미상의 (비밀) 보고서에는 이승만과 같은 한국 독립운동 지도자들이 독립을 위한 세력 확장을 원한다면 미래의 미일 전쟁 시 한국인의 대미 지원과 열성적인 친미 정서가 필요할 것이라고 지적한 것이다.[39] 미국 정부 일각에서는 이미 1920년대 초 향후 미일 외교마찰과 군사적 충돌

----

39 원문은 "Whatever is thought of the Korean revolutionary and independence movements or the wisdom of the tactics which their leaders [이승만 지칭] are following, it is impossible to follow the growth of their organizations without realizing the potential possibilities of Korean aid in the event of American-Japanese hostilities and the avowedly enthusiastic friendship of the Koreans for the Americans."

의 가능성을 염두에 두었고 한국의 항일세력이 유용한 대일 연합세력이 될 수 있음을 계산에 넣고 있었다는 점이다.[40] 이 정보 보고서는 미국 정부가 일찍부터 동맹으로 발전될 잠재력이 있는 대일 한미연합의 구상을 했음을 시사하는 것이고 동시에 국제관계에 예민했던 이승만이 미국과의 연휴에 독립의 희망을 가졌던 근거를 유추할 수 있는 대목이다. 이 보고서는 1919년 만세운동으로 한국 대중들이 강한 항일의식으로 독립을 희망하는 것을 과시했음을 주목하면서 한국 민중 속의 항일 조직역량을 면밀하게 평가했음도 보여 준다.[41] 미 정보당국에서 한국의 보천교 세력이 미일전쟁의 불가피성을 교리적으로 믿었음을 인지한 흔적은 보이지 않는다. 하지만 보천교세력과 미군 정보 당국이 1920년대 초 이미 서로 비슷한 한미 연합의 가능성을 염두에 두었다는 것은 매우 흥미로운 사실이다.

보천교 교리의 미일 충돌에 따른 해방에 대한 예측이 과연 6개월간 상해에서 근무했던 이승만 책상 앞의 한국 내 보천교 관련 보고서에 포함되었는지는 면밀한 실증 작업이 필요한 연구과제이다. 그런데 이승만의 저서 *Japan Inside Out*에는 미일전쟁을 필연적으로 보았던 그의 인식이 여러 군데 드러난다.[42] 그 책의 결론부에서 미국이 일본과의 전쟁을 피할 수 있는 가능성은 제로에 불과하다고 단

---

40 작성자 미상, "Appendix B index guide for military information E. 77 G-2 Regional," 1922 January 26, Entry title: Military Intelligence Division Regional File, 1922-1944, Box 2264-2265, Record Group Number (RG) 165 (College Park, MD: National Archives).

41 위 동일한 출처 문서의 원문은 "The Koreans are bitterly resentful of Japanese rule. A large revolutionary element of their population is working for independece in spite of the strong oppressive measures to prevent this, employed by the Japanese. Until the Spring of 1919 there was but one independent group called the revolutionary part, headed by Dr. Syngman Rhee."

42 Syngman Rhee, *Japan inside out; the challenge of today*, 32쪽. ; 원문에는"This conviction of the inevitability of an ultimate United States-Japanese clash …"로 되어 있다.

언했다.[43] 보천교의 미국에 의한 독립론이 상해 임정 대통령직을 사실상 포기하면서 미국으로 재차 도미하고 평생 미국을 기반으로 외교론을 추진한 이승만의 신념구조에 더욱 자신감을 보태지는 않았을까? 미일전쟁의 가능성에 대한 이승만의 직관에 보천교의 "해방군 미국"이라는 교리가 그의 신념을 증폭하였을 가능성은 배제할 수 없다. 정리하자면 가능성은 첫째, 보천교의 교리가 이승만의 대미독립외교론에 영감을 주었거나 아니면 둘째, 이승만은 보천교 교리를 전혀 몰랐고 양자가 비슷한 것은 순수한 우연이었다고 좁혀진다. 하지만 후자의 경우라도 보천교도의 친미 정체성은 이승만이 해방 후 친미노선을 추진할 때 대국민 여론 조성에 유리하게 작용하였을 것이다.

이와 같은 추론을 입증하는 사실은 1920년 이전 이승만이 친미적인 성향은 있었지만 대미 동맹전략은 청년기 그의 국제정치 철학과는 매우 다른 것이었다는 점에 있다. 그의 박사학위 논문의 주제는 중립론이었고 학문적으로 영향을 준 프린스턴대학의 윌슨은 대표적인 이상주의 국제정치 사상가이다. 국제연맹 위임통치 구상도 사실 국제기구에 의존한다는 의미에서 국제정치학 패러다임 분류에서 이상주의의 대척점에 있는 현실주의 동맹론과는 거리가 있는 입장이다. 사실 순수히 교리 면에서 보면 이승만이 귀의한 기독교는 이상주의와 평화주의와 개념적으로 연결되지 군사적 결탁을 포함하게 되는 동맹주의와는 다소 거리가 있다. 이러한 점들에서 이승만이 중국에 대한 사대주의 외교로부터의 이탈을 주장했던 2-30대 청년기의 중립주의 외교전략으로부터 서서히 영토적 야심이 상대적으로 적은 미국으로의 동맹으로 경사되는 과정에 무엇이 그 정체

----

43 Syngman Rhee, *Japan inside out; the challenge of today*, 199쪽.

성에 영향을 미쳤을까 검토해 볼 가치가 있다는 점이다. 위 〈표 2〉 처럼 이승만의 대미 전략 정향은 의도했던 아니면 의도하지 않았던 간에 결과적으로 차경석이 1910년대에 이승만보다 시기적으로 먼저 제시했던 운명적인 한미협력관계의 방향으로 시간이 흐를수록 수렴하고 동조화(synchronization)했던 과정을 보여준다.

4

보천교 간태합덕 교리와 한미관계 정체성

1) 만국활계남조선 개념과 이승만의 정읍 선언

이승만은 1946년 6월 3일 서울, 부산도 아닌 전북의 작은 도시 정읍에서 남한 단독정부 수립이라는 중대한 정치적 선언을 했다. 정읍 발언이 나온 당시 배경은 다음과 같다. 카이로선언 합의에 따라 2차 대전 종전 직전인 1945년 7월 26일 미·영·중 수뇌가 독일 포츠담에 다시 모여 일본에 대한 전후 처리 원칙을 협의하고 제8항에서 한국의 독립을 재확인하였다. 8월 15일 해방 후 38선을 사이에 두고 남북한에 각각 미군과 소련이 진주한 상태에서 한국 독립의 절차를 논의한 것이 그해 겨울 12월의 모스크바 미·영·소 삼국 외상회의였다. 이 자리에서는 미소 양국이 주도하는 공동위원회를 만들어 한국의 독립을 위한 5년간 신탁통치 방안을 작성하기로 하였다. 이에 대해 처음에는 남북한 단체들이 즉각적인 독립을 저해한다며 모두 반대하였다. 그런데 소련의 지령을 받은 북한 좌익세력이 이를 수용하자 남한의 김구, 이승만 등은 대한독립촉성국민회를 만들며 반대 운동을 전개하였다. 미소 양국의 입장 차이와 남한 우익세력의 신탁통치 반대로 결국 미소공동위원회는 1946년 5월 6일부터 별 성과 없이 휴회에 들어갔다.

이후 이승만은 서울에서 기차를 타고 멀리 전북 정읍까지 가서 자신의 남한 단독정부 수립 구상을 밝히는 결정적 연설을 한 것이다. 6월 5일자 《조선일보》 1면 기사에 의하면 이승만은 "이제 우리는 미소공위가 재개될 기색도 보이지 않으며 통일 정부를 고대하나 여의치 않으니 남방만이라도 임시정부 혹은 위원회 조직이 필요하다."고 하였다.[44] 당시 북한에서는 반탁 성향의 조만식이 배제되고 찬탁 좌익을 중심으로 빠르게 공산화가 진행되고 있었다. 이승만은 훗날 남북 분단의 원인 제공자라는 비난을 받을 수 있는 위험한 남한 단독정부 주장으로 정치적 모험을 선택했다.

이승만이 왜 남한 단독정부 수립을 선언했는가 하는 배경은 차치하고 정치생명을 건 선언의 장소로서 정읍을 선택한 이유는 무엇이었을까? 사실 이승만은 상해 임정 초기 자신의 국제연맹위임통치 청원 시비로 곤욕을 치른 적이 있다. 1946년 이승만의 반탁 입장은 애초 1920년대 이동녕, 신채호 등 상해임정 요인과 마찰이 되었던 자신의 국제기구 위임통치안을 뒤집은 셈이었다. 그처럼 정읍에서의 남조선 단독정부 수립 선언은 본인도 한달전만 해도 부인했을 만큼 잘못하면 사면초가에 빠져 정치적으로 고립될 수 있는 쉽지 않은 선택이었다. 북한의 공산화 진전에 대항, 남한 내의 국론 결집을 위해 반탁과 남한 단독정부 선언의 정당성을 함께 주장하기 좋은 상징적인 장소로서 정읍을 선택한 것은 아닐까? 참고로 당시 정적이었던 김구는 한반도 분단의 가능성을 우려하여 남한 단독정부 구상에는 소극적이었다.

----

44 〈공위共委가 재개再改안되면 통일기구 즉시 설립〉, 《조선일보》, 1946. 6. 5, 1면. 이하 내용은 "38도선 이북에서 소련이 철수하도록 세계 공론에 호소하지 않으면 안된다. 여러분도 결심하지 않으면 안된다. 이번에는 우리 민족의 대표적 통일 기관을 즉시 설치하도록 하겠으니 지방에서도 중앙의 지시에 순응해서 조직적으로 활동해 주기 바란다."

당시 미군정청의 《조선일보》, 《한성일보》, 《자유신문》 등 한국 언론 조사를 통한 정보 보고[45]에 의하면 이승만은 정읍을 시발점으로 전주, 이리[익산], 군산 등 전북지역을 중심으로 순방하였다. 1946년 전국을 순방하던 중 미소공위 폐회 건으로 급거 서울로 온 뒤 바로 6월 2일 오전 8시 30분 기차를 타고 정읍으로 프란체스카 여사, 비서 이기붕과 출발하였다. 오후에 정읍에 도착한 이승만 일행은 현 정읍 배영고 재단 김규령 이사장의 만석꾼 부친 김화섭의 소개로 한일관에서 일박을 하였다고 한다.[46] 익일 6월 3일 정읍지역 유지와 회의를 한 뒤 오전 11시 정읍 동초등학교에서의 환영연설회 자리에서 역사적인 남조선 단독 정부 선언을 하고 오후 2시 도착한 전주를 시작으로 전북 지역 순행에 들어갔다.[47]

이 정읍 선언은 결국 1948년 한반도 유일의 합법정부로 유엔이 인정한 대한민국 수립 구상의 모태가 되었다. 주지하다시피 정읍은 일제시대 내내 보천교의 본소가 있던 상징성이 높은 지역이다. 정읍의 보천교와의 특별한 역사적 연고로 남한 단독 정부수립 선언에 대한 저항감이 상대적으로 적을 것으로 이승만이 판단하지는 않았을까? 정읍 동초등학교에는 많은 사람들이 운집하였고 남조선단독

----

45 미국 워싱톤 Johns Hopkins대학 국제관계대학원(SAIS)의 대학원생 연구보조원(이동우)이 메릴랜드 소재 National Archive에서 발견한 비밀해제 자료를 2017년 9월 5일 필자에게 제공한 것에 근거. Glen Newman (Col. Cac Director) and Le Roy C. Palmer, Jr.(1st Lt. MI Officer in charge), *Military Intelligence Report* (June 1946), "Translations: South Korea Newspapers May-July 1946, July-Aug 1946, Sept-Oct 1946," Box number 87, Record Group Number (RG) 554, U.S. Army Forces in Korea (USAFIK), Entry number 1256(A1), Entry title "declassification review project: NND745070," (College Park, MD: National Archives).

46 당시 청소년기 정읍에서 살았던 박규열 전 정읍 경우회 지회 회장의 전화 증언과 필자의 2017년 10월 21-22일 정읍 현지에서의 현장 답사와 김규령 이사장과의 인터뷰(장소: 정읍시 한정식집 비원)에 근거한 것과 인하대학교 김동주 연구보조원이 인터넷에서 검색한 자료를 종합한 것에 근거.

47 〈이박사李博士 군산에〉, 《동아일보》, 1946. 6. 4. 2면.

정부 수립 연설에 반대나 야유를 하는 사람이 없이 청중들이 지지하고 박수를 보냈다는 증언도 중요한 사실이다.[48] 1946년 6월 4일 이승만은 언론 인터뷰에서 남한 단독정부 구상에 대한 입장을 밝히면서 한국 국민들의 의견과 열망을 존중하여 제시한 구상이라고 답변했다.[49] 정치적으로 민감한 소수파 의견을 내면서 국민의 지지를 확보하기 위해 이승만이 사전에 정읍처럼 남조선 정부라는 술어나 개념에 익숙한 대중과 지역을 선택하였을 개연성을 암시하는 대목이다. 1920년 상해 임시정부 대통령 시절 조우했을지 모르는 보천교의 교리 중 남조선 단독 정부를 암시하는 표현을 기억하고 굳이 정읍까지 갔던 것은 아닐까? 아니면 국내에 세력기반이 취약했던 이승만은 전북지역 지주들로부터 정치자금을 모금하고 나아가 과

이승만이 정읍선언을 발표한 정읍시 동초등학교 전경

----

48 정읍경찰서장을 역임한 서울 경찰청 A간부의 소개로 알게 된 1935년 생으로 11세 때 정읍에 거주했던 경찰 출신 박규열(전 경우회장)씨와의 2017년 10월 12일 오후 2시반 김동주 연구보조원의 배석 시 인하대 대외협력처장실에서의 전화 인터뷰에 근거.
49 Glen Newman and Le Roy C. Palmer, *Military Intelligence Report*, 1946.

거 임정에 독립자금을 제공했던 보천교 세력들과 정치적 제휴 가능성을 타진해 보려 했을 가능성도 있다.

참고로 이승만이 6월 3일 정읍에서 만난 김화섭(정읍 배영학원 설립자)은 자신의 소유로 되어 있던 서울의 이화장을 빌려주었다가 6·25종전 후 증여하기도 하였다.[50] 당시 이화장의 첫 소유주는 강익하라는 사업가였는데 김구의 권유로 이승만에게 500만 원의 정치자금을 제공하였다.[51] 김구는 해방 후 귀국하여 전북 태인 김부곤 집에서 머물면서 정읍에 빚을 많이 졌다고 발언한 바 있다. 실제 전주에 와서 보천교의 뿌리인 차경석의 구릿골 스승에게 재정 융통을 한 대지주 백남신의 인척 집에서 김구는 임정 요인과 한동안 체류하기도 하였다.[52] 해방 직후 김구와 이승만 두 상해 임정 거두가

서울대 병원 인근 현재 이화장 모습 (현재는 기념관으로 개조)

----

50 주우일, 「이화장과 주변지역의 역사적 맥락에 따른 형성과 변화과정 연구」, 『한국주거환경학회지』 11권 3호(통권 22호), 2013, 258-259쪽.
51 주우일, 「이화장과 주변지역의 역사적 맥락에 따른 형성과 변화과정 연구」, 2013.
52 2016년 8월 27일 전주 한옥마을 학인당에서의 백남신의 인척인 주인과의 증언 인터뷰.

전주, 정읍에 자주 드나들었던 것은 임정 때의 보천교 인연과 나아가 두 사람의 정치자금 출처와 관련 있을 수 있음을 시사한다. 정읍시의 시장을 역임한 바 있는 유성엽 국회의원(2017년 11월 현재 문화체육관광위원회 위원장)은 이승만이 초기에는 정읍에 1-2회 방문도 하고 우호적이었으나 한국 전쟁 후 대통령선거에서 조봉암 후보의 득표율이 높았다는 보고를 받은 후 발길을 끊었다는 이야기를 들었다고 필자에게 말했다.[53] 이러한 점들이 이승만과 정읍 지역과의 특수한 관계를 반증하는 대목일 수 있다.

보천교는 이미 1911년 이후 선도仙道라는 이름의 신종교 운동에 차경석이 중심적 역할을 할 때부터 "남조선운수론"이라는 독특한 개념과 교리를 가지고 있었다. "만국활계남조선萬國活計南朝鮮"이라는 표현은 최제우가 말한 12국 괴질운수를 당할 세계 차원의 위기에서 모든 나라를 구원할 수 있는 비밀스러운 계책이 남조선에서 나온다는 주장이다.[54] 2차대전 종전 과정에서 미소 양 강대국의 세력분할선이 그어지기 30여년 전에 이미 보천교도들은 남북한이 분

---

53 이승만은 1946년 6월 정읍 선언 후 한일관(현 요양병원)에서의 탐문 결과, 한국전쟁 중 혹은 식후 내장산 관광 때 한번 더 정읍에서 숙박하였는데 빨치산의 습격을 우려해 수행원이 한일관에서 머무르고 이승만 대통령은 바로 옆집에서 숙박하였다고 집주인이 2017년 10월 21일 필자에게 증언하였는데 사실관계의 추가 조사가 필요하다.

54 증산도 도전편찬위원회, 『증산도 도전道典』, 대원출판, 2003, 5편 306장. 이하에서는 『도전』 5:306 형식으로 표기함. 1992년 초판에 새로운 증보 내용과 오류를 바로잡은 개정 증보판은 증산도 도전편찬위원회 측에 의하면 초기 기록인 『대순전경』(1929년), 이중성의 『천지개벽경』(1946년), 『선화진경』(1961년), 김낙원의 『용화전경』(1972년)과 이정립의 『고부인신정기』(1963), 김경도의 『고후불전』, 이용기의 『고사모신정기』(1968), 고민환의 『신정원경』(1960)년의 기록을 1992년까지 김호연의 증언을 종합한 1992년 판 도전에 보천교 후손의 증언이 추가되었다고 한다. 안내성의 장남 안정남, 안필성 가족의 증언, 김형렬의 손자 김현식(필자도 2007년 여름 인터뷰), 김자현의 손자 김택식 증언, 문공신의 아들 문복환, 박공우 제자 이판규, 전수제 등 외 김일화의 아들 김천수 증언, 백복남(백운기)의 부인 강야모, 김형렬의 부인 김호연의 세 딸 증언(필자도 2015년 인터뷰) 등이 새롭게 구술 자료로서 반복적인 교차비교 과정을 통해 2003년 개정된 『도전』에 포함되었다고 한다.

단될 것을 예견하는 교리를 전파하였다는 것이다. 조선 후기 정감록 등의 십승지 비결보다 더욱 구체적인 보천교의 남조선운수론은 한국 민중의 의식에 광범히 침잠해 있었다. 상해에 체류할 때 독립운동 재정지원 단체로서 보천교의 교리를 분석 검토 하는 과정에서 이러한 보천교 교리가 이승만에게 전달되었을 가능성은 없었을까?

이승만은 개신교 신도로서 한국의 고유 토착종교에 대한 인식은 부정적이었을 것이다. 하지만 남조선이 별도의 정치체로 구성된다는 보천교의 교리가 만약 그에게 보고되었다면 국제정치학자 이승만에게는 매우 눈에 띄는 대목이었을 것이다. 1945년 10월 16일 귀국한 이승만은 한국민주당의 영수직을 거절하고 독립촉성중앙협의회를 조직하여 회장에 취임하였다. 이승만의 반공주의 노선에 반발하여 좌익세력이 탈퇴하고, 이어 한민당과도 대립각을 세우게 되었다. 이승만은 이듬해 미군정이 후원한 남조선대한국민대표민주위원에 의장으로 선출되었다. 보천교에서 말했던 남조선이라는 용어가 본격적으로 등장하기 시작한 것이다. 이때 미국이 소련과 타협적인 모습을 보이자 미소공동위원회에서 탈퇴하여 하필 정읍에 가서 "남쪽 만의 임시정부"를 거론하며 38선 이남의 단독정부 구상을 선언하였다. 이때 남한 단독정부 수립에 반대하는 한독당이나 정치적 경쟁세력인 한민당 등 경쟁 세력에 대한 돌파력을 확보하기 위해 이승만이 남조선운수론의 상징성이 있는 정읍을 선택하였다는 가능성을 새로운 가설로 검토할 필요가 있다.

2) 간태합덕론과 한미동맹 정체성

보천교 교주 차경석이 1908년 스승의 인솔 하에 구릿골 동료들과 서울 현 시청 앞 광장에 모여 나눈 한미관계에 대한 흥미로운 대화가 있다.[55] 차경석의 스승이 그 자리에 동행한 박공우에게 "쌀이 솥을 따르느냐, 솥이 쌀을 따르느냐."고 묻자 박공우는 쌀이 솥을 따라야 한다고 답하였다. 그러자 차경석의 스승은 그 자리에서 쌀은 미국이고 솥은 조선이라고 하며 일본이 패망하고 서양(미국)이 들어온 뒤 복된 지천태地天泰[56] 운이 열린다고 하였다. 구한말 역학자 김일부의 정역正易에 의하면 음력과 양력의 불균형이 해소되는 지축 정립 뒤 평화로운 세계질서가 도래한다고 하였다. 세계만방이 운명

미국 워싱톤의 링컨기념관 바로 앞에 위치한 한국전쟁 참전 기념비

---

55 『도전』 5:336. 박공우의 제자 김일화의 아들 김천수의 증언 녹취를 위한 증산도 도전편찬위원회의 인터뷰, 서울 휘경동 자택, 김천수와의 1차 인터뷰(2002년 2월 1일); 서울 휘경동 자택, 2차 인터뷰(2002년 7월 27일). ; 서울 묘향각(현재 폐점), 3차 인터뷰(2002년 10월 12일). ; 대전 선화동 포정원(증산도 본부), 4차 인터뷰(2003년 5월 29일). ; 대전 중리동 상생문화회관, 5차 인터뷰(2003년 11월 28일). ; 대전 중리동 상생문화회관, 6차 인터뷰(2003년 12월 2일). ; 서울 휘경동 자택, 김천수와의 7차 인터뷰(2003년 2월 14일).

56 주역의 64괘 중 11번째 괘로 아래로 내려가는 작용을 하는 땅 곤괘(음기운)가 위에 있고 그 아래에 위로 올라가는 작용을 하는 하늘 건괘(양기운)가 아래에 있어 상하 화합하게 되므로 안정과 평화를 상징한다고 통상 해석한다.

공동체로 화합하는 신국제질서는 정동방의 한국[艮]과 정서방의 미국[兌]이 마주보며 협력하여 시작된다고 하였다. 역학의 핵심 8괘도인 복희팔괘도와 문왕팔괘도와 달리 김일부가 그린 정역팔괘도에는 체용론의 원리로 정남북의 천지 지천태 기운을 현실에서 작동시키는 正동방과 正서방에 간괘와 태괘가 서로 마주 보고 있다. 어려서 보천교에서 장학생처럼 공부했고 보천교 재정 간부 김홍규의 아들인 전 동국대 대학원장 탄허스님(본명 김금택)의 정역팔괘 해석은 그들 교리의 한미동맹관을 잘 보여준다. 탄허는 정역팔괘에서 마주보는 간방의 한국과 태방의 미국이 힘을 합하여 무량낙원의 평화로운 국제관계를 건설한다고 말하였다.[57]

보천교는 김일부의 이 간태합덕艮兌合德 이론을 채용하여 "간태궁艮兌宮"이라는 개념으로 한국과 미국이 찰떡궁합으로 후천을 열게 된다는 교리를 갖고 있었다.[58] 간태합덕의 개념[59]은 일회적이거나 지엽적인 것이 아니라 초기 증산계열 핵심 문도들의 학습 과정에서 일관되고 핵심적인 요소였다. 先天선천의 쌓인 원한을 씻어내고 신명계를 새로 조직하여 평화로운 후천선경으로 개조한다는 천지공사[60]의 현장에는 종종 어린 소년 백복남과 어린 소녀 김호연이 있었다. 증산도에서는 어린 소년은 팔괘八卦 중에서 막내아들을 뜻하는 간소남艮少男이고 어린 소녀는 막내딸을 의미하는 태소녀兌少女라고 해석한다. 김호연의 증언에 기초한 1992년판 『증산도 도전』의 기

----

57 탄허, 『탄허록』, 휴, 2012.

58 『도전』 5:121; 이중성, 『천지개벽경』, 용봉출판, 1992, 47쪽. ; 김낙원, 『용화전경』, 오동정 교단, 1972, 50쪽. ; 이상호, 『대순전경』, 동도교 증산교회 본부, 1963, 195쪽. 대순전경의 초판은 1929년에 간행되었고 D종교단체는 본 연구의 대상인 보천교 계승 세력이 아니라고 후손들이 증언하였다.

59 『도전』 5:57. 말에 태워 보신 간태합덕 도수

60 천지공사와 세운공사에 대한 최신판의 설명은 안경전, 『증산도의 진리』, 상생출판, 2015, 437-601쪽.

록부터 백복남과 김호연은 어린 남녀 초립동이를 상징하며 늘 함께 다닌다고 하면서 한미가 협력적 운명공동체임을 암시하는 텍스트가 다수 발견된다. 억지로라도 말을 함께 태워 두 소년 소녀가 후천 선경 건설의 중심이라는 상징성을 드러냈다는 증언도 많았다고 한다.[61]

한국과 미국의 관계에 대한 당시 핵심 문도 후손의 증언을 종합하면 1) 미국이 참전하여 일본을 한반도에서 몰아내고, 2) 해방 후 한미동맹이 형성되면서 한국이 부강해지고, 3) 나아가 후천개벽의 산통을 겪은 직후에도 한미가 힘을 합하여 새로운 문명을 건설한다는 스토리텔링으로 요약된다. 행정자치부 국가기록원 데이터베이스의 독립운동 관련 판결문에는 예를 들어 1921년 보천교도 여성백 등 피고인이 일본은 미국과 곧 전쟁을 시작할 것이므로 훔치교(보천교)의 조직이 임시정부와 호응하여 독립을 이룬다고 말했다는 내용이 있다.[62] 이 시기는 보천교 간부 임규로부터 독립자금을 받아 전달했던 임정 전북 간부 라홍균의 동생 라용균이 상해 임정에서 이승만 대통령과 함께 체류했던 때이다. 국내의 사정에 목말라했던 임정 간부들과 이승만이 거액의 자금을 지원하는 보천교의 실체와 교리에 대하여 세밀한 보고와 설명을 여러 채널을 통해 들었다고 보는 것이 상식에 부합된다.

----

61 도전편찬위원회에 의하면 증산도 도전 5:57은 김제 청도리에서 백복식과의 인터뷰(2003년 11월 28일)에 근거했다고 한다.
62 행정자치부 국가기록원 데이터베이스 독립운동 관련 판결문, http://theme.archives.go.kr/next/indy/viewIndyDetail.do?archiveId=0001352493&evntId=0034993169&evntdowngbn=Y&indpnId=0000026363&actionType=det&flag=1&search_region= (검색일: 2017/05/16).

	차경석	이승만	비고
독립전략	미일전쟁을 통한 해방	미일전쟁을 통한 해방	선경지명
독립 투쟁 방법	비폭력 (*독립운동 비밀 재정지원)	외교론, 무장투장 소극적	항일세력 중 비인기 의견
남한 단독정부 입장	수용 "만국활계남조선론"	남조선 단독정부론 (*정읍선언)	독창적 개념
대미관 (한미관계 정향)	우호적 간태합덕 찰떡궁합론	우호적 (친미노선) 한미동맹 체결 주도	1953년 양자 수렴
총독부의 인물분류	갑종 요시찰 인물	위험 인물(저작 금서)	친일(?)오해

〈표 3〉 차경석과 이승만의 독립전략과 독립 국가 구상의 공통점

이밖에 보천교의 자체 문건과 그 후손들의 증언에서도 미국은 일본을 몰아내는 해방군이라는 인식이 반복적으로 확인된다.[63] 구릿골 문도들에게 그들의 스승은 "일본이 서방 백호 기운을 띠고 조선에 들어왔지만 미국을 뜻하는 청룡 기운이 동하면 일본은 물러난다."고 하였다.[64] "일본은 잠시 조선을 점령하지만 어질 인仁 기운이 없어 잔혹한 통치행태 때문에 인심도 잃고 결국 쫓겨날 때는 품삯도 못 받고 빈손으로 돌아간다."고도 하였다.[65] 여기서 눈에 띄는 것은 보천교도들이 일본의 식민지배 기간을 일시적으로 본 것 뿐만 아니라 일본 제국주의의 역할을 흥미롭게도 머슴 혹은 일꾼으로 보았다는 점이다.[66] 1903년 구릿골에서 제자들에게 차경석의 스승은

---

63 미국 University of Pennsylvania 역사학 박사로서 미국에서 최초로 본격적인 동학·증산도 연구를 출판한 Hong Beom Rhee, *Asian Millenarianism: An Interdisciplinary Study of the Taiping and Tonghakk Rebellions in a Global Context*, Cambria Press, 2007, 350쪽을 참고할 것.

64 이상호, 『대순전경』, 135쪽.

65 『도전』 5:177, 125.

66 『도전』 5:22, 177.

"일본 사람은 일꾼이자 머슴에 불과한데 일꾼이 주인의 집을 빼앗으려 하므로 마침내는 크게 패망할 것"[67]이라고 하면서 일본을 어린 깔담살이 머슴으로 정의하였다. 일본이 자신의 근대성을 과시하려 하지만 무도함과 잔혹함으로 결국 패전하고 파산하여 품삯도 못 받고 쫓겨난다고 예견한 것이다. 이처럼 여러 차례 일본의 패망과 머슴 역할론을 공유하면서 보천교도들은 조선은 궁극적으로 주인 위치를 회복한다는 희망과 신념을 내면화하였다.[68]

또 하나 주목할 점은 일본이 결국 축출되는 것은 그들이 삼국시대 스승의 나라 백제로부터 은혜를 입은 것을 망각하고 배은망덕한 행위를 저질렀기 때문이라는 교리이다.[69] 보천교도들의 도덕관에 의하면 그러한 행위는 신도神道에서 용서하지 않기 때문에 배사율背師律에 걸려 필연적으로 패망한다는 것이었다. 김호연은 생전에 구릿골에서 일본은 장차 군산만한 불 폭탄을 맞고 개가 핥은 듯이 싹 물러나게 된다는 이야기를 들었다고 하였다.[70] "일본 사람이 미국과 싸우는 것은 배사율을 범하는 것이므로 장광長廣 팔십리가 불바다가 되어 참혹히 망하리라."는 기록도 있다.[71] 증산도 측에서는 장광을 나가사키長崎, 히로시마廣島로 해석한다. 현대 증산도에서 채집한 증언 내용들이 1920년대 전후 전북지역을 중심으로 한 조선의 민중의식세계에 실제 얼마나 큰 영향을 미쳤는가는 경험적인 통계자료로 평가하기 어렵다. 하지만 조선총독부가 보천교를 회유하기 위해 총독까지 공작에 나서고 유사종교령으로 1936년 이후 전면적 탄압

---

67 이중성, 『천지개벽경』, 110쪽. ; 김낙원, 『용화전경』, 58쪽.
68 『도전』 5:25. 조선은 주인없는 빈 집.
69 『도전』 5:118.
70 『도전』 5:404. ; 도전편찬위원회, 전주 색장동 김호연과의 1차 인터뷰(1991년 12월 9일). ; 도전편찬위원회 전주 색장동 김호연과의 2차 인터뷰(1992년 1월 8일).
71 『도전』 5:119.

에 나선 행태를 보면 보천교의 해방론이 총독부에게 심각한 위협이 되었음을 반증한다. 지금까지의 논의를 종합하면 위 〈표 3〉과 같이 차경석과 이승만의 독립전략과 국가 건설전략상의 공통점을 도출할 수 있다.

한 때 교세 600만까지 급성장했던 보천교는 당시 조선 민중들이 갈구했던 외세의 축출과 독립의 소망에 대하여 명쾌한 비전을 제시하였다. 이처럼 보천교도들의 교리 학습 과정에서 미국에 대한 정체성은 해방군이자 협력적인 우호 세력이었다. 이러한 초기의 대미 인식은 실제 해방군 미군의 진주 때 거리를 꽉 채운 환영 인파에서도 확인된다. 보통 동맹이라는 것은 지도자나 정부가 조약에 서명한다고 해서만 형성되는 것이 아니라 다수 국민의 묵시적 혹은 적극적 지지가 필요하다. 더욱이 소위 공산주의 만조기라는 해방 직후와 한국전쟁기 동안 남한 사회가 거센 공산주의 이념의 침투를 극복할 수 있었던 데에는 민중의 의식과 정체성 속에 친미적 요소가 존재하였을 개연성에 착목해야 한다. 기존의 한미동맹 형성사와 내구력에 대한 연구에서 일제하에 형성되었던 보천교도들의 맹아적인 친미 정체성에 대한 연구도 새롭게 조명되어야 할 소이가 여기에 있다.

5

잊혀진 역사의 복원을 기원하며

한 국가의 국권 회복과 정부의 출범 그리고 대외 관계의 형성에서 영토나 국민의 구비와 같은 가시적인 요소 뿐 아니라 공통의 역사 문화적 정체성이나 민족적 동질감과 같은 무형적인 요소도 중요한 역할을 한다. 외세에 의한 35년의 가혹한 점령을 극복한 대한민국의 국가형성에 있어 카이로선언과 미국의 개입같은 국제적 요인이 주도적인 역할을 하였음은 불문의 사실이다. 하지만 본고에서 고찰한 바와 같이 일제 하 국내 민족종교 세력이 항일운동에 미친 공헌과 그들의 사상과 비전이 집단정체성을 형성하여 대한민국의 체제 구심력과 대외 관계에 미친 영향은 무시할 수 없다. 그 영향의 정도는 보천교의 교리체계와 대한민국의 핵심 국가전략인 한미동맹과의 유사점을 고찰할 때 이제 학문적 연구의 대상이 되기에 부족함이 없다.

우선 한국의 독립에 무시할 수 없는 공헌을 한 이승만의 외교론의 기원을 논할 때 임시정부 재임 시 보천교 교리와의 조우가 영향을 주었을 가능성을 면밀히 추적할 필요가 있다. 아니면 최소한 해방 후 이승만의 친미노선과 한미동맹의 형성에 보천교 세력의 친미 정체성 유산이 유리하게 작용하였거나 활용되었을 가능성을 연구해 보아야 한다. 또한 1948년의 대한민국 정부 수립과 한반도 유일 합법 정부로서의 정통성 형성과정에서 보천교 세력의 남조선운수론(만국활계남조선)이 이승만의 정읍선언과 해방 후 대중의 국가 정체성 요인으로 영향을 주었을 개연성을 검토해 보아야 한다. 특히 맹아적인 한미동맹론이라고 볼 수 있는 보천교의 간태합덕艮兌合德 도수度數 교리가 해방 후 한미동맹 형성 과정에 미친 영향도 학문적 검토의 대상이 될 필요가 있다. 본 논문의 연구로 도출된 새로운 가설군은 1) 이승만의 대미외교독립론이 보천교의 미국에 의한 해방론에 의해 영감을 얻었거나 더욱 고무되었다는 것과, 아니면 2) 이승만은 보천교 교리를 몰랐지만 해방 후 그의 친미 행보와 한미동맹 체결이 일제 때 민중들에게 유포된 보천교 세력의 우호적인 대미관 덕분에 지지기반을 확대할 수 있었다는 두 가지로 압축된다.

이승만은 독실한 기독교 신도로서 국내 토착종교에 대한 편견과 부정적 인식 때문에 자신의 기록물에서 보천교에 대한 언급을 의도적으로 회피하였을 가능성이 높다. 실증 자료의 원천적 한계에도 불구하고 본 연구자는 추후 방증 사료 조사를 통해 보천교의 실체와 그 활동을 엄밀하게 해부하여 드러낼 때 한국 근현대사에서 일제에 의해 왜곡되고 가려진 부분을 명확히 규명할 수 있다고 생각한다.

참고문헌

* 김낙원, 『용화전경』, 오동정 교단, 1972.
* 김명섭, 「The Geopolitics of Syngman Rhee and the ROK-US Alliance」, 『한국국제정치학회 특별학술회의 발표자료』, 대한민국역사박물관, 2015.
* 김명섭·김석원,「독립의 지정학: 대한제국(1897-1910) 시기 이승만의 지정학적 인식과 개신교」, 『한국정치학회보』 42집 4호, 2008.
* 김재영, 『보천교와 한국의 신종교』, 신아출판사, 2010.
* ______ 외, 『일제강점기 보천교의 민족운동』, 기역, 2017.
* 김희곤, 『대한민국임시정부 I-상해시기』, 한국독립운동사 편찬위원회, 2008.
* 남창희·판보싱, 「월트의 균형동맹 다수론은 동북아 외교사에도 타당한가-백제와 신라의 동맹정책 비교연구」, 『국제문제연구』, 2011 겨울호.
* 대한민국역사박물관·이승만연구원, *The Diary of Syngman Rhee*, 이승만 영문 일기 영인본 1904-34 & 1944, 대한민국역사박물관, 2015.
* 박종렬, 『차천자의 꿈』, 장문산, 2002.
* 박준식, 「정읍과 한국의 신종교 운동」, 『전북의 역사문물전 Ⅳ 정읍, 논고』 통천문화사, 2006.
* 보천교 중앙협정원, 『보천교연혁사』 하, 보천교 중앙협정원, 1961.
* 손세일, 『이승만과 김구』 제3권, 조선뉴스프레스, 2015.
* 신복룡, 『동학사상과 한국민족주의』, 평민사, 1983.
* 안경전, 『증산도의 진리- 현대의 결말과 새 출발』, 상생출판, 2015.
* 안후상, 「'보천교의 반일성反日性 연구'를 위한 연구사적 검토」, 『한국종교』 제39집, 2016.
* 유영익, 『건국대통령 이승만』, 일조각, 2013.
* 윤대원, 『상해시기 대한민국 임시정부 연구』, 서울대학교 출판부, 2006.

* 윤이흠, 『일제의 한국 민족종교 말살책: 그 정책의 실상과 자료』, 모시는 사람들, 2007.
* 이상호, 『대순전경』, 동도교 증산교회 본부, 1963.
* 이승만 저, 류광현 역, 『일본의 가면을 벗긴다』, 비봉출판사, 2015.
* 이중성, 『천지개벽경』, 용봉출판, 1992.
* 조선총독부(비밀보고서로 저자 불명), 『보천교일반』, 조선총독부, 1926.
* 주우일,「이화장과 주변지역의 역사적 맥락에 따른 형성과 변화과정 연구」, 『한국주거환경학회지』 11권 3호(통권 22호), 2013.
* 탄허, 『탄허록』, 휴, 2012.
* 한흥수, 『근대 한국민족주의 연구』, 연세대 출판부, 1977.
* Cumings, Bruce, *The Origins of the Korean War*, Princeton University Press, 1981.
* Eckert, Carter. *Offspring of Empire: the Koch'ang Kims and the Colonial Origins of Korean Capitalism*, University of Washington Press, 1991.
* Kim, Key-Hiuk, *The Last Phase of the East Asian World Order*, The University of California Press, 1980.
* Lande, Carl, *Leaders, Factions, and Parties: the Structure of Philippine Politics,* Yale University Southeast Asia Studies, 1965.
* ________, "Networks and Groups in Southeast Asia: Some Observations on the Group Theory of Politics," *American Political Science Review*, 1973.
* Nam, Chang-hee, "Industrial Clientage in Democratic Reform: A New Model for State-Big Business Relations in South Korea," *Pacific Focus*, 1994.
* ________,"Political Economy of the Penetration, Resistance, and the Popular Beliefs: A Case of Hopeful Farmers in North Jeolla Province under Japan's Occupation," *Korean Political Science Review*, 2014.
* Rhee, Hong Beom, *Asian Millenarianism: An Interdisciplinary Study of the*

Taiping and Tonghak Rebellions in a Global Context, Cambria Press, 2007.
* Rhee, Syngman, *Japan inside out; the challenge of today*, Fleming H. Revell, 1941.
* Snyder, Glenn and Diesing, Paul, *Conflict among Nations*, Princeton University Press, 1977.
* Walt, Stephen, *The Origins of the Alliance*, Cornell University Press, 1987.
* Waltz, Kenneth, *Theory of International Politics*, Reading M.A, Addison-Wesley, 1979.
* Wendt, Alexander, "Anarchy is What States Make of It: The Social Construction of Power Politics, International Organization," 1992.
* _______, "Collective Identity Formation and the International State," *The American Political Science Review*, 1994.
* 村山智順,『朝鮮の類似宗教』, 朝鮮總督府, 1935.
* 吉川文太郎,『朝鮮の宗教』, 朝鮮印刷株式會社, 1921.

| 저자 소개 |

노종상

서울과기대를 거쳐 고려대 대학원을 마쳤다(문학박사, 비교문학 전공). 1987년 5월 『문학정신』지를 통해 소설가(필명 노가원)로 등단하였다. 문학세계문학상 대상, 세계문학상 대상 등을 수상하였다.

대표 논문; 「범장 그 사람」, 「원천석의 역사서술 연구」외.

대표 저서; 『동아시아 초기 근대소설과 민족주의 양상』, 『수부 고판례』, 『진표, 미륵 오시는 길을 닦다』 외.

대표 작품집; 『임진강』, 『붉은 까마귀』(전5권), 『풀잎은 바름에 눕지 않는다』(전7권) 외.

현재 상생문화연구소 연구위원으로 활동하고 있다.

윤창열

경희대학교 한의과대학을 졸업하고 동대학원에서 석사·박사학위를 취득하였다. 1985년부터 현재까지 대전대학교 한의과대학 한의학과 원전교실 주임교수로 있다. 대전대학교 한의과대학 학장, 대한한의학 원전학회 회장, 한국주역학회 이사, 세계환단학회 이사 등을 역임하였다.

주요 저서로 『의철학』, 『의역학』, 『하도낙서와 삼역괘도』, 『난경 연구집성』, 『한중의학각가학설』, 『북한의 고려의학연구』, 『현토주해 소문입식운기론오』 외 다수가 있다.

최근 주요 논문으로 「甲己爲南政 餘爲北政說에 관한 硏究」, 「항해승제론에 대한 제가설 연구」, 「평기년에 관한 연구」, 「금원시대 운기학의 역사」, 「河夢搖의 生涯와 醫易思想에 關한 硏究」, 「三焦有形說에 관한 연구」, 「『內經』에 나타난 三焦有形의 根據 및 三焦의 實體」, 「三焦有形으로 살펴본 三焦의 機能, 病證 및 臟腑配合」, 「尹東里의 家系와 『草窓訣』 中 「運氣衍論」에 關한 硏究」, 「『草窓

訣』 中 「用藥勸」에 관한 硏究」, 「환단고기 진서고(Ⅰ)」, 「환단고기 진서고(Ⅱ)」, 「산동지역의 八神祭에 關한 硏究」, 「太一의 意味에 관한 종합적 考察」 외 다수가 있다.

☙ 유철

경북대학교 철학과 및 동 대학원 졸, 철학박사. 경북대학교, 대구교육대학교, 경남대학교, 대구한의과대학교에서 강의하였고, 현재 상생문화연구소 연구위원으로 있다.

주요 논문으로 「환단고기 위서론 논박」, 「증산도의 해원사상」, 「증산도의 상생사상」, 「증산도의 원시반본 사상과 개벽」, 「칸트에 있어서 내감의 역설과 자아」, 「칸트의 버클리 비판」, 「철학적 인간학과 인간의 자유」 등이 있다.

주요 저서로 『만사지』, 『어머니 하느님』, 『잃어버린 상제문화를 찾아서-동학』(공저), 『강증산의 생애와 사상』(공저), 『루소, 칸트, 괴테』(역서) 등이 있다.

☙ 황경선

한국외국어대학교에서 철학박사학위를 받았으며, 현재 상생문화연구소 연구위원이다.

주요 논문으로는 「증산도의 생명사상」, 「상제와 우주생명」, 「증산도 우주론에서의 도수度數 개념」, 「천부경에서 개벽과 인간의 문제」, 「하이데거에서 존재에 대한 상응(Entsprechung)의 성격」, 「하이데거에서 고요함(Ruhe) 의 문제」, 단행본으로는 『잃어버린 상제문화를 찾아서-동학-』(공저), 『한민족 문화의 원형 신교神敎』, 『천부경과 신교사상』 등이 있다.

☙ 김철수

경북대학교에서 박사학위를 취득하고 일본 교토불교대학에서 연구하였다. 현재는 중원대학교 종교문화학과 교수이자 대학원 글로벌문화커뮤니케이션

학과 교수를 겸하고 있다. 관심분야는 한·일 종교문화 비교연구 및 근·현대 한국종교를 중심으로 연구하고 있다.

저서로는 『격동의 시대 19세기 조선의 생활모습』, 『일본 고신도와 한민족』, 『일본 고대문화와 한민족』, 『잃어버린 역사 보천교』, 『東亞 社會價値的趨同與衝突-中日韓靑年的社會意識比較-』(공저), 『21세기 종교사회학』, 『일제강점기 보천교의 민족운동』(공저) 등이 있다.

주요 논문으로는 「韓國における宗教分布の特性と韓國人の宗教性」, 「末法思想과 三階教의 社會活動性」, 「朝鮮總督府の宗教政策-〈朝鮮神宮〉の設立をめぐって-」, 「社會發展と社會意識-韓國.中國.日本靑年層の生活と社會意識の調査を中心に-」, 「19세기 민족종교의 형성과 '남조선 사상'」, 「'조선신궁' 설립을 둘러싼 논쟁의 검토」, 「일제식민지 시대 치안관계법규의 형성과 적용에 관한 연구」, 「일본 신종교의 생명주의적 세계관」, 「소도蘇塗와 신사神社」, 「해방 이후 한국의 종교지형 변화와 특성」, 「광명문화와 백산신앙」, 「1910-1925년 식민권력의 형성과 민족종교의 성쇠-『보천교일반』(1926)을 중심으로-」, 「일제 식민권력의 기록으로 본 보천교의 민족주의적 성격」 등 다수가 있다.

강영한

경북대학교 사회학과에서 학부, 석사(「P. A. Sorokin의 사회변동론」), 박사(「한국근대 신종교운동의 성격과 사회변동」) 과정을 마쳤다. 학위 취득 후 학술진흥재단 지원으로 영국 셰필드대학교에서 박사 후 연구 과정을 마쳤다. 경북대, 포항공대, 영남대, 계명대, 대구대 등에서 강의를 하였으며, 지금은 상생문화연구소에서 연구위원으로 활동하고 있다.

저서로는 『탈근대세계의 사회학』(공저), 『잃어버린 상제를 찾아서-동학-』(공저), 『동방 조선의 천제天祭』, 『전쟁으로 보는 세계 정치질서-오선위기 형국의 세 판 전쟁-』 등이 있다.

연구 논문으로는 「신종교 배상제교와 동학의 비교」, 「영국에서 통일교와 창가학회 참여자 연구」, 「동양계 신종교운동의 해외 조직화와 참여에 대한 사회적 반응」, 「신종교운동을 통해 본 사회변혁과 이상사회상」, 「증산도의 문명전환에 대한 인식과 그 의의」, 「증산도의 천지공사사상과 그 의의」, 「증산도에서 시간질서의 순환적 구조와 그 현재」 등이 있다.

지금은 가칭 『동양문화를 읽는 코드, 상제上帝[하늘, 天]』라는 제목으로 상제문화사를 정리하는 단행본을 집필 중이다.

남창희

연세대학교를 졸업하고 미 캔사스대학교에서 정치학 박사학위를 받았다. 주 전공은 동북아국제관계 및 외교사이다. 현재 인하대학교 정치외교학과 교수이자 인하대학교 대외협력처장으로 활동하고 있으며 한국국제정치학회 부회장이다.

『현대일본정치시스템의 이해』 등 8권의 공저 저술이 있다. 최근 주요 학술논문으로 「Korea-Japan Academic Cooperation Disputing the Chinese History Expansionism」, 「美國重返亞洲政策與新軍事戰略:兼論臺灣的新安全態勢」, 「세조의 상고사서 수서령의 정치적 요인과 함의」, 「중일 도서 영유권 분쟁 원인에 대한 중국 국내 전문가 인식조사」, 「서태평양에서의 미중 세력 경쟁과 자위대의 역할확대」, 「한나라 군사작전으로 본 위만조선 왕험성 위치 고찰: 북한급변사태 시 중국의 연고권 개입 명분에 대한 함의」, 「조개화폐 발굴과 단군세기 기록의 사료적 가치 재평가」, 「Political Economy of the Penetration, Resistance, and the Popular Beliefs: A Case of Hopeful Farmers in North Jeolla Province under Japan's Occupation」, 「일본의 해석개헌, 위협인가 자산인가?」, 「국제 안보환경 변화와 한국의 전략적 항공수송능력 발전방향」 외 다수가 있다.

번호

ㄱ

ㄴ

ㅂ

ㅇ

ㅊ

ㅋ

ㅌ

ㅍ

ㅎ